わかって合格る

1級建築
施工管理技士
二次検定テキスト&
12年過去問題集

技術士（建設）・一級建築士
1級建築施工管理技士
三浦伸也

2024年度版

TAC出版
TAC PUBLISHING Group

licensed building site manager

はじめに

　1級建築施工管理技士は、一言でいえば〝建築施工管理〟のプロフェッショナルです。

　一定の工事では、現場に専任の監理技術者を置く必要がありますが、1級建築施工管理技士は一級建築士とともに、監理技術者になることができます。まさに、**工事現場には欠かせない存在**といっていいでしょう。

　本書はそんな、**1級建築施工管理技士をめざす方のための二次検定テキスト＆12年過去問題集**です。

　本書を手に取ってくださった方はすでにご存知かと思いますが、1級建築施工管理技術検定の二次検定では経験記述から仮設・安全、工程管理、施工、法規まで、とても広い範囲から出題されます。二次検定は60％を得点できれば合格となりますが、こうした幅広い分野を攻略しなければならないため、**いかに効率よく学習を進めていくかが鍵となります。**

　では、もっとも効率よく学習を進めていくにはどうすればよいでしょうか。

1. まずは、試験で何が問われるかを十分に知ることです。
2. その上で、合格に直結する知識だけを蓄えていくことです。
3. 最後に、その知識を実戦で使えるところまで磨き上げることです。

　相手に勝つためには、相手をよく知らなければなりません。試験でも同様に、どんな項目がどんな切り口で問われるのか、最初に全体の傾向をきちんと把握しておくことが重要です。また、勉強に使える時間は限られていますので、試験でめったに問われない項目に時間を割くよりも、合格に必要不可欠な知識だけにしぼり込んで記憶していく方が効果的です。さらに、ただの丸暗記では本番であまり役に立たないため、覚えた知識を使って試験問題が解けるところまで、各項目をしっかりと理解しておく必要があります。つまり〝わかって合格る〟です。

本書は学習される方が徹底的に効率よく、理解しながら試験で使える知識が身につけられるよう、以下の工夫をしています。

- 二次検定対策がこの１冊ですむ、二次検定特化型テキスト＆問題集です。

- 本試験の形式に沿ったPART１「経験記述」からPART６「法規」までの６パート構成。各パートは、学習するテーマごとに「テキスト→過去問」の形をとっていますので、テキストを読んだらすぐに問題に挑戦することができます。

【テキスト】
- 合格に直結する事柄だけにしぼって掲載し、各パートのはじめには出題の概要や過去12年の出題テーマなども掲載しています。

- 理解の手助けとなるよう、イラストによる図解を豊富に掲載しています。

【問題集】
- 平成24年度から令和５年度まで、二次検定（実地試験）で出題された過去12年分の問題をまるごと収録しています。

- 二次検定合格の鍵となる経験記述については、各年度、解答例を３例掲載しています。

TACでは、本書をメイン教材とした１級建築施工管理技士講座を開講しています。独学又は講座を通じ、本書を利用されたみなさんが１級建築施工管理技士の試験で見事合格を勝ち取られ、工事現場で欠かせない重要な技術者として活躍されることを心より願っております。

TAC　１級建築施工管理技士講座
三浦伸也

※　本書は、2024年２月現在の法令やデータ等に基づいて記載しています。

1　二次検定対策に特化した"テキスト＆問題集"

　二次検定は、経験記述、仮設・安全、工程管理、躯体施工、仕上施工、法規という6つの科目が出題されるため、本書も本試験の形式に沿った6パート構成です。各パートは、**学習するテーマごとに「テキスト→過去問」**の形をとっていますので、テキストを読んだらすぐに問題に挑戦できます。

　著者の"ひとこと"や〔KEYWORD〕〔POINT〕といったコーナーでは、**テキストの内容を理解するためのヒント**や、**問題を解く際の注意点**などを掲載していますので、学習にぜひお役立てください。

テキスト

2　はじめに出題の概要や過去12年の出題テーマを記載

　PART 1から6まで、各パートのはじめには**出題の概要**や**過去12年の出題テーマ**などを記載しています。これから学ぶ内容のポイントや、記述問題・択一問題といった出題形式、例年の出題テーマなどを最初にしっかりと把握することで、効率よく学習を進めていくことができます。

3 テキストはできるだけシンプルにわかりやすく、合格に直結する事柄だけを掲載

テキストはできるだけ**シンプルにわかりやすく**、学習される方の負担にならないよう、内容についても徹底的に吟味し、**合格に直結する事柄だけ**にしぼって掲載しています。

また、PART 2「**仮設・安全**」、PART 4「**躯体施工**」、PART 5「**仕上施工**」では、記述問題の解答作成にそのまま生かせるよう、内容を**できるだけ短文で簡潔に**、出題傾向に合わせて記載しています。

4 パッと見てわかるイラスト図解

1級建築施工管理技士の試験に合格するためには、さまざまな工法や設備、材料や機器についての知識が欠かせません。本書ではそれが実際にどんなものなのか、**豊富なイラストを用いて図解**していますので、パッと見てイメージがつかめます。

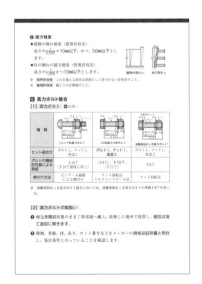

5 二次検定（実地試験）で出題された 過去12年分の問題をまるごと収録

　1級建築施工管理技術検定の二次検定（実地試験）で、平成24年度から令和5年度までに出題された問題をまるごと掲載。つまり、**過去12年分・全72問**というボリュームです。

　さらに、学習効率が高い〝科目別問題集〟の長所と、本試験の形式を知ることができる〝年度別問題集〟の長所をともに取り入れ、**平成24年度から令和4年度までの11年分の問題については科目別、最新の令和5年度の問題については巻末に年度別で収録しています。**科目別で収録した問題を年度別で解く際は、「二次検定（実地試験）年度別さくいん」をぜひご活用ください。

6 豊富な解答例で記述問題の対策も万全

　二次検定で大きな比重を占めるのが記述問題対策です。特に二次検定の最大の特徴であるPART1「経験記述」の解答では、出題に対し、自分の施工経験をベースに具体的な対策や留意した事項を記述する必要がありますが、何をどう書くべきか、悩む方が多いのも事実です。本書ではそんなPART1「経験記述」対策として、各年度、**解答例を3例**ほど掲載。

　PART2「仮設・安全」、PART4「躯体施工」、PART5「仕上施工」の記述問題についても、**解答例を豊富に収録**しています。

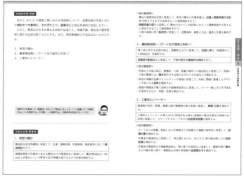

7 問題を解いたらすぐに解答＆〔こたえかくすシート〕つき

学習効率を重視して、PART 1「経験記述」とPART 3「工程管理」では、ページをめくればすぐに解答。また、PART 2「仮設・安全」、PART 4「躯体施工」、PART 5「仕上施工」、PART 6「法規」では、左ページに問題、右ページに解答を配置。付属の〔こたえかくすシート〕を使えば、解答をかくすこともできます。

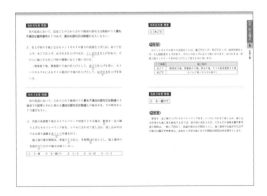

8 PART 1「経験記述」には、ダウンロード版で解答用紙もご提供

PART 1「経験記述」の専用解答用紙をWebダウンロードサービスでご提供します。経験記述は実際に紙に書く練習が必須です。ぜひご利用ください。

PART 1「経験記述」専用解答用紙Webダウンロードサービスのご案内

PART 1「経験記述」専用解答用紙は以下よりダウンロードしていただけます。
- ●「TAC出版」で検索、TAC出版ウェブページ「サイバーブックストア」へ。
- ●「各種サービス」より「書籍連動ダウンロードサービス」を選択し、「わかって合格る1級建築施工管理技士 二次検定テキスト＆12年過去問題集」に進んで、パスワードを入力してください。

パスワード　241010650

法改正情報・制度改定情報等のご案内

本書執筆時以後に判明した重要な法改正情報・制度改定情報等は、以下でご案内させていただきます。
- ●「TAC出版」で検索、TAC出版ウェブページ「サイバーブックストア」へ。
- ●「各種サービス」より「正誤表・法改正情報」を選択し、「建築士／建築施工管理技士」に進んで、「法改正情報」をご覧ください。

1 試験の概要

　1級建築施工管理技術検定は、建築業法第27条に基づく技術検定で国土交通省が実施しており、試験事務は国土交通大臣より指定を受けた一般財団法人建設業振興基金が行っています。

　令和3年度から〝学科試験〟〝実地試験〟の名称がそれぞれ〝一次検定〟〝二次検定〟に変更され、**一次検定に合格すると、年数制限なく、いつでも二次検定を受験できる**ようになりました（ただし、令和6年度以降の新制度で二次検定を受験する際は、所定の実務経験が必要です）。

　また一次検定に合格すると、新たに創設された**1級建築施工管理技士補**（1級技士補）の資格が取得できます。1級技士補は監理技術者を補佐する資格で、本来、監理技術者を専任で設置すべき工事現場であっても、1級技士補を置くことで、監理技術者は**2つの現場を兼任**することが可能になります。

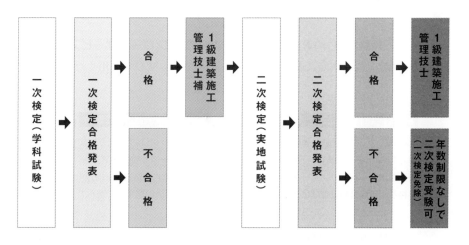

2 試験制度の変更点

　令和6年度より、**一次検定の受験資格**が大幅に変更され、**学歴や実務経験にかかわらず、19歳以上であれば受験が可能**となりました。一方で、**二次検定を受験する際は、一次検定の合格後に一定期間の実務経験が必要**となります（ただし経過措置により、**令和10年度**までは従来の受験資格も認められています）。

また、**5肢2択**で出題されていた一次検定の「応用能力」問題は、令和6年度から**5肢択一**に変更されます。二次検定の問題についても何らかの変更が想定されますが、まずはしっかりと、従来どおりの準備をしておくことが大切です。詳しくは建設業振興基金の「受験の手引き」をご参照ください（TACホームページでも随時、詳細をお知らせします）。

検定区分	検定科目	検定基準	解答形式
一次検定	建築学等	1．建築一式工事の施工の管理を的確に行うために必要な建築学、土木工学、電気工学、電気通信工学及び機械工学に関する一般的な知識を有すること。	4肢択一
		2．建築一式工事の施工の管理を的確に行うために必要な設計図書に関する一般的な知識を有すること。	
	施工管理法	1．監理技術者補佐として、建築一式工事の施工の管理を的確に行うために必要な施工計画の作成方法及び工程管理、品質管理、安全管理等、工事の施工の管理方法に関する知識を有すること。	
		2．監理技術者補佐として、建築一式工事の施工の管理を的確に行うために必要な応用能力を有すること。	5肢択一
	法規	建設工事の施工の管理を的確に行うために必要な法令に関する一般的な知識を有すること。	4肢択一
二次検定	施工管理法	1．監理技術者として、建築一式工事の施工の管理を的確に行うために必要な知識を有すること。	5肢択一
		2．監理技術者として、建築材料の強度等を正確に把握し、及び工事の目的物に所要の強度、外観等を得るために必要な措置を適切に行うことができる応用能力を有すること。	記述
		3．監理技術者として、設計図書に基づいて、工事現場における施工計画を適切に作成し、及び施工図を適正に作成することができる応用能力を有すること。	

3 過去6年間の受験者数・合格者数・合格率

年　度	学科試験（一次検定）			実地試験（二次検定）		
	受験者数	合格者数	合格率	受験者数	合格者数	合格率
平成30年度	25,198人	9,229人	36.6%	15,145人	5,619人	37.1%
令和元年度	25,392人	10,837人	42.7%	15,876人	7,378人	46.5%
令和2年度	22,742人	11,619人	51.1%	16,946人	6,898人	40.7%
令和3年度	22,277人	8,025人	36.0%	12,813人	6,708人	52.4%
令和4年度	27,253人	12,755人	46.8%	13,010人	5,878人	45.2%
令和5年度	24,078人	10,017人	41.6%	14,391人	6,544人	45.4%

4 二次検定について

　二次検定は、以下の**6つの科目の大問**があり、それぞれにおいていくつかの小問が出題されます。マークシート形式の一次検定とは異なり、二次検定は記述問題と択一問題が混在する形式となっています。

問　題	科　目	解　答　形　式
第1問	経験記述	記　述
第2問	仮設・安全	記　述
第3問	工程管理	記　述
第4問	躯体施工	年度ごとに形式が入れ替わる（ある年の「躯体施工」
第5問	仕上施工	が記述で「仕上施工」が択一なら、翌年はその逆）
第6問	法　規	択　一

第1問　経験記述

　自分の施工経験をもとに、与えられたテーマに沿って記述する問題です。例年「**建設副産物対策**」「**品質管理**」「**施工の合理化**」の3つのテーマから、年度によっていずれかが出題されており、二次検定では**最も比重が大きい**といわれています。なお、近年においては「品質管理」と「施工の合理化」にテーマが絞られてきています。

第2問　仮設・安全

「**仮設計画**」「**安全管理**」が**概ね交互に出題**されます。仮設事務所や工事用エレベーターといった仮設物の設置計画や、墜落、電気他の災害防止対策等に関する記述問題です。

第3問　工程管理

ネットワーク工程表等の**工程管理の図表を読み取り**、記述する問題です。以前はバーチャート工程表が主でしたが、近年は**ネットワーク工程表が出題の中心**となっています。なお、従来は第5問での出題でしたが、試験制度の変更により、第3問での出題になりました。

第4・5問　躯体施工、仕上施工

ある年の「躯体施工」が記述形式で「仕上施工」が択一形式なら、翌年はその逆と、**年度ごとに科目・形式が入れ替わる形**で出題されます。また令和4年度から、択一問題は5肢の中から**空欄に入る正しい語句の組合せを選ぶ**という形です。**ここでの得点が第1問とともに二次検定の結果に大きく影響**します。

第6問　法規

「**建設業法**」「**建築基準法施行令**」「**労働安全衛生法**」について、5肢の中から**条文の空欄に該当する語句**を選ぶ択一問題です。

　二次検定で問われる内容や出題形式を知るためには、本書巻末に収録した令和5年度本試験問題にさっと目を通してみるのもおすすめです。**先に本試験の全体像を把握しておくことで、学習をスムーズに進める**ことができます。

　なお、二次検定の合格基準は〝**60％以上の得点**〟となりますが、各問題の配点や正答が公表されないため、概ね**80％以上の正解**をめざして学習する必要があります。

1 各パートのテキスト部分を繰り返し読む

　最初は、**赤字や太字の部分を中心に**、用語や数値を確認しながら各パートのテキスト部分をスピーディに読み進めましょう。1回目から全てを覚える必要はありません。2回目、3回目と読む回数を重ねるごとに、各項目の構成やそれぞれの内容について、理解が深まり、知識も飛躍的に増えていきます。頻出箇所や苦手なところはぜひ何度でも読むようにしてください。

2 テキストを読んだらすぐに過去問を解く

　学んだ知識を実戦で使えるものにするには、問題演習が欠かせません。ひとつのパートやテーマ単位で、**テキスト部分を読んだらすぐに対応する過去問を解きましょう**。〝テキストを読んだら過去問を解く〟というサイクルを何度も繰り返すことで、**確実かつ試験で使える知識**が身につきます。

3 比較する、関連づける

　試験で問われる内容は広範囲にわたるため、自分なりに比較の視点をもち、関連づけながら整理することも重要です。本書でも適宜、表などでまとめていますが、自分でも、**テキストを読んで似ていると思った項目を比較する**、**問題集を解いたらテキストでその周辺知識を関連づける**といった作業をすることで、知識が点から線になり、やがて面に、そして立体的な生きた知識へとなっていきます。

4 記述問題は実際に答えを書く

　マークシート形式の一次検定では〝正誤判定ができる知識〟が必要でしたが、記述問題のある**二次検定では〝正確な知識〟を〝正確に記述できる力〟が必要**となります。記述問題では、問題文を読んだら、**必ず実際に答えを書いてみましょう**。難しい問題は、すぐに解答例を読んでしまってもかまいません。**まず解答例をまねることから始める**のもひとつの方法です。

5 一次検定用のテキストや問題集で復習する

　PART 1「経験記述」のように、二次検定独自の問題もありますが、二次検定の出題の多くは、一次検定で学習した知識（もしくはそれを深めた知識）を問うものです。本書で学習した後は、『わかって**合格**（うか）**る1級建築施工管理技士 基本テキスト**』『**同 一次検定8年過去問題集**』（別売り）といった**一次検定用のテキストや問題集で復習**するのもおすすめです。

※ 問題の並びは出題時のままで
記載しています。

目 次

PART 3　工程管理

PART **4**　躯体施工

テーマ1　土工事

PART **6**　法　規

PART 1

経験記述

1　出題の概要

「経験記述」とは、二次検定（実地試験）の第１問に毎年出題される問題で、受験生の施工経験をベースに、具体的な対策や留意した事項などを記述するものです。

１級建築施工管理技士試験では、概ね中規模以上のRC構造の現場施工経験があることを前提に出題されます。しかし、自分の経験に基づく記述とはいえ、あらかじめ出題パターンを分析し、事前にどのように解答するかを十分に検討しておかないと、本試験に対応することは困難です。

そこで、過去12年分の本試験の出題実績をベースに、出題傾向を分析していきましょう。

2　過去12年の出題テーマ

平成 24 年度	平成 25 年度	平成 26 年度	平成 27 年度
建設副産物対策	施工の合理化	品質管理	建設副産物対策
平成 28 年度	平成 29 年度	平成 30 年度	令和元年度
品質管理	施工の合理化	建設副産物対策	品質管理
令和 2 年度	令和 3 年度	令和 4 年度	令和 5 年度
施工の合理化	品質管理	施工の合理化	品質管理

過去12年の経験記述の問題を分析すると、出題される項目は大きく次の３パターンになります。

【1】建設副産物対策
【2】品質管理
【3】施工の合理化

【1】 建設副産物対策

　過去12年では、平成24年度、平成27年度、平成30年度に出題されています。小問１では、主に建設副産物の発生抑制と再使用又は再生利用について、対策として実施したこと、その結果と副次的効果（波及効果）についての記述、小問２では、建設廃棄物の適正な処理とその留意事項などについての記述が求められます。

【2】 品質管理

　過去12年では、平成26年度、平成28年度、令和元年度、令和３年度、令和５年度に出題され、小問１では主に次の点について、２つの品質管理活動について記述するよう求められます。

❶ 要求された品質
❷ 要求品質を実現するために設定した品質管理項目と設定理由
❸ 品質管理のために実施した内容と留意した事項

　また小問２では、さらに他の事例において、組織的な品質管理や品質管理活動の周知方法などの記述が求められます。

【3】 施工の合理化

　過去12年では、平成25年度、平成29年度、令和２年度、令和４年度に出題され、小問１では、主に次の点について、２つの施工の合理化の事例について記述が求められます。

❶ 合理化が必要となった理由（原因）
❷ 合理化の実施内容とその結果と留意事項
❸ 品質が維持できた理由と合理化となった理由

　また小問２では、合理化によって建設廃棄物の発生抑制につながった事例を別途記述することが求められます。

3 基本的な記述の注意点

【1】形式的注意点

❶ 誤字・脱字に注意

記述試験の常識として、誤字や脱字は減点事由と考えてください。また、読みにくい乱雑な文字は、大きな減点になります。

❷ 正しい文章で書く

主語と述語の対応、修飾語の位置、副詞の選択等、正しい文章を書けるよう訓練しておきましょう。

❸ 答案の記述量

答案は記述枠の7割程度を埋める、というのが記述試験の常識です。あまり大きな空白を設けないようにしましょう。また、必ず枠内に書いてください。

【2】実質的注意点

❶ 問に正面から答えること

経験記述は試験の一形式です。試験である限り、その「問に正面から答える」ことが大切です。たとえば、「品質管理のための実施内容と留意した事項」を求められているときに、「実施内容とその理由」を記述することは、正面からの解答とはいえません。

❷ 実経験に基づいて書く

経験をベースに書かれた答案は、それだけで説得力を有していますが、工事概要との関連性にも注意が必要です。テキスト等の参考答案をまねてしまうと、たとえばRC造・5階建てでの逆打ち工法、鉄骨3階建ての小規模な事務所における現場溶接（夏期）での予熱管理、鉄骨12階建ての現場溶接での被覆アーク溶接といった、通常では、ほぼ考えられない記述をしてしまいかねません。テクニックでカバーすることも大切ですが、自分の経験をベースに妥当性を考慮して書いてください。

❸ 是正工事や不具合対応についての記述は避ける

答案は、順調に行われた建設工事の過程で工夫した点や留意した事項を記入します。是正工事や不具合対応についての記述は避けてください。

❹ 設計上の問題と推定されるおそれがあるものは避ける

適正な設計の下で実施された施工において、工夫した点や留意した事項を記入してください。あくまで、施工上の対応が求められています。

❺ 専門用語はできるだけ正確に用いる

漢字を忘れた場合にはひらがなで書きましょう。また使用材料については、製品名ではなく、一般的な名称や工法名にしましょう。

　　（例）マキベイ ➡ 耐火被覆巻き付け工法
　　　　　エコフルガード ➡ 折り畳み式養生材

❻ 結果は過去形で

「実施したこと」「留意したこと」「結果・効果」などを問われている場合には、かならず過去形（「……を実施した。」「……に留意した。」「……することができた。」など）で答えるようにしてください。

❼ 自分の考え

「あなたの考え」を問われている場合には、かならず現在形（「……する。」「……と考える。」など）で答えるようにしてください。

4　工事概要の書き方

　記載する工事は、言うまでもなく、自分自身が経験した「建築工事」の「施工管理」などに関与した工事でなければなりません。受験申込書は控えを保管しておき、実務経験証明書との不整合が生じないように注意してください。

【1】工事名

❶ 建築工事以外の工事種別の工事名を書かないでください。

❷ 建物名称のわかる固有名詞のほか、新築、増築、改修等の種別を記述してください。「○○ビル新築工事」「○○邸改修工事」などです。

【2】工事場所

❶ 都道府県から町名番地まで、できるだけくわしく記述してください。工場地帯などの場合は、○○地域内でもかまいません。

❷ 経験記述内容との関連性に注意してください。たとえば、工事場所の立地
条件、環境条件が、自然環境に関係する「凍害」「塩害」などの記述内容
と整合性がとれているかなどです。

【3】 工事の内容

❶ 建物用途

事務所、百貨店、店舗、共同住宅、劇場、集会場、学校、病院、工場など

❷ 構造

鉄筋コンクリート造、鉄骨造、地下RC造・地上SRC造など

❸ 建物規模

階数と建築面積・延べ面積（「延べ床面積」「施工床面積」などの表現は避け
る）を記述してください。あまり小規模なものは避けたほうがよいでしょう。
できれば、３階建て以上、延べ面積1,000㎡以上程度の事例を選んでくださ
い。改修工事の場合には、改修対象範囲、改修対象面積、改修内容・数量を
忘れずに記入します。部分改修（該当フロアのみ）などの場合は、「内装改
修（150㎡）」としたり、階数に「２フロア分」「○㎡内装改修」などと書く
とよいでしょう。

❹ 主な外部仕上げ

小口タイル張り、金属カーテンウォールなど

❺ 主な内部仕上げ

主要な一室について、床、壁、天井の仕上げを記述してください。

【4】 工期

2018年２月〜2019年10月など月まで記述してください。和暦でもかまいませ
ん。なお、物件は工事が完了しているものとし、５年程度以内のものが望まし
いでしょう。

また、改修工事（外装改修、内装改修ほか）のなかで一部の専門工事を請け
負って施工した場合は、原則として当該工事の工期を記載するようにします。こ
の場合も、実務経験証明書との不整合が生じないように注意してください。

【5】 あなたの立場

原則として、実務経験証明書の記載内容に準じ、「**施工管理**」「**設計監理**」「**施工監督**」などの立場を記載しましょう。

立　場	説　明
施工管理	受注者（請負人）の立場での施工管理業務
設計監理	設計者の立場での工事監理業務
施工監督	発注者の立場での現場監督技術者等としての工事監理業務

指導監督的な立場であれば「**現場代理人**」「**作業所長**」「**工事主任**」「**工事監理者**」などの立場、下請として関わった工事の場合は「**現場施工管理**」などの立場を記載しましょう。

　　（例）建設業者 ➡ 施工管理、現場代理人、作業所長、工事主任など

　　　　　専門工事 ➡ ○○工事施工管理、○○工事現場責任者、工事主任など

　　　　　設計者側 ➡ 設計監理、工事監理者など

　　　　　施主・発注者側代理人 ➡ 施工監督、監督員、監督職員など

＜「設計監理、工事監理者、監督員、監理者」などの場合の注意点＞

　現場で直接「施工管理」を行う立場ではありませんので、本書の解答例にある「～行った。」「～全数目視確認した。」という部分は、「～が行われていることを確認した。」や「○○検査が行われていることをチェック一覧結果で確認し、抜取検査を実施した。」など、設計監理、施工監理に基づく視点による表現に適宜変更し、担当している業務内容を記述しましょう。

【6】 あなたの業務内容

　令和3年度から追加された項目です。記載するのは当然、「建築施工管理」に関するものでなければなりません。実務経験証明書と不整合を生じないようによく注意しましょう。

　具体的には「躯体・仕上工事の施工管理」「工程管理」「安全管理」、又は「施工図作成及び検査立会い」など、業務内容を記載します。設計監理であれば「躯体・仕上工事の工事監理」、発注者側の立場での監督員であれば「躯体・仕上工事における監督員としての工事監理」などと記載するのがよいでしょう。

テーマ **1** 　建設副産物対策

　循環型社会の形成を推進し、最終処分場の逼迫^{（ひっぱく）}や有害廃棄物の埋立てによる環境汚染といった問題への対応を図るため、廃棄物（副産物）の発生抑制やリサイクルの推進が図られています。特に建設業においては、❶産業廃棄物のうち建設廃棄物の占める割合が大きい、❷建設関係不法投棄が多いことから、廃棄物を含む建設副産物問題への対処が社会的使命となっています。

1 建設副産物

【1】建設副産物の定義

　建設副産物とは、建設工事に伴い排出される物品（資材を含む）をいい、建設汚泥、コンクリート塊、アスファルト・コンクリート塊、木くず（建設発生木材）、紙くず、金属くず、廃プラスチック類、ガラスくず及び陶磁器くず又はこれらのものが混合した**建設混合廃棄物**などの**廃棄物**のほか、建設発生土（残土）などの資源として利用される**再生資源**を含めた総称です。

建設副産物

原材料としての 利用が不可能なもの	原材料として加工すれば 利用可能性があるもの	そのまま原材料と なるもの
廃石綿 PCB など	コンクリート塊 アスファルト・コンクリート塊 木くず（建設発生木材） 建設汚泥 など	建設発生土（残土）[※] 金属くず など
建設廃棄物		**再生資源**

※　建設発生土（残土）は、建設廃棄物ではない。

【2】 関係法令

環境の保全に関する基本理念を定める環境基本法のもとに**発生抑制**（Reduce：リデュース）、**再使用**（Reuse：リユース）、**再生利用**（Recycle：リサイクル）を定義する**循環型社会形成推進基本法**が制定されています。その循環型社会形成推進基本法をもとに3R及び副産物の有効利用を促進する**資源有効利用促進法**と廃棄物の処理に関するルールを定めた**廃棄物処理法**（廃棄物の処理及び清掃に関する法律）が定められています。

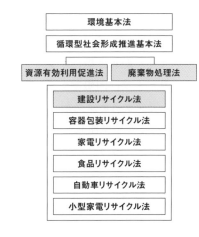

さらに、循環型社会形成推進基本法のもとには個別の廃棄物に関するリサイクル法が定められ、コンクリート塊や木くずなどの建設廃棄物に係わるものとして**建設リサイクル法**があります。

② 建設廃棄物

建設廃棄物とは、建設工事に伴って発生する廃棄物の総称です。

【1】 廃棄物の定義

廃棄物とは、廃棄物処理法において「ごみ、粗大ごみ、燃え殻、汚泥、ふん尿、廃油、廃酸、廃アルカリ、動物の死体その他の汚物又は不要物であって、固形状又は液状のもの（放射性物質及びこれによって汚染された物を除く）」と定義されています。なお、土砂及びもっぱら土地造成の目的となる土砂に準ずるもの（残土）などの**建設発生土**は、上記「廃棄物」ではありません。したがって、廃棄物に関する問題で発生土の処理の記述は採点対象外になります。

【2】 廃棄物の分類

廃棄物は、産業廃棄物と一般廃棄物に分類されます。

❶ 産業廃棄物

事業活動に伴って生ずるものであって、現在、法令で20種類定められています。また、産業廃棄物は、その性状から次のように分類されます。

ⅰ 安定型産業廃棄物

形状・性状が安定し、生活環境に影響を及ぼすおそれが少ないものです。がれき類、ガラス・コンクリート及び陶磁器くず、金属くず、廃プラスチック類、ゴムくずがあり、安定型埋立最終処分場で埋立てできます。

ⅱ 管理型産業廃棄物

溶出や腐敗により形状・性状が変化するものです。木くず、紙くず、繊維くず、燃え殻、汚泥、廃せっこうボード（せっこうボード及び紙と分離した後のせっこう）など

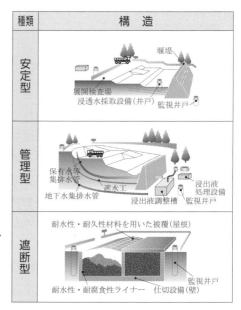

種類	構 造
安定型	堰堤 展開検査場 浸透水採取設備（井戸） 監視井戸
管理型	保有水等集排水管 地下水集排水管 遮水工 浸出液調整槽 浸出液処理設備 監視井戸
遮断型	耐水性・耐久性材料を用いた被覆（屋根） 監視井戸 耐水性・耐腐食性ライナー　仕切設備（壁）

があり、管理型埋立最終処分場で埋立てできます。

ⅲ 特別管理産業廃棄物

産業廃棄物のうち、爆発性、毒性、感染性、その他、人の健康又は生活環境に係る被害を生ずるおそれがある性状のものです。石綿、PCBなどがあり、遮断型埋立最終処分場で埋立てできます。

❷ 一般廃棄物

一般廃棄物は、**産業廃棄物以外の廃棄物**であり、一般廃棄物のうち、爆発性、毒性、感染性、その他、人の健康又は生活環境に係る被害を生ずるおそれのある性状を有するものは特別管理一般廃棄物といいます。

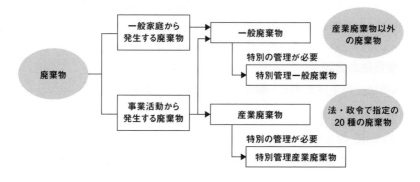

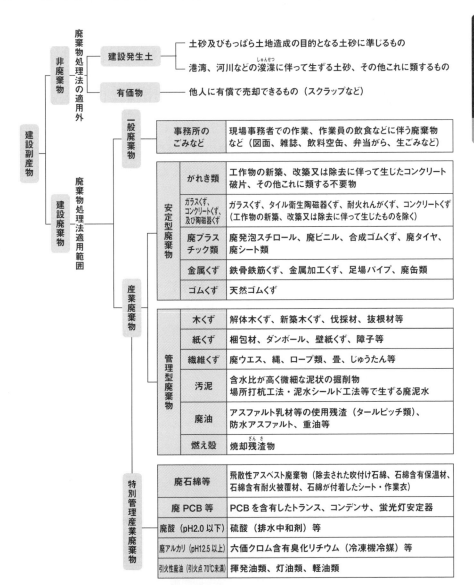

建設副産物

非廃棄物 — 廃棄物処理法の適用外

建設廃棄物 — 廃棄物処理法適用範囲

建設発生土		土砂及びもっぱら土地造成の目的となる土砂に準じるもの
		港湾、河川などの浚渫に伴って生ずる土砂、その他これに類するもの
有価物		他人に有償で売却できるもの（スクラップなど）

一般廃棄物

事務所のごみなど		現場事務者での作業、作業員の飲食などに伴う廃棄物など（図面、雑誌、飲料空缶、弁当がら、生ごみなど）

産業廃棄物

安定型廃棄物	がれき類	工作物の新築、改築又は除去に伴って生じたコンクリート破片、その他これに類する不要物
	ガラスくず、コンクリートくず、及び陶磁器くず	ガラスくず、タイル衛生陶磁器くず、耐火れんがくず、コンクリートくず（工作物の新築、改築又は除去に伴って生じたものを除く）
	廃プラスチック類	廃発泡スチロール、廃ビニル、合成ゴムくず、廃タイヤ、廃シート類
	金属くず	鉄骨鉄筋くず、金属加工くず、足場パイプ、廃缶類
	ゴムくず	天然ゴムくず

管理型廃棄物	木くず	解体木くず、新築木くず、伐採材、抜根材等
	紙くず	梱包材、ダンボール、壁紙くず、障子等
	繊維くず	廃ウエス、縄、ロープ類、畳、じゅうたん等
	汚泥	含水比が高く微細な泥状の掘削物場所打杭工法・泥水シールド工法等で生ずる廃泥水
	廃油	アスファルト乳材等の使用残渣（タールピッチ類）、防水アスファルト、重油等
	燃え殻	焼却残渣物

特別管理産業廃棄物

廃石綿等	飛散性アスベスト廃棄物（除去された吹付け石綿、石綿含有保温材、石綿含有耐火被覆材、石綿が付着したシート・作業衣）
廃PCB等	PCBを含有したトランス、コンデンサ、蛍光灯安定器
廃酸（pH2.0以下）	硫酸（排水中和剤）等
廃アルカリ（pH12.5以上）	六価クロム含有臭化リチウム（冷凍機冷媒）等
引火性廃油（引火点70℃未満）	揮発油類、灯油類、軽油類

【3】排出事業者の責任と役割（排出事業者責任）

❶ 事業者は、産業廃棄物の**運搬または処分**を他人に委託する場合には、その運搬については産業廃棄物収集運搬業者に、その処分については産業廃棄物処分業者に、**それぞれ委託**しなければなりません。

❷ 事業者は、産業廃棄物の運搬または処分を委託する場合には、当該廃棄物

の発生から最終処分が終了するまでの一連の処理の工程における処理が適正に行われるために必要な措置を講ずるように努めなければなりません。

【4】産業廃棄物管理票（マニフェスト）

❶ 事業者は、産業廃棄物の運搬または処分を他人に委託する場合には、その運搬を受託した者に対し、「産業廃棄物の種類及び数量」「運搬または処分を受託した者の氏名または名称」などを記載した「産業廃棄物管理票」を交付しなければなりません。

❷ 管理票交付者は、当該管理票に関する報告書を作成し、これを都道府県知事に提出しなければなりません。

❸ 3R活動（発生抑制、再使用、再生利用）

循環型社会形成推進基本法では、基本原則において処理の優先順位を以下のよう決めています。Reduce、Reuse、Recycleの頭文字を取って3R（スリーアール）活動と呼ばれます。

❶ 発生抑制（Reduce：リデュース）
❷ 再使用（Reuse：リユース）
❸ 再生利用（Recycle：リサイクル、マテリアル・リサイクル）
❹ 熱回収（サーマル・リサイクル）
❺ 適正処分

【1】発生抑制（Reduce：リデュース）

発生抑制とは、工法の選択、資材の調達方法の検討・工夫により、設計計画・施工計画段階において廃棄物の発生を抑制することです。

工　種	発生抑制策
共　通	梱包材の削減、工場加工の推奨、養生の削減、通い箱の採用、搬入パレットの返却
杭	建設汚泥の再生利用、既存杭の再利用、排土低減型杭工法の採用
型　枠	PCaの採用、システム型枠工法、鋼製型枠・ラス・セメント成形板打込み型枠工法、打込み型枠工法、構造鉄筋付鋼製床型枠（鉄筋付きデッキ）、合成床、階高・梁・柱の寸法の統一化、プラスチック型枠

鉄骨・鉄筋	乾式耐火被覆、FR鋼、合成床、鉄骨かご
コンクリート	適切な打設計画
ALC	プレカット
外　装	パネル化、タイル打込みによるPCa化、鋼板外装下地鉄骨一体型
シーリング	リターナブル缶の採用
タイル	梱包材の簡素化、割付け検討
左　官	接着剤缶の再利用、袋詰搬入の削減
家　具	家具ユニット製品化
建　具	既製木製品の採用、部材寸法の調整、取付け箇所の削減
塗　装	工場塗装、大容量容器での搬入、リターナブル容器の採用
内　装	乾式間仕切り、システム天井、間仕切りユニット化、プレカット（軽鉄材、ボード）

＜記述時の注意点＞

「LGSの在来組みからシステム天井に計画を変更した」といった記述は、物件の規模等との整合性にも注意が必要です。中規模の事務所等なら可能性はありますが、大規模物件の場合、多くは当初からシステム天井が設計されています。要は、本当に経験した工事なら問題ありませんが、作文しようとするとつじつまが合わなくなる危険性があるということです。

【2】再使用（Reuse：リユース）

再使用とは、一度使用した製品を回収し、必要に応じて適切な処置を施し、製品として再使用、又は、再使用可能な部品の利用を図ることです。

❶ 木くず、梱包材 ➡ 鉄筋置き場の敷材、パレット化
❷ 鉄筋くず ➡ コンクリート打設時の差し筋等
❸ 型枠材の転用
❹ リターナブル容器の採用

【3】再生利用（Recycle：リサイクル、マテリアル・リサイクル）

再生利用とは、廃棄物に何らかの加工（破砕、チップ化、溶融等）を施して**再び原材料として利用**することです。作業所から排出しなければならない廃棄物については、リサイクルできる施設を選定し、リサイクルすることが求められます。

❶ コンクリート塊 ➡ 破砕（再生砕石）

＜記述時の注意点＞

●用途に応じた品質を満たしているか

➡ 躯体基礎捨てコン砕石で使用するなら、「最大粒形40mm以下とした」「破砕機を導入した」等と記載します。

➡ 発注者の許可を得ているかも注意

●仮設の歩行者通路整備に使用した等、仮設工事の範囲で利用し、後日撤去・処分するのであれば、粒形の問題はありません。

❷ 木くず ➡ 破砕（燃料チップ、パーティクルボード）

❸ 廃プラスチック ➡ 破砕（高炉還元剤、助燃材）、溶融（燃料ガス）

❹ せっこうボード ➡ 破砕（せっこうボード原料、土壌改良材等）

❺ ALC、グラスウール、岩綿吸音板 ➡ 破砕等（原材料）

【4】 熱回収（サーマル・リサイクル）

熱回収とは、廃棄物を単純に**焼却**するだけではなく、発生する**熱エネルギー**を回収して、他の用途に利用することです。熱回収を行う施設として、ガス化溶融炉、廃棄物発電施設、焼却施設などがあります。

【5】 適正処分

有害物質を含有する廃棄物や焼却灰など、再生利用、熱回収できないものについて適用します。処分方法には、焼却処分、埋立処分があります。

　埋立処分……廃石綿等、石綿含有産業廃棄物、せっこうボード複合材など

　焼却処分……廃油、ダイオキシン類含有焼却灰・汚泥、有機汚泥など

◢4◣ 広域認定制度・再生利用認定制度

産業廃棄物のリサイクルを推進するための廃棄物処理法の代表的な特例措置として、広域認定制度、再生利用認定制度があります。

【1】 広域認定制度（メーカーリサイクル）

広域的に収集運搬及び処分することが有効で、またその産業廃棄物を確実に再生利用することを認められた事業者（メーカー等）を環境大臣が認定する制度です。この制度は、メーカーが自らの販売ルートを活用して自社製品の端材

等を回収し、自社製品の原料として利用するものであり、一般的に**メーカーリサイクル**と呼ばれます。

対象品目としては、せっこうボード、岩綿吸音板、ALC、ユニットバス・梱包材、ロックウール、グラスウールなどがあります。

【2】再生利用認定制度（産業廃棄物の再生利用に係る特例）

一定の廃棄物の再生利用について、国が認定したものについては、処理業の許可及び施設設置の許可を不要とする制度です。例としては、廃ゴム製品に含まれる鉄をセメントや鉄鋼製品の原材料として使用する場合などがあります。

5 建設汚泥（汚泥）

杭工事や山留め工事（SMWやRC連壁）から発生する建設汚泥（以下、汚泥）は、建設発生土（以下、発生土）との相違がわかりにくいため、取扱いには注意が必要です。汚泥は産業廃棄物ですので、**発生土として取り扱うと法違反になります。**

【1】汚泥の定義

汚泥とは、「**掘削工事（杭、山留め）から生じる泥状の掘削物及び泥水で廃棄物に該当するもの**」です。**泥状**とは、「ダンプに山積みできず、また、その上を人が歩けない状態（コーン指数200kN/㎡以下又は一軸圧縮強度≒50kN/㎡以下）」をいいます。

なお、地山掘削で生じる掘削物は土砂ですが、泥状を呈している場合は汚泥とみなされるため注意が必要です。掘削物の判断は、掘削対象、掘削方法や発生時点の状態で異なります。

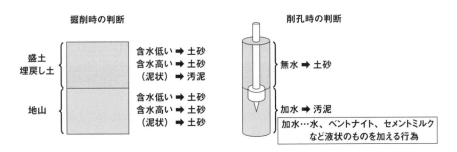

汚泥は、乾燥させて土砂と同様の性状となった場合でも「汚泥」ですので、埋戻し等に利用することはできません。ただし、次の【2】場内再生利用の手順に則った場合には、処理土として埋戻し等への利用が可能となります。

```
                          記述内容
建設副産物について　汚泥○　発生土○　残土○　← 全て建設副産物
産業廃棄物について　汚泥○　発生土×　残土×　← 発生土・残土は廃棄
                                              物には該当しない
```

【2】 場内再生利用

　汚泥は、従来、産業廃棄物として場外処分されることが多かったのですが、国土交通省の「建設汚泥処理土利用技術基準」に従うことで、埋戻し材等として場内で再生利用される場合が増えてきました。一般的には、計画書の策定、自治体への確認、発注者・設計者の了承、汚泥処理施設設置許可の申請、報告書の作成などが必要になります。

6 建設発生土

　建設発生土（発生土、残土）は、廃棄物ではありませんので、廃棄物処理法は適用されません。「産業廃棄物」の設問に対して「建設発生土」を記述すると採点対象になりませんので注意してください（有害物質が基準値を超過していても、それは「汚染土」です。土壌汚染対策法に従った処理は必要になりますが、あくまで「土」であり、産業廃棄物ではありません）。ただし、発生土にコンクリート塊や木くず等の廃棄物が混入している場合、発生土を含めその全体が廃棄物と判断されることがあります。

　また、発生土であっても、含水比が高く、運搬途中で液状化すると「汚泥」とみなされる場合があります。このような場合には、汚泥として扱うか、搬出前に乾燥・脱水し、運搬途中の液状化を防止するなどの対応が求められます。

7 環境問題

　小問2において、「地球環境保全のための取組み」が問われることがあります。「環境問題」に厳密な定義はありませんが、一般に「地球環境問題」として以下【1】～【7】の7つ、その他に【8】公害 があります。それぞれの建設業との関連

をイメージし、少なくとも過去の出題内容については、作業所における取組みについて記述できるように準備しておく必要があります。

【1】 地球温暖化

地球温暖化は産業活動により排出されたメタンガスや二酸化炭素（CO_2）などの温室効果ガスにより引き起こされます。海水面の上昇や気候変動が自然環境、生態系の破壊などさまざまな被害を引き起こしています。

【建設業との主な関連】化石燃料使用削減、省エネルギー、省資源

【2】 オゾン層破壊

成層圏にオゾン（O_3）濃度の高い層が存在し、この層は太陽からの有害な紫外線を吸収し、地球環境を保護していますが、1980年頃から冷媒に使用されたフロン類により、オゾン層が破壊されるという現象が顕著になりました。

【建設業との主な関連】フロン類使用機器の適正処理

【3】 酸性雨

化石燃料の燃焼により発生する硫黄酸化物や窒素酸化物が大気中で強酸になり、雨に混じることにより酸性雨となります。建築物の劣化や植物の枯死などを引き起こします。

【建設業との主な関連】化石燃料使用削減、重機・車両のアイドリングストップ

【4】 熱帯林減少

熱帯林が、先進国への木材輸出や農地の開墾などにより減少しています。生物種を減少させ、また、地球温暖化の一因ともなっています。

【建設業との主な関連】南洋材の削減

【5】 野生生物種減少

環境破壊による生物の生息域の減少や生態系の変化が野生生物種の減少を引き起こしています。

【建設業との主な関連】自然生態系保存

【6】 海洋汚染

廃棄物の海洋投棄、船舶からの汚染の流出、河川から流れ込む汚染によって、海洋汚染が引き起こされます。

【建設業との主な関連】廃棄物の適正処理

【7】有害物質の越境移動

　先進国から発展途上国への有害廃棄物の移動のことです。途上国における環境汚染を防ぐために、越境移動が規制されています。

【建設業との主な関連】廃棄物の適正処理

【8】公害

　典型公害と呼ばれるものに大気汚染、水質汚濁、騒音、振動、悪臭、土壌汚染（地下水汚染）、地盤沈下があります。さらに廃棄物、景観破壊なども含まれる場合があります。

❶ 大気汚染

　重機、車両、工場などの排気ガスに含まれる浮遊粒子状物質（SPM）、SOx、NOxなどが原因で発生します。ぜん息や光化学スモッグ障害（目、のどの痛み、呼吸障害）などを引き起こします。

❷ 水質汚染

　水質汚染は、工場や一般家庭から排出される汚水や廃棄物が河川や湖沼に流れ込むことで発生します。飲用による健康被害などの影響があります。

　➡ 作業所からの排水の水質管理も関係

❸ 騒音・振動

　重機による作業で発生し、人に不快感を与えます。一般的には、騒音、振動となる発生原因を除去することが難しいため、作業時間の規制などで対応します。

　➡ 騒音防止法等による特定建設作業

❹ 地盤沈下

　地表面が沈下する現象であり、地殻運動や堆積物の収縮による自然沈下の他、地下水の過剰揚水による地盤の収縮から起こるものがあります。

　➡ 地下水排水管理、リチャージウェル工法

❺ 廃棄物（副産物）

　最終処分場の逼迫や有害廃棄物の埋立てによる環境汚染です。

　➡ 廃棄物（副産物）の発生抑制、リサイクルの推進など

MEMO

本試験問題

　建築工事においては、資源循環の推進や建設副産物対策などの環境負荷の低減に向けた取り組みが行われている。

　あなたが経験した**建築工事**のうち、施工にあたり建設副産物の発生抑制、再使用、再生利用、熱回収、適正処分などの対策について、施工計画の段階から検討し、実施した工事を1つ選び、下記の工事概要を具体的に記入した上で、次の問いに答えなさい。

　なお、**建築工事**とは、建築基準法に定める建築物に係る工事とする。ただし、建築設備工事を除く。

［工事概要］

イ．工　事　名

ロ．工　事　場　所

ハ．工　事　の　内　容　　新築等の場合：建物用途、構造、階数、延べ面積又は施工数
　　　　　　　　　　　　　　　　　　　　量、主な外部仕上げ、主要室の内部仕上げ

　　　　　　　　　　　　改修等の場合：建物用途、主な改修内容、施工数量又は建
　　　　　　　　　　　　　　　　　　　物規模

ニ．工　　　　　　期（年号又は西暦で年月まで記入）

ホ．あなたの立場

1．工事概要であげた工事において実施した、**発生抑制**、**再使用**、**再生利用**、**熱回収**、**適正処分**の建設副産物対策から、異なる対策を3つ選び、それぞれ次の①から④の事項について、具体的に記述しなさい。

　　ただし、「実施した内容」はそれぞれ異なる内容の記述とする。

① 選んだ建設副産物対策
② 工種名
③ 実施した内容
④ 結果とあなたの評価

2．工事概要であげた工事にかかわらず、あなたの今日までの工事経験に照らして、地球環境保全のため建築工事現場においてどのような**取り組み**を行うべきか、次の3つの環境問題から**2つ**を選び、具体的に記述しなさい。

　　ただし、1.の「実施した内容」と重複しないこと。

［環境問題］
・地球温暖化
・熱帯林の減少
・水質汚染

POINT

■1 問1③では「**実施した内容**」を問われていますので、「〜した。」「〜を実施した。」「〜を行った。」などが記述パターンとなります。

■2 問1④では「**結果**」と「**評価**」を明示的に分けて書くと採点されやすい答案になります。たとえば「〜の発生を大幅に抑制することができた。〜できたことは評価できる。」などです。

[工事概要]

- イ．工　事　名　〇〇マンション新築工事
- ロ．工　事　場　所　東京都〇〇区△△町□□3-2-18
- ハ．工　事　の　内　容　共同住宅、集会場、戸数83戸、RC造

　　　　　　　　　　　　地上9階建て　延べ面積9,500㎡

　　　　　　　　　　　　外部：ボーダータイル張り、石張り

　　　　　　　　　　　　内部：（天井・壁）PB下地ビニルクロス張り

　　　　　　　　　　　　　　　（床）フローリング

- ニ．工　　　期　平成29年5月〜令和元年9月
- ホ．あなたの立場　工事主任

1

(1)

①	副産物対策	発生抑制
②	工種名等	型枠工事
③	実施内容	在来工法からパーマネント工法に変更することで、支保工の $\frac{1}{3}$ を存置させ、$\frac{2}{3}$ の支保工・床型枠は直上階へ転用した。
④	結果と評価	支保工・床型枠の転用回数が増えたことにより、投入数量自体が減り、木くずの発生抑制となった。また、搬出入回数（運搬車両数）も減り、CO_2 削減にも効果があることは評価できる。

(2)

①	副産物対策	再生利用
②	工種名等	土工事
③	実施内容	根切りによって発生した汚泥について、所定の技術基準に従って処理した上で埋戻し材とした。
④	結果と評価	本来は産業廃棄物として適正処理が必要となる汚泥について、再生利用ができた。廃棄物量の縮減と環境保護に資することができたことは評価できる。

汚泥は、たとえ乾いても産業廃棄物です。ルールに従って再生利用したことを記述しましょう。

(3)

①	副産物対策	適正処分
②	工種名等	内装工事
③	実施内容	産業廃棄物の運搬・処分を許可業者と委託契約を結び、マニフェストによって管理し、運搬・処分を行った。また、D・E票等を回収し、適正処分されたことを確認した。
④	結果と評価	実績のある委託業者を選定し、確実に最終処分まで適正処分を確認することができた。分別徹底、減容化により処理費用の低減もできたことは評価できる。

「マニュフェスト」では誤記となります。正しくは解答例のように「マニフェスト」です。

2
(1)

環境問題	地球温暖化
取り組むべき事項	作業員の通勤手段を、個人の車で個別に来ることを禁止し、乗合い又は公共交通機関を利用しての通勤とする。

(2)

環境問題	熱帯林の減少
取り組むべき事項	床合板型枠材の材料を合板に替えて、フラットデッキプレートを使用する。

[工事概要]

イ. 工 事 名	○○マンション新築工事
ロ. 工 事 場 所	東京都○○区△△町□□3-2-18
ハ. 工 事 の 内 容	共同住宅、集会場、戸数83戸、RC造
	地上9階建て　延べ面積9,500㎡
	外部：ボーダータイル張り、石張り
	内部：（天井・壁）PB下地ビニルクロス張り
	（床）フローリング
ニ. 工 期	平成29年5月～令和元年9月
ホ. あなたの立場	工事主任

1

(1)

①	副産物対策	発生抑制
②	工種名等	シーリング・塗装工事
③	実施内容	シーリング材や塗料等にリターナブル容器を可能な限り採用するよう、各業者と打合せを行い、空容器はメーカー回収とした。
④	結果と評価	ワンウェイの容器の減少で、混合廃棄物を大幅に削減できた。環境面に配慮した循環型業務を実施する企業としてアピールできたことは評価できる。

(2)

①	副産物対策	再使用
②	工種名等	左官工事
③	実施内容	角整形に使用する木製刃定規を劣化が少なくなるよう管理して、使用回数を増やした。使用後によく清掃し、雨を避ける通気のよい場所で一時保管した。
④	結果と評価	再使用して転用回数を増やすことにより、新規購入費が削減できた。また、木くずの発生も大幅に削減できたことは評価できる。

(3)

①	副産物対策	熱回収
②	工種名等	木工事、内装工事
③	実施内容	家具・建具等仕上げ材の養生に使われる段ボールを分別集積し、法で定める運搬基準に従って近くのリサイクルセンターに持ち込み処理を行った。
④	結果と評価	社内資材運搬用トラックを利用し段ボールを直接持ち込むことで運搬費を削減でき、またリサイクル活動により同施設の温水プールの熱源として有効活用できたことは評価できる。

自社運搬に許可は不要ですが、廃棄物処理法に定める運搬基準は守る必要があります。

2

(1)

環境問題	地球温暖化
取り組むべき事項	低燃費型の建設機械を積極的に活用することで、CO_2発生を抑制する。

(2)

環境問題	水質汚染
取り組むべき事項	現場内で発生した排水は、沈砂槽を使用し沈殿・ろ過して、上澄み水のみが下水に流れるようにする。

[工事概要]

イ.	工 事 名	○○団地大規模修繕工事
ロ.	工 事 場 所	東京都○○市△△町□□1-5-8
ハ.	工 事 の 内 容	共同住宅（2～5階）・集会場（1階）、RC造
		6階建て
		エントランス・外構スロープ改修工事
		エレベーター入替改修工事
		外壁改修塗装4,700㎡
		バルコニーウレタン防水1,475㎡
		集会場内装・トイレ改修工事
ニ.	工 期	平成29年10月～令和元年5月
ホ.	あなたの立場	工事主任

1

(1)

①	副産物対策	発生抑制
②	工種名等	外壁塗装・外構工事 養生
③	実施内容	駐車場利用者の車への養生カバーに不織布製の定型カバーを採用した。必要最小限の枚数で購入し、塗装工事のみならず外構工事中の土埃の養生にも繰り返し使用した。
④	結果と評価	ビニル製より破れにくく、また裏表の判別や車への着脱もしやすいことで転用が容易にできた。養生カバーを不織布製にすることで、廃プラを削減することができたのは評価できる。

(2)

①	副産物対策	再生利用
②	工種名等	内装工事

③	実施内容	せっこうボード専用コンテナを設置し、木くず他ごみが混入しないよう分別回収を行った。雨掛かりのない場所で保管し、メーカーの工場に引取りを依頼した。
④	結果と評価	メーカーの再生工場で処理することで、再生利用することができ、せっこうボードに限らず木材、廃プラ、鉄くずの分別は作業員の環境に対する意識向上となったことは評価できる。

(3)

①	副産物対策	再使用
②	工種名等	内装工事（集会場トイレ改修）
③	実施内容	トイレ器具の全交換ではなく、陶器部分は再使用することとした。またトイレ入口の段差解消のため器具を一度撤去し保管。内装工事完了後、便座だけ新しいものに交換し再設置した。
④	結果と評価	既存トイレ器具の産業廃棄物の発生を抑制することができたことにより、既存便器の処分費・新規購入費を削減することもできたのは評価できる。

2

(1)

環境問題	地球温暖化
取り組むべき事項	工事用重機のアイドリングストップにより、CO_2発生を削減する。

(2)

環境問題	熱帯林の減少
取り組むべき事項	床型枠を在来工法合板からフラットデッキに変更する。

　建設工事における建設副産物は、その種類と発生量が多いため、建設業においては資源循環型社会の推進に向けて建設副産物に対する更なる取組みが求められている。

　あなたが経験した**建築工事**のうち、施工にあたり**建設副産物対策**を計画し実施した工事を1つ選び、工事概要を記入したうえで、次の1.から2.の問いに答えなさい。

　なお、**建築工事**とは、建築基準法に定める建築物にかかる工事とし、建築設備工事を除くものとする。

〔工事概要〕

イ．工　事　名

ロ．工　事　場　所

ハ．工　事　の　内　容　　新築等の場合：建物用途、構造、階数、延べ面積（又は施工数量）、主な外部仕上げ、主要室の内部仕上げ

改修等の場合：建物用途、主な改修内容、施工数量（又は建物規模）

ニ．工　　　　　期（年号又は西暦で年月まで記入）

ホ．あなたの立場

1．工事概要であげた工事において、あなたが計画し実施した建設副産物対策のうちから発生抑制について2つ、再生利用について1つあげ、次の①から③の事項についてそれぞれ具体的に記述しなさい。

　　ただし、②の「計画・実施した内容」は、それぞれ異なる内容の記述とする。

① 工種名

② 計画・実施した内容

③ 結果と波及効果

2．工事概要にあげた工事にかかわらず、あなたの今日までの工事経験に照らして、現場で分別された産業廃棄物の**適正処分**にあたっての**留意事項**を2つ、産業廃棄物をあげて具体的に記述しなさい。

　　ただし、留意事項はそれぞれ異なる内容の記述とする。

 POINT

1　問1②では「**計画・実施した内容**」を問われていますので、「〜した。」「〜を計画し、〜を実施した。」などの**過去形**で記述してください。

2　問1③では「**結果**」と「**波及効果**」を明示的に記述しましょう。「〜ができた。波及効果として〜となった。」などが記述パターンです。片方しか記述してないと判断されると大幅な減点となります。

3　問2では、「**適正処分**」にあたっての「**留意事項**」が問われています。「**許可業者との委託契約**」「**マニフェスト管理**」「**処分場現地確認**」などを、具体的に産業廃棄物品目を絡めて記述しましょう。また、「**分別回収**」は設問の前提条件となっていますので、単に分別回収を記述するだけでは大幅に減点される可能性があります。

[工事概要]

イ.	工　事　名	○○建設本社ビル新築工事
ロ.	工事場所	埼玉県○○市△△町3−4−5
ハ.	工事の内容	事務所、RC造、地上9階建て、延べ面積3,000㎡
		外部：二丁掛けタイル張り
		内部：（天井）ロックウール吸音板
		（壁）PB下地ビニルクロス張り
		（床）フローリング
ニ.	工　　期	平成29年10月〜令和元年5月
ホ.	あなたの立場	工事主任

1

(1) 建設副産物対策（発生抑制）

①	工種名等	杭工事
②	計画・実施内容	場所打ち杭の打設時、コンクリート天端設定を杭天端＋80cmで設定する計画とし、鉄筋外側及び内部で4点検尺を行い、余盛り高さを緻密に管理することで、余盛りを必要最小限にした。
③	結果と波及効果	余盛りはつりガラの発生を抑制できた。処分費用削減と杭頭処理期間の短縮となり、近隣への騒音振動の低減にもつながった。

(2) 建設副産物対策（発生抑制）

①	工種名等	型枠工事
②	計画・実施内容	基礎型枠工事を在来型枠工法からラス型枠工法に変更する計画とし、木くずの解体材発生を抑制した。躯体寸法は欠損のないように10㎜ふかしで実施した。
③	結果と波及効果	産業廃棄物としての木くず発生量をほぼゼロとすることができた。波及効果として、木型枠より軽量のため運搬・加工手間が省力化され、かつ解体不要なので工期短縮となった。

(3) 建設副産物対策（再生利用）

①	工種名等	土工事
②	計画・実施内容	土工事で発生した発生土が検査の結果、良質土であったので、工事監理者の承諾を得て場内に仮置きする計画とし、土間下の埋戻し土として再生利用した。
③	結果と波及効果	発生土の場外処分及び埋戻し土の新規搬入がともに削減でき、有効利用することができた。波及効果として、処分費、購入費などのコスト削減に大きく貢献した。

2

(1)

産業廃棄物	建設混合廃棄物
留意事項	建設混合廃棄物の分別施設をもつ許可処理業者と契約し、マニフェストの発行及びD・E票の回収により処分されたことを確認し、最終処分場を視察・確認する。

(2)

産業廃棄物	建設汚泥
留意事項	杭工事や山留め工事などで発生した建設汚泥は、許可を受けた運搬処理業者に管理型処分場に搬入させるとともに、処分施設の現地を確認し記録を残す。

[工事概要]

イ.	工 事 名	○○建設本社ビル新築工事
ロ.	工 事 場 所	埼玉県○○市△△町3－4－5
ハ.	工 事 の 内 容	事務所、S造、地上9階建て、延べ面積3,000㎡
		外部：複層塗材E
		内部：（天井）ロックウール吸音板
		（壁）PB下地ビニルクロス張り
		（床）OAフロア＋タイルカーペット張り
ニ.	工 期	平成29年10月～令和元年5月
ホ.	あなたの立場	工事主任

1

（1）建設副産物対策（発生抑制）

①	工種名等	内装工事
②	計画・実施内容	BIMで設計・施工情報を共有化する計画であった。そこで、廃材発生抑制のため、内装の軽鉄間仕切りを工場でプレカットさせてから搬入することとした。
③	結果と波及効果	現場での切断作業がなくなり、端材の廃棄量を大幅に削減することができた。波及効果として、現場切断時の騒音もなくなり、作業環境の向上につながった。

（2）建設副産物対策（発生抑制）

①	工種名等	耐火被覆工事
②	計画・実施内容	鉄骨耐火被覆をロックウール吹付け工法から巻付け工法に変更する計画として、吹付けロックウールの飛散をなくし、その養生を不要とした。

| ③ | 結果と
波及効果 | 飛散ロックウール廃棄物及び飛散防止用の養生材廃棄物をなくすことができた。廃棄物処分費や現場清掃費を削減でき、通行制限の必要もなくなり、他業種の作業工程を同時に行うことも可能となり工程短縮にもなった。 |

※便宜上、耐火被覆工事を「仕上」に掲載していますが、一般的には躯体工事に分類されます。

(2)の解答の場合、工事概要であげた工事が鉄骨造の建物であることが前提になります。

(3) 建設副産物対策（再生利用）

①	工種名等	解体工事、仮設工事
②	計画・ 実施内容	既存ブロック塀の解体材を30〜40mm程度に破砕し、場内整備のための舗装コン下地の砕石として再生利用した。
③	結果と 波及効果	場内仮設舗装用の砕石の搬入、処分量を削減できた。工事車両通行箇所を舗装できたため、タイヤによる場外への泥の持ちだしも防止され近隣環境向上にもなった。

2
(1)

産業廃棄物	汚水（汚泥）
留意事項	杭工事による、掘削汚泥や安定液、タンクの洗い水は許可業者により運搬処理を契約し、マニフェストD・E票をもって処理を確認した。

(2)

産業廃棄物	廃プラスチック
留意事項	廃プラスチック類でも種類により処分方法が異なるため、硬質塩ビ管類、発泡スチロール、その他の廃プラスチックに区分して回収し、品目ごとに許可業者に引き渡し、マニフェストにより処理状況を確認した。

[工事概要]

イ．工 事 名	○○コーポ改修工事（内外装・防水工事）
ロ．工 事 場 所	東京都○○市△△町□□1547
ハ．工 事 の 内 容	集合住宅、RC造、6階建て（1階店舗、2〜6階住戸）
	延べ面積2,300㎡、店舗改修、住居部廊下・バルコニー改修、間仕切り工事及び内装改修
	外部：二丁掛けタイル張り2,200㎡
	廊下バルコニー改修630㎡
	屋上防水改修工事300㎡
	内部：（天井・壁）PB下地クロス張り
	（床）フローリング張り
	内装改修延べ面積　1,200㎡
ニ．工 期	平成29年10月〜平成31年3月
ホ．あなたの立場	工事主任

1

(1) 建設副産物対策（発生抑制）

①	工種名等	タイル工事
②	計画・実施内容	外壁タイルの浮き調査を行い、下地面からの浮きに対して全面タイル張替えではなく、アンカーピンニング工法を採用して、施工した。
③	結果と波及効果	アンカーピンニング工法を採用することで、タイルはつりガラの発生を抑制できた。波及効果として、工期短縮、省人化が図れた。

(2) 建設副産物対策（発生抑制）

①	工種名等	防水工事
②	計画・実施内容	屋上アスファルト防水工事にあたり、既存アスファルトを全面撤去し、やり替える計画から、撤去せずに上から被せる計画に変更した。

| ③ | 結果と
波及効果 | 既存アスファルト層の撤去がなくなり、その分産業廃棄物の発生を抑制できた。波及効果として、撤去手間・運搬作業もなくなることで工期短縮となった。 |

(3) 建設副産物対策（再生利用）

①	工種名等	内装工事
②	計画・ 実施内容	間仕切り壁が木材であったため、産廃収集運搬許可を持っている解体業者に委託して、再生利用可能なパーティクルボードにするよう処理施設に運搬した。
③	結果と 波及効果	ほとんどの間仕切り壁下地木材をパーティクルボードに再生利用できた。波及効果として、木くず発生量を大幅に削減でき、廃材処分費を低減できた。

2

(1)

| 産業廃棄物 | 発泡スチロール |
| 留意事項 | 産業廃棄物集積所は全6種別に分別回収を行った。廃プラは混合物のないように透明な容器へ集積し、リサイクルできるよう留意した。 |

(2)

| 産業廃棄物 | 石綿（耐火被覆材） |
| 留意事項 | 施工後の清掃で出た石綿は、飛散養生シートとともに専用の袋に二重に梱包・封入し石綿であることを表示し、所定の処分場に運搬した。 |

　建設業においては、高度成長期に大量に建設された建築物の更新や解体工事に伴う建設副産物の発生量の増加が想定されることから、建設副産物対策への更なる取組みが求められている。

　あなたが経験した**建築工事**のうち、施工に当たり**建設副産物対策**を施工計画の段階から検討し実施した工事を1つ選び、工事概要を具体的に記述したうえで、次の1.及び2.の問いに答えなさい。

　なお、**建築工事**とは、建築基準法に定める建築物に係る工事とし、建築設備工事を除くものとする。

［工事概要］

イ. 工　　事　　名

ロ. 工　事　場　所

ハ. 工 事 の 内 容　　新築等の場合：建物用途、構造、階数、延べ面積又は施工数量、主な外部仕上げ、主要室の内部仕上げ

　　　　　　　　　　改修等の場合：建物用途、建物規模、主な改修内容及び施工数量

ニ. 工　　　　　　期（年号又は西暦で年月まで記入）

ホ. あなたの立場

1. 工事概要であげた工事において、あなたが実施した建設副産物対策に係る**3つの事例**をあげ、それぞれの事例について、次の①から④を具体的に記述しなさい。

　　ただし、3つの事例の③及び④はそれぞれ異なる内容の記述とする。

　　なお、ここでいう①建設副産物対策は、**発生抑制**、**再使用**又は**再生利用**とし、重複して選択してもよい。

① 建設副産物対策（該当するものを1つ〇で囲むこと。）

② 工種名等

③ 対策として**実施したこと**と実施に当たっての**留意事項**

④ 実施したことによって得られた**副次的効果**

2. 工事概要であげた工事にかかわらず、あなたの今日までの工事経験に照らして、1.で記述した内容以外の建設副産物対策として、建設廃棄物の**適正な処理**の事例を2つあげ、対策として**実施したこと**と、それらを適切に実施するための**留意事項**を具体的に記述しなさい。

　　ただし、2つの事例は異なる内容の記述とする。

🧑 POINT

1 問1③では「**実施したこと**」と「**留意事項**」を明示的に記述してください。「〜を行った。実施にあたっては〜することに留意した。」などが記述パターンになります。

2 「**実施したこと**」については、過去形で「〜した。」と記述しましょう。

[工事概要]

イ．工　事　名	○○建設本社ビル新築工事
ロ．工事場所	埼玉県○○市△△町3－4－5
ハ．工事の内容	事務所、RC造、地上9階建て、延べ面積3,000㎡
	外部：二丁掛けタイル張り
	内部：（天井）ロックウール吸音板
	（壁）PB下地ビニルクロス張り
	（床）OAフロア＋タイルカーペット
ニ．工　　期	平成29年10月～令和元年5月
ホ．あなたの立場	工事主任

1

(1)

①	建設副産物対策 ※右から該当する ものを丸で囲む （重複可）	⊙発生抑制	
		再　使　用	
		再生利用	
②	工種名等	RC床型枠工事	
③	実施したことと 留意事項	発注者の承認を得て、合板型枠を鋼製フラットデッキに変更し、木くずの発生を抑制した。作業荷重や支点間距離を考慮した計算による安全性の確認に留意した。	
④	副次的効果	木くずの発生が減少し産廃処理費の節減につながっただけでなく、解体不要となり工程も大幅に短縮できた。	

(2)

①	建設副産物対策 ※右から該当する ものを丸で囲む （重複可）	⊙発生抑制	
		再　使　用	
		再生利用	
②	工種名等	杭工事、土工事	

③	実施したことと留意事項	発注者・監理者の承認を得て、場所打ち杭の杭頭ガラを捨てコン下の砂利敷きとして利用した。圧砕機及び破砕処理機で40mm以下の砕石となるよう留意した。
④	副次的効果	すべてのコンクリートガラを現場内で再生利用できた。産業廃棄物量の縮減、産業廃棄物処理費用及び砕石購入費用の低減にもなった。

(3)

①	建設副産物対策 ※右から該当するものを丸で囲む (重複可)	発生抑制	
		再 使 用	
		再生利用	
②	工種名等	型枠工事	
③	実施したことと留意事項	当初3回転用を予定のところ、4回転用とすることで木くず処分量を削減した。解体後のケレン清掃や剥離剤の塗布することで、脱型後のコンクリート付着防止に留意した。	
④	副次的効果	木くず処分費の削減だけでなく、合板新品投入量・購入費の削減にもつながった。	

2

(1)

対策として実施したこと	建設混合廃棄物は分別処理設備を有する許可業者と契約し、マニフェストにより分別処理を確認した。
留意事項	運搬・処分業者から返送されるマニフェストは、E票回収後5年間保管するようにした。

(2)

対策として実施したこと	アスベスト除去工事は十分な実績を有する業者と契約し、石綿が付着した隔離養生シートについても適正処分した。
留意事項	隔離シートも石綿廃棄物であるため、内側に飛散抑制剤を噴霧し、内側に折りたたんで密封処理した。

「実施したこと」を問われているので、過去形で「〜した。」と記述しましょう。

[工事概要]

イ.	工　事　名	○○マンション新築工事
ロ.	工事場所	東京都○○区△△町□□3-2-18
ハ.	工事の内容	共同住宅、集会場、戸数83戸、RC造
		地上9階建て　延べ面積9,500㎡
		外部：ボーダータイル張り、石張り
		内部：（天井・壁）PB下地ビニルクロス張り
		（床）フローリング
ニ.	工　　期	平成29年5月～令和元年9月
ホ.	あなたの立場	工事主任

1

(1)

	建設副産物対策 ※右から該当するものを丸で囲む（重複可）	⓪発生抑制	
①		再　使　用	
		再生利用	
②	工種名等	浴室工事	
③	実施したことと留意事項	発注者・監理者の承認のもと、浴室を在来湿式工法からハーフユニットバスに変更した。ユニットの搬入・施工後、後続作業時に傷がつかないよう留意した。	
④	副次的効果	左官・仕上げ工事の産業廃棄物の抑制となり、かつ作業手間削減・工期短縮になった。ユニットにすることで床廻りの漏水懸念箇所も無くなり、品質向上にもなった。	

(2)

	建設副産物対策 ※右から該当するものを丸で囲む（重複可）	⓪発生抑制	
①		再　使　用	
		再生利用	
②	工種名等	内装工事	

| ③ | 実施したことと留意事項 | 壁せっこうボードを部屋の形状に合わせてプレカットしたものを納入することで、端材発生を最小限に抑えた。各サイズに番号を振り、振分け表を作成して配り間違いのないよう留意した。 |
| ④ | 副次的効果 | 切断時に発生する粉じんが少なくなって、場内を清潔な状態に保つこととなり、清掃費と処分費をともに削減することができた。 |

(3)

①	建設副産物対策 ※右から該当するものを丸で囲む（重複可）	発生抑制 再　使　用 再生利用
②	工種名等	養生
③	実施したことと留意事項	外部ドア枠取付け後の養生材を、段ボール製のものから耐水性、耐衝撃性に優れた発泡ポリエチレン製の養生材に変更した。脱落のないよう取付けに留意した。
④	副次的効果	紙くず等の廃棄物が大幅に削減されただけでなく、自社の他現場でも多くの転用が可能となり、養生材料費の低減にもつながった。

2
(1)

| 対策として実施したこと | 杭工事で発生した掘削汚泥や安定液、タンクの洗い水を許可処理業者に委託して、運搬及び処理を行わせた。 |
| 留意事項 | マニフェストD・E票の回収により処分されたことを確認した。 |

(2)

| 対策として実施したこと | 硬質塩ビ管類、発泡スチロール、その他の廃プラスチックに区分して回収し、種類ごとに専門業者に引き渡して、リサイクル処分した。 |
| 留意事項 | 廃プラスチック類は種類により処分方法が異なるため、わかりやすい見分け方の表を分別ヤードに掲示し、混在や異物付着がないように分別ヤード整備員に適宜確認・指導させた。 |

[工事概要]

イ．工 事 名	○○コーポ改修工事（内装工事）
ロ．工 事 場 所	東京都○○市△△町□□1547
ハ．工 事 の 内 容	事務所、RC造、6階建て（1階店舗、2～6階住戸） 延べ面積2,300㎡、店舗改修、住居部廊下・バルコニー改修、間仕切り工事及び内装改修 外部：二丁掛けタイル張り2,200㎡ 　　　　廊下バルコニー改修630㎡ 内部：（天井・壁）PB下地クロス張り 　　　（床）フローリング張り 内装改修延べ面積　1,200㎡　機械室石綿除去40㎡
ニ．工 期	平成29年10月～平成31年3月
ホ．あなたの立場	工事主任

1

(1)

①	建設副産物対策 ※右から該当する ものを丸で囲む （重複可）	発生抑制	
		再 使 用	
		再生利用	
②	工種名等	内装工事	
③	実施したことと 留意事項	壁、床面はプラベニアで全フロアを解体作業前に全面養生を行う計画であったが、解体作業が完了したフロアから養生材をはずし、次工程の階に転用することとした。転用時に養生材を損傷させないよう留意した。	
④	副次的効果	養生材を大幅に削減することができた。1階以外は全て基準階であったため、再加工での廃材が発生することもなく、産廃費用も30%程度削減することができた。	

(2)

①	建設副産物対策 ※右から該当する ものを丸で囲む （重複可）	発生抑制	
		再 使 用	
		再生利用	

②	工種名等	廊下バルコニー改修工事
③	実施したことと留意事項	既存防水層は撤去予定であったが、部分補修の上でのオーバーレイ工法に変更した。コンクリートのひび割れやぜい弱部に留意し、事前調査を徹底した上で施工した。
④	副次的効果	部分補修としたことで撤去廃棄物の削減となり、工期・工費ともに削減できた。

(3)

①	建設副産物対策 ※右から該当するものを丸で囲む（重複可）	発生抑制 （再使用） 再生利用	
②	工種名等	内装工事	
③	実施したことと留意事項	押入れに使用されていた合板の残材を建具や開口部の養生材として再使用した。汚れないよう、シートをかけて残材を保管するよう留意した。	
④	副次的効果	既製プラスチックの養生材の使用が少なくなり、廃プラスチックの処分量を抑制することができた。また、養生費用のコストダウンを図ることができた。	

2

(1)

対策として実施したこと	せっこうボードの回収をメーカーリサイクルとするため、確実に回収されるように蓋付きコンテナを専用回収所に設けた。
留意事項	メーカーでのリサイクル要件で、混合物のないことと乾燥状態であることが必要だったため、受入れを拒否されないよう留意した。

(2)

対策として実施したこと	既存吹付け石綿除去工事で発生した清掃端材、養生材、作業着等を他の廃棄物と区分して収集、運搬処理を行った。
留意事項	専用の袋に二重にして封入し、廃石綿であること及び注意事項を表示し、他廃棄物と混合しないよう留意した。

テーマ 2 品質管理

1 要求品質

「要求される品質」（要求品質）には、発注者や設計者からの要望、工事監理者からの指示、設計図・仕様書（特記仕様書、現場説明事項、質問回答書など）に示される品質、建物用途等から期待される機能・性能のほか、建築物として備えるべき強度、耐久性、出来ばえ、美観、安全性も含まれます。作業所においては、これらを的確に把握し、実現するために、「**重点品質管理目標**」及び施工段階での具体的な「**品質管理項目**」を定めて、実施しなければなりません。

「要求品質」に関連する主な項目には次のようなものがあります。

❶ 躯体関係

コンクリート強度、躯体精度（コンクリート躯体、鉄骨）、ひび割れ防止、耐久性、美観

❷ 仕上げ関係

漏水防止、各工事の性能（タイルのはく落防止、塗装の耐久性など）、仕上げ精度（床のレベル精度、壁の平滑度、ひび割れ防止など）、出来ばえ（塗装や塗床の美観）、手すりの安全性

2 重点品質管理目標

「重点品質管理目標」は、要求品質を達成するため、特に重点的に管理が必要な品質を特定し、できる限り具体的な目標を定めます。

3 品質管理項目

「品質管理項目」は、要求品質、重点品質を実現するために必要な項目で、実際の施工プロセスにおいて管理する項目を定めたものです。「品質管理項目を定めた理由」は、要求品質に合った重点品質管理目標を達成するためのものであることや、管理しない場合に要求品質にどのような影響があるかなどを記述します。

4 実施した内容

「実施した内容」は、管理の具体的な内容、つまり、誰が、何を、どのような方法でチェックしたか等について記述します。特に主語には注意が必要です。社内組織の場合は、どのような組織かわかる名称を明記します。

5 協力会社等へ周知するための方法・手段

「協力会社等へ周知するための方法・手段」は、事前検討会、事前説明会、作業前ミーティング、日例打合せなどの手段等を具体的に記述します。

6 確認するための手段・方法

「確認するための手段・方法」はプロセス確認、チェックリスト、自主検査内容の確認、検査等を記述します。

※ 自主検査は、誰が、どのタイミングで行うのか明記。元請が行う工程内検査と混同しないように注意する。

7 組織的な品質管理活動

「組織的な品質管理活動」は、品質管理のPDCA（計画・実施・確認・処置）を設計者、工事監理者、店社の関連部門等（品質管理部、技術部、工事指導役等）とシステム的に実施した内容を記述します。具体的には次のようなものがあります。

❶ 各種検討会：設計説明会、施工計画検討会、設計図書検討会など
❷ 各種検査指導：社内検査、下地確認会、工事指導など
❸ 施工後の反省会、フィードバック会、見直し会など

8 組織的な品質管理活動による効果

「組織的な品質管理活動による効果」は、作業所内での効果や他作業所も含めた全社的な効果などを記述します。具体的には次のようなものがあります。

❶ 品質の平準化や不具合予防が図られたこと
❷ 品質を確保した状態で次工程へ移れたこと
❸ 好事例等が展開されることにより品質管理活動が合理化されたこと
❹ 発注者の信頼を得ることができたこと

9 品質管理に関係する基礎用語

上記以外の品質管理に関係する基礎的な用語や留意点を以下にまとめます。普段使い慣れた用語でも、意外に不正確な使い方をしている場合が少なくありません。経験記述にあたっては、正確な用語を正しく使うようにしましょう。

❶ 品質計画

施工の目標品質、品質管理及び管理の体制などを具体的に記載します。

❷ 品質管理計画

重点的に管理する項目や管理目標を設定し、管理目標は可能な限り数値で明示します。

❸ 施工品質管理表（QC工程表）

施工工程の各段階（プロセス）で、誰が、いつ、どこで、何を、どのように（管理水準、管理の間隔・頻度など）管理したらよいかを一覧にまとめたものです。工種別又は部位別とし、プロセスのフローにしたがって記載し、管理項目には、重点的に実施すべき項目を取り上げます。

❹ 中間検査

工程内検査、工程間検査ともいい、不良ロットが次工程に渡らないように、事前に取り除くことによって損害を極力少なくするために行います。

❺ 受入検査

物品を受け入れる段階で、受入れの可否を一定の基準のもとで行う検査です。

❻ 全数検査

品物の個々について全数を検査するものです。

❼ 抜取検査

対象となる有限の母集団（ロット）からサンプルを抜き取って、測定、試験

などを行い、その結果をロットの合否判定基準と比較して、ロットの合格、不合格を判定する検査です。

❽ 自主管理

製造・製作、施工した者自身で行う管理活動。一般に、施工現場単位においては、**専門工事会社が自ら行う管理**を指します。

❾ 自主検査

製造・製作、施工した者自身で行う検査。一般に、施工現場単位においては、**専門工事会社が自ら行う検査**を指します。

※　タイルの下地や型枠精度の確認等を元請が行う場合は、一般に「工程内検査」にあたる。

本試験問題

　建築物は、現場施工による一品生産である。生産現場である作業所では、着工前に発注者のニーズ及び設計図書から建築物の要求品質を事前に抽出し、「重点品質管理目標」を設定して施工にあたる。

　あなたが経験した**建築工事**のうち、建築物の要求品質をつくり込むため、重点的に**品質管理**を行った工事を1つ選び、下記の工事概要を具体的に記入した上で、次の1.から2.の問いに答えなさい。

　なお、**建築工事**とは、建築基準法に定める建築物に係る工事とし、建築設備工事を除くものとする。

［工事概要］

イ．工　　事　　名

ロ．工　事　場　所

ハ．工　事　の　内　容　　新築等の場合：建物用途、構造、階数、延べ面積又は施工数
　　　　　　　　　　　　　　　　　　　　量、主な外部仕上げ、主要室の内部仕上げ
　　　　　　　　　　　　改修等の場合：建物用途、主な改修内容、施工数量又は建
　　　　　　　　　　　　　　　　　　　物規模

ニ．工　　　　　　期　（年号又は西暦で年月まで記入）

ホ．あなたの立場

1．工事概要であげた建築工事において、設計図書などから読み取った要求品質を実現するために行った**品質管理活動**を2つあげ、次の①から③について具体的に記述しなさい。

　　ただし、2つの品質管理活動の内容は、異なる記述とする。

① 設計図書などから読み取った**要求品質**と、それを実現するために定めた**重点品質管理目標**を、それぞれ具体的に記述しなさい。

② ①の重点品質管理目標を達成するために設定した、施工プロセスにおける**品質管理項目**とそれを**定めた理由**を、具体的に記述しなさい。

③ ②の品質管理項目について、どのように管理したか、**実施した内容**を、具体的に記述しなさい。

2．工事概要であげた工事にかかわらず、あなたの今日までの工事経験を踏まえて、次の①、②について具体的に記述しなさい。

① 作業所における**組織的な品質管理活動**は、どのように行ったら良いと思いますか、あなたの考えを記述しなさい。
② 組織的な品質管理活動を行うことにより、どのような効果が得られると思いますか、あなたの考えを記述しなさい。

POINT

1 問1②の「理由」は、①の「重点品質管理目標」を達成するために定めた「品質管理項目」がどうして重要であるか、その項目を管理しないとどのような不都合が生じるかなどを記述しましょう。

2 問2①②の「組織的な品質管理活動」「効果」については、テーマ2**7**8を参照してください。

3 問2では「**あなたの考え**」を問われているので、現在形「～する。」「～と考える。」で答えるようにしてください。

[工事概要]

イ.	工 事 名	○○町△ビル新築工事
ロ.	工 事 場 所	千葉県千葉市○○区△△町○○2-5-13
ハ.	工 事 の 内 容	事務所、RC造、地上7階建地下1階
		延べ面積6,000㎡
		外部：小ロタイル張り
		内部：（天井）ロックウール化粧吸音板
		（壁）せっこうボード下地EP
		（床）ビニル床シート
ニ.	工 期	平成29年10月～令和元年5月
ホ.	あなたの立場	工事主任

1

(1)

①	要求品質	鉄筋コンクリート造の構造体強度の確保
	重点品質管理目標	柱・梁鉄筋の継手性能の確保
②	品質管理項目	ガス圧接部の適正な外観・形状の確認
	定めた理由	圧接部のふくらみ不足や偏心量が多いと、継手の引張耐力不足となり、躯体の構造強度が低下して、コンクリートの亀裂発生や耐震性能不足の原因となるため。
③	実施した内容	ノギスを使用し目視による圧接部全数検査を行い、不良のないことを確認した。また、基準値以下のものは、再加熱又は切り取り再圧接により、全て是正を行った。

(2)

①	要求品質	健全なコンクリート躯体の構築
	重点品質管理目標	冬期に打設するコンクリートの強度、耐久性の確保
②	品質管理項目	コンクリート打設後の養生温度管理（5日間2℃以上）
	定めた理由	打設後の外気温が0℃以下になるおそれがあり、コンクリート中の水分の凍結・融解による凍害が発生すると、コンクリートの強度や耐久性に著しい悪影響を及ぼすため。
③	実施した内容	コンクリート打設面・開口部・型枠外側をシートで覆い、室内にジェットヒーター等を設置し、5日間2℃以上に保たれるように管理した。

冬期の温度養生（5日間2℃以上）は基本的内容ですね。工事概要の工事場所や工期との整合性には注意しましょう。

2

①	作業所における組織的な品質管理活動	品質管理部門と協議の上で作業所において施工品質管理表をまとめ、各業者に文書にて配布・周知する。各工程完了時には工程内検査、品質管理課による抜取り検査を実施することで、適正品質を確保する。
②	組織的な品質管理活動で得られる効果	手戻りによる再施工費用や補修費用の削減となり、作業所におけるロスコスト削減が可能になり、会社全体の収益向上につながる。さらに、発注者及び社会からの信頼が得られ、今後の受注拡大へとつながる。

[工事概要]

イ. 工 事 名		○○町△ビル新築工事
ロ. 工 事 場 所		千葉県千葉市○○区△△町○○2−5−13
ハ. 工 事 の 内 容		事務所、S造、地上7階建、延べ面積6,000㎡
		外部：ALC板+可とう形外装薄塗材Eこて仕上げ
		内部：（天井）ロックウール化粧吸音板
		（壁）せっこうボード下地EP
		（床）ビニル床シート
		OAフロア・タイルカーペット
ニ. 工 期		平成29年10月〜令和元年5月
ホ. あなたの立場		工事主任

1

(1)

①	要求品質	屋上シート防水からの漏水の防止
	重点品質管理目標	防水層の付着力確保
②	品質管理項目	防水下地の平滑性と乾燥状態の確認
	定めた理由	下地凹凸による防水層の損傷や乾燥不十分によるふくれにより、防水層の劣化が早期に進行し、漏水の原因となるため。
③	実施した内容	シート防水の施工にあたり、コンクリート打設後、2週間以上経過後に高周波水分計により含水率8％以下であることを確認し、十分な清掃及び突起物除去を行った。

(2)

①	要求品質	長期的な塗装仕上げの美観の確保
	重点品質管理目標	ALC塗装仕上げのひび割れ防止
②	品質管理項目	吸水調整材の適正塗布量と適正な目地位置の確認
	定めた理由	ALC下地による吸込み量が多いため、吸水調整材の塗布不足による仕上げ材のはく離を防止するため。また、ALC目地に沿って伸縮目地を設け、挙動によるひび割れを防止するため。
③	実施した内容	ALC下地に可とう形外装薄塗材Eこて仕上げだったため、吸水調整材の二度塗り後、吸込が激しい箇所には塗り重ねを行った。目地位置は、ALCとのずれのないように設けた。

2

①	作業所における組織的な品質管理活動	工事監理者、元請社員、協力会社の責任者で品質管理検討会を月1回行い、要求品質・目標品質・管理項目を確認し、品質管理活動を朝礼で発表して、周知を図る。
②	組織的な品質管理活動で得られる効果	作業所の全作業員に品質管理活動の重要性を認識させるだけでなく、要求品質達成により顧客満足度が上がり、今後の受注につながることが期待できる。

[工事概要]

イ. 工 事 名	○○マンション大規模改修工事
ロ. 工 事 場 所	東京都○○市△△町□□1-5-8
ハ. 工 事 の 内 容	共同住宅、RC造、12階建、延べ面積1,820㎡
	屋上防水改修200㎡、バルコニー防水500㎡
	外壁塗装1,960㎡、内装改修1,240㎡
ニ. 工 期	2020年10月～2021年3月
ホ. あなたの立場	工事主任

1

(1)

①	要求品質	快適な居住性
	重点品質管理目標	界壁の遮音性能確保
②	品質管理項目	遮音壁認定工法による施工手順の遵守
	定めた理由	所定の施工手順を踏まないと、想定外の隙間の発生や、接触してはならない部材同士の接触などが生じる可能性が高くなり、適正な遮音性能を得ることができなくなるため。
③	実施した内容	事前にメーカーと共に、内装業者に対し、仕様書を用いて施工方法の工法説明を行った。使用材料、施工状況を写真でも記録に残すようにした。

上の解答の場合、「認定工法による施工手順の遵守」という品質管理項目を定めた理由を具体的に記述することが求められます。

(2)

①	要求品質	長期的なクロスの美観確保
	重点品質 管理目標	ボードの平滑性と目違い防止
②	品質管理項目	ボード継目を極力少なくした割付け発注
	定めた理由	ボードの継目が少なくなることで継目の不陸による塗装仕上がり不良やひび割れ発生を抑制することができるため。
③	実施した内容	中廊下改修工事の天井ボードを廊下幅に合わせてプレカットしたものを納入して施工した。

2

①	作業所における組織的な品質管理活動	社内の品質管理プロセスに則り各工事の品質計画書を作成し、施工手順や重点管理部分を作業員に周知し、実施状況の確認を行う。異常発生時は、適正に是正し、報告書を社内で共有して、再発防止に活用する。
②	組織的な品質管理活動で得られる効果	各現場のフィードバックを活用することで、適正品質の建物を引き渡すことができる。また、社内全体で施工品質の向上に取り組むことが、若手社員の育成につながる。

　建築工事の施工者に対して、建築物の施工品質の確保が強く求められている。あなたが経験した**建築工事**のうち、発注者や設計図書等により要求された品質を実現するため、品質計画に基づき**品質管理**を行った工事を1つ選び、工事概要を具体的に記入したうえで、次の1.から2.の問いに答えなさい。

　なお、**建築工事**とは、建築基準法に定める建築物に係る工事とし、建築設備工事を除くものとする。

〔工事概要〕

イ．工　事　名

ロ．工　事　場　所

ハ．工　事　の　内　容　　新築等の場合：建物用途、構造、階数、延べ面積又は施工数
　　　　　　　　　　　　　　　　　　　　　量、主な外部仕上げ、主要室の内部仕上げ
　　　　　　　　　　　　改修等の場合：建物用途、主な改修内容、施工数量又は建
　　　　　　　　　　　　　　　　　　　　物規模

ニ．工　　　　　　　期（年号又は西暦で年月まで記入）

ホ．あなたの立場

1．工事概要であげた工事で、あなたが担当した工種において実施した**品質管理活動**の事例を2つあげ、次の①から③についてそれぞれ記述しなさい。
　　ただし、2つの品質管理活動は、それぞれ異なる内容の記述とすること。

① 発注者や設計図書等により**要求された品質**及びその品質を満足させるために特に設定した**品質管理項目**を、**工種名**をあげて具体的に記述しなさい。

② ①で設定した品質管理項目について**取り上げた理由**を具体的に記述しなさい。

③ ①で設定した品質管理項目をどのように管理したか、その**実施した内容**を具体的に記述しなさい。

2．工事概要にあげた工事にかかわらず、あなたの今日までの工事経験に照らして、**品質管理目標、品質管理項目及び活動内容を協力業者等に、周知するため及びそれらに基づいて施工されていることを確認するための方法・手段**を具体的に記述しなさい。

　　なお、1.③の「実施した内容」と同一の記述は不可とする。

POINT

1 問1②の「理由」は、①の「品質管理項目」がどうして重要であるか、その項目を管理しないとどのような不都合が生じるかなどを記述しましょう。

2 問1③は過去形「〜した。」、問2は現在形「〜する。」で記述しましょう。

[工事概要]

イ.	工 事 名	○○町△ビル新築工事
ロ.	工 事 場 所	千葉県千葉市○○区△△町○○2−5−13
ハ.	工 事 の 内 容	事務所、RC造、地上7階建地下1階
		延べ面積6,000㎡
		外部：小口タイル張り
		内部：（天井）ロックウール化粧吸音板
		（壁）せっこうボード下地EP
		（床）ビニル床シート
ニ.	工 期	平成29年10月〜令和元年5月
ホ.	あなたの立場	工事主任

1

(1)

	工種名	鉄筋工事
①	要求された品質	耐久性の高いコンクリート躯体
	品質管理項目	鉄筋のかぶり厚さと鉄筋相互間隔の確保
②	取り上げた理由	鉄筋のかぶり厚さの不足やコンクリートの充填不良は、コンクリート躯体の耐火性能や構造耐力・耐久性を大きく低下させてしまうため。
③	実施した内容	鉄筋配筋図・加工図の段階で、鉄筋のかぶり厚さや間隔を検討し、施工時には適切なスペーサー配置、鉄筋間隔を全数チェックして、不適切な箇所は修正した。

鉄筋工事においては、かぶり厚さや鉄筋間隔も重要な品質管理項目です。

(2)

	工種名	鉄筋工事
①	要求された品質	壁・スラブのひび割れ防止
	品質管理項目	適正な補強筋の配筋
②	取り上げた理由	補強筋が不足したり、位置が不適切であると、ひび割れを発生させようとする張力への抵抗機能やひび割れ分散機能が低下し、ひび割れ発生の危険性が高くなるため。
③	実施した内容	構造仕様書どおりに壁隅部や開口部に所定の補強筋が配筋されているか、配筋チェックシートで全数確認し、写真記録を残した。

2

(1) 品質管理目標、品質管理項目及び活動内容を協力業者に周知する方法・手段

設計者、工事監理者、元請が共同し、協力業社を交えて設計趣旨説明会を開催する。その後、元請が品質管理計画書を作成し、施工品質確認会で協力業者に周知する。

(2)（1）の方法や手段で施工されていることを確認するための方法・手段

協力業者が品質管理計画書に基づいて自主検査を実施し、元請はその報告を確認するとともに、抜取りで工程内検査を実施して、品質管理目標の達成状況を確認する。

[工事概要]

イ.	工 事 名	○○マンション新築工事
ロ.	工 事 場 所	東京都○○区△△町□□3-2-18
ハ.	工 事 の 内 容	共同住宅、集会場、戸数83戸、RC造
		地上9階建て　延べ面積9,500㎡
		外部：ボーダータイル張り、石張り
		内部：（天井・壁）PB下地ビニルクロス張り
		（床）フローリング
ニ.	工 期	平成29年5月～令和元年9月
ホ.	あなたの立場	工事主任

1

(1)

	工種名	左官工事・防水工事
①	要求された品質	外部建具回りモルタル充填部からの漏水防止
	品質管理項目	サッシモルタル詰めと塗膜防水の確実な施工
②	取り上げた理由	サッシまわりのモルタル充填不足（特にサッシ下端）は雨水浸入の原因となり、またバルコニーや廊下の床仕上げが完了した後では確実な止水が難しいため。
③	実施した内容	モルタル充填状況を検査鏡も使い全数確認し、不良箇所は是正を行った。塗膜防水の塗重ねは、所定の最長時間を超えないよう施工した。

(2)

①	工種名	塗床工事
	要求された品質	平滑で良好な仕上げ面の確保
	品質管理項目	適切な養生期間と湿度・換気の管理
②	取り上げた理由	適度な強度が発現するまでの間に、閉切りにより湿度が高くなると、硬化不良・仕上げ不良等の不具合を生じる可能性があるため。
③	実施した内容	床に直接風が当たらないように換気設備を整え、施工後3日間の養生期間をとり、立ち入り禁止とした。湿度80％以上の場合や施工後も雨天予報の場合は施工を取りやめた。

2

(1) 品質管理目標、品質管理項目及び活動内容を協力業者に周知する方法・手段

元請、協力業社、工事監理者を交えて月1回打合せを行い、施工手順・重点管理項目・検査時期を共有し、達成状況管理表を現地に掲示する。

(2)（1）の方法や手段で施工されていることを確認するための方法・手段

掲示により現場全体で各工種の重点管理項目を意識することができ、巡回時や昼礼時に施工状況を確認し、達成している項目は塗りつぶしを行い、管理の見える化を図る。

[工事概要]

イ．工 事 名	○○ビル改修工事
ロ．工 事 場 所	東京都○○市△△町□□１−５−８
ハ．工 事 の 内 容	事務所ビル、S造、７階建て、延べ面積700㎡
	屋上防水改修74㎡、シーリング改修739ｍ
	内部改修工事53㎡
ニ．工 期	平成29年10月〜平成29年12月
ホ．あなたの立場	工事主任

1

(1)

	工種名	防水工事
①	要求された品質	サッシ廻りの漏水防止
	品質管理項目	漏水箇所の徹底調査に基づく原因特定と確実な是正
②	取り上げた理由	漏水はさまざまな要因により発生することが多く、その原因特定が不十分であると、防水処置が的外れなものとなり、漏水を防止できなくなるため。
③	実施した内容	内部からの漏水箇所確認と外部からの散水により漏水原因調査を実施し是正した。その他にも経年劣化によるシーリング破損個所があったため、全箇所のシーリング打直しを行った。

②の解答は、「漏水箇所の徹底調査に基づく原因特定と確実な是正」という品質管理項目を定めた理由を具体的に記述することが求められます。

(2)

①	工種名	防水工事
	要求された品質	漏水の無い屋上防水
	品質管理項目	適正な排水勾配の確保
②	取り上げた理由	ごみの撤去・清掃と防水層をやり替えるだけでは、後々に繰り返し水たまりが発生し、改修後も早期劣化の可能性があり、根本からの改善が必要だったため。
③	実施した内容	屋上の角部分にごみが溜まり防水層の劣化の原因となっていたので、ごみの除去と水勾配の再検討を行い、勾配の取り直しとぜい弱部の撤去を行った後で新規防水層を施工した。

2

(1) 品質管理目標、品質管理項目及び活動内容を協力業者に周知する方法・手段

施工計画書において、施工手順の隣に品質管理項目を数値や図面で明確に記入した施工品質管理表を作成。協力業者と事前打合せを行い内容を周知する。

(2)（1）の方法や手段で施工されていることを確認するための方法・手段

施工にあたって、現場巡回時に施工計画書どおりに施工されているか確認を順次行い、写真やチェックシートに記録を残す。

　建築工事の施工者は、設計図書等に基づき、要求された品質を実現させるため、施工技術力、マネジメント力等を駆使し、確実に施工することが求められる。

　あなたが経験した**建築工事**のうち、要求された品質を実現するため、品質管理計画に基づき、**品質管理**を行った工事を1つ選び、工事概要を具体的に記述したうえで、次の1.及び2.の問いに答えなさい。

　なお、**建築工事**とは、建築基準法に定める建築物に係る工事とし、建築設備工事を除くものとする。

［工事概要］

イ．工　事　名

ロ．工　事　場　所

ハ．工　事　の　内　容　　新築等の場合：建物用途、構造、階数、延べ面積又は施工数量、主な外部仕上げ、主要室の内部仕上げ

　　　　　　　　　　　　　改修等の場合：建物用途、建物規模、主な改修内容及び施工数量

ニ．工　　　　　期（年号又は西暦で年月まで記入）

ホ．あなたの立場

1．工事概要であげた工事で、あなたが重点的に**品質管理**を実施した事例を2つあげ、次の①から③について具体的に記述しなさい。

　　ただし、2つの事例の**工種名**は同じでもよいが、他はそれぞれ異なる内容の記述とする。

① **工種名、要求された品質**及びその品質を実現させるために設定した**品質管理項目**

② ①の品質管理項目を設定した**理由**

③ ①の品質管理項目について、**実施した内容及び留意した内容**

2．工事概要にあげた工事にかかわらず、あなたの今日までの工事経験に照らして、次の①、②について具体的に記述しなさい。

　　ただし１.③と同じ内容の記述は不可とする。

① 作業所において、**組織的な品質管理を行うための方法や手段**

② ①の方法や手段で組織的な品質管理を行うことによって得られる**効果**

POINT

1 問１②の「理由」は、①の「品質管理項目」がどうして重要であるか、その項目を管理しないとどのような不都合が生じるかなどを記述しましょう。

2 問１③は過去形「〜した。」、問２は現在形「〜する。」「〜という効果が得られる。」などで記述しましょう。

[工事概要]

イ．工 事 名　　　〇〇マンション新築工事

ロ．工 事 場 所　　東京都〇〇区△△町□□3-2-18

ハ．工 事 の 内 容　　共同住宅、集会場、戸数83戸、RC造、地上9階建て

延べ面積9,500㎡

外部：ボーダータイル張り、石張り

内部：（天井・壁）PB下地ビニルクロス張り

（床）フローリング

ニ．工 期　　　平成29年5月～令和元年9月

ホ．あなたの立場　　工事主任

1

(1)

	工種名	杭工事
①	要求された品質	場所打ちコンクリート杭の杭頭部強度確保
	品質管理項目	杭余盛り高の十分な設定と天端レベルの確認
②	設定した理由	余盛り不足により杭頭部ぜい弱部が発生する可能性があり、杭頭部の強度不足による是正工事には膨大な労力と費用を要するため。
③	実施した内容及び留意した内容	余盛り高さを100cmとし、トレミー管の引抜き後のコンクリート沈降も考慮した上で、天端を設定。杭外周部と内部の天端レベル差が生じていないことに留意した。

(2)

①	工種名	コンクリート工事、型枠工事
	要求された品質	基礎コンクリートの漏水防止
	品質管理項目	耐圧盤と立上り部の止水対策と打継部の密実な打設
②	設定した理由	打継部の充填不足や止水対策の不良は地下水浸入の原因となり、配管及び配管支持金物の早期劣化要因となるため。また、床に水溜まりを生じさせず、ピット内点検を容易にするため。
③	実施した内容及び留意した内容	耐圧盤には波板止水版を設置し、耐圧盤打設は止水版が倒れないよう確認しながら打設を行った。立上り打設はバイブレータによる十分な締固めと打継ぎ時間の管理に留意した。

2

①	作業所で組織的な品質管理を行うための方法や手段	工事監理者、元請社員、協力会社の責任者で品質管理検討会を月1回行い、要求品質・目標品質・管理項目を確認し、品質管理活動を朝礼で発表して、周知を図る。
②	①の方法や手段で得られる効果	作業所の全作業員に品質管理活動の重要性を認識させるだけでなく、要求品質達成により顧客満足度が上がり、今後の受注につながることが期待できる。

[工事概要]

イ．工 事 名	○○工場新築工事
ロ．工 事 場 所	東京都○○市△△町□□1547
ハ．工 事 の 内 容	リサイクルセンター、鉄骨造、地下1階 地上4階建て
	延べ面積5,300㎡
	外部：ALCパネル・複層塗材Eゆず肌仕上げ
	内部：（天井）ロックウール吸音板
	（壁）PB下地ビニルクロス張り
	（床）長尺ビニル床シート、塗床
ニ．工 期	平成29年10月～平成31年2月
ホ．あなたの立場	工事主任

1

(1)

	工種名	屋根工事
①	要求された品質	折板屋根と外壁取合い部からの漏水防止
	品質管理項目	止水面戸の適正な取付け、周囲のシールの適正施工
②	設定した理由	ALC壁面と屋根の取合い部からの漏水は気づきにくく、足場解体後の対象箇所の是正工事は手間も費用もかかり、後に大きな瑕疵となるため。
③	実施した内容及び留意した内容	施工開始前に、止水面戸取付けや端部納まり箇所の施工ポイントを作業員と確認。施工中は、巡回、目視確認を行った。施工後は雨天時や散水試験後に漏水がないか経過観察を行うよう留意した。

68

(2)

	工種名	断熱工事
①	要求された品質	断熱性能の確保
	品質管理項目	現場発泡断熱材の適切な吹付け厚さ
②	設定した理由	断熱材の厚み不足や欠損があると断熱性能が不足したり、冷橋となって、内部結露が発生し、慢性的な結露発生・蓄積が後に内装材のカビ発生の原因となるため。
③	実施した内容及び留意した内容	吹付け範囲は、施工前に図面で厚みや折返し範囲を確認し、施工後はピンで厚みを確認した。補修吹きや削りを行う場合、仕上げ納まりの支障にならないよう留意した。

2

①	作業所で組織的な品質管理を行うための方法や手段	社内の品質管理部とともに各工事の品質計画書を作成、施工手順や重点管理部分を作業員に周知し、実施状況の確認を行う。異常発生時は、適正に是正し、報告書を社内で共有して、再発防止に活用する。
②	①の方法や手段で得られる効果	各現場のフィードバックを活用することで、適正品質の建物を引き渡すことができる。また、社内全体で施工品質の向上に取り組むことが、若手社員の育成にもつながる。

[工事概要]

イ. 工 事 名	○○マンション大規模修繕工事
ロ. 工 事 場 所	東京都○○市△△町□□1-5-8
ハ. 工 事 の 内 容	共同住宅、RC造、11階建て、154戸
	延べ面積12,000㎡
	塗膜防水改修1,120㎡、シーリング改修18,238m
	外壁タイル改修5,000㎡、屋上防水改修973㎡
	階段手すり塗装改修450㎡
ニ. 工 期	平成29年10月〜平成31年3月
ホ. あなたの立場	工事主任

1

(1)

	工種名	塗装工事
①	要求された品質	長期間の美観確保
	品質管理項目	付着力確保のための下地清掃、ケレン
②	設定した理由	下地の脆弱部や清掃不足は、下地塗膜の付着力に悪影響を及ぼして、新規塗膜の付着力低下に直結し、後に塗装の浮きや剥がれの原因ともなるため。
③	実施した内容及び留意した内容	高圧洗浄を行った上で、劣化部分の調査・処理を行い、ひび割れ箇所はUカットシール材充填により補修。健全部もクロスカット試験により付着力に問題ないことを確認するよう留意した。

(2)

	工種名	タイル工事
①	要求された品質	タイルの浮き・剥落防止
	品質管理項目	適切なアンカーピンと樹脂注入の施工
②	設定した理由	ピンの打ち込み数不足、樹脂充填不足や充填忘れがあると、タイルの剥落を防止することができず、重大な人身事故の恐れとなるため。
③	実施した内容 及び 留意した内容	打診検査により施工範囲を特定し、図面化した記録をもとにアンカーピンニング工法を実施した。ピン施工本数の確認、充填状況の全箇所打診確認を行い、もれのないよう留意した。

2

	作業所で組織的な品質管理を行うための方法や手段	毎日の朝礼時に、場内で行われる工事の各重点ポイントや手順を発表・掲示する。作業員本人に限らず広く作業所内で周知する。
①		
②	①の方法や手段で得られる効果	作業員本人の意識が向上し、他職種の作業員と相互に良好な状態で後工程に渡すよう気遣うことで品質が向上する。

　建築工事における品質確保は、建築物の長寿命化を実現するために重要である。このため、施工者は、発注者のニーズ及び設計図書等を把握し、決められた工期やコスト等の条件の下で適切に品質管理を行うことが求められる。

　あなたが経験した**建築工事**のうち、発注者及び設計図書等により要求された品質を確保するため、重点的に**品質管理**を行った工事を1つ選び、工事概要を具体的に記述したうえで、次の1及び2の問いに答えなさい。

　なお、**建築工事**とは建築基準法に定める建築物に係る工事とし、建築設備工事を除くものとする。

［工事概要］

イ. 工 事 名

ロ. 工 事 場 所

ハ. 工 事 の 内 容　新築等の場合：建物用途、構造、階数、延べ面積又は施工
　　　　　　　　　　　　　　　　　数量、主な外部仕上、主要室の内部仕上げ
　　　　　　　　　　　改修等の場合：建物用途、建物規模、主な改修内容及び施
　　　　　　　　　　　　　　　　　工数量

ニ. 工 期 等（工期又は工事に従事した期間を年号又は西暦で年月まで記
　　　　　　　　入）

ホ. あなたの立場

ヘ. あなたの業務内容

1. 工事概要であげた工事で、あなたが現場で重点をおいて実施した**品質管理**の事例を2つあげ、次の①から④について具体的に記述しなさい。

　　ただし、2つの事例の②から④は、それぞれ異なる内容を記述するものとする。

① 工種名
② 施工に当たっての**品質の目標**及びそれを達成するために定めた**重点品質管理項目**
③ ②の重点品質管理項目を**定めた理由**及び発生を予測した**欠陥又は不具合**
④ ②の重点品質管理項目について、**実施した内容**及びその**確認方法又は検査方法**

2．工事概要にあげた工事にかかわらず、あなたの今日までの工事経験を踏まえて、現場で行う**組織的な品質管理活動**について、次の①、②を具体的に記述しなさい。

　　ただし、1.④と同じ内容の記述は不可とする。

① 品質管理活動の**内容**及びそれを協力会社等に伝達する**手段又は方法**
② 品質管理活動によってもたらされる**良い影響**

POINT

1 問1②は「～を品質目標とした。そのために～を重点管理項目とした。」が記述パターンとなります。

2 問1③は「**重点品質管理項目**」とした「**理由**」と「**欠陥又は不具合**」を明示的に記述しましょう。

3 問2①は「**内容**」と「**伝達する手段又は方法**」を意識的に分けて記述しましょう。文はつなげず、分けて書く方がわかりやすくなります。

[工事概要]

イ．工 事 名	○○工場新築工事
ロ．工 事 場 所	東京都○○市△△町□□1547
ハ．工 事 の 内 容	リサイクルセンター、鉄骨造、地下1階 地上4階建て
	延べ面積5,300㎡
	外部：ALCパネル・複層塗材Eゆず肌仕上げ
	内部：（天井）ロックウール吸音板
	（壁）PB下地ビニルクロス張り
	（床）長尺ビニル床シート、塗床
ニ．工 期	平成29年10月〜平成31年2月
ホ．あなたの立場	工事主任
ヘ．あなたの業務内容	躯体・仕上工事の施工管理

1

(1)

①	工種名	鉄骨工事（スタッド溶接）
②	品質目標と重点品質管理項目	スラブせん断力の梁への確実な伝達を品質目標とし、打撃曲げ検査の実施確認を重点品質管理項目とした。
③	定めた理由と予測した欠陥又は不具合	電流不足は溶接不良の原因となるため。ブローホールや溶接部の割れが予測された。
④	実施内容と確認又は検査方法	スタッド用専用電源を設け溶接条件（適正電流）を施工前30°打撃試験により、溶接部の不具合が無いか確認してから作業にあたり、試験結果は写真に残した。

「定めた理由と予測した欠陥又は不具合」は、解答例のように「理由」と「欠陥又は不具合」を明確に記述します。

(2)

①	工種名	コンクリート工事
②	品質目標と 重点品質管理項目	コールドジョイントの防止を品質目標とし、棒型振動機の挿入深度を重点品質管理項目とした。
③	定めた理由と予測 した欠陥又は不具合	先行打設したコンクリートとの一体化が不十分であるとコールドジョイントの原因となるため。打継ぎ箇所からの鉄筋腐食やの美観が損なわれることが予測された。
④	実施内容と確認又は 検査方法	5.5mの壁打放し仕上げだった為、約1.5mと3mの位置を打重ねとし、棒型振動機の挿入深度が分かるようにテープで印をつけ使用時に目視確認した。

2

①	品質管理活動の内容 と伝達手段又は方法	自社の品質管理部、協力業者を交えて品質管理項目を作成し、文書で明確化し共有する。PCDAサイクルを掲示板に掲示し、協力業者作業員に確実に伝達する。
②	品質管理活動による 良い影響	竣工後の補修工事費の低減と顧客の信頼を得ることができる。さらに、社会的評価を高めることとなり、新規顧客獲得につながる。

[工事概要]

イ．工　事　名		〇〇マンション新築工事
ロ．工　事　場　所		東京都〇〇区△△町□□3−2−18
ハ．工　事　の　内　容		共同住宅、集会場、戸数83戸、RC造、地上9階建て
		延べ面積9,500㎡
		外部：ボーダータイル張り、石張り
		内部：（天井・壁）PB下地ビニルクロス張り
		（床）フローリング
ニ．工　　　　期		平成29年5月〜令和元年9月
ホ．あなたの立場		工事主任
ヘ．あなたの業務内容		躯体・仕上工事の施工管理

1

(1)

①	工種名	内装工事
②	品質目標と重点品質管理項目	開口部周辺のひび割れ等防止を品質目標とし、適正な開口補強の施工確認を重点品質管理項目とした。
③	定めた理由と予測した欠陥又は不具合	開口補強が不十分であると建具開閉時の挙動や振動が大きくなり、ボードにひび割れが生じるため。美観の低下や建具の建付けや開閉不良が予測された。
④	実施内容と確認又は検査方法	適切な補強材と取付け固定状況の確認。高さに応じた開口補強材であること、床から上階スラブ下まで延ばしてアンカー固定されていることを、全箇所目視確認した。

(2)

①	工種名	内装工事
②	品質目標と 重点品質管理項目	安全で堅固な手すりや棚の設置を品質目標とし、下地の適正位置への取付けを重点品質管理項目とした。
③	定めた理由と予測 した欠陥又は不具合	適切な位置に手すり・棚の取り付け下地が無い場合、取付部が破壊され、必要強度を満足できないため。手すりや棚に重量を掛けた際のぐらつきや落下が予測された。
④	実施内容と確認又は 検査方法	施工箇所ごとに墨出しを行ったうえで、各業者に下地取付け施工指示を行った。下地位置をスケールにて全箇所確認したのちに次工程に進むようにした。

2

①	品質管理活動の内容 と伝達手段又は方法	全社の不具合対応工事報告書を作業所内ネットワークで共有し、同種の不具合の再発を防止する。月1回協力業者を交えてミーティングを行い、そこで伝達する。
②	品質管理活動による 良い影響	不具合部の原因や修繕方法を周知することで、作業員の技術向上や、適正な施工品質を得ることができ、補修費用の削減及び発注者からの高い評価を得られる。

[工事概要]

イ．工 事 名	〇〇マンション耐震改修工事
ロ．工 事 場 所	東京都〇〇市△△町□□1-5-8
ハ．工 事 の 内 容	共同住宅、RC造、4階建て
	延べ面積2,365㎡
	ピロティ部増設耐震壁2ヵ所
	塗装仕上げ：複層塗材E吹付タイル87.5㎡
ニ．工 期	令和元年10月～令和2年3月
ホ．あ な た の 立 場	工事主任
ヘ．あなたの業務内容	改修工事の施工管理

1

(1)

①	工種名	新設耐震壁工事
②	品質目標と 重点品質管理項目	密実なコンクリート打設を品質目標とし、スランプフロー値と打設速度等を重点品質管理項目とした。
③	定めた理由と予測 した欠陥又は不具合	試験規定値から外れると、充填性の低下や材料分離を起こす可能性があるため。打設が困難となり、コールドジョイントやジャンカの発生が予測された。
④	実施内容と確認又は 検査方法	スランプフロー管理値55以上65以下であるか試験により確認した。圧入工法による高流動コンクリートの打設は、試送りをし、流動性を確認してから開始した。

(2)

①	工種名	塗装工事
②	品質目標と 重点品質管理項目	吹付タイルの耐久性確保を品質目標とし、施工前の下地の乾燥状態と塗膜厚さの確認を重点管理項目とした。
③	定めた理由と予測した欠陥又は不具合	下地乾燥不十分なままでの施工や塗膜厚不足は、付着力不足や塗膜性能不足となるため、外装仕上げのはく離や早期劣化が予測された。
④	実施内容と確認又は検査方法	塗装工事前に十分な清掃と乾燥期間を確保した。また、施工範囲ごとに使用量を確認することにより、適切な塗膜厚さが確保されていることを確認した。

2

①	品質管理活動の内容と伝達手段又は方法	品質管理部及び監理者と協議の上、各工事の施工計画書及びQC工程表を作成し、施工前に作業員に重点ポイントを説明する。施工当日には他作業員にもわかるよう朝礼で発表・掲示を行う。
②	品質管理活動による良い影響	該当作業にあたる作業員だけでなく、現場全体で周知することで不要な立入りを防止できるなどにより、品質の確保はもちろん良好な作業環境へとつながる。

テーマ **3**　施工の合理化

1 施工の合理化

　「施工の合理化」では、省力化、機械化、工期短縮、施工効率向上、生産性向上、現場作業の軽減、資機材の効率的利用、合理的な仮設計画などについて、具体的に記述します。

　このうち、「生産性向上」は、現場労務投入量の低減、現場作業の軽減などと同義と考えてよいでしょう。

2 記述上の注意点

　近年、「品質を確保した上で」といった条件がよく付されます。したがって、材料のグレードや機能・性能を単純に低下させたり、取り止めたりするものは合理化には含まれません。また、指定された工法、構法、納まり、材料などの変更を伴うものは、発注者や設計者の承認が必要になります。さらに、「施工の合理化を行った」ことを問われるため、もともと設計図書等に反映されているものは、この設問に対する答案としてはふさわしくありません。その他の記載上の留意点をまとめると以下のようになります。

❶ 工種、部位等

　合理化の対象として記述の内容と整合させます。

❷ 合理化を行った目的

　当初予定の施工方法等では、何が問題点で、どのような合理化を行う必要があったのかを記述します。

❸ 実施した内容

　対象部位、工法、構法、材料等を具体的に記述します。

❹ 合理化となる理由

　どのように合理化されているかを具体的に記述します。

❺ 品質を確保できる理由

　品質が同等以上である理由及び内容を具体的に記述します。

具体例をあげると、以下のようなものがあります。

- **全般** 杭・山留めの施工地盤変更（先行掘削）、逆打ち工法
- **仮設** 足場ユニット化（組立て・解体）、高所作業車
- **既製杭** 機械式継手（無溶接継手）
- **場所打ち杭** 主筋の無溶接（金物）固定
- **山留め** 地盤アンカー工法、集中切ばり、SMW低排土型工法
- **鉄筋** 工場組みユニット化、先組み工法、地中梁あばら筋二線溶接工法（二線メッシュ工法）、機械式継手
- **型枠** 床型枠用鋼製デッキプレート（フラットデッキ）、ラス型枠、鋼製型枠、軽量支保梁（ビーム）
- **鉄骨化** 小梁、階段
- **PCa化** 小梁、スラブ、バルコニー、パラペット、ハト小屋（既製品ユニット化）
- **PCf化** 外壁
- **仕上げ** 改質アスファルトシート防水、乾式石張り、セルフレベリング材、ECP・ALC等の工場塗装、ECPタイル工場張り、耐火被覆材巻付け、軽量鉄骨・ボード材のプレカット、システム天井、ユニット式間仕切り壁（パネル工法）

③ 施工の合理化の概要

代表的な「施工の合理化」の一般的な概要を以下に示します。ただし、作業所の条件等で実施状況は変わるため、あくまで参考程度にとどめてください。

【1】 杭・山留めの施工地盤変更（先行掘削）

掘削範囲の地盤を1〜2m程度先行掘削し、杭や山留めの施工地盤を下げる方法です。

- 杭や山留め壁の空掘りの長さを短くすることができるため、工程短縮やコスト縮減に効果があります。
- 杭等の施工重機を施工地盤まで下ろすためにスロープが必要になり、平面規模が大きい工事でないと採用は難しい工法です。

【2】逆打ち工法

　山留め壁を設けた後、建物1階床・梁を先行施工し、この躯体を山留め支保工として下部の掘削を進め、順次、地下階の躯体の施工と掘削を繰り返して、地下工事を進める工法です。

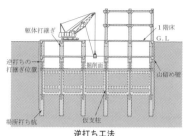

逆打ち工法

- 軟弱地盤、大深度・大規模工事等で、切りばり工法では山留め壁の変形が過大になる場合に有効です。
- 地下と地上の同時施工が可能なため、**全体工期の短縮**が可能です。

【3】足場ユニット化（組立て・解体）

　枠組足場等を3〜4スパン×3層程度でユニット化し、組立て・解体を行うものです。

- 地上で大半の組立て・解体を行うことができるため、危険な高所作業を減らすことが可能です。
- 施工能率が向上します。
- 揚重機及び地組み・解体ヤードが必要になり、敷地条件などにも制約を受けます。

【4】高所作業車

　自走式の台車の上に、昇降あるいは任意の位置へ移動する作業台を搭載した作業車をいいます。作業台の支持構造は、屋内作業や外壁作業に適した**リフト形式**のもの（作業台の上昇高さ6〜15m程度、積載重量200〜1000kg程度）と、屋外作業や比較的広域の高所作業に適した**ブーム形式**（到達高さ25mで積算重量300kg程度）のものがあります。台車には、タイヤ式のほかクローラ式もあります。

高所作業車

- 定置式足場の設置解体が不要になるため、**工期短縮・仮設工事の省力化**になります。
- 輻輳する作業の場合には、効率が低下する可能性があります。

- 堅固かつ水平な設置地盤を確保する必要があり、段差・凹凸・傾斜があると不安定になります。
- 構造床上に設置する場合には、構造躯体の強度検討が必要になります。

【5】 既製杭の機械式継手

　機械式継手（無溶接継手）は、継手部に接続金具を用い、機械的な嵌合方式によって行う継手工法です。

機械式継手

- 溶接作業が不要で施工が容易で、品質の信頼性が高いです。
- 継手機構が単純であるため、品質管理が容易です。
- 気象条件（雨、風、雪、気温等）に左右されずに施工可能です。
- 施工能率が向上します。

【6】 場所打ち杭主筋の無溶接（金物）固定

　場所打ち杭の鉄筋かごの組立て時において、鉄筋かごの形状保持のための補強リングと主筋の固定を、特殊金物等によって無溶接で行う方法です。

- 気象条件（雨、風、雪、気温等）に左右されずに施工可能です。
- 溶接による鉄筋の断面欠損等の欠陥を回避できます。

【7】 地盤アンカー工法

　山留め壁の背面にある安定した地盤にアンカー定着体を打ち込み、山留め壁の側圧を地盤アンカーで支える工法です。

- 根切り内部に切りばりが不要なので、大型機械を使用でき、作業性がよくなります。
- 水平切りばり工法では難しい不整形な掘削平面の場合、敷地の高低差が大きく片側土圧（偏土圧）が作用する場合、掘削面積が大きい場合などに有効です。
- 引張材の緊張は、注入材（セメントミルク）が所定の強度に達した後に行い

ます。

● 地盤アンカーの引抜き耐力は、全数について設計アンカー力の1.1倍以上であ
ることを確認します。

● 引張材は、緊張・定着装置を取り付けるために1〜1.5m程度の余長を確保し
て切断します。

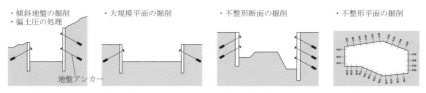

地盤アンカー工法の使用例

【8】 鉄筋先組み工法

柱、梁、壁などの鉄筋をあらかじめ工場
または現場の地上で組み立て、型枠工事の
前にそれらを建て込む工法です。

● 鉄筋工事の**工期短縮**、省力化になります。

● 配筋精度が向上します。

● 錯綜する配筋作業を簡素化できます。

● 建込みには揚重機、地上組立てには専用
ヤードが必要になります。

【9】 機械式継手

機械式継手は鋼製のカップラーなどを介して
鉄筋の応力を伝達する継手です。異形鉄筋の節
形状がねじ状になるように圧延された鉄筋（ね
じ節鉄筋）を、雌ねじ加工されたカップラーを
用いて接合する方法である**ねじ節継手**が代表例
です。カップラーと鉄筋の間の緩みを解消する
方法には、ロックナットを締め付けるトルク方
式、空隙にモルタル又は樹脂を注入するグラウト方式、両者を併用したナット
グラウト方式があります。

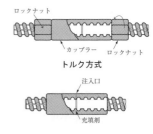

● 施工が容易で、雨天時にも施工が可能なため**工期短縮**が可能です。

● 品質上はカップラーへの鉄筋の挿入長さの管理、トルク管理、グラウト管理が重要です。

【10】床型枠用鋼製デッキプレート（フラットデッキ）

鉄筋コンクリート造や鉄骨造などの床の型枠として、床型枠用鋼製デッキプレート（フラットデッキ）を用いる工法です。

コンクリート
溶接金網
補強用リブ
フラットデッキ

● コンクリートの打設完了後も取り外さない「捨て型枠」として用いるため、解体作業が不要で、型枠工事の省力化となります。

● 床型枠を支持するための支柱を用いる必要がありません。

● 工期を短縮できます。

● スラブ下が無支保工のため、有効活用が可能です。

● 躯体に10mm程度のみ込ませる必要があります。

【11】ラス型枠

合板のかわりに、特殊リブラス（鋼製ネット）をせき板に用いる型枠工法です。

● せき板の解体作業が不要なので、施工の省力化、工期短縮が可能です。

● 地中梁・基礎の型枠として用いられます。

【12】鋼製型枠

合板のかわりに、金物で補強された鋼板をせき板に用いる型枠工法です。

● 組立て、解体、転用が容易です。

● 剛性が高く、高精度な躯体を構築することが可能です。

【13】軽量支保梁（ビーム）工法

専用横架材を梁側や壁型枠の間に架け渡し、この間の支柱を減少あるいはなくす工法です。

● コンクリートの打込み方法によっては偏心荷重が働くことがあるため、梁の支柱は計算値よりも安全側を見込んで多く入れ、鳥居型に組み立てるようにします。

●所定の支点以外（支保梁の中間部）を支柱で支持してはいけません。

●工期を短縮できます。

●スラブ下が無支保工のため、有効活用が可能です。

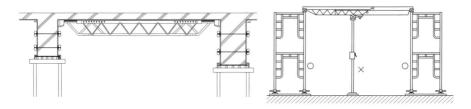

【14】鉄骨化：階段

RC造で設計された階段を鉄骨階段に変更することです。

●先行設置により、早期に安全で円滑な上下移動が可能な作業員動線を確保で
きます。

●複雑で工数が必要な階段の型枠・鉄筋工事がなくなるため、躯体工事の省力
化となります。

●左官による階段仕上げ工事がなくなり、左官工事の省力化にもなります。

●1階あたり数日の工期短縮が可能になります。

●階段型枠工事では、多量の木くずが発生するため、建設廃棄物削減にも有効
です。

●設置には揚重機が必要です。荷取りヤードの検討も必要です。

●設計上大きな設計変更となるため、発注者、設計者の承認が必要です。

【15】PCa化：スラブ、バルコニー

RC造で設計されたスラブやバルコニーをPCa化（水平面はPCf化）すること
です。

●型枠・鉄筋工事の省力化となり、工程短縮が可能となります。

●支保工の軽減化が可能となります。

●バルコニーPCa化＋外部側先行仕上げ後に架設すれば、外部足場の無足場化
も可能になります。

●設置には揚重機が必要です。荷取りヤードの確保も必要です。

●設計上大きな設計変更となるため、発注者、設計者の承認が必要です。

PCaはプレキャストコンクリートです（一般にPCとも称されます）。PCfは現場で型枠（form）の機能を果たすプレキャストコンクリートを意味します。

【16】PCa化：パラペット

RC造で設計されたパラペットをPCa化（水平材はPCf化）することです。

● 複雑で工数が必要な立上がりまわりの型枠・鉄筋工事がなくなるため、躯体工事の省力化となります。

● 工程短縮が可能となります。

● 設置には揚重機が必要です。荷取りヤードの確保も必要です。

● 設計上の設計変更となるため、発注者、設計者の承認が必要です。

【17】ユニット化：ハト小屋

ハト小屋を既製品のユニット式ハト小屋（繊維補強コンクリート製）で構築する方法です。

● 型枠・鉄筋工事の省力化となります。

● 設置が簡単で工期短縮が可能です。

【18】改質アスファルトシート防水

アスファルトの性質を改良した改質アスファルトシートを、トーチ工法または常温粘着工法により施工する防水です。

改質アスファルト防水シート

プライマー

改質アスファルトシート防水層

● 工程数が少なく、施工が早いため、工程短縮が可能です。

● 溶融アスファルトを使用しないので、臭気が比較的少なく、周辺環境への影響が少ない防水です。

● トーチ工法

改質アスファルトシートの裏面及び下地面を**トーチバーナー**であぶって加熱溶融させ、ロールを広げながら下地に接着させる工法です。

トーチ工法

● 常温粘着工法

粘着層付改質アスファルトシート又は**部分粘着層付改質アスファルトシート**

を、裏面のはく離紙をはがしながら、下地面に接着させる工法です。

- 出隅、入隅の角は、平場のシートの張付けに先立ち、200mm角程度の増張り用シートを張り付けます。
- 一般平場部のシート相互の重ね幅は、長手方向・幅方向ともに100mm以上とします。
- 重ね部の張付けは、トーチバーナーであぶり、改質アスファルトがはみ出す程度まで十分に溶融し密着させます（トーチ工法）。

【19】 セルフレベリング材

せっこう系またはセメント系の高い自己流動性をもつ材料で、内装の張り物下地の床下地として用います。床面に流した後、こて仕上げなどをせずにトンボでならし、平たん・平滑な精度の高い床下地をつくることが可能です。

- 左官工事の合理化となり、工期短縮が可能です。
- せっこう系は、収縮がなく施工性は良好ですが耐水性に劣るので、水掛かりとなる床には、セメント系のものを用います。
- 流し込み作業中も施工後も硬化するまで、窓や開口部をふさいで通風をなくし、その後は自然乾燥とし、人工的な乾燥促進は避けます。
- 養生期間は、一般に7日以上、低温の場合は14日以上とし、表面仕上げ材の施工までの期間は30日以内を標準とします。

【20】 ECP・ALC等の工場塗装

外壁の押出成形セメント板（ECP）やALCパネルの仕上げが塗装である場合に、工場または塗装ヤードにおいて、塗装仕上げを施し、その後に搬入、取付けを行う方法です。

- 現場における作業工数の低減、工期短縮に効果があります。
- 塗料飛散や臭気がなく、環境に配慮した施工が可能です。
- 現場塗装時に必要になる養生材が不要となり、建設廃棄物の低減につながります。
- 工場等の一定の作業環境で塗装を行うため、良好な塗装面を安定して得られます。
- 運搬、揚重、取付け時には塗装面を損傷させないように慎重な作業が必要になります。

【21】 ECPタイル工場張り

外壁の押出し成形セメント板（ECP）の仕上げがタイル張りの場合に、工場においてタイル張付けがなされた製品を用いる方法です。

● 現場における作業工数の低減、**工期短縮**に効果があります。

● 工場等の一定の作業環境でタイル張りを行うため、はく落危険性の低い高品質なタイル仕上げが可能になります。

● 運搬、揚重、取付け時にはタイルを損傷させないように慎重な作業が必要になります。

【22】 耐火被覆材巻付け

耐火被覆材（ロックウール）のブランケットを鉄骨に巻き付け、鋼製のワッシャー付き固定ピンを鉄骨に現場でスタッド溶接して、留め付ける工法で、化粧仕上げも可能です。

● 粉じんの飛散がないため、場内が清潔で近隣への飛散もありません。

● 施工が容易で、**工期短縮**が可能です。

● 飛散ロックウール、取付け時の養生材が発生しないため、建設**廃棄物の低減**につながります。

● 被覆厚さの管理が容易で、安定した品質が得られます。

● 材料は屋内で雨水のかからないところに保管し、雨水がかかる場合の施工は避けます。

● 取付けに際しては、材料のたるみ、ピンの溶接の不具合、各目地部の突合せの隙間等が生じないように注意します。

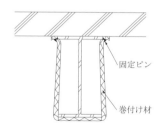

固定ピン

巻付け材

固定ピン　巻付け材

【23】 軽量鉄骨・ボード材のプレカット

　内装工事に使用する軽量鉄骨やボード材を、あらかじめ工場でプレカットする方法です。設問によっては、プレカットは記述対象外とされる場合があるため注意してください。

- 現場における切断作業が不要になるため、現場工数が削減され、**工期短縮**が可能です。
- 端材等が発生しないため、建設**廃棄物の低減**につながります。
- 運搬費、現場加工手間、産業廃棄物の削減によりコストダウンになります。
- 工場での機械加工により高精度な加工が可能になります。

【24】 システム天井

　主に事務所建築に用いられ、工場で製作し、現場で組立工事を行う天井システムで、あらかじめ間仕切り位置の変更への対応や設備機器、配線及び配管類などの設置を考慮した、意匠性や施工性に優れた天井です。

- 機能性に優れ、メンテナンスが容易です。
- 現場加工の削減、施工能率の向上により**工期短縮**が可能です。
- 軽量鉄骨やボードの端材がほとんど発生せず、建設**廃棄物の低減**につながります。

<u>MEMO</u>

本試験問題

　建築工事の施工技術は、社会的・経済的環境等により変化しており、建築物の性能水準の高い、より高度な技術による施工が求められている。その一方、建設業の就業者数の減少も大きな課題となっており、このような中で、施工技術や合理化工法の開発など新たな取組みが行われている。

　あなたが経験した**建築工事**のうち、品質を確保した上で**施工の合理化**を行った工事を1つ選び、下記の工事概要を具体的に記入した上で、次の問いに答えなさい。

　なお、**建築工事**とは、建築基準法に定める建築物に係る工事とする。ただし、建築設備工事を除く。

［工事概要］

イ．工　事　名

ロ．工　事　場　所

ハ．工　事　の　内　容　　新築等の場合：建物用途、構造、階数、延べ面積又は施工数量、主な外部仕上げ、主要室の内部仕上げ

　　　　　　　　　　　　　　改修等の場合：建物用途、主な改修内容、施工数量又は建物規模

ニ．工　　　　　期　（年号又は西暦で年月まで記入）

ホ．あなたの立場

1．工事概要であげた工事で、あなたが担当した工種において実施した、**施工の合理化**の事例を2つあげ、次の①から④について、それぞれ具体的に記述しなさい。

　　ただし、2つの事例の「合理化を行った目的と実施した内容」は、それぞれ異なる内容の記述とすること。また、現在一般的に行われている躯体・仕上げ材料のプレカットに関する記述は不可とする。

① 工種又は部位等

② 合理化を行った**目的**と実施した内容

③ 実施した内容が**合理化に結び付く理由**

④ 実施した内容が**品質を確保できる理由**

2. 上記の工事概要であげた工事にかかわらず、あなたの今日までの工事経験に照らして、**施工の合理化**の方法であって、**建設資材廃棄物の縮減**に効果があると考えられる**施工方法**と、それが**効果的である**と考える理由を具体的に記述しなさい。

　　ただし、現在一般的に行われている躯体・仕上げ材料のプレカットに関する記述は除くものとする。また、上記１. の②「実施した内容」及び③「合理化に結び付く理由」と同じ内容の記述は不可とする。

POINT

１ 問１②は「**目的**」と「**実施した内容**」を意識的に区別して記述しましょう。「〜することを目的として〜した。」が基本的な記述パターンです。

２ 問１③は、「**合理化に結びつく理由**」、④は「**品質を確保できる理由**」です。記述内容が入り混じらないよう注意しましょう。

[工事概要]

イ. 工　事　名　　〇〇マンション新築工事

ロ. 工　事　場　所　　東京都〇〇区△△町□□3-2-18

ハ. 工　事　の　内　容　　共同住宅、集会場、戸数83戸、RC造、地上9階建て

延べ面積9,500㎡

外部：ボーダータイル張り、石張り

内部：（天井・壁）PB下地ビニルクロス張り

（床）フローリング

ニ. 工　　　　期　　平成29年5月〜令和元年9月

ホ. あなたの立場　　工事主任

1

(1)

①	工種又は部位	鉄筋工事、型枠工事、左官工事
②	施工の合理化を行った目的と実施した内容	工程短縮及びコスト削減を目的として、外部階段を鉄骨階段に仕様変更する提案を行い、承認を得て実施した。
③	実施した内容が合理化に結び付く理由	複雑な階段躯体工事の手間がなくなり、階段先行設置と左官作業削減により作業員の昇降・通行が全工期にわたり確保され、作業性の向上となるため。
④	実施した内容が品質を確保できる理由	工場製作されることからの品質確保はもちろんのこと、安全で通行しやすい動線が確保され、作業員の効率が上がることは品質の確保につながるため。

(2)

①	工種又は部位	コンクリート工事
②	施工の合理化を行った目的と実施した内容	実質工程を短縮するため、GW連休前日をコンクリート打設日と定めて、躯体工事を進め、予定どおり打設を完了させた。
③	実施した内容が合理化に結び付く理由	連休期間をコンクリートの養生期間とし、連休明けから型枠の解体作業に取りかかることが可能となり、実質的に工期を短縮することができたため。
④	実施した内容が品質を確保できる理由	養生期間を十分に確保することでコンクリートの品質を確保することができるため。

2

(1) 施工の合理化の方法で、建築資材廃棄物の縮減に効果がある施工方法

型枠工事のスラブせき板を合板型枠からフラットデッキに変更する。

(2) 効果的であると考える理由

床の型枠解体作業がなくなるので、脱型後の合板型枠の木くずの発生を大幅に縮減できるため。

[工事概要]

イ.	工 事 名	○○マンション新築工事
ロ.	工 事 場 所	東京都○○区△△町□□3-2-18
ハ.	工 事 の 内 容	共同住宅、集会場、戸数83戸、RC造、地上9階建て
		延べ面積9,500㎡
		外部：ボーダータイル張り、石張り
		内部：（天井・壁）PB下地ビニルクロス張り
		（床）フローリング
ニ.	工 期	平成29年5月～令和元年9月
ホ.	あなたの立場	工事主任

1

(1)

①	工種又は部位	防水工事
②	施工の合理化を行った目的と実施した内容	雨天により基礎工事がずれ込んだ工程を回復することを目的として、廊下バルコニーのウレタン防水に超速硬化吹付け工法を採用した。
③	実施した内容が合理化に結び付く理由	施工及び養生期間を短くすることができ、材料の荷揚げの必要がないので、省力化にもなったため。
④	実施した内容が品質を確保できる理由	所定量以上の単位面積当たりの吹付け吐出量を設定することで、均一な膜厚が確保できるため。また、硬化が速く、施工後損傷の危険性が低いため。

(2)

①	工種又は部位	左官工事
②	施工の合理化を行った目的と実施した内容	左官工の不足に対応することを目的として、床の防じん塗装仕上げの下地をモルタル金ごて仕上げから、セルフレベリング材塗りに変更した。
③	実施した内容が合理化に結び付く理由	セルフレベリング材の流動性より、ならし作業のみで平滑な仕上げ面を得ることができ、左官工の技量が必要となるこて押さえを、省力化できたため。
④	実施した内容が品質を確保できる理由	レベリング材は無収縮性と強度を持ち合わせているためひび割れもなく、仕上げ材との接着性もよくなるため。

2

(1) 施工の合理化の方法で、建築資材廃棄物の縮減に効果がある施工方法

基礎型枠材料を、合板型枠からラス型枠に変更する。

(2) 効果的であると考える理由

置き場所や作業ヤードも省スペースですみ、解体作業も省力化される。また、解体により発生する木くずの発生も縮減されるため。

[工事概要]

イ.	工　事　名	○○マンション改修工事
ロ.	工　事　場　所	東京都○○市△△町□□1-5-8
ハ.	工事の内容	共同住宅、RC造、11階建て、95戸
		延べ面積9,324㎡
		塗膜防水改修820㎡、バルコニー防水1,000㎡
		鋼製建具改修120カ所、外壁タイル改修3,600㎡
		内廊下内装改修1,020㎡
		金属工事手すり交換1,310m
ニ.	工　　　期	2021年10月〜2022年3月
ホ.	あなたの立場	工事主任

1

(1)

①	工種又は部位	手すり工事（交換）
②	施工の合理化を行った目的と実施した内容	バルコニーの手すりが既存と同様の鋼製だと重量・サイズから搬入が困難だったこともあり、鋼製手すりから発注者と協議の上でアルミ手すりとした。
③	実施した内容が合理化に結び付く理由	アルミ製で軽量のため搬入取付け作業が容易にでき、作業の省力化となり、塗装仕上げがなくなって工程を短縮することができたため。
④	実施した内容が品質を確保できる理由	工場製品のアルミ製手すりは、製品精度にばらつきがない。また、耐久性も高く、長期的に美観も保たれるため。

(2)

①	工種又は部位	防水工事
②	施工の合理化を行った 目的と実施した内容	工期短縮を目的に、ドレン周りの処理を既存防水層の撤去をせずに、径とパイプ長さに留意して選定した改修用ドレンを挿入する工法に変更した。
③	実施した内容が合理化 に結び付く理由	ドレン周りの既存防水層は撤去し、新規防水層を躯体に塗り付ける必要があるが、改修用ドレンにより撤去手間がなくなるため。
④	実施した内容が品質を 確保できる理由	改修用ドレンを既存ドレンに密着させ、補強メッシュとシーリング材によりすき間なく固定し、新規防水層の増塗りを確実に行うことで、漏水を防止することができるため。

2

(1) 施工の合理化の方法で、建築資材廃棄物の縮減に効果がある施工方法

RC構造の外部階段を既製品の鉄骨階段を使用する計画に変更する。

(2) 効果的であると考える理由

型枠・鉄筋工事の手間が省力化できるだけでなく、型枠脱型後の型枠廃材を縮減できるため。

今後、建設業において、高齢化等により技能労働者が大量に離職し、労働力人口が総じて減少するために、建設現場の生産性の向上がなお一層求められている。

あなたが経験した**建築工事**のうち、生産性向上をめざして、**品質を確保したうえで施工の合理化**を行った工事を1つ選び、工事概要を具体的に記入したうえで、次の1.から2.の問いに答えなさい。

なお、**建築工事**とは、建築基準法に定める建築物に係る工事とし、建築設備工事を除くものとする。

[工事概要]

イ. 工　事　名

ロ. 工　事　場　所

ハ. 工　事　の　内　容　　新築等の場合：建物用途、構造、階数、延べ面積（又は施工数量）、主な外部仕上げ、主要室の内部仕上げ

　　　　　　　　　　　　　　改修等の場合：建物用途、主な改修内容、施工数量（又は建物規模）

ニ. 工　　　　　期　（年号又は西暦で年月まで記入）

ホ. あなたの立場

1. 工事概要であげた工事において、あなたが計画した**施工の合理化**の事例を2つあげ、それぞれの事例について、次の①から④を具体的に記述しなさい。

　　ただし、2つの事例の②から④の内容は、それぞれ異なる内容の記述とする。

① 工種又は部位等

② 施工の合理化が必要となった**原因**と**実施した内容**

③ 実施する際に確保しようとした**品質と留意事項**

④ 実施したことにより施工の合理化ができたと考えられる**理由**

2．工事概要にあげた工事にかかわらず、あなたの今日までの工事経験に照らして、品質を確保したうえで行う**施工の合理化**の方法であって、**建設資材廃棄物の発生抑制**に効果があると考えられるものについて、次の①から②を具体的に記述しなさい。

　　ただし、1．の②から④と同じ内容の記述は不可とする。

① 施工方法
② そう考える理由

 POINT

1 問1②は「原因」と「実施した内容」を明示的に記述しましょう。

2 問1③は「確保しようとした品質」と「留意事項」を意識的に分けて記述しましょう。「〜という品質を確保することとした。そのために〜に留意した。」が基本的な記述パターンです。

3 問2は、「品質」「施工の合理化」「廃棄物の発生抑制」の3つを満足しなければなりません。このような施工方法を事前に2つ程度は準備しておきましょう。

[工事概要]

イ．工 事 名		○○工場新築工事
ロ．工 事 場 所		東京都○○市△△町□□1547
ハ．工 事 の 内 容		リサイクルセンター、鉄骨造、地下1階 地上4階建て
		延べ面積5,300㎡
		外部：ALCパネル・複層塗材Eゆず肌仕上げ
		内部：（天井）ロックウール吸音板
		（壁）PB下地ビニルクロス張り
		（床）長尺、OA・タイルカーペット敷き
ニ．工 期		平成29年10月〜平成31年3月
ホ．あなたの立場		工事主任

1

(1)

①	工種又は部位	基礎鉄筋工事
②	合理化が必要となった原因と実施した内容	全体工程がタイトで地下躯体工程を短縮する必要があった。基礎配筋は工場ユニット加工とし、現場ではクレーンにて吊り込み、現場工数を削減した。
③	確保しようとした品質と留意事項	適正な配筋位置を確保することとした。吊り込み用補強を行い、補強材配筋や吊治具の工夫により、吊り込み時に加工が崩れないよう留意した。
④	合理化ができたと考えられる理由	ベース筋・梁主筋・あばら筋を先組みユニット化して搬入することにより、組立て人員の削減と工期を短縮することができたため。

②では、合理化が必要となった「原因」を記述します。「目的」と判断されると減点される可能性があります。「原因」は、良くない事実や条件の存在や変更と考えましょう。

(2)

①	工種又は部位	鉄骨工事
②	合理化が必要となった原因と実施した内容	大スパントラス部材が中心で、部材数も多く、建方工程が遅れる可能性があった。トラス部材を地組みしてから建方を行うことにした。
③	確保しようとした品質と留意事項	地組み部材は長く不安定なため、局所的な応力や変形が発生しないようにした。事前検討位置への吊りピースの工場先付け、低速つり上げに留意した。
④	合理化ができたと考えられる理由	吊り込み回数を大きく減らし、地組みは建方と別重機で並行作業としたことで、工程を7日短縮できた。また、高所作業が減って安全性も向上した。

2

①	施工方法	タイル張り仕上げの外壁の型枠を、タイル打込みPCfとする。
②	そう考える理由	型枠工事に伴う木くずやタイル工事によるセメント袋や端材等の発生が少なくなるため。

[工事概要]

イ.	工　事　名	○○工場新築工事
ロ.	工　事　場　所	東京都○○市△△町□□1547
ハ.	工　事　の　内　容	リサイクルセンター、鉄骨造
		地下1階 地上4階建て　延べ面積5,300㎡
		外部：ALCパネル・複層塗材Eゆず肌仕上げ
		折板屋根
		内部：（天井）ロックウール吸音板
		（壁）PB下地ビニルクロス張り
		（床）長尺ビニル床シート、塗床
ニ.	工　　　　期	平成29年10月～平成31年2月
ホ.	あなたの立場	工事主任

1

(1)

①	工種又は部位	防水工事
②	合理化が必要となった原因と実施した内容	機械基礎間隔が狭く、アスファルト防水では品質を確保した施工が困難であったため、監理者の承認を得て合成高分子系シート防水に変更した。
③	確保しようとした品質と留意事項	防水層の密着性及び付着性を確保することとした。下地を平滑に処理し、十分な乾燥と清掃を行った上で施工し、シート重ね幅と勾配方向に留意した。
④	合理化ができたと考えられる理由	施工工程が少ないので施工手間の大幅な省力化、大幅な工期短縮が達成できた。また、機材・資材の運搬の手間も軽減されたため。

(2)

①	工種又は部位	耐火被覆吹付工事、仮設工事
②	合理化が必要となった原因と実施した内容	高さ7～10mの吹き抜け空間において、枠組足場では高さ調整困難な箇所があり、吹付け作業性低下の懸念があったため、高所作業車での作業とした。
③	確保しようとした品質と留意事項	折板屋根との取り合い部など、細かい箇所の吹付け漏れの防止及び適正吹付厚を確保することとした。確実にコテ押さえを行い剥落防止に留意した。
④	合理化ができたと考えられる理由	足場の昇降や吹付ホースの移動が容易になり省力化となり、枠組足場の組立て・解体をなくすことができたため。

2

①	施工方法	内装工事に使用するLGS材を全てプレカット発注・搬入する。
②	そう考える理由	現場での加工手間がなくなり、端材の発生抑制となるため。

[工事概要]

イ.	工 事 名	○○マンション大規模修繕工事
ロ.	工 事 場 所	東京都○○市△△町□□1-5-8
ハ.	工 事 の 内 容	共同住宅、RC造、7階建て、58戸
		延べ面積4,986㎡
		塗膜防水改修668㎡、シーリング改修4,370m
		屋上防水改修674㎡、外壁タイル改修2,627㎡
		塔屋階段塗装481㎡
ニ.	工 期	2022年2月～2022年7月
ホ.	あなたの立場	工事主任

1

(1)

①	工種又は部位	仮設工事
②	合理化が必要となった原因と実施した内容	足場解体を通常の方法で行うと、裏面通路が狭く資材運搬に時間がかかり工期遅延のリスクがあったため、クレーンを使い外部足場のユニット解体を行った。
③	確保しようとした品質と留意事項	足場材と建物との接触に伴う外壁損傷がないこととした。協力会社も交えた入念な解体計画打合せ、低速吊り上げ、無線による合図確認の徹底に留意した。
④	合理化ができたと考えられる理由	3スパン2段で解体作業を行うことができ、当初7日かかる予定だったが3日で完了することができ、大幅な工期短縮となったため。

(2)

①	工種又は部位	防水工事（共用廊下・バルコニー）
②	合理化が必要となった原因と実施した内容	居住者への影響を最小限にするため、施工時間の短縮が必要であったため。超速硬化ウレタン防水吹付工法を採用した。
③	確保しようとした品質と留意事項	要求防水性能を得るため適正な塗厚を確保することとした。塗膜防水材の所定の使用量を確保するため、防水材1セットあたりの使用量を区分りして施工するよう留意した。
④	合理化ができたと考えられる理由	同工法により施工時間を大幅に短縮できた。また、施工後早い段階で施工箇所の開放が可能となり、居住者の利便性に与える影響を極小化できた。

2

①	施工方法	鉄骨の耐火被覆に耐火被覆巻付け工法を採用する。
②	そう考える理由	飛散吹付け材や養生シートなどの廃棄物が低減できるため。

　建築工事の施工者は、設計図書に基づき、施工技術力、マネジメント力等を駆使して、要求された品質を実現させるとともに、設定された工期内に工事を完成させることが求められる。

　あなたが経験した**建築工事**のうち、品質を確保したうえで、**施工の合理化**を行った工事を1つ選び、工事概要を具体的に記述したうえで、次の1.及び2.の問いに答えなさい。

　なお、**建築工事**とは、建築基準法に定める建築物に係る工事とし、建築設備工事を除くものとする。

［工事概要］

イ. 工 事 名

ロ. 工 事 場 所

ハ. 工 事 の 内 容　新築等の場合：建物用途、構造、階数、延べ面積又は施工
　　　　　　　　　　　　　　　　　数量、主な外部仕上げ、主要室の内部仕上げ
　　　　　　　　　改修等の場合：建物用途、建物規模、主な改修内容及び施
　　　　　　　　　　　　　　　　工数量

ニ. 工　　　　　期　（年号又は西暦で年月まで記入）

ホ. あなたの立場

1. 工事概要であげた工事において、あなたが実施した現場における労務工数の軽減、工程の短縮などの**施工の合理化**の事例を2つあげ、次の①から④について記述しなさい。

　　ただし、2つの事例の②から④は、それぞれ異なる内容を具体的に記述するものとする。

① 　工種又は部位等

② 　実施した**内容**と品質確保のための**留意事項**

③ 　実施した内容が**施工の合理化となる理由**

④ 　③の施工の合理化以外に得られた**副次的効果**

2．工事概要にあげた工事にかかわらず、あなたの今日までの工事経験に照らして、施工の合理化の取組みのうち、**品質を確保しながらコスト削減を行った事例を2つあげ、①工種又は部位等、②施工の合理化の内容**とコスト削減できた**理由**について具体的に記述しなさい。

　なお、コスト削減には、コスト増加の防止を含む。

　ただし、2つの事例は、1．②から④とは異なる内容のものとする。

POINT

1 問1②は「**実施した内容**」と「**品質確保のための留意事項**」を明示的に記述しましょう。「〜した。〜（品質的内容）のため〜に留意した。」が基本的な記述パターンです。

2 問2は「**合理化の内容**」と「**コスト削減できた理由**」を意識的に2つの文に分けて記述するとわかりやすくなります。

［工事概要］

イ.	工 事 名	○○マンション新築工事
ロ.	工 事 場 所	東京都○○区△△町□□ 3 - 2 - 18
ハ.	工 事 の 内 容	共同住宅、集会場、戸数83戸、RC造、地上９階建て
		延べ面積9,500㎡
		外部：ボーダータイル張り、石張り
		内部：（天井・壁）PB下地ビニルクロス張り
		（床）フローリング
ニ.	工 期	平成29年５月〜令和元年９月
ホ.	あなたの立場	工事主任

1

(1)

①	工種又は部位	型枠工事　スラブ
②	実施した内容と品質確保のための留意事項	１階部分の階高が高かったため、床型枠の支保工をなくしたビーム支保梁工法を採用した。たわみが過大にならないよう、作業荷重を制限値内になるよう留意した。
③	合理化となる理由	解体が簡略になり、また、コンクリート養生期間中にスラブ下の空間が使用可能となって、片付け清掃作業に取りかかることができたなどにより、工期短縮できたため。
④	副次的効果	資材仮置き場としても使用することで現場内の環境整備ができ、また安全の確保にもつながった。

床型枠支保工における軽量支保梁（ビーム）工法やフラットデッキは、施工の合理化の代表的なものです。

(2)

①	工種又は部位	鉄筋工事
②	実施した内容と品質確保のための留意事項	継手をガス圧接から機械式継手に変更した。マーキング位置までの鉄筋のみ込み長さとグラウトの充填状態を全数確認し、超音波試験も行い継手性能の確保に留意した。
③	合理化となる理由	機械式継手は講習を受けた者であれば施工可能なため、タイミング良く行うことができ、また、天候による施工の影響も受けないので工期短縮となるため。
④	副次的効果	火災の危険性がなく、安全に作業を進めることができた。また、全体工期短縮と省力化により全体工費の削減にもつながった。

2

(1)

①	工種又は部位	木工事　間仕切り壁
②	合理化の内容とコスト削減の理由	内部間仕切り壁下地を在来工法からパネル工法に変更した。現場加工手間や端材処理費を低減することができたため。

(2)

①	工種又は部位	躯体工事　ハト小屋
②	合理化の内容とコスト削減の理由	既製品のユニット式ハト小屋を採用した。型枠・鉄筋工事の労務費削減ができたため。

[工事概要]

イ．工　事　名	○○工場新築工事
ロ．工　事　場　所	東京都○○区□□1-21-8
ハ．工　事　の　内　容	事務所・共同住宅、鉄骨造、地上13階建て
	延べ面積5,600㎡
	外部：EPC塗装仕上げ
	内部：（天井・壁）PB下地ビニルクロス張り
	岩綿吸音板
	（床）置床・フローリング
ニ．工　　　　期	平成29年10月〜平成31年2月
ホ．あなたの立場	工事主任

1

(1)

①	工種又は部位	防水工事　屋根
②	実施した内容と品質確保のための留意事項	アスファルト防水を改質アスファルトシート防水トーチ工法に変更した。シート相互の接合部において溶融アスファルトが十分にはみ出していることを全箇所確認することに留意した。
③	合理化となる理由	層数・工程数が少なく、施工が早いため、工程を短縮することができた。また、使用材料、機材等も少ないため、揚重運搬にかかる手間も軽減された。
④	副次的効果	溶融アスファルトを使用しないため、臭気がほとんどなく、周辺環境への影響を少なくできた。

(2)

①	工種又は部位	塗装工事
②	実施した内容と品質確保のための留意事項	外壁ECPの仕上げを現場塗装から工場塗装へ変更した。工場塗装のため、安定した塗装面の仕上がりを確保できた。運搬・取付時には仕上げ面に傷を付けないように留意した。
③	合理化となる理由	工場塗装とすることで、現場作業工程が減り工期短縮となり、また、外部足場の早期解体を行うことができたため。
④	副次的効果	現場塗装に必要な足場や養生作業が不要になり、産業廃棄物の低減につながった。また、塗装工事による臭気や塗料飛散もなくなり、近隣環境にも配慮できた。

2

(1)

①	工種又は部位	土工事
②	合理化の内容とコスト削減の理由	現場発生土を場内にストックして埋戻し土として使用した。土の購入費、運搬費を削減できたため。

(2)

①	工種又は部位	建具工事
②	合理化の内容とコスト削減の理由	内装建具を従来品から、既製品に変更した。大量生産による単価減額と取付け・加工手間削減による施工費の削減となったため。

［工事概要］

イ.	工　事　名	○○マンション大規模修繕工事
ロ.	工　事　場　所	東京都○○市△△町□□１－５－８
ハ.	工　事　の　内　容	共同住宅、RC造、11階建て、124戸
		延べ面積12,000㎡
		塗膜防水改修1,120㎡、シーリング改修18,238ｍ
		玄関ドア取替工事124戸、外壁タイル改修4,800㎡
		屋上防水改修1,050㎡
ニ.	工　　　　　期	平成29年10月～平成31年３月
ホ.	あなたの立場	工事主任

1

(1)

①	工種又は部位	金属建具工事（玄関ドア）
②	実施した内容と品質確保のための留意事項	部分補修ではなく扉の全交換とした。枠や躯体に劣化のある場合は、新規アンカー打込みや躯体補修を行うため、事前調査・採寸を行い記録に残すよう留意した。
③	合理化となる理由	劣化程度が著しい補修ヵ所が多く、全交換に変更することにより、コストが削減できた。また、工程数が減り、作業効率向上となり工期も短縮できた。
④	副次的効果	廊下作業であったため、工期短縮することで、居住者への負担の軽減にもなった。かつ、全体の均一な品質確保ができライフサイクルコストの削減にもなったといえる。

(2)

①	工種又は部位	各所鋼製建具仕上げ工事
②	実施した内容と品質確保のための留意事項	塗装仕様を化粧フィルム張りに、発注者の承諾を得て変更した。下地の凹凸は美観を損ねるので既存塗装面の劣化部分除去後パテ処理を行い不陸のないよう留意した。
③	合理化となる理由	既存塗装の著しい劣化のない箇所については、研磨作業のみで平滑面を得ることができ、塗装の乾燥時間の短縮、工程数の削減により工期を短縮できたため。
④	副次的効果	化粧フィルム張りにしたことで、塗装臭気を抑えることができ、かつ美観も大きく向上したため、居住者にも喜ばれた。

2
(1)

①	工種又は部位	鉄筋工事、型枠工事
②	合理化の内容とコスト削減の理由	鉄筋コンクリート造の階段から鉄骨階段に変更した。複雑な形状である階段の鉄筋コンクリート工事及び左官工事を削減することで、コスト削減することができたため。

(2)

①	工種又は部位	内装工事
②	合理化の内容とコスト削減の理由	建具、家具搬入時の梱包材を布養生材の耐久性の高いものに変更し、運搬において繰り返し使用した。養生段ボールの削減が産廃処分費の節約となったため。

　建設業を取り巻く環境の変化は著しく、労働生産性の向上や担い手の確保に対する取組は、建設現場において日々直面する課題となり、重要度が一層増している。

　あなたが経験した**建築工事**のうち、要求された品質を確保したうえで行った**施工の合理化**の中から、労働生産性の向上に繋がる**現場作業の軽減**を図った工事を1つ選び、工事概要を具体的に記入したうえで、次の1.及び2.の問いに答えなさい。

　なお、**建築工事**とは、建築基準法に定める建築物に係る工事とし、建築設備工事を除くものとする。

[工事概要]

イ. 工　事　名

ロ. 工　事　場　所

ハ. 工　事　の　内　容　　新築等の場合：建物用途、構造、階数、延べ面積又は施工数量、主な外部仕上げ、主要室の内部仕上げ

　　　　　　　　　　　　　改修等の場合：建物用途、建物規模、主な改修内容及び施工数量

ニ. 工　　期　　等　　（工期又は工事に従事した期間を年号又は西暦で年月まで記入）

ホ. あなたの立場

ヘ. あなたの業務内容

1. 工事概要であげた工事において、あなたが実施した**現場作業の軽減**の事例を3つあげ、次の①から③について具体的に記述しなさい。

　　ただし、3つの事例の②及び③はそれぞれ異なる内容を記述するものとする。

① 工種名等

② 現場作業の軽減のために**実施した内容**と軽減が必要となった**具体的な理由**

③ ②を実施した際に低下が**懸念された品質**と品質を確保するための**施工上の**
留意事項

2．工事概要であげた工事にかかわらず、あなたの今日までの建築工事の経験
を踏まえて、建設現場での労働者の確保に関して、次の①及び②について具
体的に記述しなさい。

ただし、労働者の給与や賃金に関する内容及び1.の②と同じ内容の記述は
不可とする。

① 労働者の確保を困難にしている建設現場が直面している**課題や問題点**

② ①に効果があると考える建設現場での**取組や工夫**

POINT

1 問1②は、「実施した内容」と「具体的な理由」を明示的に記述しましょ
う。「〜した。〜であったため。」が基本的な記述パターンです。「具体的
な理由」は「軽減が必要となった具体的な理由」ですので、作業員の不足、
前工程の遅延、工期不足などをコンパクトに書けると良いでしょう。

2 問1③は、②を実施した際に低下が懸念された品質です。「現場作業の軽
減として実施した内容」による「懸念された品質（≒実施した工法で考え
られる品質上の弱点）」と、その懸念（弱点）を解消するために気を付け
た「留意事項」を記述しましょう。軽減する前の工法による懸念事項では
ないことに注意しましょう。

[工事概要]

イ．工 事 名 　　　　　〇〇マンション新築工事

ロ．工 事 場 所 　　　　東京都〇〇区△△町□□3-2-18

ハ．工 事 の 内 容 　　　共同住宅、集会場、戸数83戸、RC造

　　　　　　　　　　　　　地上9階建て　延べ面積9,500㎡

　　　　　　　　　　　　　外部：複層塗材Eゆず肌仕上げ

　　　　　　　　　　　　　内部：（天井・壁）PB下地ビニルクロス張り

　　　　　　　　　　　　　　　　（床）フローリング（エントランス）PB

ニ．工 　　 期 　　　　　平成29年5月～令和元年9月

ホ．あ な た の 立 場 　　工事主任

ヘ．あなたの業務内容 　　躯体・仕上工事の施工管理

1

(1)

①	工種名等	型枠工事
②	実施した内容と具体的な理由	パイプサポート+合板の在来工法ではなく、床型枠用鋼製デッキプレートを採用した。なぜなら、1階階高が7.5mと高く、高所作業等が伴い能率低下が予想されたため。
③	懸念された品質と施工上の留意事項	コンクリート若材齢における資機材載荷による床ひび割れやたわみが懸念された。資機材荷揚げ場所を限定し、荷重に見合う補強を行うよう留意した。

(2)

①	工種名等	躯体工事（ハト小屋）
②	実施した内容と具体的な理由	躯体工事でハト小屋を作るのではなく既製品のユニット式ハト小屋を採用した。ハト小屋内部の型枠養生期間と解体手間を無くし、次工程を早期に着手するため。
③	懸念された品質と施工上の留意事項	ハト小屋取付け部からの漏水を懸念。溶接固定後くさび材は取り除き、モルタル充填を行った後、内側には塗膜防水、水切り下にはシーリングを施し漏水防止に留意した。

(3)

①	工種名等	型枠工事
②	実施した内容と具体的な理由	基礎型枠工事を在来型枠工法からラス型枠工法に変更した。運搬加工手間の省力化と、解体も不要となり工期短縮を図るため。
③	懸念された品質と施工上の留意事項	結束箇所数や支持材不足による打設中のラス型枠崩壊を懸念した。既定のピッチで結束されているか、また側圧が過大になる箇所には控えを取るように留意した。

2

①	建設現場が直面している課題や問題点	若年層入職者の減少、労働力の高齢化が急速に進んでいることから、熟練技術者・技能者が不足し、現場の将来を担う技術・技能の承継が困難になっている。
②	①に効果があると考える取組や工夫	若手技能者が早くから活躍できるように、建設キャリアアップシステムなどの導入・整備を進め、BIMの活用により、施工前検討による現場作業の軽減を図る。

[工事概要]

イ.	工 事 名	○○工場新築工事
ロ.	工 事 場 所	東京都○○市△△町□□1547
ハ.	工 事 の 内 容	リサイクルセンター、鉄骨造、地下1階
		地上4階建て　延べ面積5,300㎡
		外部：ALCパネル・複層塗材Eゆず肌仕上げ
		内部：（天井）ロックウール吸音板
		（壁）PB下地ビニルクロス張り
		（床）長尺、塗床
ニ.	工 期	平成29年10月～平成31年2月
ホ.	あ な た の 立 場	工事主任
ヘ.	あなたの業務内容	躯体・仕上工事の施工管理

1

(1)

①	工種名等	内装工事
②	実施した内容と具体的な理由	内部建具の木枠を現場加工ではなく、既製品への仕様変更を発注者の承諾の上で行った。コスト削減案が必要とされたため。
③	懸念された品質と施工上の留意事項	既製品で現場での調整ができないため、下地開口寸法が正しくないと手戻り工事が発生することが懸念された。間仕切り墨の確認、LGS施工中の寸法確認に留意した。

(2)

①	工種名等	耐火被覆工事
②	実施した内容と具体的な理由	ロックウール吹付工事を表しとなる部分は巻付け工法へ変更した。吹付け施工に伴う通行制限期間を短縮し、他業種との同時作業を可能にする必要があったため。
③	懸念された品質と施工上の留意事項	固定ピンの浮きや抜け、柱目地部や取合い部の隙間等の施工不良が懸念された。目視にて全箇所施工状態を確認するよう留意した。

※便宜上、耐火被覆工事を「仕上」に掲載していますが、一般的には躯体工事に分類されます。

(3)

①	工種名等	ALC工事
②	実施した内容と具体的な理由	ALCの梁型の切り欠き加工を事前に工場加工とした。梁せい・梁幅は変わるが毎フロア必要な加工であり、現場での加工を軽減して、工期短縮を図る必要があったため。
③	懸念された品質と施工上の留意事項	発注ミスにより加工サイズが過大となり、あと塗りの補修による漏水危険性の増大を懸念した。正確な寸法を記載し発注前にダブルチェックするよう留意した。

2

①	建設現場が直面している課題や問題点	休日が無い、現場内の衛生管理が不足、肉体労働がきつい等、労働条件が厳しいという印象から、若手技能労働者の入職が少ない。
②	①に効果があると考える取組や工夫	労働条件の改善のため、契約時から無理な工程を組まず、4週8休（8閉所）、ノー残業デー等の取組みを実施する。

［工事概要］

イ.	工 事 名	○○マンション大規模修繕工事
ロ.	工 事 場 所	東京都○○市△△町□□1−5−8
ハ.	工 事 の 内 容	共同住宅、RC造、11階建て、134戸
		延べ面積12,000㎡
		外壁タイル改修3,500㎡
		シーリング改修18,238m
		塗膜防水改修1,120㎡
		玄関ドア取替工事134戸
		屋上防水改修980㎡
ニ.	工 期	平成29年10月～平成31年3月
ホ.	あ な た の 立 場	工事主任
ヘ.	あなたの業務内容	改修工事の施工管理

1

(1)

①	工種名等	鋼製建具工事
②	実施した内容と具体的な理由	玄関ドア取換え工事を既存枠は撤去しないカバー工法を採用した。居住者在宅中での立会い作業のため、最小限の作業時間とする必要があったため。
③	懸念された品質と施工上の留意事項	既存建具と新規建具の間への雨水浸入や結露の発生・蓄積による漏水が懸念された。新規建具の下枠と躯体間にはシーリングをせず排水機構をもたせるよう留意した。

(2)

①	工種名等	タイル工事
②	実施した内容と具体的な理由	タイル張替え工事からアンカーピンニングエポキシ樹脂注入工法に変更した。居住者への影響を考慮し、騒音振動を極力抑え、かつ、工期を短縮する必要があったため。
③	懸念された品質と施工上の留意事項	施工範囲が広い箇所は注入箇所数が多いことによる注入不足発生を懸念した。打診棒で充填確認をしながら注入を行い、施工もれのないよう留意した。

(3)

①	工種名等	防水工事
②	実施した内容と具体的な理由	かぶせ工法を採用し、劣化部分の部分撤去補修を行った後改質アスファルトシート防水トーチ工法にて防水を行った。天候不順による工程遅延リスクを軽減するため。
③	懸念された品質と施工上の留意事項	トーチバーナーによる溶融不良による接着不足が懸念された。改質アスファルトがシート端部から、はみ出る程度まであぶり、目視にて全箇所確認することに留意した。

2

①	建設現場が直面している課題や問題点	若手管理技術者の育成をしても、希望する業務態様との不一致による離職が多く、また、女性職員のワークライフバランスの変化等による現場離れが増加している。
②	①に効果があると考える取組や工夫	働きやすい環境整備（長時間労働の短縮、トイレ等衛生設備の充実）や女性が働きやすい福利厚生（専用休憩室など）を積極的に採用する。

仮設・安全

PART **2**　仮設・安全

1 出題の概要

　過去12年のPART 2「仮設・安全」は、「仮設計画」「安全管理」の2つに大別され、「仮設計画」は奇数年度、「安全管理」は偶数年度に出題されています。「仮設計画」では「仮設物の設置計画」が問われ、「安全管理」では「災害防止」と「設備・機械の安全使用等」が交互に出題されています。

2 過去12年の出題テーマ

【注】Hは平成、Rは令和を示しています。また★は出題のあった項目を表しています。

		出題項目	H 24	H 25	H 26	H 27	H 28	H 29	H 30	R 1	R 2	R 3	R 4	R 5
仮設物の設置計画	テーマ1 仮設物の設置計画	外部枠組足場				★								★
		単管足場（くさび式含む）												★
		吊り足場						★						
		荷受け構台				★				★				
		場内仮設事務所		★								★		
		場内仮設道路		★										★
		鋼板製仮囲い		★						★				
		ゲート（車両出入り口）										★		
		仮設電力設備				★								
		排水（濁水）処理設備												
		揚重機												
		起伏式（ジブ）タワークレーン						★						
		工事用エレベーター								★				
		建設用リフト												★
		仮設ゴンドラ						★				★		

	出題項目	H24	H25	H26	H27	H28	H29	H30	R1	R2	R3	R4	R5
災害防止 テーマ2	墜落・転落災害			★				★				★	
	飛来・落下災害												
	崩壊・倒壊災害			★								★	
	重機関連災害			★									
	車両系建設機械による災害							★				★	
	電気による災害							★					
設備・機械の安全使用等 テーマ3	外部枠組足場									★			
	移動式足場（ローリングタワー）	★											
	高所作業車（クローラー式の垂直昇降機）					★							
	移動式クレーン	★											
	ロングスパンエレベーター					★							
	建設用リフト									★			
	バックホウ（バケット容量0.5㎡程度）					★							
	コンクリートポンプ車									★			
	交流アーク溶接機	★											

PART
2
仮設・安全

127

「仮設物の設置計画」の作成上の留意・検討すべき事項の主なものは以下のとおりです。各仮設物について3～4項目以上は、できるだけ自分の経験も踏まえて、記述できるように準備しましょう。また、「留意事項」と「検討事項」の両方を記述しなければならない場合と、いずれかを書けば良い場合がありますので、設問を注意深く読む必要があります。受験対策としては、両方記述できるよう準備しましょう。

なお、手続き的なもの、運用管理に関するものなどが除外されたり、不良品はないものと条件付けされたりする場合がありますので、**設問条件に合わせて記述する**ことが大切です。本書の記述等を参考にして、建築技術者らしい表現・言い回しに慣れることが肝要です。

1 外部（枠組）足場 　過H27

❶ 強度不足による倒壊を防止することに留意して、自重、積載荷重、作業荷重、風荷重に対し、強度検討を行います。

❷ 脚部の滑動や沈下を防止することに留意して、建地は**敷板、ベース金物**を用いて釘止めすることなどを検討します。

❸ 強風時における倒壊防止に留意して、壁つなぎの間隔は水平方向**8m以下**、垂直方向**9m以下**とする配置を検討します。

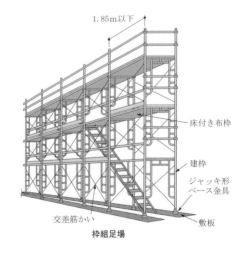

1.85m以下

床付き布枠

建枠

ジャッキ形
ベース金具

交差筋かい

敷板

枠組足場

❹ 足場全体の剛性を確保することに留意して、**最上層及び5層以内ごとに、水平材を設けるなどの補剛対策**を検討します。

❺ 作業員の墜落防止や作業床上の安全作業に留意して、**作業床は幅40cm以上**、床材間の隙間は**3cm以下**、床材と建地との隙間は**12cm未満**とするなどの作業床を検討します。

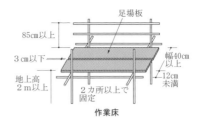

足場板

85cm以上

3cm以下

地上高
2m以上

幅40cm
以上

12cm
未満

2カ所以上で固定

作業床

❻ 作業員の墜落防止・物の落下防止に留意して、「**交差筋かい**」に加え、「**高さ15cm以上40cm以下の位置に桟**、もしくは**高さ15cm以上の幅木**」、または、これらと同等以上の機能を有する設備を検討します。

❼ 物体が落下することによる労働者への危険を防止することに留意して、**高さ10cm以上の幅木**、**メッシュシート**もしくは**防網**、またはこれらと同等以上の機能を有する設備を検討します。

❽ 第三者への飛来落下事故防止に留意して、所定の構造の**防護棚（朝顔）**もしくは**防護構台**の設置を検討します。

❷ くさび緊結式足場 過R5

くさび緊結式足場とは、支柱やブラケットなどの部材に、一定間隔に緊結部のあるユニット部材を用い、**くさびをハンマーで打ち込むだけ**の組立て・解体が容易な足場で、**単管足場の一種**に分類されます。この足場は、原則として、高さを31m以下とし、本足場及び一側足場の両方に用いられます。

❶ 部材の強度及び安定性に留意し、**建地の間隔：けた行方向1.85m以下**、**はり間方向1.5m以下**となるように部材構成を検討します。

❷ 足場の倒壊による第三者災害防止に留意し、**壁つなぎの間隔**は、水平方向**5.5m以下**、垂直方向**5m以下**となるように検討します。

❸ 建地の強度に留意して、建地間の**積載荷重**は、**400kg以下**（一側足場の場合、**200kg以下**）となるように検討します。

❹ 足場の構造強度に留意し、建地の最高部から測り**31mより下**の部分の建地は、鋼管を**2本組み**とする検討を行います。

❺ 足場の滑動または沈下防止に留意し、脚部には**ねじ管式ジャッキ型ベース金物**を用い、**根がらみ設置**、**敷板・敷角**の設置を検討します。

❻ 足場上での安全な作業
性や2方向避難経路の
確保に留意し、**昇降階
段**の設置位置を検討し
ます。

❼ 外部足場上での作業に
おける作業員の墜落・
転落に留意し、規定高
さの**手すり・中残**の設
置漏れのないよう検討
します。

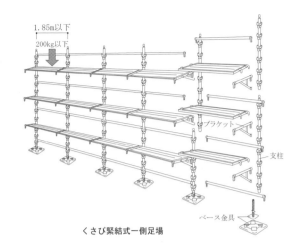

くさび緊結式一側足場

③ 吊り足場 _過H29

❶ 強度不足による作業床の落下防止に留意して、作業床の計画積載荷重に基
づき、**各部材や吊元の強度**を検討します。

❷ 作業員の墜落防止、物の落下防止、作業床上の安全作業に留意し、作業床
は**幅40㎝以上**とし、かつ、**隙間がないように足場板を敷きつめる**などの
措置を検討します。

❸ 吊り足場自体の落下防止に留意し、吊り材の安全係数は、**吊りワイヤロー
プの場合10以上**、**吊り鎖（チェーン）及び吊りフックの場合5以上**とす
るよう強度を検討します。

❹ 作業員の墜落・転落防止、物の落下防止に留意し、吊り足場下部には全面
に**安全ネット**を張るなどの措置を検討します。

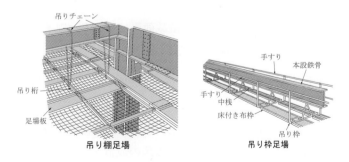

吊り棚足場　　　　吊り枠足場

4 荷受け構台 過 H27・R1

荷受け構台はクレーン、リフト、エレベーターなどを利用しての資機材等の搬出入に使用します。

荷受け構台（材料置場兼用）

❶ 構造的な安全性確保に留意して、自重、積載荷重、作業荷重、風荷重等に対して**構造検討**を行います。

❷ 継続的な荷重に対して十分な安全性を持たせることに留意して、**材料置場**と兼用することを検討します。

❸ 資機材荷取り作業中における構台からの**墜落防止**に留意して、**高さ85cm以上**（90cm以上が望ましい）の**手すり及び中桟**を設けるなどの対策を検討します。

❹ 構台上の物の落下防止に留意して、**高さ10cm以上の幅木**を設けるなどの対策を検討します。

❺ 過積載による構台破損がないように留意して、見やすい位置に**許容積載荷重の表示看板**を掲示するなどの対策を検討します。

❻ 構台の強度的安全性に留意して、荷受け構台の**作業荷重は、自重と積載荷重の合計の10%**とするなどの余裕をもった強度検討を行います。

❼ 積載荷重の偏りに留意して、構台の全スパンの**60%**にわたって積載荷重が分布すると仮定するなどして強度検討を行います。

P：総荷重

$$W=\frac{P}{L}$$

$$W=\frac{P}{0.6L}$$

❽ 工事の進捗に伴う**転用性**に留意して、設置場所、盛替え方法、盛替え位置を検討します。

5 場内仮設事務所 過 H25・R3

❶ 全工期を通じてできるだけ工事に支障が生じないことに留意して、**最適な位置**を検討します。

❷ 作業員や資機材の搬出入管理の効率性に留意して、作業所全体が見渡せ、

PART **2** 仮設・安全

1

仮設物の設置計画

131

かつ出入り口（ゲート）にできるだけ近い位置を検討します。

❸ 引き込み仮設備をできるだけ少なくすることに留意して、電気、給排水などが引き込みやすい位置を検討します。

❹ 工事事務所と監理事務所の**独立性**、及び**日常業務の関連性**に留意して、**事務所レイアウト**を検討します。

❺ 職種数や作業員の増減対応や異職種間コミュニケーション向上などに留意して、作業員詰所は、**大部屋方式の採用**を検討します（感染症対策が必要な場合は、十分な能力を有する換気設備を設ける）。

❻ 工事進捗に与える支障などに留意して、**施工中の建築物の一部を使用する**ことを検討します。

⑥ 場内仮設道路　過 H25・R5

❶ 建物の平面計画、周辺道路や歩道の交通状況、作業所内での効率的な**工事動線**に留意して、道路配置計画を検討します。

❷ 搬出入土量の最小化、外構工事の工期短縮に留意して、**本設構内道路の路盤までを先行施工**して仮設道路として利用することを検討します。

❸ 車両、重機の大きさ、通行量、使用期間に留意し、適正な**道路幅員、仕様**を検討します。

❹ 車両と作業員の通行時の安全性に留意し、**動線の交錯が少ない平面計画**を検討します。

❺ 仮設道路の耐久性、メンテナンス性に留意して、車両、重機が頻繁に動く場所には、**敷き鉄板設置**を検討します。

❻ 仮設道路の冠水や軟弱化、場外へのタイヤ付着土（泥）の持ち出しによる周辺道路汚染防止に留意して、雨水が溜まりにくい**勾配計画や排水溝、タイヤ洗浄機**の設置を検討します。

❼ 重機や工事車両の走行安全性に留意して、平均接地圧と地耐力を比較し、**地盤改良**などの検討を行います。

⑦ 鋼板製仮囲い 過 H25・R1

工事関係者以外の出入りの禁止、通行人などの第三者に対する災害の防止、盗難防止などを目的として設置します。

設置しなければならない建築物は、**木造**は高さが13mもしくは軒の高さが9mを超えるもの、**木造以外**は2階建て以上です。ただし、工事現場の周辺や工事の状況により危害防止上支障がない場合には、設けなくてもかまいません。

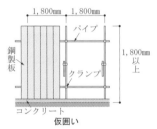

❶ 第三者に対する災害の防止、盗難防止などに留意して、**仮囲い高さ**（地盤面から1.8m以上）を検討します。

❷ 強風時の転倒防止に留意して、**下地や控えの構造的な検討**を行います。

❸ 外部からの侵入防止、資機材、土砂、粉塵の場外への逸出防止に留意して、仮囲い下部の隙間には、**幅木取付けや土台コンクリート打設**などを検討します。

❹ 外部からの侵入防止、場内からの粉塵や資機材の逸出防止に留意して、道路に傾斜がある場合は、土台コンクリートを**階段状**にするなどの検討を行います。

❺ 道路面に設置する場合には、道路面の損傷防止に留意して、**H鋼ベースへの固定する方法**などを検討します。

❻ 周辺の美観や近隣コミュニティへの参加に留意して、外面に景観に配慮したデザインや色による**塗装**を検討します。

❼ 周囲の環境及び第三者同士の接触事故防止に留意して、コーナー部にクリアパネルを使用するなど、外観・仕様を検討します。

8 ゲート（車両出入り口） 過R3

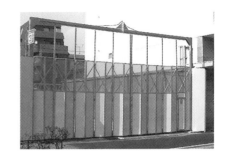

❶ 周辺道路事情（車両交通、歩道、道路上の公共物等含む）に留意して、車両等の入出場に支障のない**位置**を検討します。

❷ 通行人や一般車両の安全性に留意して、工事車両が余裕をもって入出場できる**有効高さ、有効幅**を検討します。

❸ 通行人や一般車両の安全性、工事用車両の円滑な入出場に留意して、前面道路の幅員も考慮した**有効幅**を検討します。

❹ 工事用車両のスムーズな入出場に留意して、最も背の高い車両（積荷高さ含める）が通過できる**有効高さ**を検討します。

❺ 生コン車が入出場する際の安全性に留意して、空荷時の生コン車が通過できる**高さ**を検討します。

❻ 耐風圧安全性、通行人の安全性に留意して、重量と風圧を軽減するための**上部網張り、あおり防止止めの足元ワイヤ**などを検討します。

9 仮設電力設備 過H27

❶ 効率的で経済的な電力計画とすることに留意して、使用量に極端なピークがある場合の**発電機**併用など、合理的な**給電計画**を検討します。

❷ 着工から竣工まで仮設電気の過不足が発生しないように留意して、仮設電力山積み工程表を作成の上で、**受電容量**を検討します。

❸ 搬出入の安全作業性、転倒防止に留意して、搬出入・据付けが容易で、地盤が強固な**キュービクル設置場所**を検討します。

❹ 地震時や強風時の転倒防止に留意して、コンクリート、H形鋼等による**基礎、アンカーボルト**等を検討します。

❺ 受変電設備機器の操作性、点検・保守の作業性、作業員等の感電事故防止

に留意して、周囲の囲いを検討します。

❻ 作業員等の感電事故防止に留意して、出入り口の**施錠、取扱責任者名及び立入禁止の標識**等を検討します。

❼ ケーブルの切断事故防止に留意して、仮設道路を**地中横断**しないような配線計画、横断する場合の**ケーブル防護**対策を検討します。

❽ **ダメ工事**（工事がほぼ終わった段階で、施工が後回しになっている工事）を残さないなど後続工事への支障が最小となるよう留意して、**配線計画、分電盤**の設置場所・設置方法を検討します。

⑩ 排水（濁水）処理設備

❶ 公共下水道、放流先の水質汚染防止に留意して、排水先、放流先を十分調査し、その排水基準に見合った**水質**で排水できる設備を検討します。

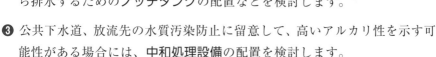

❷ 公共下水道、放流先の水質汚染防止に留意して、沈殿槽を設け、濁水中の土粒子を沈降させてから排水するための**ノッチタンク**の配置などを検討します。

❸ 公共下水道、放流先の水質汚染防止に留意して、高いアルカリ性を示す可能性がある場合には、**中和処理設備**の配置を検討します。

⑪ クレーン

❶ 建物概要、工期、立地条件、揚重資機材の種類・数量・重量、安全性、効率性に留意して、**作業半径、揚重能力（定格荷重）、機種、設置場所**を検討します。

クローラー　トラック
クレーン　クレーン

❷ 搬出入車両動線、揚重・地組みヤード、重量、作業半径に留意して、**平面配置**を計画します。

❸ 揚重物の種類・数量・重量、工程、工区割に留意して、**設置台数**を検討します。

❹ 感電事故防止に留意して、ブーム・揚重物等と**送電線**との**離隔距離**を十分とれる設置場所を検討します。

<起伏式（ジブ）タワークレーン> 過 H29

❶ 建物の概要、工期、立地条件、揚重資機材の種類・数量・重量、作業半径、揚程、工区割り、効率性に留意して、**機種、設置台数**を検討します。

❷ 搬出入車両動線、揚重・地組みヤード、重量、作業半径を留意して、**平面配置**を検討します。

タワークレーン

❸ 全体工程、ダメ工事の量・工程、**組立て・解体方法**などに留意して、建物の外部か内部かを含む**設置位置・台数**を検討します。

❹ 支持杭、設置構台、設置する本設構造体の強度や変形に留意して、**強度検討及び補強対策**を検討します。

12 建設用リフト 過 R5

建設用リフトは、荷物だけを運搬し、人員の昇降は禁止されている垂直搬送機です。

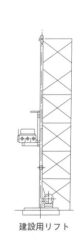

❶ 昇降路内への資材落下、作業員の墜落・転落に留意して、出入口及び各階の荷降ろし口に**遮断装置**を検討します。

❷ 過積載防止、安全操作の徹底に留意して、積載荷重や操作方法についての**掲示物**を検討します。

❸ 積載物の**最大荷重**に応じた揚重能力確保に留意して、**定格荷重**を検討します。

❹ 積載物の**最大寸法**に応じた荷台確保に留意して、荷台寸法、面積を検討します。

建設用リフト

❺ 荷台の過大な傾き発生防止及び倒壊防止に留意して、**水平で堅固な地盤面**への設置を検討します。

⓭ 工事用エレベーター 過R1

工事用エレベーターは、人員と荷物を同時に運搬でき、運搬効率が高い垂直搬送機です。

工事用エレベーター

❶ 揚重物の形状、数量、積載人数や積載物の最大荷重に留意し、**機種・台数**を検討します。

❷ ゲートからの距離、荷卸しから作業場までの距離など運搬の効率性に留意して、**設置位置**を検討します。

❸ 工事用エレベーターの乗入れ口に段差がある場合、資機材の積込作業及び乗降の安全性に留意して、ステップやスロープなどの**段差解消措置**を検討します。

❹ 作業員の墜落防止に留意して、停止階における、出入り口・荷の積み卸し口の**遮断設備**を検討します。

❺ 作業員の墜落防止や接触事故防止、物の落下災害防止に留意して、搬器外周の**養生**などの積み荷の落下・飛散防止対策や昇降路の**金網養生**等を検討します。

⓮ 仮設ゴンドラ 過R3

❶ ケージ自重と積載荷重を十分に支えることができるよう留意して、**支持構造体、ワイヤロープ、吊元、吊元からケージに至る経路の強度**を検討します。

ゴンドラ

❷ 近隣建物、第三者への落下災害の防止に留意して、ゴンドラ作業範囲の外面の**養生方法**を検討します。

❸ 第三者に対して落下物による災害を及ぼさないように留意して、ゴンドラ設置場所の下方に**落下物対策**を検討します。

❹ 墜落・落下による第三者災害の防止に留意して、ゴンドラ下方における立入り禁止措置、注意喚起掲示物、監視・誘導員配置を検討します。

本試験問題

建築工事において、次の1.から3.の仮設物の設置計画に当たり、**留意又は検討すべき事項**をそれぞれ2つ、具体的に記述しなさい。

ただし、解答はそれぞれ異なる内容の記述とし、保守点検等設置後の運用管理上の記述は除くものとする。また、使用資機材に不良品はないものとする。

1. 場内仮設事務所
2. 場内仮設道路
3. 鋼板製仮囲い（ゲート及び通用口を除く。）

....

平成25年度 解答例

1. 場内仮設事務所

全工期を通じてできるだけ**工事に支障が生じない**ことに留意して、**最適な位置**を検討する。
作業員や資機材の搬出入管理の効率性に留意して、作業所全体が見渡せ、かつ出入り口（ゲート）にできるだけ近い位置を検討する。

<他の解答例>

- 引き込み仮設設備をできるだけ少なくすることに留意して、**電気、給排水などの引き込みやすい位置**を検討する。
- **工事事務所**と**監理事務所の独立性**、及び日常業務の**関連性**に留意して、事務所レイアウトを検討する。
- 職種数や作業員の増減対応や異職種間コミュニケーション向上などに留意して、**作業員詰所**は、**大部屋方式**の採用を検討する。

2. 場内仮設道路

建物の平面計画、周辺道路や歩道の交通状況、作業所内での効率的な**工事動線**に留意して、**道路配置計画**を検討する。
車両、重機の大きさ、通行量、使用期間に留意し、適正な**道路幅員、仕様**を検討する。

<他の解答例>

- 車両と作業員の通行時の安全性に留意し、**動線の交錯が少ない平面計画**を検討する。
- 仮設道路の耐久性、メンテナンス性に留意して、車両、重機が頻繁に動く場所には、**敷き鉄板設置**を検討する。
- 仮設道路の冠水や軟弱化、場外へのタイヤ付着土（泥）の持ち出しによる周辺道路汚染防止に留意して、雨水が溜まりにくい**勾配計画**や排水溝、**タイヤ洗浄機**の設置を検討する。

3. 鋼板製仮囲い（ゲート及び通用口を除く。）

第三者に対する災害の防止、盗難防止などに留意して、**仮囲い高さ**（地盤面から1.8m以上）を検討する。
強風時の転倒防止に留意して、**下地や控えの構造的な検討**を行う。

<他の解答例>

- 外部からの侵入防止、資機材、土砂、粉塵の場外への逸出防止に留意して、仮囲い下部の隙間には、**幅木取付け**や**土台コンクリート打設**などを検討する。
- 周辺の美観や近隣コミュニティへの参加に留意して、外面に景観に配慮したデザインや色による**塗装**を検討する。
- 周囲の環境及び第三者同士の接触事故防止に留意して、コーナー部に**クリアパネル**を使用するなど、外観・仕様を検討する。

　建築工事において、次の1.から3.の仮設物の設置計画の作成にあたり、**留意・検討すべき事項**を2つ、具体的に記述しなさい。

　ただし、解答はそれぞれ異なる内容の記述とし、設置後の保守点検等の運用管理に関する記述は除くものとする。また、使用資機材に不良品はないものとする。

1．外部枠組足場
2．仮設電力設備
3．荷受け構台

1．外部枠組足場

> 強度不足による倒壊を防止することに留意して、自重、積載荷重、作業荷重、風荷重に対し、**強度検討**を行う。

> 脚部の滑動や沈下を防止することに留意して、建地は**敷板、ベース金物**を用いて釘止めすることなどを検討する。

＜他の解答例＞
・強風時における倒壊防止に留意して、**壁つなぎ**の間隔は**水平方向8m以下、垂直方向9m以下**とする配置を検討する。

・作業員の墜落防止や作業床上の安全作業に留意して、作業床は幅40㎝以上、床材間の隙間は3㎝以下、床材と建地との隙間は12㎝未満とするなどの作業床を検討する。

・作業員の墜落防止・物の落下防止に留意して、「交差筋かい」に加え、「高さ15㎝以上40㎝以下の位置に桟、もしくは高さ15㎝以上の幅木」、または、これらと同等以上の機能を有する設備を検討する。

2．仮設電力設備

効率的で経済的な電力計画とすることに留意して、使用量に極端なピークがある場合の発電機併用など、**合理的な給電計画**を検討する。

搬出入の安全作業性、転倒防止に留意して、搬出入・据付けが容易で、地盤が強固な**キュービクル設置場所**を検討する。

＜他の解答例＞

・着工から竣工まで仮設電気の過不足が発生しないように留意して、仮設電力山積み工程表を作成の上で、**受電容量**を検討する。

・地震時や強風時の転倒防止に留意して、コンクリート、H形鋼等による**基礎、アンカーボルト**固定等を検討する。

・ダメ工事を残さないなど後続工事への支障が最小となるよう留意して、**配線計画、分電盤**の設置場所・設置方法を検討する。

ダメ工事とは、工事がほぼ終わった段階で、施工が後回しになっている工事のことをいいます。

3．荷受け構台

構造的な安全性確保に留意して、自重、積載荷重、作業荷重、風荷重等に対して**構造検討**を行う。

資機材荷取り作業中における構台からの墜落防止に留意して、高さ85㎝以上（90㎝以上が望ましい）の**手すり及び中桟**を設けるなどの対策を検討する。

＜他の解答例＞

・構台の強度的安全性に留意して、荷受け構台の**作業荷重**は、自重と積載荷重の合計の10％とするなどの余裕をもった強度検討を行う。

・**積載荷重**の偏りに留意して、構台の全スパンの60％にわたって積載荷重が分布すると仮定するなどして強度検討を行う。

・工事の進捗に伴う**転用性**に留意して、設置場所、盛替え方法、盛替え位置を検討する。

　建築工事における次の1.から3.の仮設物について、設置計画の作成に当たり、留意又は検討すべき事項をそれぞれ2つ具体的に記述しなさい。

　ただし、解答はそれぞれ異なる内容の記述とし、申請手続、届出及び運用管理に関する記述は除くものとする。また、使用資機材に不良品はないものとする。

1．つり足場
2．起伏式（ジブ）タワークレーン
3．仮設ゴンドラ

・・

1．つり足場

強度不足による作業床の落下防止に留意して、作業床の計画積載荷重に基づき、各部材や吊元の強度を検討する。

作業員の墜落防止、物の落下防止、作業床上の安全作業に留意し、作業床は幅40cm以上とし、かつ、隙間がないように足場板を敷きつめるなどの措置を検討する。

<他の解答例>

・吊り足場自体の落下防止に留意し、吊り材の**安全係数**は、吊りワイヤロープの場合**10以上**、吊り鎖（チェーン）及び吊りフックの場合**5以上**とするよう強度を検討する。

・作業員の墜落・転落防止、物の落下防止に留意し、吊り足場下部には全面に**安全ネット**を張るなどの措置を検討する。

2．起伏式（ジブ）タワークレーン

建物の概要、工期、立地条件、揚重資機材の種類・数量・重量、作業半径、揚程、工区割り、効率性に留意して、**機種、設置台数**を検討する。
搬出入車両動線、揚重・地組みヤード、重量、作業半径を留意して、**平面配置**を検討する。

<他の解答例>

・全体工程、ダメ工事の量・工程、**組立て・解体方法**などに留意して、建物の外部か内部かを含む**設置位置・台数**を検討する。

・支持杭、設置構台、設置する本設構造体の強度や変形に留意して、**強度検討及び補強対策**を検討する。

3．仮設ゴンドラ

ケージ自重と積載荷重を十分に支えることができるよう留意して、**支持構造体、ワイヤロープ、吊元、吊元からケージに至る経路の強度**を検討する。
近隣建物、第三者への落下災害の防止に留意して、ゴンドラ作業範囲の外面の**養生方法**を検討する。

<他の解答例>

・第三者に対して落下物による災害を及ぼさないように留意して、ゴンドラ設置場所の下方に**落下物対策**を検討する。

・墜落・落下による第三者災害の防止に留意して、ゴンドラ下方における立入り禁止措置、注意喚起掲示物、監視・誘導員配置を検討する。

次の1.から3.の建築工事における仮設物について、設置計画の作成に当たり**検討すべき事項**を、**それぞれ2つ、留意点とともに**具体的に記述しなさい。

ただし、解答はそれぞれ異なる内容の記述とし、申請手続、届出及び運用管理に関する記述は除くものとする。また、使用資機材に不良品はないものとする。

1. 荷受け構台
2. 鋼板製仮囲い（ゲート及び通用口を除く）
3. 工事用エレベーター

「検討すべき事項」と「留意点」をセットで記述しましょう。「〜に留意して〜を検討する。」「〜を検討する。その際、〜に留意する。」が基本的な記述パターンです。

1. 荷受け構台

構造的な安全性確保に留意して、自重、積載荷重、作業荷重、風荷重等に対して**構造検討**を行う。

資機材荷取り作業中における構台からの墜落防止に留意して、**高さ85cm以上**（90cm以上が望ましい）の**手すり**及び**中桟**を設けるなどの対策を検討する。

<他の解答例>

・構台の強度的安全性に留意して、荷受け構台の作業荷重は、**自重と積載荷重の合計の10%**とするなどの余裕をもった強度検討を行う。

・積載荷重の偏りに留意して、構台の全スパンの**60%**にわたって積載荷重が分布すると仮定するなどして強度検討を行う。

・工事の進捗に伴う**転用性**に留意して、設置場所、盛替え方法、盛替え位置を検討する。

2．鋼板製仮囲い（ゲート及び通用口を除く）

第三者に対する災害の防止、盗難防止などに留意して、**仮囲い高さ**（地盤面から**1.8m以上**）を検討する。

強風時の転倒防止に留意して、**下地や控えの構造的な検討**を行う。

<他の解答例>

・外部からの侵入防止、資機材、土砂、粉塵の場外への逸出防止に留意して、仮囲い下部の隙間には、**幅木取付け**や**土台コンクリート打設**などを検討する。

・周辺の美観や近隣コミュニティへの参加に留意して、外面に景観に配慮したデザインや色による**塗装**を検討する。

・周囲の環境及び第三者同士の接触事故防止に留意して、コーナー部に**クリアパネル**を使用するなど、外観・仕様を検討する。

3．工事用エレベーター

揚重物の形状、数量、積載人数や積載物の最大荷重に留意し、**機種・台数**を検討する。

工事用エレベーターの乗入れ口に段差がある場合、資機材の積込作業及び乗降の安全性に留意して、ステップやスロープなどの**段差解消措置**を検討する。

<他の解答例>

・ゲートからの距離、荷卸しから作業場までの距離など運搬の効率性に留意して、**設置位置**を検討する。

・作業員の墜落防止に留意して、停止階における、出入り口・荷の積み卸し口の**遮断設備**を検討する。

・作業員の墜落防止や接触事故防止、物の落下災害防止に留意して、搬器外周の**養生**などの積み荷の落下・飛散防止対策や昇降路の**金網養生**等を検討する。

次の１.から３.の建築工事における仮設物の設置を計画するに当たり、**留意及び検討すべき事項**を２つ具体的に記述しなさい。

ただし、解答はそれぞれ異なる内容の記述とし、申請手続、届出及び運用管理に関する記述は除くものとする。また、使用資機材に不良品はないものとする。

１．仮設ゴンドラ
２．場内仮設事務所
３．工事ゲート（車両出入口）

「検討すべき事項」と「留意点」をセットで記述しましょう。「～に留意して～を検討する。」「～を検討する。その際、～に留意する。」が基本的な記述パターンです。

令和３年度 解答例

１．仮設ゴンドラ

ケージ自重と積載荷重を十分に支えることができるよう留意して、**支持構造体、ワイヤロープ、吊元、吊元からケージに至る経路の強度**を検討する。

近隣建物、第三者への落下災害の防止に留意して、ゴンドラ作業範囲の外面の**養生方法**を検討する。

<他の解答例>

・第三者に対して落下物による災害を及ぼさないように留意して、ゴンドラ設置場所の下方に**落下物対策**を検討する。

・墜落・落下による第三者災害の防止に留意して、ゴンドラ下方における立入り禁止措置、注意喚起掲示物、監視・誘導員配置を検討する。

2．場内仮設事務所

全工期を通じてできるだけ工事に支障が生じないことに留意して、**最適な位置**を検討する。

工事事務所と監理事務所の**独立性**、及び日常業務の**関連性**に留意して、**事務所レイアウト**を検討する。

<他の解答例>

・引き込み仮設設備をできるだけ少なくすることに留意して、電気、給排水などの引き込みやすい位置を検討する。

・作業員や資機材の搬出入管理の効率性に留意して、作業所全体が見渡せ、かつ**出入り口（ゲート）**にできるだけ近い位置を検討する。

・職種数や作業員の増減対応や異職種間コミュニケーション向上などに留意して、作業員詰所は、**大部屋方式**の採用を検討する。

3．工事ゲート（車両出入口）

周辺道路事情（車両交通、歩道、道路上の公共物等含む）に留意して、車両等の入出場に支障のない**位置**を検討する。

通行人や一般車両の安全性に留意して、工事車両が余裕をもって入出場できる**有効高さ、有効幅**を検討する。

<他の解答例>

・通行人や一般車両の安全性、工事用車両の円滑な入出場に留意して、前面道路の幅員も考慮した**有効幅**を検討する。

・工事用車両のスムーズな入出場に留意して、最も背の高い車両（積荷高さ含める）が通過できる**有効高さ**を検討する。

・耐風圧安全性、通行人の安全性に留意して、重量と風圧を軽減するための**上部網張り**、あおり防止止めの足元ワイヤなどを検討する。

テーマ 2　　災害防止

　「災害防止」は、建設業における重大な労働災害の型である「**墜落・転落**」「**崩壊・倒壊**」「**重機関連**」等について、**施工計画**にあたり事前に検討した**状況**や**作業内容、防止対策**を具体的に記述するものです。

　以下の典型的な労働災害について、自分の経験も踏まえて3～4項目程度は記述できるように準備しておきましょう。ただし、要求性能墜落制止用器具（安全帯）や保護帽の使用、朝礼時の注意喚起、点検・整備などの日常管理、安全衛生管理組織、新規入場者教育、資格や免許に関するものなど、つまり**全般的な作業に共通する対策**や**日常の安全管理**に関するものは**対象外**とされています。問題文をよく読み、**設問条件**に合わせて記述することが大切です。

1 墜落・転落災害　過 H26・30・R4

❶ 足場の組立て・解体作業における墜落防止のため、手すり先行工法を採用します。

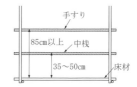

❷ 仮設開口を利用した荷揚げ作業における墜落防止のため、手すり、中桟を設けます。

❸ 仮設開口周辺の仕上げ作業における墜落防止のため、**手すり、中桟、安全ネット**を設置します。

❹ 鉄骨建方作業における墜落防止のため、**手すり支柱、親綱**をあらかじめ鉄骨に取り付け、水平ネットを各層に設置します。

❺ 鉄骨造外周部の作業における墜落防止のため、外周部に**手すり、中桟**を設置します。

❻ エレベーター周囲の作業における墜落防止のため、**昇降路開口部に仮設デッキ**を敷き込みます。

❼ 脚立足場を利用する天井や壁の仕上作業における墜落防止のため、足場板のはね出しは20cm以上、3点支持として堅固に設置します。

2 飛来・落下災害

❶ 外部足場上作業における飛来・落下防止のため、メッシュシートを設置します。

❷ 外部足場上作業における落下防止のため、高さ10cm以上の幅木を設けます。

❸ 外部足場上作業における落下防止のため、足場と躯体の間に層間ネットを設置します。

❹ 外部足場上作業における工具の落下防止のため、工具は紐付きとし、ベルトに留めます。

❺ 足場上作業における飛来・落下防止のため、足場上に資機材を置かない作業計画とします。

❻ 外部足場上作業における第三者への飛来・落下災害防止のため、足場からの張出し長さ2m以上の防護棚を設けます。

❼ 外部足場上作業又は外壁取付け作業における第三者への飛来・落下防止のため、歩道上に防護構台を設置します。

❽ 外部足場上作業における落下災害防止のため、足場下部への立入り禁止措置をとり、上下同時作業を行わない計画とします。

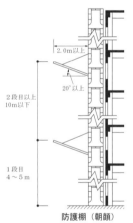

2.0m以上

20°以上

2段目以上
10m以下

1段目
4〜5m

防護棚（朝顔）

3 崩壊・倒壊災害 過 H26・R4

❶ 山留めの崩壊防止のため、支保工の軸力と山留め壁の変形を常時測定し、異常が発見された場合にはすみやかに対策を施します。

❷ 乗入れ構台の倒壊を防止するため、垂直ブレース、水平つなぎの取付けは、予定の深さまで掘削が進んだ部分からすみやかに行う計画とします。

❸ 足場の倒壊防止のため、台風等の強風時を想定して、壁つなぎの間隔、配置を検討します。

❹ 足場の倒壊防止のため、強風が予想される場合は、メッシュシートを仮撤去し、風による影響を最小限にする計画とします。

❺ 鉄骨倒壊防止のため、**強風時の自立検討を**行い、**倒壊防止ワイヤロープを設けます。**

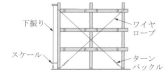

❻ 型枠支保工上でのコンクリート打設作業時における倒壊防止のため、固定荷重、積載荷重に見合った**支保工補強を行い、構造的負担の少ないコンクリート打設手順**とします。

❼ 型枠支保工の脚部は**敷板**に釘によって固定し、**根がらみ、頭部は大引き**に対して釘によって固定します。

❽ 強風時の倒壊防止のため、**仮囲いは控え、火打ち等を適切に設けます。**

❾ 解体作業中の建物の倒壊を防止するため、外周躯体が**外重心**にならない解体計画とします。

❿ 解体作業中の建物の倒壊を防止するため、適切な方向に**引きワイヤロープ**を設置します。

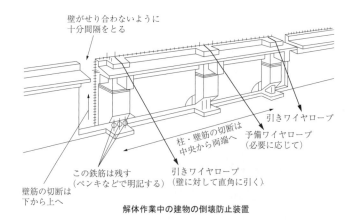

解体作業中の建物の倒壊防止装置

4 重機関連災害 過 H26・R4

❶ 荷重、作業半径に見合う能力の移動式重機を採用します。

❷ 重機転倒防止のため、重機の**走行路及び設置地盤**は、強度検討に沿った**地盤改良や鉄板敷き**を行って地耐力を確保します。

❸ 重機転倒防止のため、設置場所において**法面路肩からは十分な安全距離を**とります。

❹ 移動式クレーンの転倒防止のため、**敷き鉄板の上にアウトリガーを確実に**張り出して設置します。

❺ 接触事故防止のため、**旋回台の旋回範囲内への立入り禁止**をカラーコーン又はバリケード等にて行います。

❻ 吊り荷の落下災害防止のため、**クレーンの作業半径内への関係者以外立入り禁止措置**をとり、荷の直下へ作業員を立ち入らせない計画とします。

❼ クレーン作業において、横引き、斜めづりを行わない計画とします。

❽ 規定重量を超えるアタッチメントを装着・使用しない計画とします。

❾ 運転者が運転席から離れるときは、吊り荷を地上に降ろす計画とします。

❿ 主たる用途以外の用途に使用しない計画とします。

5 車両系建設機械による災害 過 H30・R4

❶ 積載物転落防止のため、**走行路及び設置地盤**は、強度検討に沿った地盤改良や鉄板敷きを行って地耐力を確保します。

❷ 転倒防止のため、走行路において**法面路肩からは十分な安全距離**をとります。

❸ 運行中における労働者との接触防止のため、接触危険性がある箇所では、**関係労働者以外の立入りを禁止**し、誘導者を配置する計画とします。

❹ コンクリートポンプ車の**作業装置操作者**と**ホース先端保持者**との**連絡装置を装備**し、一定の合図を定め、指名した者に合図を行わせる計画とします。

❺ コンクリートポンプ車は、**堅固な地盤に設置し、アウトリガーを確実に張**り出して作業を行う計画とします。

❻ **規定重量を超えるアタッチメントを装着・使用しない計画とします。**

❼ 運転者が運転席から離れるときは、バケット等を地上に降ろし、エンジンを停止しブレーキをかけて逸走を防止するとともに、キーを抜くこととします。

⑥ 電気による災害 過 H30

❶ 電気機械器具の**充電部**に接触・接近して感電の危険がある場合には、感電防止のための**囲い**、又は**覆い**を設けます。

❷ 水等で湿潤している場所で使用する場合、**移動電線**は2種キャプタイヤケーブル以上、接続器具は**防水形**等とします。

❸ 電動機械器具で、**対地電圧150Vを超える移動式・可搬式のもの**、または水等で**濡れている場所や鉄板上で使用する移動式・可搬式のもの**を使用する場合は、**感電防止のための漏電遮断装置**を設置します。

❹ アーク溶接作業等においては、感電を防止するために、ホルダーに**絶縁性**及び**耐熱性**を有するものを使用します。

❺ アーク溶接作業を行う場合、**自動電撃防止装置**を備える機器を使用し、確実に**アース**をとるものとします。

❻ ケーブルが作業通路を横切る箇所においては、ケーブル損傷に伴う感電防止のため、**ケーブルを養生**します。

❼ 絶縁被覆を有するもので、労働者が接触するおそれのある場合には、**絶縁被覆の損傷・劣化**による感電の防止対策を講じます。

❽ 分電盤の**漏電遮断装置**のテストを行います。

MEMO

本試験問題

平成26年度 問題

建築工事現場において、次の3つの災害について、施工計画にあたり事前に検討した災害の発生するおそれのある**作業の内容**とそれを防止するための**対策**を、それぞれ2つずつ具体的に記述しなさい。

ただし、解答はそれぞれ異なる内容の記述とし、墜落制止用器具や保護帽の着用、朝礼時の注意喚起、点検・整備などの日常管理、安全衛生管理組織、新規入場者教育に関する記述は除くものとする。

1．墜落災害
2．崩壊・倒壊災害
3．重機関連災害

平成26年度 解答例

1．墜落災害

> 仮設開口を利用した荷揚げ作業。墜落防止のため、**手すり、中桟**を設ける計画とした。

> 鉄骨建方における柱、梁などの鉄骨部材取付け作業。墜落防止のため、**手すり支柱、親綱**をあらかじめ鉄骨に取り付ける計画とした。

＜他の解答例＞

・鉄骨工事にともなう建方・本締め作業。墜落防止のため、水平ネットを各層に設置する計画とした。

・エレベーターシャフト内でのエレベーター設置作業。暗がりによる足場からの墜落防止のために、**十分な照度**を得られる仮設照明設備を設けた。

・エレベーター周辺部の室内仕上げ作業及び作業員通行。墜落防止のため、エレベーター工事に着手するまで、**昇降路開口部に仮設デッキ**を敷き込む計画とした。

・脚立足場での天井仕上げ作業。脚立足場からの墜落防止のため、足場板の**はね出し**は20cm以下、**3点支持**とし堅固に固定する計画とした。

・外部足場における仕上げ作業及び資機材の運搬作業。足場作業床からの墜落防止のため、**手すりと中桟**を設ける計画とした。

・足場の組立て解体作業。足場からの墜落防止のため、**手すり先行工法**を採用する計画とした。

2．崩壊・倒壊災害

［崩壊災害］

山留め及び山留め支保工を設けた掘削作業。山留めの崩壊防止のため、支保工の**軸力**と山留め壁の**変形**を常時測定する方法、異常時の対処方法を検討・計画した。

山留めを設けない掘削作業。地山の崩壊防止のため、地質に適した法面の勾配と排水路を計画した。

＜他の解答例＞

・親杭横矢板による山留めを設けた掘削作業。横矢板部分の土砂崩壊防止のため、横矢板は**掘削後すみやかに設置する**手順・工程計画とした。

［倒壊災害］

強風時における足場上での作業。足場の倒壊防止のため、風荷重を低減できるメッシュシートとし、十分な安全率を見込んで壁つなぎを計画した。

足場の組立て作業。足場の倒壊防止のため、足場設置地盤の転圧、敷板とベース金物の釘止め、根がらみの設置を行う計画とした。

＜他の解答例＞

・鉄骨建方作業。強風による鉄骨の倒壊防止のため、**強風時の自立検討**を行い、**倒壊防止ワイヤ**を各ブロックの本締め完了まで緊張させたままとする計画とした。
・型枠上でのコンクリート打設作業。型枠支保工が**3.5mを超える**パイプサポートを使用する場合、倒壊防止のため高さ**2m以内**ごとに**2方向に水平つなぎ**を設ける計画とした。
・建物内部改修工事のコンクリートブロック壁解体作業。壁の倒壊が生じないように、安全な作業方法・手順を検討し計画書を作成した。

3．重機関連災害

クレーンによる資機材の揚重・運搬作業。吊り荷の落下災害防止のため、作業半径内への関係者以外立入り禁止、荷の直下への作業員立入り禁止を計画した。

ポンプ車を使用するコンクリート打設作業。ポンプ車の作業装置操作者とホース先端保持者との連携不足による災害を防止するため、無線連絡装置を計画した。

＜他の解答例＞

・バックホウを使用する掘削作業。バックホウ旋回中の作業員への接触事故を防ぐため、バリケード等による旋回範囲内への立入り禁止措置を計画した。
・クレーンによる鉄骨部材の揚重作業。トラッククレーンの転倒事故を防止するため、**敷き鉄板**を敷いて、**アウトリガー**を張り出して足元を固める計画とした。

　建築工事における次の1.から3.の災害について、施工計画に当たり事前に検討した災害の発生するおそれのある**状況や作業の内容**と災害を防止するための**対策**を、**それぞれ2つ**具体的に記述しなさい。

　ただし、解答はそれぞれ異なる内容の記述とする。また、墜落制止用器具や保護帽の使用、朝礼時の注意喚起、点検や整備などの日常管理、安全衛生管理組織、新規入場者教育、資格や免許に関する記述は除くものとする。

1.　墜落、転落による災害
2.　電気による災害
3.　車両系建設機械による災害

「状況・作業内容」と「対策」の2つを明示的にセットにして記述しましょう。

1.　墜落、転落による災害

仮設開口を利用した荷揚げ作業。墜落防止のため、**手すり、中桟**を設ける計画とした。

鉄骨建方における柱、梁などの鉄骨部材取付け作業。墜落防止のため、**手すり支柱、親綱**をあらかじめ鉄骨に取り付ける計画とした。

＜他の解答例＞

・鉄骨工事にともなう建方・本締め作業。墜落防止のため、**水平ネット**を各層に設置する計画とした。

・エレベーターシャフト内でのエレベーター設置作業。暗所における足場からの墜落防止のため、**十分な照度を得られる仮設照明設備**を設けた。

・エレベーター周辺部の室内仕上げ作業及び作業員通行。墜落防止のため、エレベーター工事に着手するまで、**昇降路開口部に仮設デッキを敷き込む**計画とした。

・脚立足場での天井仕上げ作業。墜落・転落防止のため、足場板の**はね出しは20cm以下、3点支持**とし堅固に固定する計画とした。

・外部足場における仕上げ作業及び資機材の運搬作業。足場作業床からの墜落防止のため、**手すりと中桟を設ける**計画とした。

・足場の組立て解体作業。墜落災害防止のため、**手すり先行工法を採用する**計画とした。

2．電気による災害

架空電線近傍におけるクレーン作業。ブーム接触による感電事故を防ぐため、計画図により**安全隔離距離を確保できる**ことを確認した。

電動工具を使用する作業。漏電による感電防止対策として、電動工具は**アース線を接続したことを複数**で確認する手順とした。

＜他の解答例＞

・電動機械器具で、**対地電圧150Vを超える移動・可搬式**のものを使用する作業。感**電防止用漏電遮断装置**を備える仮設電気計画とした。

・絶縁被覆を有するもので、労働者が接触するおそれのある状況。絶縁被覆の損傷劣化による感電防止対策として**囲い又は絶縁覆い**を設置する計画とした。

3．車両系建設機械による災害

クレーンによる資機材揚重作業。吊り荷の落下災害防止のため、クレーン作業半径内への**関係者以外立入り禁止措置**、荷の直下への作業員立入り禁止措置を計画した。

ポンプ車によるコンクリート打設作業。ポンプ車の**作業装置操作者**と**ホース先端保持者**との連携不足による災害を防止するため、無線連絡装置を計画した。

＜他の解答例＞

・バックホウによる掘削作業。バックホウ旋回中における作業員との接触事故を防ぐため、バリケード等によって**旋回範囲内への立入り禁止措置**をとる計画とした。

・鉄骨建方工事における鉄骨部材の揚重作業。トラッククレーンの転倒事故を防止するため、**敷き鉄板を敷いて、アウトリガー**を張り出して足元を固める計画とした。

　建築工事における次の１.から３.の災害について、施工計画に当たり事前に検討した事項として、災害の発生するおそれのある**状況又は作業内容**と災害を防止するための**対策**を、**それぞれ２つ**具体的に記述しなさい。

　ただし、解答はそれぞれ異なる内容の記述とする。また、保護帽や要求性能墜落制止用器具の使用、朝礼時の注意喚起、点検や整備などの日常管理、安全衛生管理組織、新規入場者教育、資格や免許に関する記述は除くものとする。

１．墜落、転落による災害
２．崩壊、倒壊による災害
３．移動式クレーンによる災害

. . . .

１．墜落、転落による災害

> 脚立足場での天井仕上げ作業。転落防止のため、足場板のはね出しは**20㎝以下**、**３点支持**とし堅固に固定する計画とした。

> 外部足場における仕上げ作業及び資機材の運搬作業。足場作業床からの墜落防止のため、**手すり**と**中桟**を設ける計画とした。

＜他の解答例＞
・鉄骨工事における建方・本締め作業。墜落防止のため、**水平ネット**を各層に設置する計画とした。

158

- エレベーター周辺部の室内仕上げ作業及び作業員通行。墜落防止のため、エレベーター工事に着手するまで、**昇降路開口部に仮設デッキを敷き込む**計画とした。
- 足場の組立て解体作業。墜落災害防止のため、**手すり先行工法を採用する**計画とした。

2．崩壊、倒壊による災害

> 親杭横矢板による山留めを設けた掘削作業。横矢板部分の土砂崩壊防止のため、横矢板は**掘削後すみやかに設置する**手順・工程計画とした。

> 塔状比の高い建物の鉄骨建方作業。強風による鉄骨の倒壊防止のため、**強風時自立検討**を行い、**倒壊防止ワイヤーを各工区の本締め完了まで緊張・残置する**計画とした。

＜崩壊災害の他の解答例＞

- 山留め及び山留め支保工を設けた掘削作業。山留めの崩壊防止のため、**支保工の軸力と山留め壁の変形を常時測定する**方法、異常時の対処方法を検討・計画した。
- 山留めを設けない掘削作業。地山の崩壊防止のため、地質に適した**法面の勾配**と排水路を計画した。

＜倒壊災害の他の解答例＞

- 型枠上でのコンクリート打設作業。型枠支保工が**3.5m**を超えるパイプサポートを使用する場合、倒壊防止のため高さ**2m以内**ごとに2方向に**水平つなぎを設ける**計画とした。
- 建物内部改修工事のコンクリートブロック壁解体作業。壁の倒壊が生じないように、安全な作業方法・手順を検討し計画書を作成した。

3．移動式クレーンによる災害

> クレーンによる資機材の揚重・運搬作業。吊り荷の落下災害防止のため、**作業半径内への関係者以外立入り禁止、荷の直下への作業員立入禁止**を計画した。

> 鉄骨建方工事における鉄骨部材の揚重作業。トラッククレーンの転倒事故を防止するため、**敷き鉄板を敷いて、アウトリガーを張り出して**足元を固める計画とした。

＜他の解答例＞

- クレーンによる重量資機材の揚重作業。重機転倒防止のため、重機の走行路及び設置地盤は、強度検討に沿った**地盤改良**や鉄板敷きを行って地耐力を確保する計画とした。
- クレーンによる資機材の揚重・運搬作業。クレーン旋回台と労働者の接触事故防止のため、**旋回台の旋回範囲内への立入り禁止**をカラーコーン又はバリケード等にて区画する計画とした。

テーマ3　設備・機械の安全使用等

　設備・機械を安全に使用するために留意すべき事項の主なものは以下のとおりです。それぞれについて3～4項目程度は、できるだけ自分の経験も踏まえて、記述できるように準備しましょう。ただし、**作業開始前の安全点検事項に限定されたり、気象条件、保護具使用、資格、手続きなどに関するものなどが除外されたり、不良品はないものと条件付けされたりする場合があります。**設問を正確に読み取り、条件に合わせて記述することが大切です。

　なお、「テーマ1　仮設物の設置計画」と重複する部分も多いため、効率的にポイントを押さえましょう。

1 外部枠組足場　過R2

❶ 高さが2m以上の作業場所には、作業床を設け、墜落のおそれのある箇所には、高さ85㎝以上の手すりに加え、中桟等を設けます。

❷ 落下防止のために、作業床には高さ10㎝以上の幅木、メッシュシートもしくは防網、またはこれらと同等以上の機能を有する設備を設けます。

❸ 手すり、中桟等を一時的に取り外した場合には、必ずその場で復旧します。

❹ 最大積載荷重を定め、周知するために表示を行います。また、これを超えて積載してはいけません。

＜作業開始前点検＞

● 墜落防止設備の取外し及び脱落の有無について点検し、異常がある場合は補修します。

● 足場の組立て、変更を行った後において、作業開始前に、各部材の緊結部・取付け部等の緩みの状態、幅木、壁つなぎ、脚部の沈下・滑動の状態等を点検し、異常がある場合は是正します。

2 移動式足場（ローリングタワー）　過H24

❶ 高さ85㎝以上の手すり、中桟、高さ10㎝以上の幅木を設けられているか確認します。

❷ 段差・凹凸のない堅固な床上に設置します。

❸ 作業中は、キャスター（脚輪）のブレーキ（ストッパー）を４カ所確実にかけます。

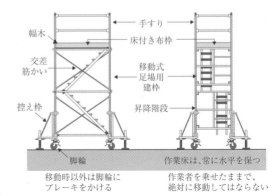

幅木
交差筋かい
控え枠
脚輪

手すり
床付き布枠
移動式足場用建枠
昇降階段

移動時以外は脚輪にブレーキをかける

作業床は、常に水平を保つ

作業者を乗せたままで、絶対に移動してはならない

❹ 作業床上では、脚立、はしご、踏み台等を用いての作業は禁止します。

❺ 作業者を乗せた状態のままで移動することは禁止します。

❻ 昇降設備を設け、昇降時は物を携帯することは禁止します。

＜作業開始前点検＞

●作業床が全面に設けられているかを点検します。

●手すり・中桟・幅木等は設けられているか及び脱落はないか点検します。

●建地、布等、各部材の緊結部・取付け部等に緩みがないか点検します。

●昇降用はしごが取り付けられているか、固定状態はよいか確認します。

●脚輪のブレーキは全輪が確実にきくか確認します。

●最大積載荷重及び使用上の注意事項の表示がなされているかを点検します。

３ 高所作業車（クローラー式の垂直昇降型） 過 H28

❶ 堅固な作業地盤を確保して作業を行います。

❷ 路肩から十分な余裕をもった作業エリアとします。

❸ 走行させるときは、**作業床を下げた状態**で行い、その旨の**掲示**を行います。

❹ 人や荷の運搬などの、**主たる用途以外の用途に使用しない**ようにします。

❺ 制動装置、操作装置及び作業装置が正常に作動するか、

高所作業車

作業開始前点検を行う必要があります。

4 移動式クレーン 過H24

❶ 転倒事故防止のため、敷き鉄板の上にアウトリガーを確実に張り出して設置します。

❷ 作業半径内への関係者以外立入り禁止措置を行います。

❸ 吊り荷の直下への作業員立入り禁止措置を行います。

❹ 上部旋回体の回転範囲に接触物がないか確認し、立入り禁止措置を行います。

＜作業開始前点検＞

（クレーン則78条・移動式クレーンの作業開始前点検指針）

● 巻過防止装置、過負荷警報装置、その他の警報装置について点検します。

● ブレーキ、クラッチ及びコントローラーの機能を点検します。

● 部材のき裂及び著しい変形の有無を調べます。

● 各部のボルト、ナット、ピン等の緩み、脱落、損傷等の有無を調べます。

● 燃料、エンジンオイル、作動油、ラジエーター水の量の適否を調べます。

● ワイヤロープの乱巻きの有無、摩耗・損傷等の有無を調べます。

5 ロングスパンエレベーター 過H28

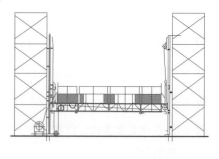

　ロングスパンエレベーターとは、定格速度10m/分以下で昇降し、数名の人員と長尺物の材料の垂直運搬ができ、設置が簡単な汎用垂直搬送機です。

❶ 搬器は、周囲に、高さ90cm以上の堅固な手すりを設け、かつ、中桟及び幅木を取り付けます。

❷ 昇降路と搬器の出入り口の床先の相互間隔は4cm以下とします。

❸ 搭乗席には、高さ1.8m以上の囲い及び落下物災害防止のための堅固なヘッドガードを設けます。

❹ 搬器の昇降を知らせる**警報装置**を、安全上支障がない場合を除き設けます。

❺ 搬器の傾きを**容易に矯正できる装置**、搬器の傾きが$\frac{1}{10}$勾配を越えないうちに動力を**自動的に遮断**する装置を備えます。

❻ **遮断設備**が閉じていないと、搬器を昇降させることができない装置を備えます。

6 建設用リフト 過R2

❶ 荷物だけを運搬し、**人員の昇降は禁止**されている旨を掲示します。

❷ 停止階には、荷卸し口に**遮断設備**を設けます。

❸ 性能（積載荷重含む）、安全上の注意事項、運転者氏名等の**看板**を設置します。

❹ 運転者は搬器を上げたままで**離れることが禁止**されている旨を掲示します。

❺ 組立て又は解体の作業を行う場合、**作業を指揮する者**を選任して、その者の指揮のもとで作業を実施します。

建設用リフト

7 バックホウ（バケット容量0.5㎥程度） 過H28

❶ 作業員の接触防止のため、**旋回範囲内への立入り禁止措置**をカラーコーン、バリケード等で行います。

❷ 作業地盤には、**地盤改良や鉄板敷き**を行い、必要な**地耐力を確保**します。

バックホウ

❸ 適正な幅の路肩を確保し、作業地盤の**沈下防止等**の処置を講じます。

❹ 掘削作業等の**主たる用途以外での使用を禁止**します。

❺ 運転者が運転席から離れるときは、バケット等の**作業装置を地上に降ろす**ものとします。

8 コンクリートポンプ車 過R2

❶ 輸送管は継手を用いて確実に接続し、堅固な建設物に固定します。

❷ 作業装置の操作者とホース先端保持者との連絡装置を装備し、一定の合図を定め、合図は指名した者に行わせます。

❸ ホース先端の吹出し部前方へのコンクリート工、左官工などの作業員の立入りを禁止します。

コンクリートポンプ車

❹ 閉塞輸送管接続部の切離し時は内部圧を減少させて吹出しを防止します。

❺ 堅固な作業地盤を確保し、アウトリガーを確実に張り出して作業を行う計画とします。

9 交流アーク溶接機 過H24

❶ 保護メガネ、防じんマスクを着用し、乾いた革製の手袋を使用します。

❷ 雨天時、衣服が濡れた状態での作業を行わないなど、感電しやすい環境下での作業を禁止します。

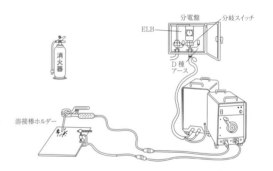

＜作業開始前点検＞

● 溶接棒ホルダーの絶縁部の損傷・劣化や著しいスパッタの付着がないか確認します。

● 自動電撃防止装置、感電防止用漏電遮断装置の作動状況を確認します。

● 溶接用ケーブルの絶縁被覆の損傷・劣化の有無、ケーブル接続箇所の損傷の有無、通路等を横切るケーブルの損傷防止対策を確認します。

● 溶接機本体の外箱のアースが確実にとられているか確認します。

● 消火器はあるか、期限切れはしていないか、周囲に燃えやすいものはないか確認します。

<u>MEMO</u>

本試験問題

　次の1.から3.の機械又は設備を使用して作業を行う場合、**作業開始前の安全点検事項**をそれぞれ2つ、具体的に記述しなさい。

　ただし、保護帽、墜落制止用器具、保護具などの着用、資格及び免許に関する記述は除くものとする。

1．移動式クレーン

2．移動式足場（ローリングタワー）

3．交流アーク溶接機

1．移動式クレーン

巻過防止装置、過負荷警報装置、ブレーキ、クラッチ及びコントローラーの機能について点検を行う。

部材のき裂及び著しい変形の有無、各部のボルト、ナット、ピン等の緩み、脱落、損傷等の有無を調べる。

＜他の解答例＞

・ワイヤロープにキンクや摩耗・損傷がないか、格納部に乱巻きとなっていないか点検を行う。

・転倒事故防止のため、**重機設置地盤の強度確認**、必要に応じて、広さと強度を有する鉄板を敷き、**アウトリガー**を確実に張り出して設置されているか確認する。

2．移動式足場（ローリングタワー）

手すり（90㎝程度）・中桟・幅木等は確実に設けられているか、脱落はないか点検する。

建地、布等、各部材の**緊結部・取付け部等に緩み**がないか、固定状態はよいかを点検する。

＜他の解答例＞

・手すり、中桟、幅木及びはしご等の昇降設備が設けられているか、**最大積載荷重**と**取扱責任者**の表示が見やすい箇所に表示されているか点検する。

・脚輪のブレーキは全輪が確実にきくか、作業時には、脚輪のブレーキが4カ所確実にかかっているか点検する。

3．交流アーク溶接機

アーク溶接作業等において感電防止のために、**溶接棒ホルダーの絶縁部の損傷・劣化**や著しいスパッタの付着がないか確認する。

溶接用ケーブルの絶縁被覆の損傷・劣化の有無、ケーブル接続箇所の損傷の有無、通路等を横切るケーブルの損傷防止対策を確認する。

＜他の解答例＞

・溶接機本体の外箱のアースが確実にとられているか確認する。

・消火器はあるか、期限は切れていないか、周囲に燃えやすいものはないか確認する。

　次の1.から3.の設備又は機械を**安全に使用するための留意事項**を、それぞれ**2つ**具体的に記述しなさい。

　ただし、解答はそれぞれ異なる内容の記述とし、保護帽や墜落制止用器具などの保護具の使用、資格、免許及び届出に関する記述は除くものとする。

1．ロングスパンエレベーター
2．高所作業車（クローラ式の垂直昇降型）
3．バックホウ（バケット容量0.5㎥程度）

1．ロングスパンエレベーター

ロングスパンエレベーターの昇降路には、安全性の観点から、人が出入りできないように、また積み荷の落下・飛散を防止するため**外周を金網等で囲う**。

作業員に、安全作業上の厳守事項及び当該エレベーターの性能や運転者を周知させる**看板**を設置する。

<他の解答例>

・墜落・落下防止のために、搬器には堅固な**手すり**及び**中桟**、幅木を設置し、使用前に点検を行う。

・**過積載防止装置**、搬器昇降を知らせる**警報装置**が正常に機能するか、作業前点検を行う。

・停止階荷卸し口に**遮断設備**を設置し、扉が閉じていないときには**搬器を昇降させる**ことができない装置が正常に機能するか確認する。

2．高所作業車（クローラ式の垂直昇降型）

高所作業車は**堅固な地盤**を確保し、水平に設置して作業を行う。坂道での使用を禁止する。

作業床上での脚立やはしごの使用や、身を乗り出しての作業を禁止し、上方向・下方向とも注意を払って作業する。

<他の解答例>

・作業床上で脚立・はしごの使用や、手すりに足を掛け、身を乗り出す等無理な体勢での作業を禁止する。

・路肩から十分余裕をもった作業エリアを確保し、走行は**作業床を下げた状態**で、作業指揮者のもとに作業を行う。

3．バックホウ（バケット容量0.5㎥程度）

バックホウの旋回範囲に作業員や第三者を立ち入らせないように、**作業範囲の区画**を行い、**監視員**を配置する。

運転者が運転席を離れるときは、バケットを**地上に降ろし**、エンジンを切り、走行ブレーキをかける。

<他の解答例>

・作業地盤には**地盤改良**や**鉄板敷き**を行い、必要な**地耐力を確保**する。また、作業場所の路肩を確保し、作業地盤の沈下防止の処置を行う。

・ダンプトラック等への土砂の積込みは、荷台後方から**旋回角度をなるべく小さく**して行うようにする。

・傾斜地での掘削作業時、労働者に危険が生じるおそれがある場合、**誘導者**を配置し、その者に誘導させる。

・路肩の崩壊等、非常事態の際にすぐに退避できるように、クローラーを**法面に対して直角**に配置して作業を行う。

次の1.から3.の設備又は機械を安全に使用するための留意事項を、それぞれ2つ具体的に記述しなさい。

ただし、解答はそれぞれ異なる内容の記述とし、保護帽や要求性能墜落制止用器具などの保護具の使用、気象条件、資格、免許及び届出に関する記述は除くものとする。また、使用資機材に不良品はないものとする。

1. 外部枠組足場
2. コンクリートポンプ車
3. 建設用リフト

. . . .

1. 外部枠組足場

壁つなぎの間隔を、水平方向8m以下、垂直方向9m以下とし、また各階床レベルにおいて落下物防止用の層間ネットを足場と躯体の間に設けているか確認する。
作業又は通行に必要な広さと強度を確保し、昇降設備の設置位置や箇所数に不足がないか確認する。

<他の解答例>
・筋かい、横桟や幅木、墜落防止設備の**取外し及び脱落の有無**について点検し、異常がある場合は是正を行う。
・各部材の緊結部、取付け部、壁つなぎ等の緩み、脚部の沈下・滑動の状態を点検し、異常がある場合は是正を行う。

2．コンクリートポンプ車

> 設置の際には転倒防止のために**地盤の確認**を行い、必要であれば敷き鉄板等をアウトリガーの下に設置して、安全措置をとる。

> ポンプ車の転倒・ブームへの過負荷とならないよう、配管やポンプ車の配置換え、日程の分割を検討し、無理のない打設とする。

<他の解答例>
・**作業装置の操作者とホース先端保持者**との連絡装置を装備し、**一定の合図**を定め、指名した者に行わせる。
・**ホース先端の吹出し口前方へのコンクリート工、左官工**などの作業員の立入りを禁止する。
・閉塞した輸送管の接続部を切り離す場合、吹出し防止のため、**圧力を減少**させてから切離し作業を行う。

3．建設用リフト

> 揚重物を載せたり取り込んだりする際に、安全かつ円滑に行える場所にリフトを設置し、必要であれば荷取り台、ステップ、スロープなどを設ける。

> 揚重物の落下・飛散等の防止措置を行い、長物の資材運搬時に昇降路内に引っかかることなどのないよう資材を固定させて使用する。

<他の解答例>
・モーターやワイヤロープの動作により危険が生ずるおそれのある箇所は囲いを設けるなど、作業員が立ち入らないような対策を行う。
・リフトの性能や特徴、最大積載荷重の表示を見やすい箇所に**掲示**し、搬器操作中に操作者は**操作盤より離れずに使用**する。
・**過積載防止装置**の作動状況、ブレーキ及びクラッチ機能、荷卸し口遮断設備の作動状況の点検を行う。

PART **2** 仮設・安全

3 設備・機械の安全使用等

PART 3

工程管理

■ 出題の概要

PART 3「工程管理」では、バーチャート工程表とネットワーク工程表のいずれかが出題されます。ただし、近年はネットワーク工程表からの出題が続いているため、ネットワーク工程表を重点的に学習する必要があります。

■ 過去12年の出題テーマ

平成 24 年度	平成 25 年度	平成 26 年度	平成 27 年度
バーチャート工程表	バーチャート工程表	バーチャート工程表	バーチャート工程表
平成 28 年度	平成 29 年度	平成 30 年度	令和元年度
バーチャート工程表	ネットワーク工程表	ネットワーク工程表	ネットワーク工程表
令和 2 年度	令和 3 年度	令和 4 年度	令和 5 年度
ネットワーク工程表	ネットワーク工程表	ネットワーク工程表	ネットワーク工程表

【1】 ネットワーク工程表

ネットワーク工程表の問題では、主としてRC造の建築物の一連の施工手順をベースに、次のような設問が出題されます。

❶ 工程表中の空欄となっている**作業名・作業日数**を問うもの
❷ ある特定の作業の**フリーフロート**を問うもの
❸ **総所要日数**を問うもの
❹ **工程調整**を行う文章中の空欄を補充するもの

> これらの設問に対応するためには、まずはネットワーク工程表を理解することが必要です。その上で、一連の施工手順を頭に入れておく必要があります。

【2】 バーチャート工程表

バーチャート工程表の問題では、RC造又はS造の建築物の一連の施工手順をベースに、次のような設問が出題されます。

❶ 工程表中の記号となっている**作業名**を問うもの

❷ 不適当な工程となっている工事を**適当な工程**へと修正するもの

❸ 未記入の工事の**日程**を記入するもの

これらの設問に対応するためには、各工事の施工手順の概要を頭に入れておく必要があります。

【3】 共通事項・用語

❶ 工程計画

一般的に、**手順計画** ➡ **日程計画**の順序で進めます。

全体の施工計画、作業手順を立てます。

➡ 各作業の作業量を算出し、各工事における単位当たりの標準的な人・材料などの数量を目安に作業の**所要日数**を算出します。

➡ 休日及び天候などを考慮した実質的な**作業可能日数**を算出して、**暦日換算**を行って工程表を作成します。

➡ 所定の目標に合わせて、**工程調整**を行います。

❷ 工程調整

与えられた工期、人、材料などの各種制約を満足できない場合に、工程の短縮や人員配置計画の見直しなどを行って合理的な工程に調整します。

3 ネットワーク工程表とバーチャート工程表の特徴

【1】 ネットワーク工程表

工程計画において、全体工事の中で各作業の相互関係を〇（結合点）と ➡（作業）の組合せによって表した網状の工程表をいいます。

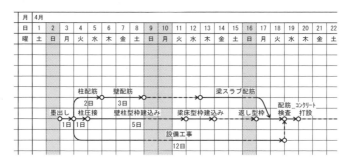

❶ 作業の前後関係がわかりやすく、余裕のある作業と余裕のない作業の区別など、各作業の相互関係が明確で、工程の調整に向いています。

❷ クリティカルな作業が明らかになるので、重点管理が可能になります。

【2】 バーチャート工程表

バーチャート工程表（横線式工程表）には次のような特徴があります。

❶ 縦軸に工事種目、横軸に各工事日数をとり、工事ごとに、横線で工事の開始時期・終了時期を示し、各工事の期間を表します。

❷ 施工の流れを単純な形の表で示すので、各作業の開始日、終了日、所要日数はわかりやすくなります。

❸ 作業の相互関連（作業順序、前工程の遅れが後工程に与える影響等）はわかりにくくなります。

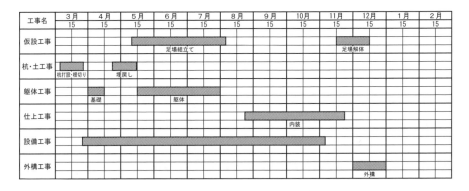

ネットワーク工程表とバーチャート工程表の比較

工程表	ネットワーク工程表	バーチャート工程表
工程表の作成	難しい	容易
各工事の出来高	不明確	明確
重点管理作業	明確	わかりにくい
各作業の相互関係	明確 （関連作業の多い工事の工程調整に向き、労務・材料計画の管理がしやすい）	不明確

テーマ 1　ネットワーク工程表

　平成13年度から平成28年度まではバーチャート工程表が出題されていましたが、平成29年度からネットワーク工程表が出題されています。

【1】基本用語

❶ 作業（アクティビティ又はアロー） ⟶

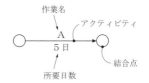

工事の作業など、時間を要する諸活動を矢印を使って示します。矢印は作業が進行する方向に記載し、矢印の上側に作業名、下側に所要日数を書きます。右図では、作業Aの所要日数は5日となります。

❷ 結合点（ノード） ○

○で示して、作業（またはダミー）の開始及び終了時点を表します。

❸ ダミー ┅┅➤

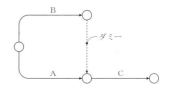

架空の作業（ダミー）について、点線の矢印で示し、**作業の前後関係のみを表します。**右図は、作業Cが、作業Aの他に作業Bも終わらないと着手できないことを示しています。

このようにダミーは、作業とは区別され、**作業の前後関係のみを示します。**

【2】その他の用語

用　語	意味・計算方法
最早開始時刻（EST）	● その作業が**最も早く開始できる**時刻。作業の始点から完了日までの各イベントの作業日数を加えていき、複数経路日数のうち、作業の完了を待つことになる最も遅い日数
最遅開始時刻（LST）	● 工期に影響することなく、作業の着手を遅らせうる限界の時刻 ● 後続の最早結合時刻（ET）から作業日数（D）を減じて求める
最早終了時刻（EFT）	● その作業が最も早く完了できる時刻 ● その作業の最早開始時刻（EST）に作業日数（D）を加えて求める
最遅終了時刻（LFT）	● その作業が後続作業に影響を与えない範囲で、最も遅く終了してもよい時刻

PART
3
工程管理

1
ネットワーク工程表

177

用　語	意味・計算方法
最早結合点時刻（ET）	●各結合点の最も早い時刻
最遅結合点時刻（LT）	●工期に影響することなく、各結合点が許される最も遅い時刻
フロート （Float）	●**余裕時間**。結合点に２つの作業が集まる場合、それぞれの作業間における作業日数の差が時間的余裕（フロート）になる
トータルフロート （Total Float）	●**任意の作業内**でとり得る**最大の余裕時間** ●最早開始時刻で始め、最遅終了時刻で完了する場合に生じる余裕時間 ●当該作業の**最遅終了時刻（LFT）から当該作業の最早終了時刻（EFT）を減じて**求める
フリーフロート （Free Float）	●その作業で自由に使っても後続作業に影響を及ぼさない範囲の**自由な余裕時間** ●最早開始時刻で始めて、後続作業も最早開始時刻で始めても存在する余裕時間
ディペンデント フロート （DF）	●後続作業のトータルフロートに影響を及ぼす時間的余裕 ●**トータルフロートからフリーフロート（自由余裕時間）を減**じて求める
パス（Path）	●作業経路
クリティカルパス （Critical Path）	●**最長パス**で、最も時間がかかり、時間的余裕がない作業経路 ●**トータルフロートが最小（ゼロ）のパス**のことである ●CP上の作業が遅れると、全体工期に遅れが出るため、**重点管理をする必要がある** ●CP以外の作業でも、**フロートを使い切るとCPになる** ●CPは必ずしも１本ではない ●最早開始時刻（EST）と最遅終了時刻（LFT）が同じ場合、全く余裕のないイベントとなるため、クリティカルパスとなる

用語の概念は、計算問題を解きながら身につけましょう。

【3】 ネットワーク工程表の計算方法

　次のネットワーク工程表を用いて、クリティカルパスなどの求め方を学習します。

ネットワーク工程表（例）

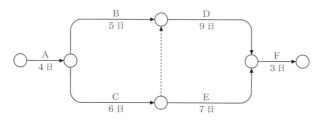

<基本ルール>

　作業の開始日に作業日数を加え、後続作業の**最早開始時刻**（最も早く開始できる日）を○数字で記入し、**前進計算**します。そのとき、作業の相互関係のみを示す「ダミー」に注意します。たとえば、作業Bは9日後に終了しますが、作業Dはダミーにより、作業Cが終了する10日後が最早開始時刻で、作業Dの最早開始時刻は10日となります。

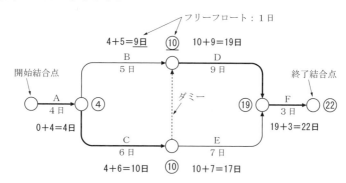

※　矢印が2つ以上ある結合点については、最大値をとる。したがって、作業Fの最早開始時刻は、作業D（19日）と作業E（17日）なので、19日となる。

<クリティカルパス>

　クリティカルパスは、最初の作業から最後の作業に至る「最長パス」であるため、A→C→ダミー→D→Fで、この工事全体の所要日数は22日となります。

<フリーフロート>（B作業のフリーフロート）

　フリーフロートは、後続作業に影響せず、その作業で自由に使える余裕時間で、

（フリーフロート）＝（後続作業の最早開始時刻）－（当該作業の最早終了時刻）

で求められます。作業Dの最早開始時刻は10日ですが、作業Bの最早終了時刻は9日ですので、作業Bには10－9＝1（日）のフリーフロートがあります。

＜トータルフロート＞（作業Eのトータルフロート）

任意の作業内において、とり得る最大の余裕時間で、

（トータルフロート）＝（当該作業の最遅終了時刻）－（当該作業の最早終了時刻）

で求められます。作業Eの最遅終了時刻は、作業Fの最遅終了時刻である22日から3日を引いた19日となります。また、作業Eの最早終了時刻は、10＋7＝17（日）です。したがって、作業Eのトータルフロートは、19－17＝2（日）となります。

※ 最遅終了時刻は、後続作業の最遅終了時刻から、その後続作業の所要日数を減じて求める。

例題 1

次のネットワーク工程表において、クリティカルパスと作業Cのフリーフロートを求めよ。

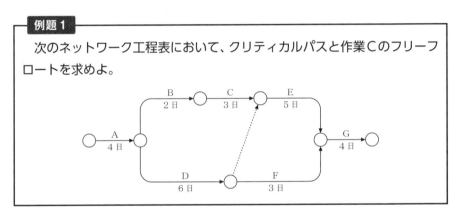

解説

作業開始日に作業日数を加え、後続作業の最早開始時刻EST（最も早く開始できる日）を○数字で記入し、前進計算します。そのとき、作業の相互関係を示すダミーに注意します。

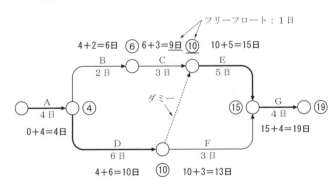

❶ 最初の作業から最後の作業に至る「最長パス」であるクリティカルパスは、A→D→（ダミー）→E→Gであり、この工事全体のクリティカルパスは、19日です。

❷ （フリーフロート）＝（後続作業の最早開始時刻EST）－（当該作業の最早終了時刻EFT）で、C作業の後続作業Eの最早開始時刻は4＋6＝10日ですが、作業Cは4＋2＋3＝9日で終了しますので、作業Cには10－9＝1（日）のフリーフロート（後続作業に影響せず、その作業で自由に使える余裕）があります。

前記は「前進法」と呼ばれるネットワーク工程表の代表的な計算手法です。ただし、複雑な計算問題に短時間で対応するためには、以下の「前進後退法」を「鉄則」化した解法を身につけることをお勧めします。一見、機械的に見えると思いますが、計算間違いをすることなく、かなり複雑な問題にも短時間で対応できます。「前進法」をマスターした上で、余裕のある方は習得してください。

ネットワーク計算問題の鉄則：前進後退法

❶ EST　左➡右　○：○＋Nの大きいもの
❷ LFT　左⬅右　□：□－Nの小さいもの
❸ トータルフロート　□－（N＋○）
❹ フリーフロート　○－（N＋○）

トールな（高い）方から引く

フラットな方から引く

【鉄則手順】

1．最初に最早開始時刻ESTを左から右に計算し○印の中に記入します。
　（左の○の数値に作業日数Nを加えていきます）
2．最遅終了時刻LFTを右から左に計算し□の中に記入します。
　（右の□の数値から作業日数Nを引いていきます）
3．設問に合わせて、トータルフロートやフリーフロートを求めます。
　3-1 フリーフロートは右の○から（N＋○）を引く
　3-2 トータルフロートは右上の□から（N＋○）を引く

具体的に「鉄則」で次のネットワークの計算を行います。

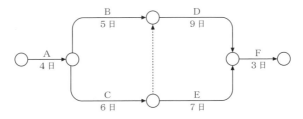

準　備 まずネットワークに○と□を記入します。

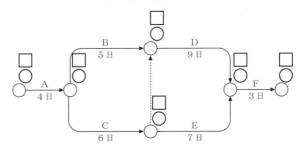

鉄則 1 最早開始時刻ESTを左から右に前進計算します。

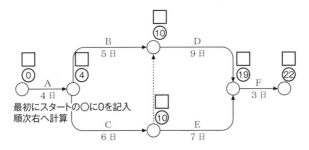

❶ スタートの○に0を記入します。

❷ 次の最早開始時刻ESTは作業Aの日数が4日ですので、0 + 4で4を記入、作業Eの最早開始時刻EST○は4 + 6で10が入ります。

❸ 作業Dの最早開始時刻EST○は、作業Bから計算すると4 + 5で9ですが、ダミーが作業Cからもきています。ダミー側からでは10ですから、大きい方の10が入ります。

❹ 作業Fの最早開始時刻EST○は、作業Dからは10 + 9で19、作業Eからは10 + 7で17ですから、大きい方の19が入ります。

❺ 最後は19 + 3で22が入ります。

鉄則2 最遅終了時刻LFTを右から左に後退計算します。

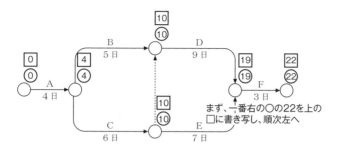

まず、一番右の○の22を上の
□に書き写し、順次左へ

❶ 一番右の○の22を上の□に書き写します。そこから左に計算して、□に書き入れていきます。

❷ 作業E及びDの最遅終了時刻LFT□は22－3＝19が入ります。

❸ 作業Bの最遅終了時刻LFT□は19－9＝10が入ります。

❹ 作業Cの最遅終了時刻LFT□は、2つの→が戻っていますので、19－7＝12と10を比較して、小さい方の10が入ります。

❺ 作業Aの最遅終了時刻LFT□は10－5＝5と、10－6＝4で、小さい方の4が入ります。

❻ 最後は4－4＝0
このスタートがゼロに戻れば計算間違いがないことを確認できます。

鉄則3 作業Bのフリーフロートを計算します。

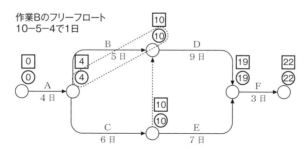

作業Bのフリーフロート
10－5－4で1日

フリーフロートは右の○からNと一つ手前の○を引きます。

したがって、10－5－4＝1、作業Bのフリーフロートは1日となります。

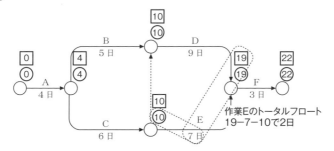

トータルフロートは右上の□からNと一つ手前の○を引きます。

したがって、19－7－10＝2、作業Eの**トータルフロート**は2日となります。

また、このネットワークの中で最も時間のかかる経路（余裕のない経路）は、○と□が同じ値になる経路で、経路の長さが最長となるA→C→ダミー→D→Fとなり、この経路が**クリティカルパス**となります。

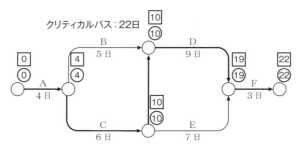

以上のように機械的に、かつ、確実に工程検討することが可能です。

ネットワーク工程表は、本来このような機械的計算を行うために考案された手法です。

【4】 工程調整

　工程調整は、与えられた工期、人、材料などの各種制約に合わない場合に、工程の短縮や、人員の配置計画の見直しなどを行って合理的な工程に調整することです。その主な手法に「山積み」による工程調整があり、次の手順で行います。

❶ ネットワークの横軸の長さを日数に合わせて書き直します（最早開始時刻が基準）。

❷ 山積み図を作成します（クリティカルパスを下部におきます）。

❸ 制約条件に合わせて、「山崩し」「山均し」などにより工程調整します。

例題2

【3】のネットワーク工程表（例）の各作業の作業員人数等が次のとおりである場合、一日当たりの作業人数を減らす方法及び条件が変わった時に短縮できる日数を検討せよ。

作業名	作業員（人）	所要日数（日）	必要総人数（人）
A	2	4	8
B	5	5	24
C	3	6	18
D	4	9	36
E	4	7	27
F	2	3	6

💡**解 説**

ネットワークの横軸の長さを日数に合わせ、その下に山積み図を作図します。クリティカルパスである作業A、C、D、Fを下部におき、その上に残りの作業をのせます。のせる際は、最早開始時刻を基準とします（つまり左寄せ）。

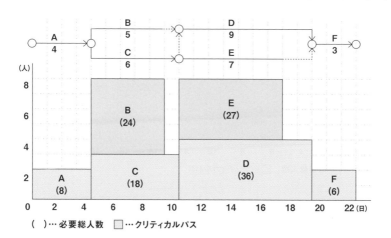

　（　）… 必要総人数　□…クリティカルパス

❶ 全体所要日数を変えずに、一日当たりの作業B及び作業Eの人数を減らす方法を検討します。作業Bの日数を5日→6日にすることで、5人→4人に減らすことができます。また、作業Eの日数を7日→9日にすることで、

４人→３人に減らすことができます。

なお、このように人数を平準化する方法を「山均し」といいます。

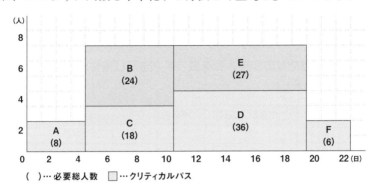

( )…必要総人数　□…クリティカルパス

❷ 手配できる一日当たりの作業員が、作業C及び作業Dともに１人に増やせ
ることと、作業Dの総人数が35人で作業を終えることできることがわかり
ました。この場合に**全体工程を何日短縮できるか**を検討します。

作業Cは作業員４人×５日で総人数20人、作業Dは作業員５人×７日で総人
数35人を確保できますので、次の山積み図となり、全体所要工程は19日、３
日短縮できることがわかります。このように、全体工程を短縮するには下部
のクリティカルパス上にある作業を短縮させます。

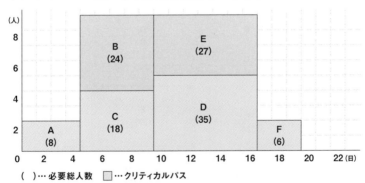

( )…必要総人数　□…クリティカルパス

以上のように、山積み手法は作業人数の変更や所要工程の短縮を行うことができます。

【5】各種工事の手順

ネットワーク工程表の問題では躯体工事や仕上げ工事における作業手順につ
いての知識が必要になります。以下に、鉄筋コンクリート造の**地上躯体工事の**

標準的な作業手順を示します。なお、フローの左側は主に**型枠工事**の流れ、右側は主に**鉄筋工事**の流れです。

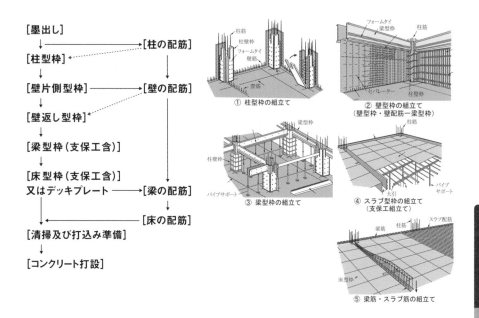

[墨出し]
　↓ ─────────────→ [柱の配筋]
[柱型枠] ◀┄┄┄┄┄┄┄┄┄┄┄┄┄┄┐　↓
[壁片側型枠] ──────→ [壁の配筋]
[壁返し型枠] ◀┄┄┄┄┄┄┄┄┄┘
[梁型枠（支保工含）]
[床型枠（支保工含）]
又はデッキプレート ──→ [梁の配筋]
　　　　　　　　　　 [床の配筋]
[清掃及び打込み準備]
　↓
[コンクリート打設]

① 柱型枠の組立て

② 壁型枠の組立て（壁型枠・壁配筋－梁型枠）

③ 梁型枠の組立て

④ スラブ型枠の組立て（支保工組立て）

⑤ 梁筋・スラブ筋の組立て

以下に一般的な事務所の**内部仕上げ工事**の作業手順を示します。

[墨出し]
　↓
[壁軽量鉄骨下地]
　↓
[内部建具枠]（可動間仕切レール、見切り縁などの金物などを含む）
　↓
[壁せっこうボード]
　↓
[システム天井（岩綿吸音板含む）]
　↓
[壁クロス・塗装]
　↓
[フリーアクセスフロア]
　↓
[タイルカーペット]
　↓
[ソフト幅木]
　↓
[建具（扉等）]

本試験問題

市街地での事務所ビルの建設工事における右の躯体工事工程表（3階部分）に関し、次の1.から4.の問いに答えなさい。

工程表は作成中のもので、各作業は一般的な手順に従って施工され、各部位においては複数の作業を同時に行わないものとする。ただし、作業Eについては後続する作業との関係を記載していない。

また、各作業の内容及び所要日数は作業内容表のとおりである。ただし、作業Bについては作業内容を記載していない。

［工事概要］

用　　　途：事務所

構造・規模：鉄筋コンクリート造地下1階、地上6階、延べ面積3,200㎡

1．作業Bの**作業内容**を記述しなさい。

2．次の記述の　①　に当てはまる**作業名**、　②　に当てはまる**日数**をそれぞれ記入しなさい。

作業Eは、作業Bの完了後に開始できる。ただし、　①　の開始前に完了させる必要がある。そのため、作業Eのフリーフロートは　②　となる。

3．㊀から㊡までの**総所要日数**を記入しなさい。

4．工程の再検討を行ったところ、作業Gの所要日数が6日になることが判った。

総所要日数を元のとおりとするために、作業Gを壁が有る部分の作業G1と壁が無い部分の作業G2に分割して作業を行うこととした。

この時に、次の記述の　③　に当てはまる**日数**及び　④　に当てはまる**作業名**をそれぞれ記入しなさい。

作業Ｇ１の所要日数は、 ③ 以内とする必要がある。

作業Ｇ２は、 ④ の完了後に開始できる。

躯体工事工程表（３階部分）

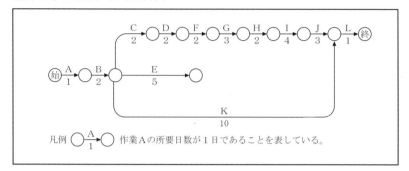

凡例 ○─A/1→○ 作業Ａの所要日数が１日であることを表している。

作業内容表

作業名	作業内容	所要日数
作業Ａ	３階墨出し	１日
作業Ｂ		２日
作業Ｃ	柱型枠の組立て	２日
作業Ｄ	壁片側型枠の組立て	２日
作業Ｅ	壁の配筋	５日
作業Ｆ	壁返し型枠の組立て	２日
作業Ｇ	梁型枠の組立て（梁下支保工を含む）	３日
作業Ｈ	デッキプレートの敷設	２日
作業Ｉ	梁の配筋	４日
作業Ｊ	床の配筋（設備スリーブ、配管等を含む）	３日
作業Ｋ	設備スリーブ、配管、配線（柱、梁、壁）	１０日
作業Ｌ	コンクリート打込み	１日

1	柱の配筋
2	①作業F　②0日
3	23日
4	③3日　　④作業C

解説

1．作業Bは、直前の作業が「墨出し」で、後続の作業が「柱型枠の組立て」となっているため、「柱の配筋」です。「柱の配筋」は墨出しに合わせて鉄筋のかぶりを調整しながら行わなければならず、また、柱型枠を起こしてしまってからでは作業できません。

2．作業E（壁の配筋）は、作業B（柱の配筋）の完了後に開始できます。ただし、作業F（壁返しの型枠の組立て）の開始前に完了させる必要があります。したがって、ネットワーク工程表には図のように作業Eの完了から作業Fの開始に向かってダミーが存在することになります。

作業Fの最早開始日は、作業Dからは5＋2＝7日となりますが、作業Eが終わらなければ開始できませんので、7と8を比較して大きい方の8日が作業Fの最早開始日となり、図のようになります。

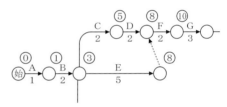

したがって、作業Eのフリーフロート＝(後続作業の最早開始日)－(当該作業の最早開始日)－(作業日数)＝8－5－3＝0となります。

3．順次各作業の最早開始日を求めると以下のようになり、総所要日数は23日となります。

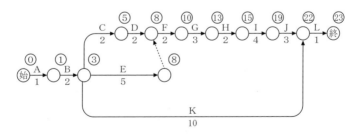

4．壁がある部分の作業Ｇ１（壁型枠の組立て）は、もともとの設問どおりの位置となりますが、壁がない部分の作業Ｇ２は作業Ｃ（柱型枠の組立て）が完了すれば開始できるため、図のようなネットワークとなります。

　　作業Ｇ２のルートの方が所要日数が少ないため、全体工程に影響を与えないためには、作業Ｇ１をもともとの作業日数である３日以内に行えれば総所要日数を元に戻すことができます。

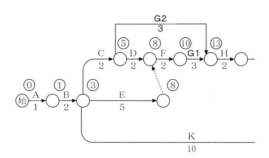

　市街地での事務所ビルの建設工事において、事務室の内装仕上げ工事につい
て各階を施工量のほぼ等しいＡ工区とＢ工区に分けて工事を行うとき、右の内
装仕上げ工事工程表（３階部分）に関し、次の１．から３．の問いに答えなさい。

　工程表は作成中のもので、検査や設備関係の作業については省略している。

　各作業の内容は作業内容表のとおりであり、Ａで始まる作業名はＡ工区の作
業を、Ｂで始まる作業名はＢ工区の作業を示すが、作業Ａ８及び作業Ｂ８につ
いては作業内容を記載していない。

　なお、各作業は一般的な手順に従って施工されるものとする。

　また、各作業を担当する作業班は複数の作業を同時に行わず、各作業は先行
する作業が完了してから開始するものとする。

［工事概要］

用　　　　途：事務所

構造・規模：鉄筋コンクリート造地下１階、地上６階、延べ面積3,200㎡

仕　上　げ：床は、フリーアクセスフロア下地タイルカーペット仕上げ

　　　　　　間仕切り壁は、軽量鉄骨下地せっこうボード張りクロス仕上げ、

　　　　　　ソフト幅木取付け

　　　　　　天井は、システム天井下地吸音板取付け

１．作業Ａ８及び作業Ｂ８の**作業内容**を記述しなさい。

２．㊀から㊎までの**総所要日数**を記入しなさい。

　　ただし、各作業班は工程に影響を及ぼさないだけの班数が確保できている
　ものとする。

　　また、この日数で工事を行うときに、作業Ａ１及び作業Ｂ１について最低
　限手配すべき**班数**を記入しなさい。

３．作業Ａ３及び作業Ｂ３を担当する作業班が１班しか手配できないことが
　判ったため、工程を見直すこととなった。

このときの、次の記述の 　　　　 に当てはまる語句又は数値をそれぞれ記入しなさい。

作業B3は、作業B2の完了後で作業名 　あ 　 の完了後でないと開始できない。

このため、総所要日数は 　い 　 日、作業B2のフリーフロートは 　う 　 日となる。

内装仕上げ工事工程表（3階部分）

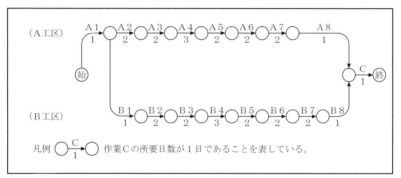

作業内容表

作業名	作業内容
A1、B1	3階墨出し
A2、B2	壁軽量鉄骨下地組立て（建具枠を含む）
A3、B3	壁せっこうボード張り
A4、B4	システム天井組立て（吸音板を含む）
A5、B5	壁クロス張り
A6、B6	フリーアクセスフロア敷設
A7、B7	タイルカーペット敷設
A8、B8	
C	建具の吊込み（A工区及びB工区）

1	ソフト幅木取付け
2	総所要日数：17日　班数：1班
3	あ：A3　い：18　う：1

💡 解 説

1. 作業A8及びB8は、「タイルカーペット敷設」作業の直後の作業であり、その後の作業は「建具の吊込み」です。また、設問の中で、作業内容表に記載のない作業は「ソフト幅木取付け」のみです。ソフト幅木取付けは、一般的に壁、床の仕上げが完了した後に行う仕上げの最終工程（建具扉の吊込み等を除く）であるため、作業A8及びB8は「ソフト幅木取付け」です。

2. 各作業の最早開始日は次のようになります。なお、作業Cの最早開始日は作業Aからは14＋1＝15日ですが、作業Bからは15＋1＝16日ですので、大きい方の16日となり、総所要日数は16＋1＝17日となります。

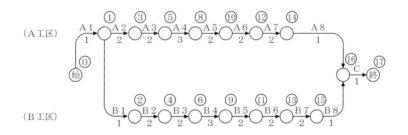

　　作業B1は先行作業A1が完了してから行うため、この2つの作業は同時ではなく、連続して行われます。また、その作業日数は1日ですので、作業A1及び作業B1は最低限1班必要です。

3. 作業A3及びB3を担当する作業班が1班しか手配できない場合、「作業班は複数の作業を同時に行わない」条件が付されているため、作業A3（壁せっこうボード張り）の完了後でないと作業B3は開始できません。したがって、作業A3終了時から作業B3開始時に向けてダミーが存在することになります。

　　この場合の各作業の最早開始日は次のようになります。作業B3の最早開始日は作業A3から5日となり、総所要日数は18日となります。

（A工区）

A1 1 ① A2 2 ③ A3 2 ⑤ A4 3 ⑧ A5 2 ⑩ A6 2 ⑫ A7 2 ⑭ A8 1 ⑰ C 1 ⑱ 終

⓪ 始

（B工区）

B1 1 ② B2 2 ⑤ B3 2 ⑦ B4 3 ⑩ B5 2 ⑫ B6 2 ⑭ B7 2 ⑯ B8 1

フリーフロート＝（後続作業の最早開始日）−（当該作業の最早開始日）−（作業日数）
ですから、作業B2のフリーフロートは、5−2−2＝1日となります。

　市街地での事務所ビルの建設工事において、各階を施工量の異なるＡ工区と
Ｂ工区に分けて工事を行うとき、右の躯体工事工程表（３階柱、４階床梁部分）
に関し、次の１.から４.の問いに答えなさい。

　工程表は作成中のもので、検査や設備関係の作業については省略している。

　各作業の内容は作業内容表のとおりであり、Ａで始まる作業名はＡ工区の作
業を、Ｂで始まる作業名はＢ工区の作業を示すが、作業Ａ２及び作業Ｂ２につ
いては作業内容及び担当する作業班を記載していない。

　なお、各作業班は、各工区ごとに確保できているものとする。

　また、各作業は一般的な手順に従って施工し、各作業班は複数の作業を同時
に行わず、先行する作業が完了してから後続の作業を開始するものとする。

［工事概要］

用　　　　途：事務所

構造・規模：鉄筋コンクリート造、地下１階、地上６階、延べ面積3,200㎡

　　　　　　鉄筋コンクリート製の壁はなく、階段は鉄骨造で別工程により施

　　　　　　工する。

外　　　　壁：ALCパネル

１．作業Ａ２及び作業Ｂ２の**作業内容**を記述しなさい。

２．作業Ｂ７の**フリーフロート**を記入しなさい。

３．㋖から㋵までの**総所要日数**と、工事を令和元年10月23日（水曜日）より開
　始するときの**工事完了日**を記入しなさい。

　　ただし、作業休止日は、土曜日、日曜日、祝日、振替休日のほか、雨天１
　日とする。

　　なお、10月23日以降年末までの祝日は、文化の日（11月３日）と勤労感謝
　の日（11月23日）である。

４．工事着手に当たり、各作業班の手配状況を確認したところ、型枠作業班が
　１班しか手配できないため、１班で両工区の作業を行うこととなった。

　　この時に、次の記述の　　　　　　に当てはまる語句又は数値をそれぞれ記入

しなさい。

　工程の見直しに当たって、型枠作業班は同じ工区の作業を続けて行うこととしたため、作業Ｂ３は、作業Ｂ２の完了後で作業 ［　あ　］ の完了後でないと開始できないこととなる。

　このため、作業休止日が同じ場合、工事完了日は当初工程より暦日で ［　い　］ 日遅れることとなる。

躯体工事工程表（３階柱、４階床梁部分）

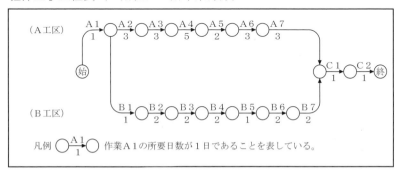

作業内容表

作業名	作業内容	担当する作業班
Ａ１、Ｂ１	３階墨出し	墨出し作業班
Ａ２、Ｂ２		
Ａ３、Ｂ３	柱型枠の組立て	型枠作業班
Ａ４、Ｂ４	梁型枠の組立て（梁下支保工を含む）	型枠作業班
Ａ５、Ｂ５	フラットデッキの敷設	型枠作業班
Ａ６、Ｂ６	梁の配筋	鉄筋作業班
Ａ７、Ｂ７	床の配筋	鉄筋作業班
Ｃ１	清掃及び打込み準備（Ａ工区及びＢ工区）	清掃準備作業班
Ｃ２	コンクリート打込み（Ａ工区及びＢ工区）	打込み作業班

1	柱の配筋
2	7日
3	総所要日数：22日　工事完了日：11月25日（月）
4	あ：A5　い：3

解説

1. 作業A2及び作業B2は、直前作業が「墨出し」で、後続作業が「柱型枠の組立て」となっているため、「柱の配筋」です。「柱の配筋」は墨出しに合わせて鉄筋のかぶりを調整しながら行わなければならず、また、柱型枠を起こしてしまってからでは作業できません。

2. まず、各作業の最早開始日を計算すると図のようになります。作業C1の最早開始日は作業Bから11＋2＝13日ですが、作業Aからは17＋3＝20日ですので、大きい方の20日となります。

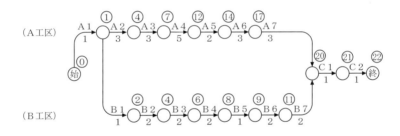

作業B7のフリーフロート＝(後続作業C1の最早開始日)－(当該作業の最早開始日)－(作業日数)＝20－11－2＝7日となります。

3. 上図の計算により、総所要日数は22日となります。開始日が令和元年10月23日（水）の場合の暦日工程を計算しますが、余白にカレンダーを書いて確認する方法が間違いは少ないです。その結果、土曜日4日（10/26、11/2、11/9、11/16）、日曜日5日（10/27、11/3、11/10、11/17、11/24）、祝日1日（11/23）、祝日振替1日（11/4）、雨天日1日を考慮すると、工事完了日は令和元年11月25日（月）となります。

	10月					
日	月	火	水	木	金	土
		1	2	3	4	5
6	7	8	9	10	11	12
13	14	15	16	17	18	19
20	21	22	23	24	25	26
27	28	29	30	31		

	11月					
日	月	火	水	木	金	土
					1	2
3	4	5	6	7	8	9
10	11	12	13	14	15	16
17	18	19	20	21	22	23
24	25	26	27	28	29	30

☐ 工事開始日と工事完了日

■ 作業休止日

4．型枠作業班が1班で両工区の作業を行い、かつ、型枠作業班は同じ工区の作業を続けて行う場合、A3〜A5の型枠作業を完了した後に、B3〜B5の型枠作業を行うことになります。したがって、作業B3は、作業B2の完了後で作業A5の完了後でないと開始できず、作業A5完了時から作業B3開始時に向けてダミーが存在することとなります。これを考慮して、各作業の最早開始日を計算すると下図となります。

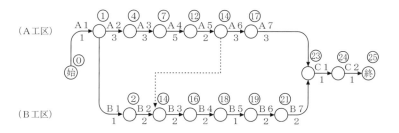

作業B3の最早開始日は作業Bからは2＋2＝4日ですが、作業A5からは14日ですので、大きい方の14日となります。作業C1の最早開始時刻は作業Aからは17＋3＝20日ですが、作業Bからは21＋2＝23日ですので、大きい方の23日となります。したがって、総所要日数は25日となり、当初工程より実日数で3日遅れ、11/25（月）以降の3日間には作業休止日はないため、暦日でも3日遅れることになります。

POINT

暦に関する基本知識を確認しておきましょう。

● 大の月は1・3・5・7・8・10・12月で、31日まで。

● 小の月は2・4・6・9・11月で、30日（2月は28日）まで。

● 祝日が日曜と重なった場合は、月曜が振替休日（土曜と重なっても振替は生じない）。

　市街地での事務所ビルの内装工事において、各階を施工量の異なるＡ工区と
Ｂ工区に分けて工事を行うとき、右の内装仕上げ工事工程表（３階）に関し、次
の１.から４.の問いに答えなさい。

　工程表は計画時点のもので、検査や設備関係の作業については省略している。

　各作業班の作業内容及び各作業に必要な作業員数は作業内容表のとおりであ
り、Ａで始まる作業名はＡ工区の作業を、Ｂで始まる作業名はＢ工区の作業を、
Ｃで始まる作業名は両工区同時に行う作業を示すが、作業Ａ４及び作業Ｂ４に
ついては作業内容を記載していない。

　各作業班は、それぞれ当該作業のみを行い、各作業内容共、Ａ工区の作業が
完了してからＢ工区の作業を行うものとする。また、工区内では複数の作業を
同時に行わず、各作業は先行する作業が完了してから開始するものとする。な
お、各作業は一般的な手順に従って施工されるものとする。

［工事概要］

用　　　　途：事務所

構造・規模：鉄筋コンクリート造、地上６階、塔屋１階、延べ面積2,800㎡

仕　上　げ：床は、フリーアクセスフロア下地、タイルカーペット仕上げ

　　　　　　間仕切り壁は、軽量鉄骨下地せっこうボード張り、ビニルクロス仕
　　　　　　上げ

　　　　　　天井は、システム天井下地、ロックウール化粧吸音板取付け

　なお、３階の仕上げ工事部分床面積は455㎡（Ａ工区：273㎡、Ｂ工区182㎡）
である。

１. 作業Ａ４及び作業Ｂ４の**作業内容**を記述しなさい。

２. 作業Ｂ２の**フリーフロート**を記入しなさい。

3．㊎から㊡までの**総所要日数**と、工事を令和3年2月8日（月曜日）より開始するときの**工事完了日**を記入しなさい。

　　ただし、作業休止日は、土曜日、日曜日及び祝日とする。

　　なお、2月8日以降3月末までの祝日は、建国記念の日（2月11日）、天皇誕生日（2月23日）、春分の日（3月20日）である。

4．次の記述の 　　　　 に**当てはまる数値**をそれぞれ記入しなさい。

　　総所要日数を変えずに、作業B2及び作業B4の1日当たりの作業員の人数をできるだけ少なくする場合、作業B2の人数は 　あ　 人に、作業B4の人数は 　い　 人となる。

　　ただし、各作業に必要な作業員の総人数は変わらないものとする。

内装仕上げ工事工程表（3階）

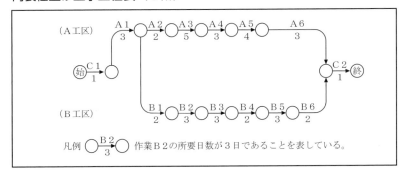

凡例 ◯$\dfrac{B2}{3}$◯ 作業B2の所要日数が3日であることを表している。

作業内容表

作業名	作業内容[注]	1日当たりの作業員数
C 1	3階墨出し	2人
A 1、B 1	壁軽量鉄骨下地組立て（建具枠取付を含む）	4人
A 2、B 2	壁せっこうボード張り （A工区：1枚張り、B工区：2枚張り）	5人
A 3、B 3	システム天井組立て （ロックウール化粧吸音板取付けを含む）	3人
A 4、B 4		4人
A 5、B 5	フリーアクセスフロア敷設	3人
A 6、B 6	タイルカーペット敷設、幅木張付け	3人
C 2	建具扉の吊込み	2人

注）各作業内容には、仮設、運搬を含む。

検討用

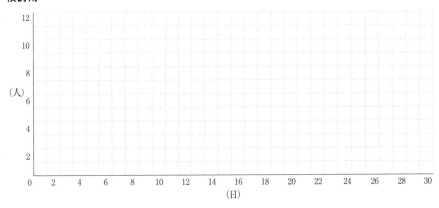

<u>**MEMO**</u>

PART
3

工
程
管
理

1

ネ
ッ
ト
ワ
ー
ク
工
程
表

1	ビニルクロス張り
2	2日
3	総所要日数：24日　工事完了日：令和3年3月15日（月）
4	あ：3　い：2

解説

1. 作業A4及び作業B4の直前作業は「システム天井組立て（ロックウール化粧吸音板取付けを含む）」で、後続作業は「フリーアクセスフロア敷設」です。一般に天井・壁の作業を完了した後に床仕上げの作業に着手します。また、設問中の作業内容表に記載のない仕上げは「ビニルクロス」のみです。したがって、作業A4及びB4の作業内容は「ビニルクロス張り」です。

2. 「各作業班は、それぞれ当該作業のみを行い、各作業内容共、A工区の作業が完了してからB工区の作業を行う」という条件から、A2→B2、A3→B3、A4→B4、A5→B5、A6→B6の作業順序になることを反映したネットワークで**最早開始時刻**を求めると、次の図になります。なお、最早開始日を計算する際には以下の点は特に注意します。

- 作業B3の最早開始日は作業Bからは6＋3＝9日ですが、作業A3からは11日ですので、大きい方の11日となります。
- 作業B5の最早開始日は作業Bからは14＋2＝16日ですが、作業A5からは18日ですので、大きい方の18日となります。

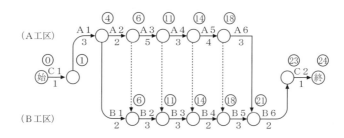

　作業B2の**フリーフロート**＝（後続作業B3の最早開始日）−（当該作業B2の最早開始日）−（作業日数）＝11−6−3＝2日となります。

3．上図の計算により、**総所要日数は24日**です。開始日が令和3年2月8日（月）の場合の暦日工程を計算しますが、余白にカレンダーを書いて確認する方法が間違いは少ないです。その結果、土曜5日（2/13、2/20、2/27、3/6、3/13）、日曜5日（2/14、2/21、2/28、3/7、3/14）、祝日2日（2/11、2/23）を考慮すると、工事完了日は**令和3年3月15日（月）**となります。

2月

日	月	火	水	木	金	土
	1	2	3	4	5	6
7	8	9	10	11	12	13
14	15	16	17	18	19	20
21	22	23	24	25	26	27
28						

3月

日	月	火	水	木	金	土
	1	2	3	4	5	6
7	8	9	10	11	12	13
14	15	16	17	18	19	20
21	22	23	24	25	26	27
28	29	30	31			

　工事開始日と工事完了日
　作業休止日

4．この設問の場合は、まず、総所要日数を変えずに作業B2及びB4が何日延ばすことができるかを考えます。これはとりもなおさず、これらの作業のフリーフロートは何日かということです。
- 作業B2のフリーフロートは2．より2日です。
- 作業B4のフリーフロート＝[後続作業B5の最早開始日]－[当該作業の最早開始日]－[作業日数]＝18－14－2＝2日となります。

　また、各作業に必要な作業員の総人数を計算すると、
- 作業B2　5人×3日＝15人日
- 作業B4　4人×2日＝8人日

　上記フリーフロートの計算により作業B2は3＋2＝5日、作業B4は2＋2＝4日の作業日数に延長することができます。したがって、作業員人数は以下の人数まで少なくすることができます。
- 作業B2　15人日÷5日＝3人
- 作業B4　8人日÷4日＝2人

<別解>
　山積みの手法を用いて、１日当たりの作業員の人数をできるだけ少なくする方法を検討します。その際は、ネットワークの横軸の長さを日数に合わせて書き直し（最早開始時刻を基準）、山積み図においてはクリティカルパスを下部におくことが基本です。
　クリティカルパスは最も日数のかかる経路ですから、Ｃ１→Ａ１→Ａ２→Ａ３→Ａ４→Ａ５→Ａ６→Ｂ６→Ｃ２となります。

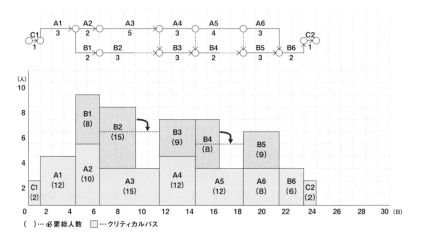

　山積み図から、作業Ｂ２の日数を３日から５日にすることによって、１日当たりの作業員人数を５人から３人に、作業Ｂ４の日数を２日から４日にすることによって、人数を４人から２人に少なくできることがわかります（山均し）。

![POINT]

　本問はフリーフロートを適用できることに気づけば、山積みの手法を用いなくとも解答することができます。しかし、山積み及び山崩し・山均しなどによる工程調整の基本的な手法は重要です。上記の別解も理解して、この手法を使うことができるようにしてください。

MEMO

市街地での事務所ビルの新築工事において、各階を施工数量の異なるＡ工区とＢ工区に分けて工事を行うとき、右の躯体工事工程表（基準階の柱、上階の床、梁部分）に関し、次の１．から４．の問いに答えなさい。

工程表は検討中のもので、型枠工10人、鉄筋工６人をそれぞれ半数ずつの２班に割り振り、両工区の施工を同時に進める計画とした。

各作業班の作業内容は作業内容表のとおりであり、Ａで始まる作業名はＡ工区の作業を、Ｂで始まる作業名はＢ工区の作業を、Ｃで始まる作業名は両工区同時に行う作業を示すが、作業Ａ４、Ｂ４及び作業Ａ８、Ｂ８については作業内容を記載していない。

各作業は一般的な手順に従って施工されるものとし、検査や設備関係の作業については省略している。

なお、安全上の観点から鉄筋工事と型枠工事の同時施工は避け、作業Ａ３、Ｂ３及び作業Ａ７、Ｂ７はＡ、Ｂ両工区の前工程が両方とも完了してから作業を行うこととする。

［工事概要］

用　　途：事務所

構造・規模：鉄筋コンクリート造、地上６階、塔屋１階、延べ面積3,000㎡

　　　　　　階段は鉄骨造で、別工程により施工する。

１．作業Ａ４、Ｂ４及びＡ８、Ｂ８の**作業内容**を記述しなさい。

２．作業Ｂ６の**フリーフロート**を記入しなさい。

３．次の記述の _____ に**当てはまる数値**をそれぞれ記入しなさい。

　　Ａ工区とＢ工区の施工数量の違いから、各作業に必要な総人数に差のある作業Ａ１、Ｂ１から作業Ａ４、Ｂ４までについて、最も効率の良い作業員の割振りに変え、所要日数の短縮を図ることとした。

　　ただし、一作業の１日当たりの最少人数は２人とし、一作業の途中での人数の変更は無いものとする。

　　このとき、変更後の１日当たりの人数は、作業Ａ１は２人、作業Ｂ１は４

人に、作業Ａ２は４人、作業Ｂ２は２人に、**作業Ａ３の人数**は　　あ　　人
　　となり、**作業Ａ４の人数**は　　い　　人となる。

４．３.で求めた、作業Ａ１、Ｂ１から作業Ａ４、Ｂ４の工事ごと、工区ごとの
　　割振り人数としたとき、㊀から㊇までの**総所要日数**を記入しなさい。

躯体工事工程表（基準階の柱、上階の床、梁部分）

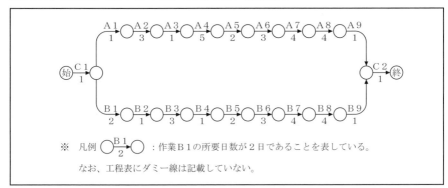

※　凡例 ◯—Ｂ１／２—◯ ：作業Ｂ１の所要日数が２日であることを表している。

なお、工程表にダミー線は記載していない。

作業内容表（所要日数、必要総人数には仮設、運搬を含む）

作業名	作業員（人）	所要日数（日）	必要総人数（人）	作業内容
C 1	2	1	2	墨出し
A 1	3	1	2	柱配筋※1
B 1	3	2	4	
A 2	3	3	8	壁配筋
B 2	3	1	2	
A 3	5	1	5	柱型枠建込み
B 3	5	3	14	
A 4	5	5	24	☐
B 4	5	1	5	
A 5	5	2	10	梁型枠組立て
B 5	5	2	10	
A 6	5	3	15	床型枠組立て
B 6	5	3	15	
A 7	3	4	12	梁配筋※1
B 7	3	4	12	
A 8	3	4	12	☐
B 8	3	4	12	
A 9	5	1	5	段差、立上がり型枠建込み
B 9	5	1	5	
C 2	2（台）	1	2（台）	コンクリート打込み

※1：圧接は、配筋作業に合わせ別途作業員にて施工する。

検討用

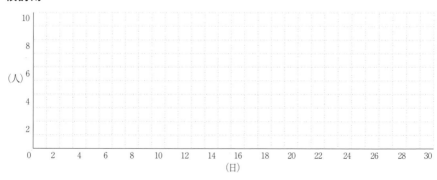

<u>**MEMO**</u>

1	作業Ａ４、Ｂ４：壁型枠建込み　　作業Ａ８、Ｂ８：床配筋
2	２日
3	あ：３　い：８
4	24日

解説

1. 作業Ａ４及び作業Ｂ４より前の作業においては「柱配筋」「壁配筋」「柱型枠建込み」が終了し、後続作業は「梁型枠建込み」となっています。一般に、[柱型枠] ➡ [壁型枠] ➡ [梁型枠] の作業手順となるため、作業Ａ４及びＢ４は「壁型枠建込み」です。

　　作業Ａ８及び作業Ｂ８の直前作業は「梁配筋」、後続作業は「段差、立上がり型枠建込み」となっています。一般に、[梁配筋] ➡ [床配筋] ➡ [段差、立上がり型枠] の作業手順となるため、作業Ａ８及びＢ８は「床配筋」です。

2. 「作業Ａ３、Ｂ３及び作業Ａ７、Ｂ７はＡ、Ｂ両工区の前工程が両方とも完了してから作業を行う」という条件から、「Ａ２→Ｂ３」又は「Ｂ２→Ａ３」、「Ａ６→Ｂ７」又は「Ｂ６→Ａ７」のダミーが存在することになります。ただし、ダミーの向きは不明なため、ここではいったん保留します。

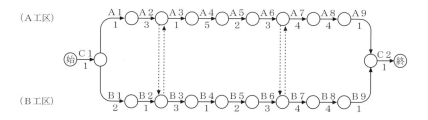

　　最早開始時刻を順に求めると、作業Ａ２の最早終了時刻は２＋３＝５、作業Ｂ２の最早終了時刻は３＋１＝４であるため、Ａ２→Ｂ３のダミーであることがわかります。

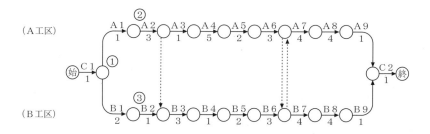

引き続き、最早開始時刻を順に求めると、次のようになります。作業Ａ６の最早終了時刻は13 + 3 = 16、作業Ｂ６の最早終了時刻は11 + 3 = 14であるため、Ａ６→Ｂ７のダミーであることがわかります。

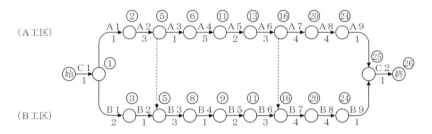

さらに、最早開始時刻を順に求めると、次のようになります。

作業Ｂ６のフリーフロート＝（後続作業Ｂ７の最早開始日）－（当該作業Ｂ６の最早開始日）－（作業日数）＝ 16 - 11 - 3 ＝ 2日となります。なお、総所要日数は26日です。

213

3.「最も効率の良い作業員の割振りに変え、所要日数の短縮を図る」とあるため、まず、山積みによる検討を行います。その際には、ネットワークの横軸の長さを日数に合わせて書き直すこと（最早開始時刻を基準）、山積み図においてはクリティカルパスを下部におくことが基本です。設問ではＡ４、Ｂ４までが対象になっていますので、その範囲内で検討します。

最も時間のかかる作業経路（**クリティカルパス**）は、Ｃ１→Ａ１→Ａ２→Ａ３→Ａ４であり、最早開始時刻を基準にしたネットワーク及び山積み図は次のようになります。

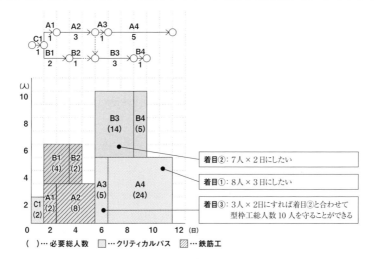

設問で作業Ａ１は２人、作業Ｂ１は４人に、作業Ａ２は４人、作業Ｂ２は２人に条件変更されています。また、工程短縮を図るために着目することは、**クリティカルパスを短縮**することであり、長い工程を占める作業Ａ２及びＡ４を短縮する必要があります。

作業Ａ４は総所要人数24人であるため、効率的に短縮するため８人×３日にしたいという**着目①**ができます。しかし、それだけでは型枠工10人の制限を上回ってしまうため、**着目②**（Ｂ３：７人×２日）と**着目③**（Ａ３：３人×２日）を合わせ、Ａ３＋Ｂ３で合計10人×２日とすれば10人以内にできます。ここで１日短縮が可能です。

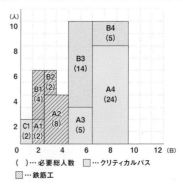

さらに設問条件の変更により、作業Ｂ１を４人×１日、作業Ｂ２を２人×１日とすることができますので、作業Ａ２を４人×２日としても鉄筋工６人の制限を守ることができます。ここでさらに、１日短縮が可能です。

したがって、**作業Ａ３の人数は３人**となり、**作業Ａ４の人数は８人**となります。

4. 以上の検討により、当該部分の工程は11日から9日へ2日短縮できるため、**総所要日数は26 − 2 = 24日**となります。参考までに以下に短縮後のネットワーク工程表を示します。

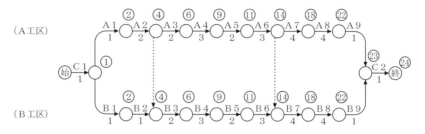

 POINT

　3.と4.の「工程調整」はかなりの難問で、多くの受験生が正解できませんでした。受験対策上重要なのは**全体の時間配分**です。いたずらにこの設問に時間をかけて、本問以外の問題に当てる時間を不足させてしまうと合格可能性を著しく下げてしまいます。ある程度で見切りをつけ、他の問題の見直しも含めて適切に時間を割き、最後の残り時間で本問にチャレンジすることが重要です。

　ただし、令和2年度及び3年度の傾向を見ると、山積み及び山崩し・山均しなどによる工程調整に対する出題者の強い意図が感じられます。また、山崩し・山均しによる工程調整は実務的にもよく使われますので、**山積み・山崩し・山均し**の基本的な手法についての学習は重要です。

　市街地での事務所ビル新築工事において、同一フロアをA、Bの2工区に分けて施工を行うとき、右の内装工事工程表（3階）に関し、次の1.から4.の問いに答えなさい。

　工程表は計画時点のもので、検査や設備関係の作業については省略している。

　各作業日数と作業内容は工程表及び作業内容表に記載のとおりであり、Aで始まる作業名はA工区の作業を、Bで始まる作業名はB工区の作業を、Cで始まる作業名は両工区を同時に行う作業を示すが、作業A1、B1及び作業A6、B6については作業内容を記載していない。

　各作業班は、それぞれ当該作業のみを行い、各作業内容共、A工区の作業が完了してからB工区の作業を行う。また、A工区における作業A2と作業C2以外は、工区内で複数の作業を同時に行わず、各作業は先行する作業が完了してから開始するものとする。

　なお、各作業は一般的な手順に従って施工されるものとする。

［工事概要］

用　　　　途：事務所

構造・規模：鉄筋コンクリート造、地上6階、塔屋1階、延べ面積2,800㎡

仕　上　げ：床は、フリーアクセスフロア下地、タイルカーペット仕上げ
　　　　　　壁は、軽量鉄骨下地、せっこうボード張り、ビニルクロス仕上げ
　　　　　　天井は、システム天井下地、ロックウール化粧吸音板仕上げ
　　　　　　A工区の会議室に可動間仕切設置

1．作業A1、B1及び作業A6、B6の**作業内容**を記述しなさい。

2．㊙から㊗までの**総所要日数**を記入しなさい。

3．作業A4のフリーフロートを記入しなさい。

4．次の記述の ____ に当てはまる**作業名と数値**をそれぞれ記入しなさい。

　建具枠納入予定日の前日に、Ａ工区分の納入が遅れることが判明したため、
Ｂ工区の建具枠取付けを先行し、その後の作業もＢ工区の作業が完了してか
らＡ工区の作業を行うこととした。

　なお、変更後のＢ工区の建具枠取付けの所要日数は２日で、納入の遅れた
Ａ工区の建具枠は、Ｂ工区の壁せっこうボード張り完了までに取り付けられ
ることが判った。

　このとき、当初クリティカルパスではなかった作業 ___あ___ から作業Ａ８ま
でがクリティカルパスとなり、㊎から㊗までの総所要日数は ___い___ 日となる。

内装事工程表（3階）

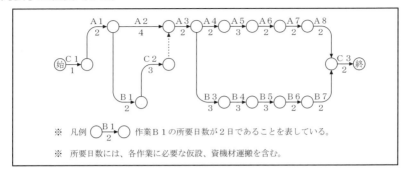

※　凡例 ◯B1/2◯ 作業B1の所要日数が2日であることを表している。

※　所要日数には、各作業に必要な仮設、資機材運搬を含む。

作業内容表（各作業に必要な仮設、資機材運搬を含む）

作業名	作業内容
C 1	墨出し
A 1、B 1	
A 2	可動間仕切レール取付け（下地共）
C 2	建具枠取付け
A 3、B 3	壁せっこうボード張り
A 4、B 4	システム天井組立て（ロックウール化粧吸音板仕上げを含む）
A 5、B 5	壁ビニルクロス張り
A 6、B 6	
A 7、B 7	タイルカーペット敷設、幅木張付け
A 8	可動間仕切壁取付け
C 3	建具扉吊込み

検討用

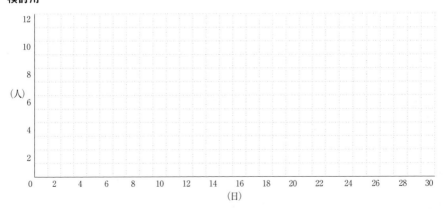

MEMO

1	作業A1、B1：壁軽量鉄骨下地組立て 作業A6、B6：フリーアクセスフロア下地敷設
2	25日
3	0日
4	あ：A5　い：27日

💡解 説

1．作業A1及びB1より前の作業は「墨出し」、後続作業は「可動間仕切りレール取付け」「建具枠取付け」「壁せっこうボード張り」となっています。一般に、［壁下地］➡［建具枠などの取付け］➡［ボード張り］の作業手順となるため、作業A1及びB1は「壁軽量鉄骨下地組立て」になります。

　　作業A6及びB6より前の作業は「壁せっこうボード張り」「システム天井組立て（ロックウール化粧吸音板仕上げを含む）」「壁クロス張り」、後続作業は「タイルカーペット敷設、幅木張付け」となっています。一般に、［天井仕上げ］➡［壁仕上げ］➡［床下地・仕上げ］の作業手順となるため、作業A6及びB6は「フリーアクセスフロア下地敷設」になります。

2．総所要日数を算出するためには、まず、各作業の「最早開始時刻」を計算します。

　　「各作業班は、それぞれ当該作業のみを行い、各作業内容共、A工区の作業が完了してからB工区の作業を行う」という条件から、A4→B4、A5→B5、A6→B6、A7→B7の作業順序であるダミーが存在することになります。このことをネットワーク工程表に反映して、各作業の「最早開始時刻」を計算すると次のようになります。

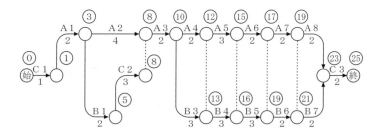

・作業Ａ３の最早開始日は作業Ａ２からは３＋４＝７日ですが、作業Ｃ２からは８日ですので、大きい方の８日となります。

・作業Ｃ３の最早開始日は作業Ａ８からは19＋２＝21日ですが、作業Ｂ７からは21＋２＝23日ですので、大きい方の23日となります。

　上記ネットワーク計算から総所要日数は25日になります。また、クリティカルパスは、経路が最長となるルートであるＣ１➡Ａ１➡Ｂ１➡Ｃ２➡Ａ３➡Ｂ３➡Ｂ４➡Ｂ５➡Ｂ６➡Ｂ７➡Ｃ３となります。

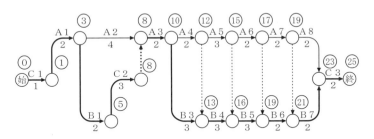

３．作業Ａ４のフリーフロート＝（後続作業Ａ５の最早開始日）－（当該作業Ａ４の最早開始日）－（作業日数）＝12－２－10＝０日となります。

４．「Ｂ工区の建具枠取付けを先行し、その後の作業もＢ工区の作業が完了してからＡ工区の作業を行う」条件から、上記とは逆向きのダミーが発生することが分かります。

　また、「納入の遅れたＡ工区建具枠は、Ｂ工区の壁せっこうボード張りの完了までに取り付けられる」条件から、作業Ｃ２（建具取付け）を、Ａ工区の建具取付作業Ｃ２（Ａ）とＢ工区の建具取付作業Ｃ２（Ｂ）に分ける必要があります。

　以上のことをネットワーク工程表に反映して、各作業の「最早開始日」を計算すると次のようになります。

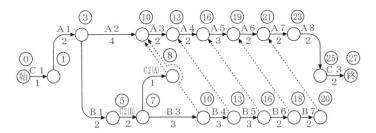

　総所要日数　い　は27日になります。クリティカルパスは、経路が最長となるルートであるＣ１➡Ａ１➡Ｂ１➡Ｃ２（Ｂ）➡Ｂ３➡Ｂ４➡Ｂ５➡Ａ５➡Ａ６➡Ａ７➡Ａ８➡Ｃ３となります。このクリティカルパスの中で、当初クリティカルパスではなかった作業は作業 あ：作業Ａ５ から作業Ａ８となります。

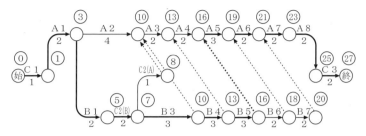

出題で示された「検討用」のグラフは、解答にあたり山積み用として使用する必要はありません。惑わされないようにしましょう。

<u>**MEMO**</u>

バーチャート工程表

　平成29年度からはネットワーク工程表が出題されるようになりましたが、平成13年度から平成28年度までの16年間は、連続してバーチャート工程表が出題されていました。主な出題形式は、以下の３つのタイプです。

● 作業名が記号で記された工程の該当する**作業名**
● 時期が不適当な作業名及びその作業の適当な**開始時期または終了時期**
● 未記入の作業の名称と適当な**開始時期や終了時期**

　解答に必要な知識は、主に、各工種内の作業手順・作業時期、各工種間において作業の前後関係を決定する要素と時期です。以下に、主な工種とポイントをまとめます。なお、出題のモデルとなる工事の主な構造・規模は、地上鉄骨造、地下RC造又はSRC造、山留め・切りばり有り、外装はカーテンウォール系、定置式クレーンを設置するなどです。

■1 仮設工事

【1】乗入れ構台

❶ 組立て
　［１次根切り］➡［乗入れ構台組立て］➡［切りばり架け］➡［２次根切り］

❷ 解体
　［Ｂ１階立上がり］➡［構台解体］➡［地上躯体・鉄骨等］

【2】外部足場

❶ 組立て（地上ＲＣ造の場合）
　［構台解体・埋戻し等］➡［外部足場組立て］➡［１階躯体］

❷ 解体
　［外装（シーリング含）］➡［サッシ・タイル等清掃］➡［外部足場解体］
　➡［外構］

【3】定置式クレーン（クライミング式ジブクレーン等）の設置期間

　１階（Ｂ１階）躯体開始前〜外装（PCカーテンウォール等）完了まで

➡［揚重機開口閉鎖］

【4】ロングスパンエレベーターの設置期間

　地上躯体開始時期〜本設エレベーター仮設使用開始時期

② 杭工事

［山留め］➡［杭（場所打ち杭・既製杭)］➡［根切り工事］➡［杭頭処理］

➡［床付け・砕石・捨てコン］➡［基礎躯体］

※　山留め工事との前後関係は［杭］➡［山留め］の場合もある。

③ 山留め工事・土工事

【1】地下階がない場合

［山留め］➡［杭］➡［根切り］➡［床付け］➡［杭頭処理］➡［砕石・捨てコン］

➡［基礎躯体］➡［埋戻し］➡［土間砕石］➡［土間コンクリート］➡［地上躯体］

※　耐圧盤や基礎より深い部分（受水槽室、エレベーターピットなど）は、基礎躯体に先行して
　施工する。

【2】地下階がある場合

　山留め工法は「親杭横矢板工法＋水平切りばり工法」の出題が多く、親杭を引き抜く場合と引き抜かない場合がありますが、出題は主に引き抜かない場合になっています。なお、切りばり工法の場合には［１次根切り］➡［切りばり架け］➡［２次根切り］の順番となることを念頭に置きましょう。

ⅰ）躯体と山留め壁の間に作業空間なし（敷地に余裕なし）の場合の作業手順

❶ 山留め親杭打込み

❷ 場所打ち杭

❸ １次根切り

❹ 乗入れ構台架け

❺ 切りばり架け

❻ ２次根切り・床付け・捨てコン

❼ 杭頭処理

❽ 基礎・耐圧盤

❾ Ｂ１階床・地中梁

❿ 切りばり払し（解体）

⓫ Ｂ１階立上がり

⓬ 乗入れ構台払し（解体）

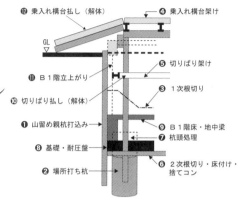

ⅱ）躯体と山留め壁の間に作業空間あり（敷地に余裕あり）の場合の作業手順

❶ 山留め親杭打込み

❷ 場所打ち杭

❸ １次根切り

❹ 乗入れ構台架け

❺ 切りばり架け

❻ ２次根切り・床付け・捨てコン

❼ 杭頭処理

❽ 基礎・耐圧盤

❾ Ｂ１階床・地中梁

❿ １次埋戻し・仮切りばり

⓫ 切りばり払し（解体）

⓬ Ｂ１階立上がり

⓭ ２次埋戻し

　（親杭引抜き）

⓮ 乗入れ構台払し（解体）

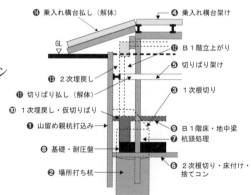

※　ⅰとの主な違いは❿及び⓭

4 コンクリート工事
【1】 土間コンクリート

［基礎・地中梁コンクリート打設］➡［型枠解体］➡［埋戻し］➡［土間地業］

➡［配筋］➡［土間コンクリート打設］➡［1階型枠・鉄筋］

※　地階・二重ピットなどがある場合には、これらの施工を基礎・地中梁工事と並行または先行
　して行うのが原則。

【2】 マット基礎（耐圧盤）

［マット基礎（耐圧盤）・地中梁配筋］➡［マット基礎（耐圧盤）コンクリート打設］

➡［地中梁・B1階床］➡［切りばり払い］➡［B1階立上がり］

5 鉄骨工事

［アンカーボルト設置・配筋］➡［コンクリート打設］➡［鉄骨建方（歪み直し共)］

➡［本締め］➡［デッキプレート敷設］➡［スタッド］➡［床コンクリート打設］

➡［外壁下地鉄骨］➡［耐火被覆］➡［外壁金属パネル等］➡［シーリング］

※　耐火被覆は飛散防止のため、外壁工事が終了した階から順次行う場合が多い。

6 防水工事
【1】 屋上防水

［最上階躯体コンクリート打設］➡3〜4週養生期間➡［屋上防水］

［アスファルト防水］➡［伸縮目地］➡［溶接金網敷設］➡［保護コンクリート打設］

【2】 地下外壁外防水

［地下躯体コンクリート打設］➡［型枠解体］➡［地下外壁外防水］➡［埋戻し］

【3】 外壁シーリング

［躯体コンクリート打設］➡［外部建具］➡［モルタル詰め］➡［シーリング］

➡［外壁仕上げ］➡［足場解体］

❶ タイル張り

　　［外壁タイル］➡［シーリング］➡［清掃］➡［足場解体］

❷ 仕上げ塗材塗り・吹付け

［サッシ取付け］➡［シーリング］➡［外壁仕上げ］➡［清掃］➡［足場解体］

❸ カーテンウォール

［カーテンウォール・サッシ取付け］➡［シーリング］

７ タイル工事

［下地モルタル］➡養生14日以上 ➡［外壁タイル］➡［シーリング］➡［清掃］

➡［足場解体］

８ 建具工事（外部建具）

❶ タイル

［躯体工事］➡［外部建具・ガラス］➡［下地モルタル］➡［外壁タイル］

❷ 仕上塗材塗・吹付

［躯体工事］➡［外部建具・ガラス］➡［シーリング］➡［仕上げ塗材・吹付け］

９ 外装工事

【1】カーテンウォール工事

❶ 方立式カーテンウォール

［躯体コンクリート打設ほぼ完了］➡［カーテンウォール］

❷ タイル取合い箇所

［カーテンウォール取付け］➡［取合い部タイル張り］

❸ 仕上げ塗材仕上げ（吹付け仕上げ取合い箇所）

［カーテンウォール取付け］➡［シーリング］➡［塗材仕上げ］

❹ 鉄骨造のPCカーテンウォール

［床コンクリート打設］➡［PCカーテンウォール］➡［外部建具・ガラス］

➡［シーリング］

【2】 外壁ALCパネル工事

［鉄骨建方］ ➡ ［本締め］ ➡ ［デッキプレート敷き］ ➡ ［床コンクリート打設］
➡ ［ALCパネル取付け］ ➡ ［耐火被覆］ ➡ ［外部シーリング］

【3】 外壁下地鉄骨・外壁金属パネル・外部建具・ガラス等

［床コンクリート打設］ ➡ ［外壁下地鉄骨］ ➡ ［耐火被覆］ ➡ ［外壁金属パネル等］
➡ ［シーリング］

※　耐火被覆は飛散防止のため、外壁工事が終了した階から順次行う場合が多い。

10 内装工事
【1】 天井・壁・床の順番

［天井］ ➡ ［壁］ ➡ ［床］

※　壁が天井内まで延びる場合は壁 ➡ 天井 ➡ 床となる。

【2】 ボード張り

［天井・壁下地］ ➡ ［内部建具枠］ ➡ ［電気配線等］ ➡ ［ボード］
➡ ［仕上げ（塗装・壁紙など）］
［外壁断熱（発泡ウレタン吹付け）］ ➡ ［ボード］ ➡ ［仕上げ（塗装・壁紙など）］
［外部ガラス］ ➡ ［ボード］ ➡ ［仕上げ（塗装・壁紙など）］

※　ガラスが先行するのは降雨対策のためである。

【3】 床仕上げ（カーペット・ビニル床シートなど）

［天井・壁仕上げ］ ➡ ［床仕上げ］ ➡ ［完了検査］

【4】 外壁断熱（発泡ウレタン吹付け）

［型枠解体］ ➡ ［外部建具・額縁］ ➡ ［建具モルタル詰め］
➡ ［外壁断熱（発泡ウレタン吹付け）］ ➡ ［壁ボード］

【5】 エレベーター

［仮設エレベーター使用完了］ ➡ ［本設エレベーター仮設使用］ ➡ ［完了検査］

本試験問題

　市街地での事務所ビルの建設工事における右に示す工程表に関し、次の問い
に答えなさい。

　なお、解答の旬日は、上旬、中旬、下旬で記述しなさい。

［工事概要］

構造・規模：鉄骨造５階建、地下鉄筋コンクリート造１階、延べ面積3,000㎡と
　　　　　　し、地業は、アースドリル杭とする。

山　留　め：山留め壁は、親杭横矢板工法で外部型枠兼用とし、親杭は引き抜
　　　　　　かないものとする。支保工は、水平切梁工法とする。

乗 入 構 台：解体は、建逃げ方式（屏風建て）による鉄骨建方と平行して行う
　　　　　　ものとする。

外壁仕上げ：金属パネル張りとし、アルミニウム製横連窓建具とする。

屋 上 防 水：アスファルト防水の上、保護コンクリート仕上げとする。

1．表中のＡ及びＢに該当する作業名をあげなさい。

2．作業の終了日が工程上最も不適当な作業名を表の中より選び、適当な工程
　となるように、その終了日を月次と旬日で定めなさい。

3．内装工事の床仕上げ張り（主にビニル床シート張り）作業の工程は未記入
　となっている。適当な工程となるように、床仕上げ張り作業の開始日及び終
　了日の期日を月次と旬日で定めなさい。

工種 ＼ 月次	1	2	3	4	5	6	7	8	9	10	11	12
	着工 ▽			地下躯体完了 ▽			躯体完了 ▽			受電 ▽	竣工 ▽	
仮 設 工 事	準備 乗入構台架け			乗入構台解体		ロングスパンエレベーター				片付け・清掃		
						外部足場						
土 工 事	山留め親杭等打ち											
		切梁架け	切梁払し									
	1次根切り　A											
地 業 工 事	アースドリル杭　杭頭処理											
鉄筋・型枠・コンクリート工事	捨コンクリート	B1F床			2F床 4F RF床　防水保護コンクリート							
		基礎耐圧盤　B1F立上がり			3F 5F 塔屋・パラペット							
鉄 骨 工 事			アンカーボルト	鉄骨建方（歪み直し共）								
				デッキプレート敷き								
				B　耐火被覆								
					外壁下地鉄骨組み							
防 水 工 事						屋上アスファルト防水						
						外壁シーリング						
金属製建具工事					外部建具・ガラス取付け							
						内部建具取付け						
金 属 工 事					外壁金属パネル取付け							
						天井・壁軽量鉄骨下地組み						
内 装 工 事							壁ボード張り					
							天井ボード張り					
塗 装 工 事									内部塗装仕上げ			
外 構 工 事									舗装・植栽			
エレベーター工事							据付工事		仮設使用			
設 備 工 事				電気・給排水衛生・空調・他								
検 査					中間検査	消防中間検査	ELV 労基署検査			完了検査		

1	A：2次根切り・床付　B：本締め
2	最も不適当な作業名：**外壁下地鉄骨組み**　終了日：**7月次下旬**
3	開始日：**9月次下旬**　終了日：**11月次上旬**

解説

1. 地下1階の建物であり、また、山留め支保工は水平切梁工法であるため、一般に工程は、［1次根切り］➡［切梁架け］➡［2次根切り］の順となります。また、Aの後続作業は「杭頭処理」「捨てコンクリート」となっているため、Aの作業名は「2次根切り・床付」です。Bは「鉄骨建方」に続いて行われていて、後続作業は「デッキプレート敷き」です。一般に、［鉄骨建方（歪み直し共）］➡［本締め］➡［デッキプレート敷設］➡［スタッド］➡［床コンクリート］の手順で進められます。したがって、Bの作業名は「本締め」です。

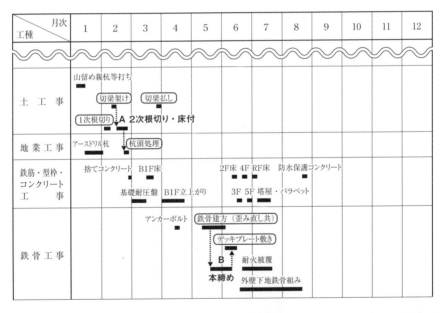

2. 一般に、［外壁下地鉄骨］➡［耐火被覆］➡［外部建具・ガラス取付け］➡［外壁金属パネル等］➡［シーリング］の順となります。したがって、「外壁下地鉄骨組み」の終了日は8月次下旬では不適当で、7月次下旬が適当です。

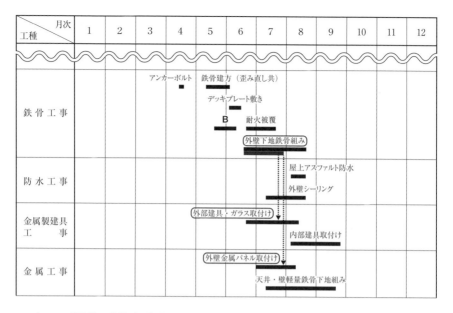

3. 一般に、［天井・壁仕上げ（塗装などを含む）］➡［床仕上げ］➡［完了検査］の順となります。したがって、「床仕上げ張り（主にビニル床シート張り）作業」は、「天井・壁ボード張り」「塗装仕上げ」に続く作業となり、その後に「片付け・清掃」が行われた上で「完了検査」となります。したがって、開始日は9月次下旬、終了日は11月次上旬が適当です。

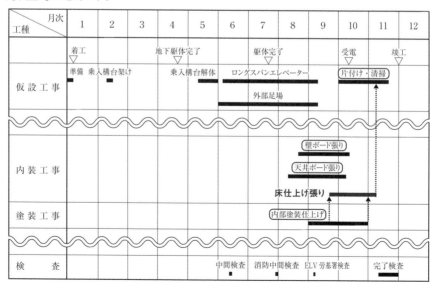

233

市街地での事務所ビルの建設工事における右に示す工程表に関し、次の問いに答えなさい。

なお、解答の旬日は、上旬、中旬、下旬で記述しなさい。

［工事概要］

構造・規模：鉄筋コンクリート造地下1階、地上6階、塔屋1階、延べ面積3,000㎡とする。

地　　業：アースドリル杭とする。

山　留　め：親杭横矢板・水平切梁工法で外部型枠兼用とし、親杭は引き抜かないものとする。

外壁仕上げ：コンクリート打ち放しの上、複層仕上塗材吹付け仕上げとし、アルミニウム製の横連窓建具とする。

屋上防水：アスファルト防水の上、保護コンクリート仕上げとする。

1．表中の土工事のA及び杭地業工事のBに該当する作業名をあげなさい。

2．作業の終了日が工程上最も不適当な作業名を表の中より選び、適当な工程となるようその終了日を月次と旬日で定めなさい。

3．金属製建具工事の内部建具取付け作業の工程は未記入となっている。適当な工程となるように内部建具取付け作業の開始日及び終了日の期日を月次と旬日で定めなさい。

工種＼月次	1	2	3	4	5	6	7	8	9	10	11	12
	着工▽			地下躯体完了▽			躯体完了▽				受電▽	竣工▽
仮設工事	準備 乗入構台架け			乗入構台払し		ロングスパンエレベーター					片付け・清掃	
				外部足場								
土工事	山留め親杭 A		切梁払し									
	1次根切り	2次根切り										
杭地業工事	アースドリル杭 B											
鉄筋・型枠・コンクリート工事	捨コンクリート	B1F床		1F立上り	3F立上り	5F立上り	塔屋・パラペット					
		基礎耐圧盤	B1F立上り		2F立上り	4F立上り	6F立上り	防水保護コンクリート				
防水工事							屋上アスファルト防水					
								伸縮目地取付け				
					外壁シーリング							
金属製建具工事						外部建具取付け						
							ガラス取付け					
外壁吹付け工事						複層仕上塗材吹付け（下地調整共）						
金属工事						天井・壁軽量鉄骨下地組み						
内装工事								壁ボード張り				
								天井ボード張り	床仕上げ張り			
塗装工事									内部塗装仕上げ			
外構工事									舗装・植栽			
エレベーター工事								据付工事	仮設使用			
設備工事			電気・給排水衛生・空調・他									
検査				中間検査			消防中間検査	ELV労基署検査		完了検査		

PART 3 工程管理

2 バーチャート工程表

1	A：切梁架け　　B：杭頭処理
2	最も不適当な作業名：外壁シーリング　　終了日：9月次中旬
3	開始日：8月次下旬　　終了日：10月次中旬

解 説

1.　地下1階の建物であり、また、山留め支保工は水平切梁工法であるため、一般に工程は、［1次根切り］➡［切梁架け］➡［2次根切り］の順となります。したがって、Aの作業名は「切梁架け」です。また、Bの作業は杭地業工事の一つであり、2次根切り完了時に行われ、後続作業は「捨てコンクリート」となっています。一般に、［根切り工事］➡［杭頭処理］➡［床付け・砕石・捨てコン］➡［基礎躯体］の手順であるため、Bの作業名は「杭頭処理」です。

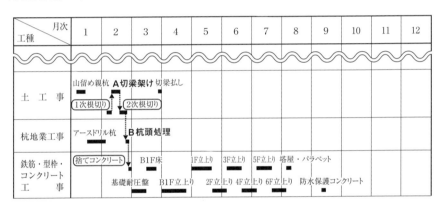

2.　一般に、［躯体工事］➡［外部建具・ガラス］➡［シーリング］➡［仕上塗材・吹付け］➡［足場解体］の順となります。すなわち、「外壁シーリング」は「外部建具取付け」に続く作業で、その後に「積層仕上塗材吹付け」を行います。したがって、「外壁シーリング」の終了日は8月次中旬では不適当で、9月次中旬が適当です。

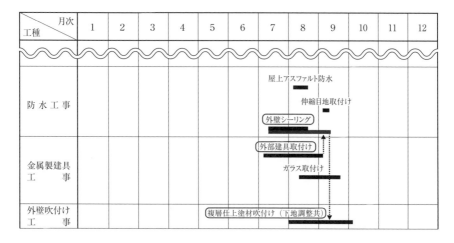

月次\工種	1	2	3	4	5	6	7	8	9	10	11	12
防 水 工 事							屋上アスファルト防水 伸縮目地取付け 外壁シーリング					
金属製建具 工 事							外部建具取付け ガラス取付け					
外壁吹付け 工 事					複層仕上塗材吹付け（下地調整共）							

3. 一般に、［天井・壁下地］➡［内部建具枠］➡［電気配線等］➡［ボード］➡［仕上げ（塗装など）］です。すなわち、「内部建具取付け」は「天井・壁軽量鉄骨下地組み」に続く作業となり、その後に「壁ボード張り」作業を行います。したがって、「内部建具取付け」の開始日は８月次下旬、終了日は10月次中旬が適当です。

月次\工種	1	2	3	4	5	6	7	8	9	10	11	12
								内部建具取付け				
外壁吹付け 工 事					複層仕上塗材吹付け（下地調整共）							
金 属 工 事							天井・壁軽量鉄骨下地組み					
内 装 工 事									壁ボード張り 天井ボード張り	床仕上げ張り		

　市街地での共同住宅の建設工事における右に示す工程表に関し、次の1.
から3.の問いに答えなさい。なお、**解答の旬日は、上旬、中旬、下旬で記述し
なさい。**

[工事概要]

用　　　途：開放片廊下型共同住宅（バルコニー付き、トランクルームは地下
　　　　　　1階とする。）

構造・規模：鉄筋コンクリート造地下1階、地上5階、塔屋1階建、延べ面積
　　　　　　3,000㎡とする。

基　　　礎：基礎はマット基礎とし、地下1階の床はマット基礎の上に湧水処
　　　　　　理層形成材を敷き込みの上、床コンクリート直均し仕上げとする。

山　留　め：親杭横矢板、山留め壁自立工法とし、親杭は引き抜かないものと
　　　　　　する。
　　　　　　山留め壁は、地下外壁型枠兼用とする。

外壁仕上げ：モルタル下地の上、二丁掛タイル張りとし、建具はアルミニウム
　　　　　　製とする。

屋 上 防 水：アスファルト防水の上、保護コンクリート仕上げとする。

バルコニー及
び開放片廊下：
床仕上げ
　　　　　　化粧防水シート張りとし、排水溝回り及びサッシ取合い立上り部
　　　　　　は、塗膜防水とする。

1．表中の鉄筋・型枠・コンクリート工事の**A**及び防水工事の**B**に該当する作
　業名をあげなさい。

2．作業の終了日が工程上**最も不適当な作業名**を表の中より選び、適当な工程
　となるように、その**終了日**を月次と旬日で定めなさい。

3．内装工事の**外壁室内側現場発泡断熱材吹付け**の作業工程は未記入となって
　いる。適当な工程となるように、断熱材吹付け作業の**開始日**及び**終了日**の期
　日を月次と旬日で定めなさい。

月次 / 工種	1	2	3	4	5	6	7	8	9	10	11
	着工▽		地下躯体完了▽			躯体完了▽				受電▽	竣工▽
仮設工事	準備 ■	乗入構台架け ■	乗入構台払し ■		ロングスパンエレベーター ▬▬▬▬▬				片付け・清掃 ▬		
				外部足場 ▬▬▬▬▬▬▬▬▬▬							
土工事	山留め親杭 ■	根切 ■									
地業工事		砂利地業 ■ 捨コンクリート ■									
鉄筋・型枠・コンクリート工事			A ▬ B1F立上り ▬ 1F立上り ▬	2F立上り ▬ 3F立上り ▬	4F立上り ▬ 5F立上り ▬	塔屋・パラペット ▬					
地下1階湧水処理及び床仕上				湧水処理層形成材敷き込み ▬ B1F床コンクリート ■							
防水工事						屋上アスファルト防水 ▬▬ B 防水保護コンクリート ▬ 外壁シーリング ▬▬					
バルコニー及び開放片廊下床工事							塗膜防水 ▬▬		化粧防水シート張り ▬		
金属製建具工事						外部建具・額縁取付け ▬▬ ガラス取付け ▬▬ 内部建具取付け ▬▬					
外壁タイル工事						外部タイル下地モルタル塗り ▬▬ タイル張り ▬▬▬					
金属工事						バルコニー手摺取付け ▬▬ 天井・壁軽量鉄骨下地組み ▬▬▬					
木工事 木製建具工事 家具工事							木工事・木製建具工事・家具工事 ▬▬▬▬▬				
内装工事							壁ボード張り ▬▬ 天井ボード張り ▬▬ クロス張り ▬▬ 床仕上げ張り ▬▬				
塗装工事							内部塗装仕上げ ▬▬▬				
外構工事										舗装・植栽 ▬	
エレベーター工事								据付工事 ▬▬	仮設使用 ▪▪▪▪▪		
設備工事				電気・給排水衛生・空調・他 ▬▬▬▬▬▬▬▬▬▬▬▬▬							
検査				中間検査 ▪			消防中間検査 ELV 労基署検査 ▪				完了検査 ▬

PART 3 工程管理 2 バーチャート工程表

239

平成26年度 解答

1	A：マット基礎　B：伸縮目地取付け
2	最も不適当な作業名：タイル張り　終了日：9月次中旬
3	開始日：7月次中旬　終了日：8月次下旬

解 説

1．Aは「砂利地業」「捨コンクリート」に続いて行われ、後続作業は「B1F立上り」
です。したがって、Aの作業名は「マット基礎」です。また、Bは「屋上アスファル
ト防水」に続いて行われ、後続作業は「防水保護コンクリート」です。一般に、[アス
ファルト防水] ➡ [伸縮目地] ➡ [溶接金網敷設] ➡ [保護コンクリート打設] であるた
め、Bの作業名は「伸縮目地取付け」です。

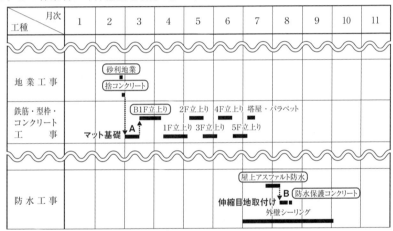

2．外壁タイル張り工事における「タイル張り」は「タイル下地モルタル塗り」に続い
て行われ、後続作業としてタイル伸縮調整目地に「外壁シーリング」を行う必要があ
ります。また、その際には、タイル張り後に一定の乾燥期間を設ける必要があります。
[下地モルタル] ➡ [外壁タイル] ➡ 乾燥期間 ➡ [シーリング]
　　したがって、「タイル張り」の終了日は10月中旬では不適当で、9月次中旬が適当で
す。

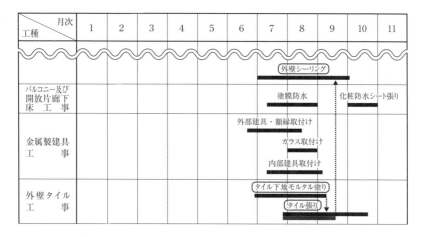

月次 工種	1	2	3	4	5	6	7	8	9	10	11
バルコニー及び 開放片廊下 床 工 事							外壁シーリング				
							塗膜防水		化粧防水シート張り		
金属製建具 工 事						外部建具・額縁取付け					
							ガラス取付け				
							内部建具取付け				
外壁タイル 工 事						タイル下地モルタル塗り					
							タイル張り				

3.「外壁室内側現場発泡断熱材吹付け」は「外部建具・額縁取付け」後、枠まわりに詰めたモルタルの乾燥期間経過後に行います。また、後続作業としては「壁軽量鉄骨下地組み」「壁ボード張り」を行います。一般に、[外部建具・額縁] ➡ [建具モルタル詰め] ➡ [外壁断熱（発泡ウレタン吹付け）] ➡ [壁ボード] となります。

　　したがって、「外壁室内側現場発泡断熱材吹付け」の開始日は7月次中旬、終了日は8月次下旬が適当です。

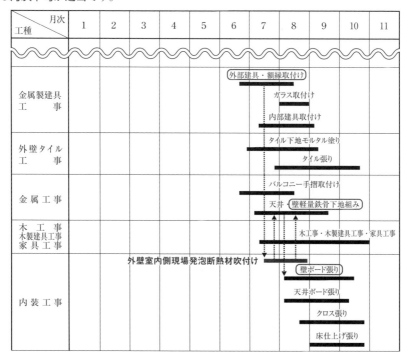

月次 工種	1	2	3	4	5	6	7	8	9	10	11
金属製建具 工 事						外部建具・額縁取付け					
							ガラス取付け				
							内部建具取付け				
外壁タイル 工 事						タイル下地モルタル塗り					
							タイル張り				
金 属 工 事						バルコニー手摺取付け					
						天井 壁軽量鉄骨下地組み					
木 工 事 木製建具工事 家 具 工 事						木工事・木製建具工事・家具工事					
内 装 工 事	外壁室内側現場発泡断熱材吹付け						壁ボード張り				
							天井ボード張り				
							クロス張り				
							床仕上げ張り				

　市街地での事務所ビルの建設工事における右に示す工程表に関し、次の1.から3.の問いに答えなさい。なお、**解答の旬日は、上旬、中旬、下旬で記述**しなさい。

［工事概要］

用　　　　途：事務所

構造・規模：地下1階、地上6階、延べ面積 3,000㎡

　　　　　　地下は鉄筋コンクリート造、地上は鉄骨造

基　　　　礎：直接基礎（べた基礎）

山　留　め：親杭横矢板水平切梁工法とし、親杭は引き抜かない。

　　　　　　山留め壁は、地下外周壁の外型枠を兼用する。

鉄骨工事：建方は、建物外周の2方向から行う。

外部仕上げ：屋根は、アスファルト防水のうえ、保護コンクリート直均し仕上げ

　　　　　　外壁2面は、方立方式のメタルカーテンウォール

　　　　　　他の2面は、ALCパネル張りのうえ、複層仕上げ塗材仕上げ

1．表中の土工事のA及び鉄骨工事のBに該当する作業名をあげなさい。

2．作業の終了日が工程上**最も不適当な作業名**を表の中より選び、適当な工程となるように、その**終了日**を月次と旬日で定めなさい。

3．鉄骨工事における**梁上の頭付きスタッドの溶接**の作業工程は、未記入となっている。適当な工程となるように、溶接作業の**開始日**及び**終了日**の期日を月次と旬日で定めなさい。

月次 / 工種	1	2	3	4	5	6	7	8	9	10	11	12
	着工 ▽		地下躯体完了 ▽				躯体完了 ▽			受電 ▽	竣工 ▽	
仮設工事	準備 ━					ロングスパンエレベーター ━━━━ ALC面外部足場 ━━━━		ゴンドラ足場 ━━			清掃 ━	
土工事	**A** 切梁架け ━ 1次根切 ▪ 2次根切 ▪		切梁解体 ▪									
地業工事		砂利地業 ▪										
鉄筋・型枠・コンクリート工事	捨コンクリート ▪	基礎耐圧盤 ▪	地中梁・B1F床 ▪ B1F立上り・1F床 ▪	1F柱脚 ▪		2F床 4F床 6F床 PH・パラペット ▪▪▪▪ 3F床 5F床 RF床 ▪▪▪		保護コンクリート ▪				
鉄骨工事			アンカーボルト設置 ▪	鉄骨建方（歪み直し共）━━	デッキプレート敷き ━ 本締め ▪	**B** ━						
防水工事						伸縮目地入れ ▪ 屋根アスファルト防水 ━ 外部シーリング ━━━						
ALCパネル工事						ALCパネル取付け ━━ 複層仕上げ塗材仕上げ ━━						
外部金属建具工事						外部サッシ取付け（ガラス取付け共）━━						
カーテンウォール工事						カーテンウォール取付け（ガラス取付け共）━━						
金属工事							壁・天井軽量鉄骨下地組み ━━ アルミ笠木取付け ━					
内部金属建具工事							内部建具枠取付け ━━ 扉取付け ━					
内装工事							天井ボード張り ━━ 壁ボード張り ━━		床仕上げ張り ━━			
塗装工事								塗装仕上げ ━━				
外構工事									舗装・植栽 ━			
エレベーター工事								据付工事 ━	仮設使用 ▪▪▪▪▪▪▪			
設備工事		━━━━━━━━━━ 電気・給排水衛生・空調・他 ━━━━━━━━━━										
検査						中間検査 ▪	消防中間検査 ▪	ELV労基署検査 ▪			完了検査 ▪	

1	A：山留め親杭打ち　B：耐火被覆
2	最も不適当な作業名：**内部建具枠取付け**　終了日：**9月次中旬**
3	開始日：**6月次上旬**　終了日：**7月次上旬**

💡**解 説**

1. A：設問条件より山留め工法は「親杭横矢板工法」、土工事Aの後続作業は「1次根切」、その後「切梁架け」となっているため、Aに該当するのは「**山留め親杭打ち**」です。

B：鉄骨工事の最後に位置し、各階床コンクリートとラップしながら施工しているため、鉄骨工事のBに該当するのは「**耐火被覆**」です。

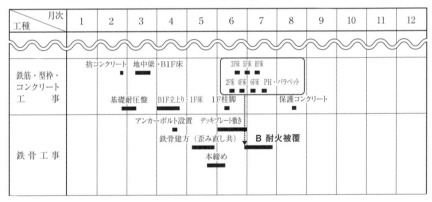

2. 「内部建具枠取付け」が「壁ボード張り」より先行していなければなりません。したがって、終了日が工程上最も不適当な作業名は「**内部建具枠取付け**」で、適当な工程となる終了日は**9月次中旬**です。

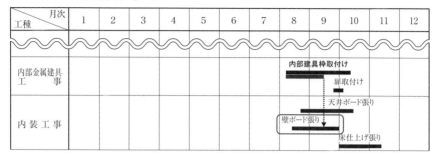

3. 鉄骨工事における「**梁上の頭付きスタッド溶接**」の作業工程は、各階の「デッキプレート敷き」の後続作業であるとともに、各階床コンクリートより先行しなければなりません。したがって、適当な作業工程は、開始日**6月次上旬**、終了日**7月次上旬**です。

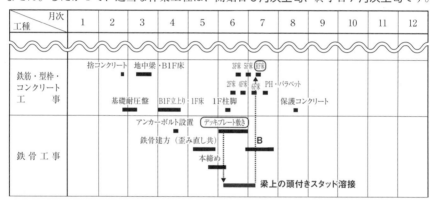

　市街地での事務所ビルの建設工事における右に示す工程表に関し、次の1.から3.の問いに答えなさい。

　なお、**解答の旬日は、上旬、中旬、下旬で記述しなさい。**

［工事概要］

用　　　途：事務所

構造・規模：鉄骨造　地上5階、地下1階　延べ面積3,200㎡

　　　　　　ただし、地下1階は鉄骨鉄筋コンクリート造とする。

基　　　礎：直接基礎（べた基礎）

山　留　め：ソイルセメント壁水平切梁工法とし、応力材の鋼材は引き抜かない。

　　　　　　山留め壁は、地下外周壁の外型枠として兼用する。

揚　　　重：鉄骨建方及びPCカーテンウォールの取付けは、クライミング式ジブクレーンで行う。

外部仕上げ：屋根はアスファルト防水のうえ、保護コンクリート直均し仕上げ、外壁のうち2面はスパンドレル方式の50角モザイクタイル打込みPCカーテンウォール、他の2面は工場で仕上げ済みのALCパネルとする。

1．工程表中の鉄骨工事のA及び内装工事のBに該当する作業名をあげなさい。

2．作業の終了日が工程上**最も不適当な作業名**を工程表の中より選び、適当な工程となるように、その**終了日を月次と旬日で定めなさい。**

3．建具工事における**2〜5F外部建具取付け**の作業工程は、未記入となっている。適当な工程となるように、その作業の**開始日及び終了日の期日を月次と旬日で定めなさい。**

工種＼月次	1	2	3	4	5	6	7	8	9	10	11	12
	着工▽				地下躯体完了▽		躯体完了▽			受電▽		竣工▽
仮設工事	準備					クライミング式ジブクレーン					片付け清掃	
						外部足場　ロングスパンエレベーター						
			乗入れ構台						仮設ゴンドラ			
土工事	山留め壁		切梁									
		1次掘削 2次掘削										
地業工事	砂利地業・捨てコンクリート											
鉄筋・型枠・コンクリート工事			地中梁・B1F床			2F床	4F床 RF床	揚重機開口閉鎖				
			耐圧盤	B1F立上り・1F床		3F床 5F床			保護コンクリート			
鉄骨工事			A B1F鉄骨建方・本締め									
				地上鉄骨建方・本締め								
				デッキプレート敷き・頭付きスタッド溶接								
					合成耐火被覆吹付け							
防水工事							屋根アスファルト防水					
							伸縮調整目地					
						外部シーリング(1)		外部シーリング(2)				
ALCパネル(外壁)工事						ALCパネル取付け						
PCカーテンウォール工事						PCカーテンウォール取付け						
建具工事								1F外部建具取付け				
						2〜5Fガラス取付け		1Fガラス取付け				
							内部建具・ガラス取付け共					
金属工事							壁・天井軽量鉄骨下地組み					
内装工事								壁ボード張り				
								天井ボード張り				
								内部壁紙張り				
									B		
塗装工事								塗装仕上げ				
外構工事									植栽・舗装工事			
エレベーター工事								据付工事 仮設使用				
設備工事		電気・給排水衛生・空調設備工事										
検査					中間検査		消防中間検査				完了検査	

1	A：アンカーボルト設置　B：床仕上げ張り
2	最も不適当な作業名：クライミング式ジブクレーン 終了日：8月次中旬
3	開始日：7月次下旬　終了日：8月次下旬

💡 解説

1. A：鉄骨工事Aは、鉄骨工事の最初に施工され、後続作業は、「B1F鉄骨建方」に
なっています。また、Aは「地中梁・B1F床」作業の最初の時期に施工されてい
ます。通常、鉄骨のアンカーボルトは、「耐圧盤」施工後、地中梁を配筋し始める
前にセットし、その後に地中梁の配筋を行います。したがって、鉄骨工事Aの作業
名は「アンカーボルト設置」です。

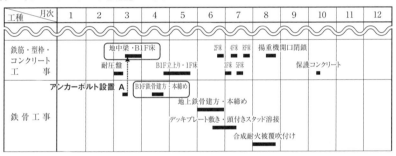

B：内装工事Bは、「天井ボード張り」及び「内部壁紙張り」が先行し、Bの作業の
後、ほどなく「片付け清掃」及び「完了検査」が行われています。このタイミング
（仕上げの最終工程）での内装工事の作業は「床仕上げ張り」です。

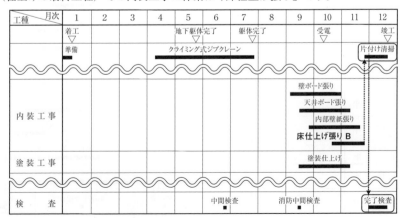

2. 「クライミング式ジブクレーン」は揚重対象物の設置が完了するまで設置しておく必要があるため、設問条件により「ＰＣカーテンウォール取付け」が完了する時期まで作業が必要です。また、クレーン解体後に「揚重機開口閉鎖」（鉄筋・型枠・コンクリート工事）を行う必要があります。したがって、作業の終了日が工程上最も不適当な作業は「**クライミング式ジブクレーン**」で、終了日は 8 月次中旬です。

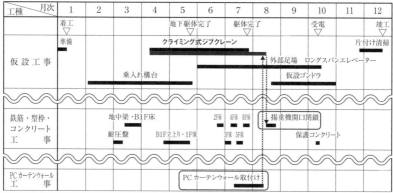

3. 「外部建具取付け」の作業工程は、スパンドレルタイプのＰＣカーテンウォールの後続作業で、「ガラス取付け」より先行する必要があります。したがって、「**建具工事における 2〜5Ｆ外部建具取付け**」作業の**開始日は 7 月次下旬、終了日は 8 月次下旬**です。

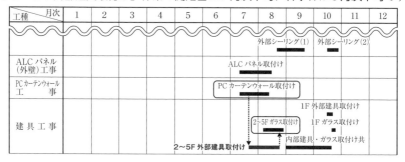

PART 4

躯体施工

PART 4　躯体施工

1　出題の概要

　これまで本試験では、1年おきに「躯体施工」と「仕上施工」の出題形式が入れ替わりながら出題されてきました。たとえば、令和3年度は「躯体施工」が記述形式、「仕上施工」が択一形式でしたが、令和4年度では「躯体施工」が択一形式、「仕上施工」は記述形式になっています。また出題順も、従来は「躯体施工」➡「仕上施工」という順番でしたが、令和4年度では「仕上施工」➡「躯体施工」の順番になりました。「躯体施工」と「仕上施工」については、今後も形式や順序が入れ替わりながら出題されることが予想されます。

PART 4「躯体施工」、PART 5「仕上施工」の記述形式の出題内容

平成24年度／仕上施工	平成25年度／躯体施工	平成26年度／仕上施工	平成27年度／躯体施工
アルミサッシのシーリングの納まり	アースドリル工法	金属製重ね形折板葺	アースドリル工法
タイルの密着張り	鉄筋の組立て	防水形合成樹脂エマルション系複層仕上塗材	床型枠用鋼製デッキプレート
軽量鉄骨下地	型枠支保工のパイプサポート	（複合）フローリングの釘留め工法	コンクリートの調合ひび割れ防止
ビニル床シート	鉄骨建て方の仮ボルト	せっこうボード下地に壁紙を直張り	鉄骨のアークスタッド溶接
平成28年度／仕上施工	平成29年度／躯体施工	平成30年度／仕上施工	令和元年度／躯体施工
アスファルト防水保護層	既製コンクリート杭の埋込み工法	アスファルト防水	山留め支保工と地盤アンカー
セルフレベリング材塗り	鉄筋　バーサポート又はスペーサー	合成樹脂エマルション系仕上塗材	鉄筋の組立
有機質接着剤張り	コンクリート　コールドジョイント発生防止	パラペット天端のアルミニウム製笠木	コンクリートの打込み
ロックウール化粧吸音板張り工事	鉄骨　吹付けロックウール（乾式・半乾式）工法	小口タイルの改良圧着張り	鉄骨の建入れ直し

令和2年度／仕上施工	令和3年度／躯体施工	令和4年度／仕上施工	令和5年度／躯体施工
有機系接着剤を用いて外壁タイル張り	既製杭の埋込み工法	屋根保護防水断熱工法	山留め　鋼製切梁工法の支保工
金属製折板屋根葺	型枠の加工・組立て	木製フローリングの釘止め	鉄筋　バーサポート又はスペーサー
天井せっこうボードにロックウール化粧吸音板張り	コンクリートの打込みと養生	外装合成樹脂エマルション系薄付け仕上塗材	床型枠用鋼製デッキプレート
断熱工事の吹付け硬質ウレタンフォームの吹付け	トルシア形高力ボルトの締付け	外壁に取り付ける鋼製建具	コンクリートの打込み

2 過去12年の出題テーマ

【注】Hは平成、Rは令和を示しています。また〝タ〟は択一形式、〝キ〟は記述形式を表しています。

テーマ	出題項目	H24	H25	H26	H27	H28	H29	H30	R1	R2	R3	R4	R5
テーマ1 土工事	平板載荷試験							タ				タ	
	根切り掘削			タ		タ	タ					タ	
	地下水の排水	タ							タ				
	山留め支保工								キ				キ
テーマ2 基礎・地業工事	既製コンクリート杭の埋込み工法						キ			タ	キ		
	場所打ちオールケーシング工法			タ				タ			タ		
	アースドリル工法	タ	キ		キ	タ							
テーマ3 鉄筋工事	鉄筋の継手・組立て		キ					タ	キ	タ			
	鉄筋のガス圧接	タ		タ		タ		タ				タ	
	バーサポート・スペーサーの位置						キ						キ
テーマ4 型枠工事	型枠・型枠支保工　パイプサポート		キ	タ				タ		タ	キ	タ	
	型枠　コンクリートの側圧					タ						タ	
	デッキプレート				キ								キ
テーマ5 コンクリート工事	コンクリートの調合				キ								
	レディーミクストコンクリート	タ		タ									
	コンクリートの打込み・養生	タ		タ		タ		タ	キ	タ	キ	タ	キ
	コールドジョイントの発生防止						キ						
テーマ6 鉄骨工事	鉄骨の溶接			タ					タ				
	仮ボルトの締付け		キ										
	建入れ直し								キ				
	高力ボルト	タ			タ					タ	キ		
	スタッド溶接	タ			キ	タ		タ				タ	
	耐火被覆の吹付けロックウール						キ						
テーマ7 安全・クレーン等	現場の安全管理			タ									
	吊り足場									タ			
	クレーンの種類	タ				タ							

過去12年の「**躯体施工**」の出題を区分すると、左表のようになります。このような傾向から、令和6年度の「躯体施工」は、択一形式での出題が予想されます。また「躯体施工」は、杭、山留め、鉄筋、型枠、コンクリート、鉄骨などの出題が多く、「仕上施工」に比べ、取り組みやすいといえます。

テーマ 1　土工事

　令和元年度に〝地盤アンカー〟が出題されているものの、記述形式の出題は少なく、択一形式への対応がメインとなります。以下の基本事項についてを確実に押さえ、必要に応じて『わかって合格る1級建築施工管理技士基本テキスト』も参照しましょう。なお、少なくとも「親杭横矢板工法における横矢板」及び「地盤アンカー工法」については記述形式にも対応できるようにしてください。

1 平板載荷試験 　過 H30・R4 択一

　地盤に載荷板（直径30cmの円形の鋼板）を設置して垂直荷重を与え、載荷圧力、載荷時間及び載荷板の沈下量を測定し、地盤の変形及び支持力特性（地耐力）などを調べるための試験です。

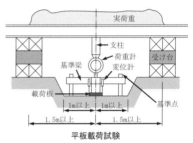

平板載荷試験

❶ 試験は、基礎の設計段階で行われることはまれで、直接基礎の床付け面の支持力特性を調査する目的で、一般に根切り工事後に行います。

❷ 試験地盤は、載荷板の中心から半径1m（載荷板直径×3倍）以上の範囲を水平に整地します。

❸ 平板載荷試験による支持力特性の調査範囲は、載荷板の直径（30cm）の1.5～2倍程度（45～60cm程度）の深さの地盤が対象となります。

❹ 地盤が、れきの場合、れきの最大径が載荷板直径の$\frac{1}{5}$程度となる載荷板とします。

❺ 目的が設計荷重を確認することにある場合、計画最大荷重は長期設計荷重の3倍以上とします。

② 掘削・床付け・排水

【1】掘削（根切り）

基礎、地下部分を構築するために、地盤を掘削することを「根切り」といいます。

❶ 根切り工事の計画

根切り工事では、掘削と山留め支保工の架設がバランスよく、かつ、タイミングよく行うことが大切です。

➡ 山留めの平面形状が細長い長方形の根切り工事において、切りばり架構を設置した後、根切り平面の**中央部から両側へ向かってバランスよく掘削**します。

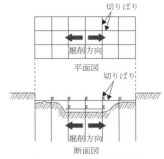

バランスのとれた掘削方法

❷ 掘削によって発生する建設発生土

● コンクリート破片などが混入する場合、全体を産業廃棄物とみなされることがあります。

● 含水比の高い砂質土や軟弱な粘性土は、産業廃棄物に分類される「汚泥」とみなされることがあるので、適切に処理します。

【2】床付け 過 H28・R4 択一

床付けとは、所定の深さまで掘削し、砂利敷きや捨てコンクリートの打設ができる状態にすることです。床付け面に達したら、所定の地層であることを確認し、工事監理者の検査を受けます。

❶ 床付け面を乱すと地盤の支持力が低下するため、極力乱してはいけません。

● 床付け面上30～50cmの土を残して、残りを手掘りとするか、ショベルの刃を平板状のものに替えて掘削します。

● 床付け面を乱してしまった場合

れき・砂質土 ➡ **ローラー等による転圧や締固め**

粘性土 ➡ **良質土への置換・セメントや石灰などによる地盤改良**

❷ 床付け面が凍結した場合は、凍結部分は良質土と置換します。

❸ 杭間ざらいにおいて、杭間地盤の掘りすぎや、かき乱しは**杭の水平抵抗力**に悪影響を与えるので行ってはいけません。また、杭体に損傷を与えないように注意して作業します。

【3】根切り工事における異状現象 H26・30択一

代表的な異状現象には、ヒービング、ボイリング、盤ぶくれがあります。どのような地盤で、どのような現象が生じるか、原因は何かを押さえておきましょう。

❶ ヒービング

軟弱な粘性土地盤を掘削するとき、山留め壁の背面土の重量によって掘削した根切り底の内部に滑り破壊が生じ、底面が押し上げられて、ふくれ上がる現象を「ヒービング」といいます。

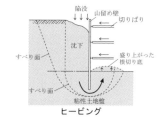

ヒービング

> **POINT**
>
> **ヒービング**
>
> 〔発生原因〕山留め壁の背面土重量＋軟弱粘性土地盤
> 〔対　　策〕・背面地盤のすき取り、高低差をなくす。
> 　　　　　　・山留めを強固な地盤まで延ばす。
> 　　　　　　・根切り面で地盤改良する。

❷ ボイリング

山留め壁の背面側と根切り側の地下水位の水位差によって、根切り底面付近に上向きの水流が生じ、**砂粒子が水中で浮遊する状態**になることがあります。この状態を「**クイックサンド**」といいます。

さらに、上向きの水流により、**砂が沸騰したように掘削底内に噴出し吹き上げ**、掘削底面が破壊される現象を「**ボイリング**」といいます。また、山留め壁の近傍や支柱杭の表面などの**砂地盤中の弱いところ**などに、地下水流によって局部的に浸食されてパイプ状の水みちができる現象を「**パイピング**」と呼びます。

ボイリング

クイックサンド、ボイリング、パイピングはきちんと区別して覚えましょう。

❸ 盤ぶくれ

掘削底面の下方に不透水性または難透水性
の土層があり、さらにその下に被圧地下水を
有する帯水層がある場合、被圧帯水層からの
揚圧力（水圧）によって、掘削底面の不透水
性の土層がもち上がる現象を「盤ぶくれ」と
いいます。

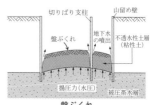

盤ぶくれ

なお、よく似た現象に「**リバウンド**」がありますが、原因が違うので混同し
ないように注意します。リバウンドは、掘削に伴い土被り重量が喪失されて
応力が解放されることに伴い、掘削底面や周囲地盤がふくれ上がる現象です。

【4】地下水の排水 過 H24・R2 択一

　排水工法は、地下水の揚水によって水位を必要な位置まで低下させる工法で、
地下水位の低下量は揚水量や地盤の透水性によって決まります。

❶ 地盤（土）の透水性

　排水工法は、ポンプなどで揚水して地下水位を下げる工法であるため、粒子
の細かすぎる土質には適しません。通常、排水工法による地下水処理は、**透
水係数が10^{-4}cm/s 程度より大きい地盤**に適用します。

PART
4
躯体施工

1

土工事

透水係数 (cm/s)	10^2	10	1.0	10^{-1}	10^{-2}	10^{-3}	$\mathbf{10^{-4}}$	10^{-5}	10^{-6}	10^{-7}	10^{-8}	10^{-9}
	排水工法 ○						排水工法 ×					
透水性	大きい			中 位		小さい		非常に小さい		不透水		
土の種類	きれいな れき		きれいな砂、 きれいな砂とれき の混合土			微細砂、シルト、砂・ シルト・粘土の混合土、 層状粘土など				「不透水性」の土、 均質な粘土		

土の透水性

❷ 釜場工法

- 根切り部へ浸透・流水してきた水を「釜場」と呼ばれる集水場所に集め、ポンプで排水を行うもので、最も容易で安価な工法です。

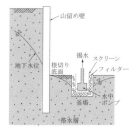

- 根切り底面より、直径、深さとも **1m程度**の穴を掘って釜場をつくり、ポンプを入れて排水する**重力式排水工法**の一つで、根切り底にたまる雨水の排水に適しています。

釜場工法

- 湧水に対して安定性の低い地盤では、**ボイリング**を発生させるおそれがあるため適しません。

❸ ディープウェル（深井戸）工法

- 直径400〜1,000㎜程度の孔を掘削後、スクリーン付きの井戸管を挿入し、ポンプで地下水を排水する工法です。

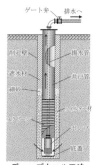

- **砂層や砂れき層**など、**透水性のよい地盤**に適します。
- 1本当たりの揚水量が多い。
  - ➡ 必要揚水量が多い場合に適します。
- **深い帯水層**からも排水できます。
- 周辺の地下水位を低下させ、井戸涸れや地盤沈下などが生じるおそれがあります。

ディープウェル工法

- ケーシング内の水位は、周辺地盤の地下水位よりも大きく低下している場合が多いので、ケーシング内水位を地下水位と混同してはいけません。

KEY WORD 〉砂層、砂れき層、深い帯水層、揚水量が多い

❹ ウェルポイント工法

● 根切り部に沿って、ウェルポイントを多数設置し、真空吸引して排水する工法です。

● 透水性の高い地盤から、比較的透水性の低い地盤まで適用できます（砂れき層には不適）。

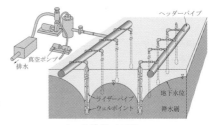

ウェルポイント工法

● 根切り部全体の水位を下げるために用います。

● 有効深さは4～6m程度までです。

> KEY WORD 砂れき層 ➡ 不適、透水性の低い地盤に適用可（有効深さ4～6m）、ウェルポイントを多数設置、真空吸引

③ 山留め壁

【1】 親杭横矢板壁

H形鋼などの「親杭」を一定間隔で地中に打ち込み、掘削に伴ってその親杭の間に「横矢板（木材など）」を挿入して築造する山留め壁です。

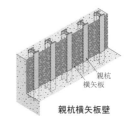

親杭横矢板壁

❶ 遮水性がないため、水位が高い場合、地下水処理を併用します。

❷ 硬い地盤、砂れき地盤などにも施工可能で、横矢板を設置するまでに掘削面が崩壊するような軟弱な地盤への適用はできません。

❸ 横矢板は掘削後すみやかに設置し、その裏側には裏込め材を十分に充填し、打音等で確認します。

❹ 横矢板が親杭フランジから脱落しないように、桟木などを矢板両側に釘で止めます。

❺ 自立性の低い砂質地盤の場合、親杭と横矢板との間にくさびを打ち込み、矢板を裏込め材に押し付けるようにして、裏込め材を締め付けて安定を図ります。

❻ 矢板の両端を親杭に30～50mmほどかかる長さで切断し、矢板が外れない

ように設置します。

横矢板にコケが生えていると、しっかりと裏込めが行われている、よい仕事だとわかります。

❼ 裏込め材を充填後、矢板が親杭からずれて外れるのを防止するため、桟木等を矢板両側に釘で止めます。

❽ 親杭をプレボーリングにより設置する場合、受働抵抗を十分に発揮させて水平方向の変形を抑制するために、**親杭の根入れ部分はセメントベントナイト液の注入**を行い、根入れ部分より上の親杭まわりの空隙は良質な砂等で埋戻しを行います。

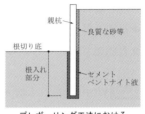

プレボーリング工法における
親杭まわりの埋戻し

【2】鋼矢板壁

U形などの断面形状の「**鋼矢板（シートパイル）**」を、継手部をかみ合わせながら連続して地中に打ち込んで築造する山留め壁です。

● 遮水性があるので、**地下水位の高い地盤や軟弱地盤**に用いられます。

● れき層などの硬質地盤には、鋼矢板を打ち込めない場合があります。

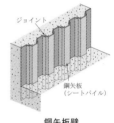

鋼矢板壁

【3】ソイルセメント壁

掘削撹拌機などを用いて、地盤の**土とセメント系注入液**（セメントと水を練り混ぜたミルク状の液体）を**混合撹拌**してソイルセメント壁を造成した後、芯材（H形鋼・I形鋼等）を挿入し、連続して築造する山留め壁です。

● 地下水位が高い地盤や軟弱な地盤に用いられます。

● 遮水性に優れ、**剛性の高い山留め壁**を構築できます。

● 多軸機を用いる場合、エレメント間の連続性・遮水性を確保するために、エ

ソイルセメント壁

レメントの両端部分をラップして施工します。

● 粘性土の場合は、砂質土と比較して掘削撹拌速度を遅くします。

● 掘削対象土がローム（火山灰質粘性土）などの粘りの強い土の場合には撹拌不良になりやすいため、入念に混合撹拌を行います。

● 応力材は、付着した泥土やごみを落とし、建込み定規に差し込み、垂直性を確認しながら、所定深度まで精度よく挿入します。

● ミルク（注入液）の圧縮強度は、一般的に地盤が粗粒土になるほど大きくなります。

> 中〜大規模工事においてよく採用されます。特徴と施工上の留意点をしっかり押さえてください。

4 山留め支保工—水平切りばり工法 過 R5 記述

水平切りばり工法は、山留め壁からの側圧を、腹起し、火打ち、切りばりなどの主に鋼製の山留め支保工で支持し、根切りを進める工法で、施工実績も多く最も一般的な工法です。腹起し、切りばりは、各段階の掘削の終了後すみやかに設置し、山留めが不安定な期間を短くします。

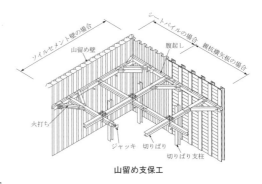

山留め支保工

【1】使用する仮設部材

❶ 腹起し

山留め壁の変形を防ぐ補強材として、山留め壁面に沿って水平に配置し、側圧を直接受け、切りばりに伝えるための水平部材です。

❷ 切りばり

向かい合った腹起し間に設け、山留め壁が倒れてこないように支える水平部材です。平面的には一般に格子状に設置します。

❸ 支柱（切りばり支柱）

切りばりの自重を支え、切りばりの座屈を防止するための鉛直部材です。

❹ 火打ち

側圧を切りばりや腹起しに伝える斜めの部材です。

【2】腹起し 過R5記述

❶ 原則として**連続**して設置します。

❷ 腹起し自重及び切りばりの分担荷重を、ブラケットで支持します。なお、**仮設地盤アンカー**を用いるときは、その**鉛直分力も考慮**します。

❸ 継手は、曲げ応力の小さい位置に設けます（火打ちばりと切りばりの間や切りばりの近く）。

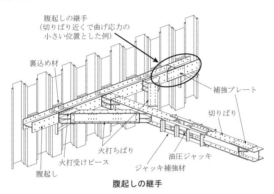

腹起しの継手

【3】切りばり：継手（接合部） 過R5記述

❶ 継手は切りばり支柱間（切りばり交差部間）に2カ所以上設けないようにします。

❷ 同一方向の継手は、同じ位置に並ばないよう配慮します。

❸ 継手位置は、できる限り**切りばり交差部の近く**に設けます。

❹ 接合部が変形している場合は、端部の隙間に**ライナー**などを挿入し、**切りばりの軸線が直線**になるように連結します。

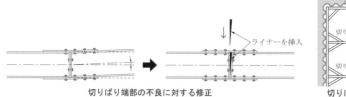

切りばり端部の不良に対する修正

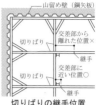

切りばりの継手位置

【4】 プレロード工法

プレロード工法は、切りばり架設時に、切りばりに設置した油圧ジャッキで
あらかじめ圧力をかけて山留め壁を外側へ押し付け、**山留め壁の変形や応力を
小さく抑える**工法です。プレロードは設計軸力の50〜80％程度加えます。

❶ 油圧ジャッキは、原則、中央部分に「千
鳥に配置」します。

❷ 切りばり交差部の金物（締付けボルトな
ど）は「**緩めた状態**」で加圧するため、切
りばりが蛇行しないように「**ずれ止め**」
を設けます。このずれ止めは、長辺、短
辺の**2方向に分けて（2度に分けて）**取り付けます。

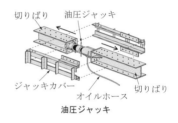

油圧ジャッキ

❸ 大荷重でプレロードを行う場合は、架構全体のバランスを崩さないよう
に、**同一方向のプレロードは、なるべく同時に**行います。

【5】 斜め切りばり

❶ 切りばり軸力の**鉛直分力**が作用するため、
受けブラケットに加えて、**押さえブラケッ
ト**を取り付け、反対側は十分な剛性を有す
る控え杭や躯体で受けます。

❷ 腹起しには**スチフナー補強**を行い、ウェブ
の**局部座屈**やフランジの曲がりを防止しま
す。

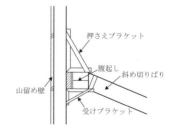

❸ **控え杭**で受ける場合は、プレロードの導入により控え杭に荷重を与え、根

切り後の**変位量を低減**させます。ただし、軟弱地盤では控え杭の変位量が大きくなるため、躯体で受けるようにします。

5 地盤アンカー工法（仮設地盤アンカー工法） 過R1 記述

背面の安定した地盤にアンカー定着体を打ち込み、側圧を**地盤アンカーで支える工法**です。

❶ 切りばりが不要なので、大型機械を使用でき、作業性がよくなります。

❷ **不整形な掘削平面**の場合、敷地の高低差が大きく**片側土圧（偏土圧）**が作用する場合、掘削面積が大きい場合などに有効です。

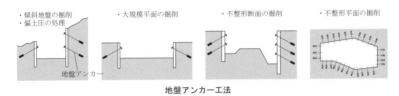

・傾斜地盤の掘削　　　・大規模平面の掘削　　　・不整形断面の掘削　　　・不整形平面の掘削
・偏土圧の処理

地盤アンカー

地盤アンカー工法

❸ 背面地盤がアンカー引張力に耐えうる地盤であることを確実に確認します。

❹ セメントミルクの**加圧注入**は、「引張材とセメントミルク」及び「セメントミルクと地盤」のそれぞれの密着性を高める効果があります。

❺ 引張材の緊張

● 注入材（セメントミルク）が**所定の強度に達した後**に行います。

● 隣り合う地盤アンカー数本を、順を追って段階的に緊張します。

● 引抜き耐力は、**設計アンカー力の1.1倍以上**あることを**全数確認**します。

❻ 引張材は、緊張・定着装置を取り付けるために1〜1.5m程度の余長を確保して切断します。

❼ 定着体が敷地外に出るときは、隣地所有者や道路管理者の承認を受けた上で採用します。

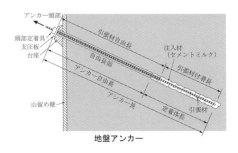

地盤アンカー

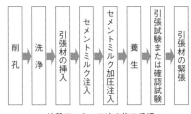

地盤アンカー工法の施工手順

地盤アンカー工法は、二次検定ではよく出題されます。数値も含めてしっかり押さえましょう。

本試験問題

次の記述において、記述ごとの①から③の下線部の語句のうち**最も不適当な**箇所番号を1つあげ、**適当な語句を記入しなさい。**

2. 地下水処理工法におけるディープウェル工法やウェルポイント工法などの排水工法は、地下水の揚水によって水位を必要な位置まで低下させる工法であり、地下水位の低下量は、揚水量や地盤の透水性によって決まる。
   ①   ②

必要揚水量が非常に多い場合、対象とする帯水層が深い場合や帯水層が砂礫層である場合には、ウェルポイント工法が採用される。
                              ③

....

次の記述において、記述ごとの①から③の下線部の語句のうち**最も不適当な**箇所番号を1つあげ、**適当な語句を記入しなさい。**

2. 根切り工事において、掘削底面付近の砂質地盤に上向きの浸透流が生じ、この水の浸透力が砂の水中での有効重量より大きくなり、砂粒子が水中で浮遊する状態をクイックサンドという。クイックサンドが発生し、沸騰したような状態でその付近の地盤が崩壊する現象をボイリングという。
   ①   ①   ②

掘削底面やその直下に難透水層があり、その下にある被圧地下水により掘削底面が持ち上がる現象をヒービングという。
                                    ③

③ ディープウェル工法

解説

地下水の排水工法は、地下水の揚水によって水位を必要な位置まで低下させる工法で、地下水位の低下量は**揚水量**や**地盤の透水性**によって決まります。揚水量が多く、帯水層が深い砂れき層に有効な工法は、ディープウェル工法です。ウェルポイント工法は、真空吸引して排水する工法で、透水性の高い地盤から低い地盤まで適用できます（砂れき層には不適）が、有効深さは4～6m程度までです。

③ 盤ぶくれ

解説

掘削底面の下方に不透水性または難透水性の土層があり、さらにその下に被圧地下水を有する帯水層がある場合に、被圧帯水層からの揚圧力（水圧）によって、掘削底面の不透水性の土層がもち上がる現象は「盤ぶくれ」といいます。

「ボイリング」原因：地下水の水位差に起因する上向き水流

「ヒービング」原因：山留め壁の背面土重量＋軟弱粘性土地盤

「盤ぶくれ」　原因：被圧帯水層からの揚圧力（水圧）

PART
4
躯体施工

1

土工事

次の記述において、記述ごとの①から③の下線部の語句又は数値のうち最も不適当な箇所番号を1つあげ、適当な語句又は数値を記入しなさい。

2. 根切りにおいて、床付け面を乱さないため、機械式掘削では、通常床付け面上30〜50cmの土を残して、残りを手掘りとするか、ショベルの刃を爪状の
①
ものに替えて掘削する。

床付け面を乱してしまった場合は、粘性土であれば礫や砂質土などの良質土に置換するか、セメントや石灰などによる地盤改良を行う。
②   ③

次の記述において、記述ごとの①から③の下線部の語句又は数値のうち最も不適当な箇所番号を1つあげ、適当な語句又は数値を記入しなさい。

1. 平板載荷試験は、地盤の変形や強さなどの支持力特性を直接把握するために実施される。

試験地盤に礫が混入する場合には、礫の最大直径が載荷板直径の$\frac{1}{3}$程度を
①
目安とし、この条件を満たさない場合は大型の載荷板を用いることが望ましい。

試験地盤は、半無限の表面を持つと見なせるよう載荷板の中心から載荷板直径の3倍以上の範囲を水平に整地する。
②
また、計画最大荷重の値は、試験の目的が設計荷重を確認することにある場合は、長期設計荷重の3倍以上に設定する必要がある。
③

① 平板状

💡 解 説

　床付け面を乱さないためには、平板状の刃で掘削する必要があります。

　床付け面を乱してしまった場合、粘性土の場合は、良質土へ置換もしくはセメントや石灰などによる**地盤改良**を行います。れき・砂質土の場合は、ローラー等による**転圧**や**締固め**を行います。

. . . .

① $\dfrac{1}{5}$

💡 解 説

　対象地盤の土粒子の大きさと載荷板の大きさのバランスが悪いと正確な測定ができないため、れきの最大径が載荷盤直径の$\dfrac{1}{5}$程度を目安とします。なお、試験地盤は、載荷板の中心から半径1m（載荷板直径×3倍）以上の範囲を**水平**に**整地**します。目的が設計荷重を確認することにある場合、計画最大荷重は長期設計荷重の**3倍以上**とします。

PART
4
躯体施工

1

土工事

次の記述において、記述ごとの①から③の下線部の語句又は数値のうち最も不適当な箇所番号を1つあげ、適当な語句又は数値を記入しなさい。

2．根切り工事において、掘削底面付近の砂質地盤に上向きの浸透流が生じ、この水の浸透力が砂の水中での有効重量より大きくなり、砂粒子が水中で浮遊する状態を<u>クイックサンド</u>という。<u>クイックサンド</u>が発生し、沸騰したような状態でその付近の地盤が崩壊する現象を<u>ボイリング</u>という。
①　　　　　　　　　　　　　　①　　　　　　　　　　　　　　　　②

また、掘削底面やその直下に難透水層があり、その下にある被圧地下水により掘削底面が持ち上がる現象を<u>ヒービング</u>という。
③

⋯⋯⋯⋯⋯⋯⋯⋯⋯⋯⋯⋯⋯⋯⋯⋯⋯⋯⋯⋯⋯⋯⋯⋯⋯⋯⋯⋯⋯⋯⋯⋯⋯⋯⋯⋯⋯⋯⋯

次の記述において、記述ごとの①から③の下線部の語句又は数値のうち最も不適当な箇所番号を1つあげ、適当な語句又は数値を記入しなさい。

2．地下水処理における排水工法は、地下水の揚水によって水位を必要な位置まで低下させる工法であり、地下水位の低下量は揚水量や地盤の<u>透水性</u>によって決まる。
①

必要揚水量が非常に<u>多い</u>場合、対象とする帯水層が深い場合や帯水層が砂礫層である場合には、<u>ウェルポイント</u>工法が採用される。
②　　　　　　　　　　　　　　　　　　　　　　　　　　③

③ 盤ぶくれ

解 説

掘削底面の下方に不透水性または難透水性の土層があり、さらにその下に被圧地下水を有する帯水層がある場合に、被圧帯水層からの揚圧力（水圧）によって、掘削底面の不透水性の土層がもち上がる現象は「盤ぶくれ」といいます。
「ボイリング」原因：地下水の水位差に起因する上向き水流
「ヒービング」原因：山留め壁の背面土重量＋軟弱粘性土地盤
「盤ぶくれ」 原因：被圧帯水層からの揚圧力（水圧）

③ ディープウェル

解 説

地下水の排水工法は、地下水の揚水によって水位を必要な位置まで低下させる工法で、地下水位の低下量は揚水量や地盤の透水性によって決まります。揚水量が多く、帯水層が深い砂れき層に有効な工法は、ディープウェル工法です。**ウェルポイント工法**は、真空吸引して排水する工法で、透水性の高い地盤から低い地盤まで適用できます（砂れき層には不適）が、有効深さは４〜６ｍ程度までです。

PART
4
躯体施工

1

土工事

次の記述において、 ☐ に当てはまる**最も適当な語句又は数値の組合せ**を、下の枠内から**1つ**選びなさい。

1. 地盤の平板載荷試験は、地盤の変形及び支持力特性を調べるための試験である。

試験は、直径 a cm以上の円形の鋼板にジャッキにより垂直荷重を与え、載荷圧力、載荷時間、 b を測定する。

また、試験結果により求められる支持力特性は、載荷板直径の1.5〜 c 倍程度の深さの地盤が対象となる。

	a	b	c
①	30	載荷係数	2.0
②	30	沈下量	2.0
③	20	載荷係数	3.0
④	20	沈下量	3.0
⑤	30	沈下量	3.0

② a－30　　b－沈下量　　c－2.0

解説

　平板載荷試験は、地盤に載荷板（直径30cmの円形の鋼板）を設置して垂直荷重を与え、この載荷圧力、載荷時間及び載荷板の沈下量を測定し、地盤の変形及び支持力特性（地耐力）などを調べるための試験です。載荷板の直径（30cm）の1.5～2倍程度（45～60cm程度）の深さの地盤が調査対象となります。

　次の記述において、_____に当てはまる**最も適当な語句又は数値の組合せ**を、下の枠内から**1つ**選びなさい。

2．根切りにおいて、床付け面を乱さないため、機械式掘削では、通常床付け面上30〜50cmの土を残して、残りを手掘りとするか、ショベルの刃を_____a_____のものに替えて掘削する。

　床付け面を乱してしまった場合は、礫や砂質土であれば_____b_____で締め固め、粘性土の場合は、良質土に置換するか、セメントや石灰等による地盤改良を行う。

　また、杭間地盤の掘り過ぎや掻き乱しは、杭の_____c_____抵抗力に悪影響を与えるので行ってはならない。

	a	b	c
①	平状	水締め	水平
②	爪状	水締め	鉛直
③	平状	転圧	水平
④	爪状	転圧	水平
⑤	平状	転圧	鉛直

　次の問いに答えなさい。

　解答はそれぞれ異なる内容の記述とし、材料の保管、作業環境（騒音、振動、気象条件等）及び作業員の安全に関する記述は除くものとする。

1．山留め支保工において、地盤アンカーを用いる場合の**施工上の留意事項**を**2つ**、具体的に記述しなさい。

　ただし、山留め壁に関する記述は除くものとする。

③ a－平状　　b－転圧　　c－水平

解説

　床付け面を乱さないためには、床付け面上30〜50㎝の土を残して、ショベルの刃を平板状のものに替えて掘削する必要があります。床付け面を乱してしまった場合、粘性土の場合は、良質土へ置換もしくはセメントや石灰などによる地盤改良を行います。れき・砂質土の場合は、ローラー等による転圧や締固めを行います。

PART
4
躯体施工

1

土工事

背面地盤がアンカー引張力に耐えうる良好な地盤であることを確実に確認する。

やむを得ず隣地境界からアンカーがはみ出る計画の場合は、事前に隣地所有者や関係者の了解を得る。

＜他の解答例＞

・引張材の緊張は注入材が所定の強度に達した後に行い、隣り合う地盤アンカー数本を順を追って段階的に緊張する。

・施工した地盤アンカーは、全数について確認検査を行い、引抜き耐力が設計アンカー力の1.1倍以上あることを確認する。

テーマ 2　基礎・地業工事

　既製杭では「セメントミルク工法」と全般の施工管理を押さえましょう。場所打ち杭では「アースドリル工法」「オールケーシング工法」が頻出です。記述タイプへの対応もしっかり準備してください。

1 セメントミルク工法（プレボーリング根固め工法・埋込み工法） <small>過 H29・R3 記述</small>

施工手順

ⅰ 安定液（掘削液）を注入しながらオーガーで所定の深さまで掘削します。

ⅱ 孔底に根固め液（セメントミルク）を注入します。

ⅲ 杭周固定液を充填しながらオーガーを引き上げます。

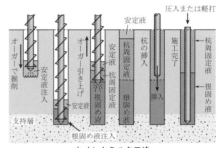

セメントミルク工法

ⅳ 孔に杭を建て込み、圧入または軽打し、支持層に定着させます。

POINT

❶ オーガーヘッドは、杭径＋100mm程度のものを使用します。

❷ プレボーリング工法では、負圧による孔壁崩壊を防止するために、オーガーの引上げはできる限りゆっくり行います。

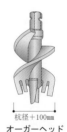

杭径＋100mm
オーガーヘッド

❸ オーガーの引抜きは正回転とし、逆回転させてはいけません。

❹ 根固め液は、杭の先端位置から注入し始め、安定液を押し上げるようにします。オーガーヘッドは、常に根固め液の上面以下に保ちます。また、オーガーヘッドは上下させてはいけません。

❺ 全杭、掘削機駆動用電動機の電流値又は積分電流値を記録します。

❻ 杭の設置深さ

● 支持層の掘削孔底の深さ：1.5m程度

● 支持層への杭の設置深さ：1m以上

● 余掘り量（掘削孔底の深さと杭の設置深さとの
差）：0.5m以下

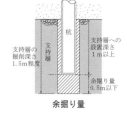

余掘り量

❼ 地下水に硬化を阻害する硫酸塩が含まれる場合、
化学的抵抗性の大きい「**高炉セメント**」を使用します。

❽ 杭の建込みは孔壁を削らないよう鉛直に行い、建て込み後、杭芯に合わせ
て保持し、**7日間程度**養生します。

❾ 先端閉塞杭の場合、杭の自重だけで埋設が困難な場合には、杭中空部に水
を入れます。

② 既製杭の施工管理

【1】 既製コンクリート杭の先端部の形状

既製コンクリート杭の場合、「閉塞形（へいそくがた）」と「開放形」があります。

● 打込み工法、セメントミルク工法 ➡ 閉塞形

● プレボーリング拡大根固め工法、中掘り工法 ➡ 開放形

【2】 保管・運搬

❶ 積込み・荷卸し時、杭の両端から杭の長さの
$\frac{1}{5}$の位置付近の2点で支持します。

❷ 現場で杭を仮置きする場合、地盤を水平に
ならし、まくら材を支持点として**1段**に並べ、
移動止めの**くさび**を施します。

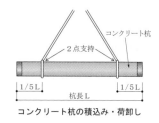

コンクリート杭の積込み・荷卸し

【3】 支持層の確認 過 H29 記述

❶ 試験杭

最初の**1本目**の本杭において、以下を確認して、支持層の確認及び管理基準
等を定めます。

- 掘削深さ、根固め液・杭周固定液の注入量、杭頭の高さ等
- アースオーガーの駆動用電動機の電流値及び積分電流値の変化
- アースオーガーの先端（オーガースクリュー）に付着している**土砂**（排出土）と**土質調査試料**及び**設計図書**との照合

❷ 本杭

掘削深度が支持地盤に近づいたら掘削速度を一定に保ち、**電流値又は積分電流値の変化**を測定し、管理基準等との照合により、**全ての杭**について**支持層の確認**を行います。

> 支持層の確認は、杭仕事において超重要事項です。

【4】 既製杭の施工精度　過 R2 択一

❶ 既製杭の施工精度の目安
- 水平精度（ずれ）：杭径の$\frac{1}{4}$以内、かつ、100mm以内
- 鉛直精度（傾斜）：$\frac{1}{100}$以内

杭の水平精度

❷ 施工精度は、下杭を設置した時点で決まるため、**杭の精度の修正**は「**下杭の段階**」で行います。

> 施工精度もよく出題されます。数値も必ず覚えましょう。

【5】 接合

❶ 下杭の**軸線**に合わせて上杭を建て込み後、接合します。下杭が傾斜しても、継手部分で修正してはいけません。

❷ 下杭の打残しは、接合が容易にできる地面から**1m**程度とします。

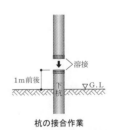

杭の接合作業

＜溶接継手＞

- 半自動又は自動アーク溶接とします。
- **仮付け溶接**は、点付け程度のものでなく、**40mm以上**の長さとし、**本溶接と同等の完全なもの**とします。
- **ルート間隔**は**4mm以下**、目違い（段差）は**2mm以下**とします。
- 余盛りは**3mm以下**とします。
- **強風時は溶接を行うことはできません**。適切な防護策があれば溶接可能です。
- 溶接は、JISによる**A-2H程度の有資格者**に作業をさせます。

機械式継手

＜機械式継手（無溶接継手）＞

- **機械式継手**は、継手部に接続金具を用いた方式です。

3 オールケーシング工法 　過 H26・30・R4 択一

オールケーシング工法は、掘削した孔壁の崩壊を防止するために、掘削孔の「**全長（オール）**」にわたり、「**ケーシングチューブ**」を揺動又は回転圧入し、土を**ハンマーグラブ**によってつかみ上げ、排土する工法です。

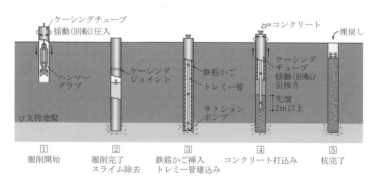

❶ ケーシングチューブの**初期の圧入精度**（GL-10m程度まで）によって、**以降の鉛直精度**が決まります。

❷ ケーシングチューブ内の掘削において、地盤がボイリングをおこしやすい砂又は砂れき層の場合、孔内水位を地下水位より高く保って掘削します。ヒービングをおこしやすい軟弱粘性土層の場合には、ケーシングチューブの先行量を多くします。

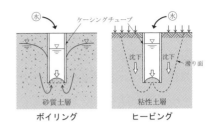

ボイリング　　　ヒービング

❸ 常水位以下に細砂層が5m以上ある場合、ケーシングチューブの外面を伝って下方に流れる水の浸透流や、揺動による振動によって、周囲の砂が締め固められて、ケーシングチューブが動かなくなることがあるので注意します。

❹ **スライム処理（孔底処理）**

スライムは確実に除去しなければいけません。スライム処理には、1次処理と2次処理があります。

スライム処理 ┬ 1次処理 ……掘削完了直後に行う処理
　　　　　　 └ 2次処理 ……鉄筋かご挿入後、コンクリート打込み直前に行う処理

スライム処理	孔内の状態	処理の方法
1次処理	ドライ掘削、孔内水位の低い場合	ハンマーグラブで静かに孔底処理
	孔内水位が高く、沈殿物が多い場合	ハンマーグラブで孔底処理後、さらに**スライムバケット（沈殿バケット）**で処理
2次処理	打設直前まで沈殿物が多い場合	水中ポンプなどによる吸上げ処理

4 アースドリル工法 　過 H24・28 択一、H27 記述

機体を水平に据え付け、ケリーバーの中心を杭心に正確に合わせ、アースドリル掘削機により、掘削孔が鉛直になるまでは慎重に掘削を行い、表層ケーシング（長さは表層地盤による。一般に3〜4m程度）を鉛直に建て込みます。その後、先端に取り付けたドリリングバケットを回転させ地盤を掘削する工法です。付属設備や機材等が少なく、効率的に作業ができ、地下水がなく、孔壁が自立する地盤では、安定液を用いない**無水掘り**も可能です。

孔壁保護は、地盤表層部については表層ケーシングにより、その下はベントナイトやCMCを主体とする安定液によりできるマッドケーキ（不透水膜）と水頭圧により保護します。なお、孔壁保護のため、安定液水位は地下水位より高く保たなければいけません。

※　水頭圧：水の圧力を高さで表した値。水位が高い位置にあるほど圧力は大きい。

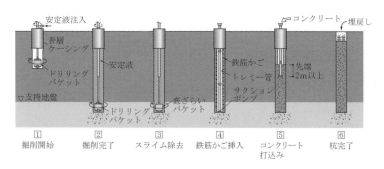

❶ 安定液の配合は、できるだけ「低粘性」「低比重」のものとします。
　➡「孔壁崩壊防止の機能」「コンクリートとの良好な置換性」を合わせもつ必要があります。
　➡ 安定液を繰り返し使用する場合は、ファンネル粘性、比重、砂分率、ろ過水量、ケーキ厚、pHなどを管理する必要があります。

❷ 支持地盤への到達は、ケリーバーの振れや掘削機の回転抵抗を参考にしつつ、「掘削深度」及び「排出される土」を柱状図及び土質試料と比較して判断します。

❸ 支持地盤への到達が確認されたら１次スライム処理を行った後、検測を行います。検測は検測テープにより４カ所以上で掘削深度を測定します。

❹ スライム処理
　１次スライム処理は、底ざらいバケットにより行います。底ざらいバケットの昇降は、孔壁を崩さないように緩やかに行います。鉄筋の建込み後、有害なスライムが残留している場合には、コンクリート打設直前に、２次スライム処理として水中ポンプ方式などにより除去します。

スライム処理	孔内の状態	処理の方法
1次処理	—	底ざらいバケットにより孔底処理
2次処理	打設直前まで沈殿物が多い場合	トレミー管を用いたサクションポンプや水中ポンプなどによる吸上げ処理

安定液とスライム処理は頻出です。しっかり覚えましょう。

5 場所打ち杭の施工管理

【1】鉄筋かご

❶ 鉄筋かごの組立て

● 主筋と帯筋は、鉄線で結束します。

● 主筋への点付け溶接を行うことはできません。

　➡ じん性や強度の低下、断面欠損などをおこすおそれがあります。

● 帯筋の継手は、10d以上の片面溶接（フレア溶接）とします。

● 補強リングは、断面欠損に注意して、主筋と堅固に溶接します。

❷ 鉄筋かごの長さの調整：杭長が設計図書と異なる場合、最下段の鉄筋かごで調整します。

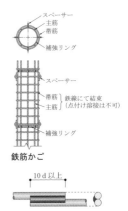

鉄筋かご

フレア溶接継手
（重ねアーク溶接継手）

❸ 鉄筋かごの接続：鉄筋かご相互を接続する場合は**重ね継手**とし、鉄線で緊結します。

主筋と帯筋	鉄線で結束。点付け溶接は行わない
帯筋の継手	片面10d以上のフレア溶接継手
補強リングと主筋	堅固に溶接
鉄筋かごの接続	重ね継手（上段と下段）

❹ 束ね鉄筋

　主筋相互の間隔が狭いとコンクリートの充填が悪くなるため、主筋の間隔は10cm以上を目安とし、狭い場合には主筋の径を太くするか、主筋を2本束ねて配置します（**束ね鉄筋**）。

❺ スペーサー

スペーサーは、3〜5mごとの同一深さに4カ所以上とします。一般にスペーサーは**帯鋼板（幅4.5mm×幅50mm程度の平鋼）**を用いますが、オールケーシング工法の場合は、鉄筋の共上がりが生じにくい**鉄筋13mm以上**とします。

【2】 コンクリート打設 過 H25 記述

❶ トレミー管

● コンクリートの打込みは**トレミー管**を用い、底部より泥水などを押し上げるように連続して打ち込みます。

● 引上げ時、**トレミー管の先端及びケーシングチューブの下端**はコンクリート中に**2m以上入った状態**を保持します。

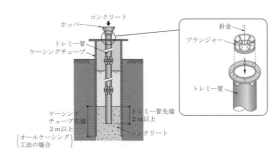

場所打ちコンクリート杭のコンクリート打設

❷ プランジャー

● 水中でコンクリートを打ち込む場合、打込みに先立ち**プランジャー**をトレミー管内へ挿入し、その上から打設します。

● コンクリートの分離とコンクリートへの孔内水の巻込みを防ぐことを目的とします。

❸ コンクリートの打上がり高さの測定：コンクリート運搬車の打終わりごと、また、ケーシングチューブ及びトレミー管の引抜き時に測定します。

> コンクリート打設は、各工法に共通する重要事項です。

【3】 近接する杭

連続では施工できません。

PART
4
躯体施工

2
基礎・地業工事

【4】余盛り

コンクリート打設時、泥水や不純物を上に押し上げながら打設するため、頂部には低品質のコンクリートが集まるので、その部分を**余盛り**とします。

	余盛り高さ
孔内に水がある場合	80 ～ 100cm程度
孔内に水がない場合	50cm以上

【5】埋戻し

コンクリート打設後、孔内への落下防止、地盤の崩壊防止のため、杭頭のコンクリートの初期硬化後（翌日以降）に、良質土で埋戻しを行います。

【6】杭頭の撤去　過 H21 記述

コンクリート硬化後、根切り底まで掘削し、**余盛り部分**をブレーカーなどではつり撤去し、杭頭高さを所定の位置にそろえます。この余盛りを除去する作業を**杭頭処理**といいます。
- 杭コンクリート打設から14日程度経過した後に行います。
- 杭鉄筋、杭本体を傷つけないように留意しながら、平らにはつり取り、所定の高さにそろえます。
- 設計図書に示された高さまで余盛り部分を除去しても不良部分が残る場合、不良部分を除去し、コンクリートを打ち直します。

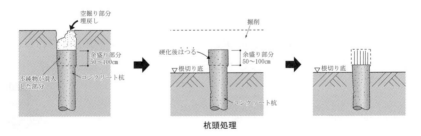

杭頭処理

MEMO

本試験問題

平成24年度 問題

次の記述において、記述ごとの①から③の下線部の語句のうち**最も不適当な**箇所番号を1つあげ、**適当な語句**を記入しなさい。

3．アースドリル工法は、アースドリル機のケリーバの先端に取り付けた<u>オーガー</u>を回転させることにより、杭孔を掘削する。
①

　一般に掘削孔壁の保護は、地盤表層部についてはケーシングにより、ケーシング下端以深は、<u>ベントナイト</u>やCMCを主体とする安定液によりできる
②
マッドケーキ（不透水膜）と<u>水頭圧</u>により保護する。
③

平成26年度 問題

次の記述において、記述ごとの①から③の下線部の語句のうち**最も不適当な**箇所番号を1つあげ、**適当な語句**を記入しなさい。

3．場所打ちコンクリート杭地業のオールケーシング工法において、掘削は<u>ドリリングバケット</u>を用いて行い、1次スライム処理は、孔内水が<u>多い場合</u>
①　　　　　　　　　　　　　　　　　　　　　　　　　　　　　　　　　　　　②
には、<u>沈殿バケット</u>を用いて処理し、コンクリート打込み直前までに沈殿物
③
が多い場合には、2次スライム処理を行う。

①	ドリリングバケット

💡解説

　オーガーで杭孔を掘削するのは既製杭のプレボーリング系の工法（セメントミルク工法など）で、アースドリル工法はドリリングバケットを回転させて掘削します。孔壁保護は、地盤表層部については表層ケーシングにより、それより深い孔壁はベントナイトやCMCを主体とする安定液によりできる**マッドケーキ（不透水膜）**と水頭圧により保護します。

①	ハンマーグラブ

💡解説

　オールケーシング工法は、掘削孔の「全長（オール）」にわたり**ケーシングチューブ**を揺動又は回転圧入し、ハンマーグラブで排土する工法です。

PART
4
躯体施工

2

基礎・地業工事

　次の記述において、記述ごとの①から③の下線部の語句又は数値のうち**最も不適当な箇所番号**を１つあげ、**適当な語句又は数値を記入しなさい。**

3．アースドリル工法は、アースドリル機の<u>クラウン</u>の中心を杭心に正確に合
　　　　　　　　　　　　　　　　　　　　　①
　わせ、機体を水平に据え付け、掘削孔が鉛直になるまでは慎重に掘削を行い、
　表層ケーシングを鉛直に立て込む。

　　一般に掘削孔壁の保護は、地盤表層部はケーシングにより、ケーシング下
　端以深は、<u>ベントナイト</u>やCMCを主体とする安定液によりできるマッドケー
　　　　　②
　キ（不透水膜）と<u>水頭圧</u>により保護する。
　　　　　　　　③

　次の記述において、記述ごとの①から③の下線部の語句又は数値のうち**最も不適当な箇所番号**を１つあげ、**適当な語句又は数値を記入しなさい。**

3．場所打ちコンクリート杭地業のオールケーシング工法における掘削
　は、<u>表層ケーシング</u>を搖動又は回転圧入し、土砂の崩壊を防ぎながら、
　　　　①
　<u>ハンマーグラブ</u>により掘削する。
　　②
　　常水面以下に細かい砂層が５m以上ある場合は、<u>表層ケーシング</u>の外面を
　　　　　　　　　　　　③　　　　　　　　　　　　　①
　伝って下方に流れる水の浸透流や搖動による振動によって、周囲の砂が締め
　固められ<u>表層ケーシング</u>が動かなくなることがあるので注意する。
　　　　　①
　　支持層の確認は、<u>ハンマーグラブ</u>でつかみ上げた土砂を土質柱状図及び土
　　　　　　　　　　②
　質資料と対比して行う。

① ケリーバー

解説

　アースドリル機は、ケリーバーの先端に**ドリリングバケット**を備えています。機体の据え付けに際し、ケリーバーの中心を杭心に正確に合わせてから慎重に掘削を開始します。

　設問の「クラウン」とは、杭工事などでは該当しない単語です。このように今まで見たことのない単語に惑わされることのないようにしてください。

....

① ケーシングチューブ

解説

　オールケーシング工法は、杭全長（オール）にケーシングチューブを揺動又は回転圧入し**ハンマーグラブ**で排土する工法です。**表層ケーシング**は、アースドリル工法で使用するもので、その長さは表層地盤により、一般に 3 〜 4 m 程度です。

PART
4
躯体施工

2
基礎・地業工事

次の記述において、記述ごとの①から③の下線部の語句又は数値のうち**最も不適当な箇所番号**を１つあげ、**適当な語句又は数値**を記入しなさい。

3．既製コンクリート杭の埋込み工法において、杭心ずれを低減するためには、掘削ロッドの振れ止め装置を用いることや、杭心位置から直角二方向に逃げ心を取り、掘削中や杭の建込み時にも逃げ心からの距離を随時確認することが大切である。

　一般的な施工精度の管理値は、杭心ずれ量が$\underset{①}{\frac{D}{4}}$以下（Dは杭直径）、かつ、$\underset{②}{150}$ ㎜以下、傾斜$\underset{③}{\frac{1}{100}}$以内である。

次の記述において、￣￣￣￣に当てはまる**最も適当な語句又は数値の組合せ**を、下の枠内から１つ選びなさい。

3．場所打ちコンクリート杭地業のオールケーシング工法において、地表面下　a　m程度までのケーシングチューブの初期の圧入精度によって以後の掘削の鉛直精度が決定される。

　掘削は　b　を用いて行い、一次スライム処理は、孔内水が多い場合には、　c　を用いて処理し、コンクリート打込み直前までに沈殿物が多い場合には、二次スライム処理を行う。

	a	b	c
①	10	ハンマーグラブ	沈殿バケット
②	5	ハンマーグラブ	沈殿バケット
③	5	ドリリングバケット	底ざらいバケット
④	10	ドリリングバケット	沈殿バケット
⑤	5	ハンマーグラブ	底ざらいバケット

② 100

解説

　既製杭の施工精度の管理値は、水平精度（杭心ずれ量）が杭径の$\frac{1}{4}$かつ100mm以内、鉛直（傾斜）精度が$\frac{1}{100}$以内です。

①　a－10　　b－ハンマーグラブ　　c－沈殿バケット

解説

　オールケーシング工法は、杭全長（オール）にケーシングチューブを揺動又は回転圧入しハンマーグラブで排土する工法です。地表面下**10m**程度までのケーシングチューブの初期の圧入精度によって以後の掘削の鉛直精度が決まります。また、一次スライム処理は、ドライ掘削や孔内水位の低い場合には**ハンマーグラブ**で静かに孔底処理し、孔内水位が高く、沈殿物が多い場合にはハンマーグラブでの孔底処理の後、さらに**スライムバケット（沈殿バケット）**で処理します。

PART
4
躯体施工

2

基礎・地業工事

次の問いに答えなさい。

留意事項は、それぞれ異なる内容の記述とし、材料の保管、作業環境（気象条件等）及び作業員の安全に関する記述は除くものとする。

1. 場所打ちコンクリート杭地業（アースドリル工法）のコンクリートの打設における**施工上の留意事項**を、2つ具体的に記述しなさい。

　　ただし、コンクリートの調合に関する記述は除くものとする。

安定液等と混ざることのないよう、良質なコンクリートと置換するために**トレミー管**を用いて打設する。

打設開始前に、**プランジャー**を投入しコンクリートと安定液等が混ざり合うのを防ぎ、トレミー管の下部から安定液等を押し上げるようにコンクリートを打設する。

<他の解答例>

・安定液がコンクリート内に混入しないよう、トレミー管の先端は、コンクリートの中に常に2m以上入っているように保持する。

・コンクリートの打上がり高さの測定を、コンクリート運搬車の打終わりごと、またトレミー管の引抜き時に測定する。

PART

4

躯体施工

2

基礎・地業工事

次の問いに答えなさい。

　解答はそれぞれ異なる内容の記述とし、作業環境（気象条件等）、材料の保管及び作業員の安全に関する記述は除くものとする。

1．場所打ちコンクリート杭地業（アースドリル工法）において、**スライム処理**及び**安定液**についての**施工上の留意事項**を、それぞれ具体的に記述しなさい。

次の問いに答えなさい。

　解答はそれぞれ異なる内容の記述とし、作業環境（気象条件等）、材料の品質、材料の調合、材料の保管及び作業員の安全に関する記述は除くものとする。

1．既製コンクリート杭の埋込み工法における、**支持力を確保するための施工管理上の確認方法**を2つ具体的に記述しなさい。

［スライム処理］

１次孔底処理は、底ざらいバケットにて行う。底ざらいバケットは、杭径より10cm小さいものを用いる。

<他の解答例>

・１次孔底処理の底ざらいバケットの昇降は、孔壁を崩すことのないよう、ゆっくり行う。

・２次孔底処理は鉄筋建込み後に行い、コンクリート打設直前に水中ポンプ方式などにより除去する。

［安定液］

表層ケーシング以下の孔壁は安定液により保護されるため、安定液は掘削中の孔内に注入し地下水位より高い水位を保つようにする。

<他の解答例>

・安定液の配合は、必要な造壁性・比重のもので、短時間で砂分を沈殿させるため低粘度、低比重のものとする。

・安定液の配合は、コンクリートとの置換を考慮し必要な造壁性を確保した上で、できるだけ低粘性、低比重のものを採用する。

・安定液を繰り返し使用する場合、ファンネル粘性、比重、砂分率、ろ過水量、ケーキ厚、pHなどを管理する。

本杭の１本目を試験杭として掘削深さ、根固め液・杭周固定液の注入量、オーガーの駆動用電動機の電流値又は積分電流値の変化などの管理基準を定める。

全ての本杭について、掘削深度が支持地盤に近づいたら掘削速度を一定に保ち、電流値又は積分電流値の変化を測定し、支持層の確認を行う。

PART **4** 躯体施工

2 基礎・地業工事

次の問に答えなさい。

解答はそれぞれ異なる内容の記述とし、材料（仕様、品質、運搬、保管等）、作業環境（騒音、振動、気象条件等）及び作業員の安全に関する記述は除くものとする。

1. 杭工事において、既製コンクリート杭の埋込み工法の**施工上の留意事項**を 2つ、具体的に記述しなさい。

　　ただし、養生に関する記述は除くものとする。

次の工事の**施工上の留意事項**をそれぞれ2つ、具体的に記述しなさい。

解答はそれぞれ異なる内容の記述とし、作業員の安全に関する記述を除くものとする。

1. 場所打ちコンクリート杭工事における、杭頭処理

> アースオーガーの引上げは、負圧によって地盤を緩めないように**ゆっくりと正回転**で行う。

> 杭の溶接継手部における目違い量は２㎜以下、ルート間隔（隙間）は４㎜以下とする。

＜他の解答例＞

・杭の垂直精度は、$\frac{1}{100}$以内とし、杭の精度修正は下杭の段階で行い、継ぎ手部分で修正しない。

・支持層への杭の設置深さは1.0m以上、支持層の掘削孔底の深さは1.5m程度、余掘り量は0.5m以下とする。

> コンクリート打設後、14日間程度経過したのちに杭頭処理を行う。はつり取る際は、杭鉄筋を傷つけないように留意する。

> はつり作業は、杭本体へ損傷を与えないように留意し、平らにはつり取り、所定の高さにそろえる。

＜他の解答例＞

・設計図書に示された高さまで余盛り部分を除去しても不良部分が残る場合、不良部分を除去し、コンクリートを打ち直す。

PART
4
躯体施工

2
基礎・地業工事

テーマ 3 　鉄筋工事

　鉄筋の「組立て」については基本事項を押さえ、特に記述タイプは事前に準備しておく必要があります。また、「ガス圧接」は修正タイプに対応できるように数値をしっかり覚えておきましょう。

1 鉄筋の結束 　過 H25・R1 記述

　鉄筋の組立ては、継手部分及び交差部の要所を径0.8mm程度のなまし鉄線を用いて結束し、点付け溶接をすることはできません。

●柱の主筋と帯筋の交点 ●梁の主筋とあばら筋の交点	四隅の交点	全数結束※
	その他の交点	半数以上結束
●壁の縦筋と横筋の交点 ●スラブの主筋と配力筋の交点		半数以上結束

　※　ただし、あばら筋の下端隅部は半数とする。

2 鉄筋相互のあき 　過 R2 択一

　鉄筋相互のあきは、コンクリートが分離することなく密実に打ち込むことができ、また鉄筋とコンクリートの付着による応力伝達が十分に行われるよう、適切な間隔を確保しなければいけません。

＜鉄筋相互のあきの最小寸法＞

　次のうち、最大の数値以上を確保します。

> ● 丸鋼では径、異形鉄筋では呼び名の数値（D）の1.5倍
> ● 粗骨材の最大寸法の1.25倍
> ● 25mm

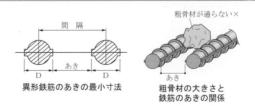

異形鉄筋のあきの最小寸法　　粗骨材の大きさと鉄筋のあきの関係

　※　隣り合う鉄筋の径が異なる場合は、**平均径**（呼び名の数値の平均）の1.5倍とする。

鉄筋のあきの最小寸法を決定する規定は、正確に覚えましょう。

3 かぶり厚さ　過R2択一

「鉄筋のかぶり厚さ」とは、鉄筋に対するコンクリートのかぶり厚さのことで、最も外側の鉄筋表面とコンクリートの表面までの最短距離をいいます。かぶり厚さは、耐久性、耐火性、構造性能に大きな影響を及ぼします。

【1】 かぶり厚さの計測

❶ 梁の場合：あばら筋の最外側から型枠の内側までの最短距離（腹筋をあばら筋の外側に配筋する場合は、幅止め筋の外側から）

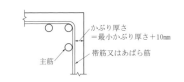

かぶり厚さ
＝最小かぶり厚さ＋10mm
帯筋又はあばら筋
主筋

柱の場合：帯筋の最外側から型枠の内側までの最短距離

➡主筋の外側から型枠の内側までの最短距離ではありません。

❷ 基礎

● 捨てコンクリートの厚さはかぶり厚さに算入できません。

● 杭基礎の場合：杭天端から基礎鉄筋（ベース筋）下端まで

❸ 目地部のかぶり厚さ：目地底からかぶり厚さを確保します。

【2】 最小かぶり厚さと設計かぶり厚さ

設計かぶり厚さ＝最小かぶり厚さ＋10mm

【3】 D29以上の太物の鉄筋を使用する場合

付着割裂破壊を考慮して、主筋のかぶり厚さは径（呼び名の数値）の1.5倍以上とします。

PART
4
躯体施工

3
鉄筋工事

【4】 かぶり厚さの保持　<img過> H29・R5 記述

　鉄筋部材の位置及び所定のかぶり厚さを確保し、打込みが終わるまで保持するために、サポート、バーサポート、スペーサーなどを用います。

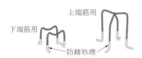

鋼製スペーサー
（サポート）
使用箇所：　〔スラブ〕

コンクリート製スペーサー
（サイコロ型）
〔梁底、基礎底部〕

プラスチック製
スペーサー
〔柱、梁の側面〕

❶ スラブ・梁底部に用いるスペーサーは、強度・耐久性の確保のため、原則として鋼製スペーサーを使用し、型枠に接する部分についてはプラスチックコーティングなどの防錆処理を行ったものとします。

❷ コンクリート製のスペーサーは、主に梁底部、基礎底部などに用います。
　➡ モルタル製のスペーサーは、強度が十分でないおそれがあるため、確認して使用します。

❸ 梁、柱、基礎梁、壁などに用いるスペーサーは、側面に限り、プラスチック製を用いることができます。

❹ スペーサーの配置・数量の基準

部位	スラブ	梁	柱	基　礎	基礎梁	壁・地下外壁
数量又は配置	上端筋、下端筋はそれぞれ間隔0.9m程度端部0.5m程度	・間隔は1.5m程度 ・端部は0.5m以内	・上段は梁下より0.5m程度 ・中段は上段より1.5m間隔程度 ・柱幅方向は1.0m以下2個1.0m超え3個	隔間0.9m程度	・間隔は1.5m程度 ・端部は1.5m以内	・上段は梁下より0.5m程度 ・中段は、上段より1.5m間隔程度 ・横間隔は1.5m程度 ・端部は0.5m程度
備考		上又は下いずれかと、側面の両側へ対称に設置	同一平面に点対象となるように設置	基礎の四隅と柱の四隅に設置	上又は下いずれかと、側面の両側に対象に設置	――

❺ スラブにおいては、バーサポートは上端、下端とも、**交差する鉄筋の下側**の鉄筋を支持します。

❻ 柱筋、壁筋のスペーサーは、上階に建ち上がる場合の台直しを避けるため、上階の**梁底**になるべく近く、柱では柱頭から**500㎜**程度に、壁では**最上段**の横筋位置に設置します。

❼ 断熱材打込み部では、めり込み防止の付いた専用スペーサーを使用し、かぶり厚さを確保します。

❽ 下端が打放し仕上げとなる場合のスラブ用スペーサーは、露出面が大きくならないものを使用します。

【5】 かぶり厚さの検査

❶ 鉄筋のかぶり厚さの検査は、コンクリートの**打込み**に先立って行います。
　➡ 打設後に不良箇所の対応を行うことは困難なため、打込み前に確実に検査を行います。

❷ せき板と最外側鉄筋とのあきの検査は、**スケール、定規**などで**測定**します。ただし、これらによる**測定が不可能な場合**は、所定のスペーサー・サポートが配置されていることを**目視**により確認してもかまいません。

4 鉄筋の継手

【1】 継手の位置（重ね継手・ガス圧接継手共通）

❶ 鉄筋の継手は、原則として**応力の小さいところ**で、かつ、**常時コンクリートに圧縮応力**が生じている部分に設けます。

❷ **柱主筋の継手位置**
　➡ 応力が大きくなる上下端部を避けます。
　➡ 梁上端から上に「**500㎜以上**」～「柱の内法高さの$\frac{3}{4}$**以下**」に設けます。

柱主筋の継手位置

【2】 継手のずらし方

継手位置は、1カ所に集中させず、相互にずらした位置に設けます。

＜重ね継手＞

継手長さの0.5倍もしくは1.5倍ずらします。1.0倍ずらすことは不適当です。

＜ガス圧接継手・溶接継手＞

原則として相互に400mm以上ずらします。

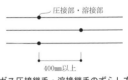

ガス圧接継手・溶接継手のずらし方

＜機械式継手＞

カップラーの中心間で400mm以上、かつ、カップラー端部の間のあきで40mm以上ずらします。

カップラーの長さ＋40mm以上

【3】 重ね継手

重ね継手は、鉄筋を所定長さを重ね、周囲のコンクリートとの**付着**に期待して鉄筋の応力を伝達する継手です。継手の長さは、「**鉄筋の種類**」「**コンクリートの設計基準強度**」「**フックの有無**」で決まります。

❶ フック付きの重ね継手長さは、折曲げ起点間の長さとし、**フック部分の長さを含みません。**

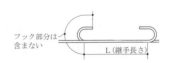

フック部分は
含まない   L（継手長さ）

❷ 直径の異なる鉄筋の重ね継手の長さは、**細い鉄筋の径**（呼び名の数値）に所定の倍数を乗じて算出します。

❸ D35以上の太物の異形鉄筋には、重ね継手は用いることはできません。

【4】ガス圧接継手

ガス圧接継手は、鉄筋端面同士を突き合せ、軸方向に圧力を加えながら、突合せ部分をガス炎で赤熱状態の溶融点近くまで加熱し、加圧しながらふくらませて接合する継手です。方法は手動ガス圧接と自動ガス圧接に分かれます。

技量資格種別	作業可能範囲（鉄筋径）
1種	● φ25mm以下 ● D25以下
2種	● φ32mm以下 ● D32以下
3種	● φ38mm以下 ● D38以下
4種	● φ50mm以下 ● D51以下

❶ 技量資格　過 H26・30 択一

ガス圧接継手の良否は、作業者の技量に左右されることが多いため、JISによる技量を有する者である必要があります。その技量資格種別には1〜4種があり、作業可能範囲（鉄筋の種類・径など）が決められています。1種はD25以下、D29の場合は2種以上の資格が必要です。なお、SD490を圧接する場合には、施工前試験が必要です。

❷ 作業環境

強風時又は降雨時は、原則として作業はできません。ただし、風除け・覆いなどの対策をした場合、工事監理者の承認を得て作業できます。

❸ 圧接面の処理　過 H24 択一

圧接部の品質は、圧接端面の状態に大きく左右されるため、圧接端面の処理は重要です。

● 圧接端面は、接合時に完全な金属肌であることが必要です。したがって、圧接作業の当日に圧接端面のグラインダー研磨を行うか、切断面を平滑及び直角になる鉄筋冷間直角切断機で切断します。

● 作業の前日以前に圧接端面の処理を行う場合、防錆等のために、端面保護剤を使用します。

● 圧接による鉄筋の縮み代（1カ所ごとに鉄筋径の1〜1.5 d 程度）を考慮します。

● 圧接突合せ面の隙間は2mm以下とします。

2mm以下

鉄筋の突合せ面の隙間

❹ 圧接作業　過 H24・R4 択一

　鉄筋の圧接部の加熱は、**圧接端面が密着するまでは**圧接端面の酸化を防ぐため**還元炎で行い**、圧接端面同士が**密着した後は**、還元炎より熱効率の高い**中性炎で加熱します。**また、加熱範囲は、圧接面を中心に**鉄筋径の2倍程度**とします。

ⅰ **強度・径の異なる鉄筋の手動ガス圧接**

● 鉄筋の**強度が異なる場合**、原則として圧接できません。ただし、**SD345とSD390の圧接は可能です。**

● 径の差が**7㎜以下の場合は圧接できます。**ただし、自動ガス圧接及び熱間押抜ガス圧接は、径の異なる継手には適用できません。

● 鉄筋径又は呼び名の差が**7㎜を超える場合、圧接できません。**

ⅱ **加熱中に火炎に異常があった場合、**圧接部を**切り取り、再圧接**します。ただし、圧接端面同士が**密着した後に異常があった場合は、火炎を再調整して作業を継続することができます。**

❺ 圧接部の形状　過 H28・30 択一

　圧接部は、所定の「ふくらみ」となるように正しく加熱・加圧を行って施工します。圧接部の形状は、次のような状態であれば良好です。

● ふくらみの**直径** ➡ 径の**1.4倍以上**（径が異なる場合：細い鉄筋の径）

● ふくらみの**長さ** ➡ 径の**1.1倍以上**

● 鉄筋中心軸の**偏心量** ➡ 径の$\frac{1}{5}$**以下**（径が異なる場合：細い鉄筋の径）

● 圧接面のずれ ➡ 径の$\frac{1}{4}$**以下**

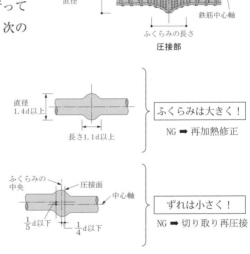

再加熱で修正可能	切り取って再圧接
❶ ふくらみの直径が 1.4 d に満たない場合 ❷ ふくらみの長さが 1.1 d に満たない場合 　再加熱＋加圧 ❸ 圧接部に明らかな折曲がりを生じた場合（θ＞2°）　再加熱	❶ 鉄筋中心軸の偏心量が $\frac{1}{5}$d を超えた場合 ❷ 圧接面のずれが $\frac{1}{4}$d を超えた場合 ❸ 片ふくらみ（ふくらみ量の差 $\frac{1}{5}$d 超） ❹ 著しい形状不良・割れ

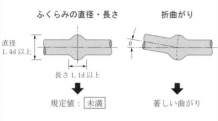

ふくらみの直径・長さ　　　　折曲がり

直径 1.4d 以上　　長さ 1.1d 以上

規定値：未満　　　　著しい曲がり

※　ふくらみ・小数点 ➡ 再加熱・加圧

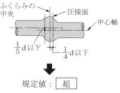

中心軸の偏心・圧接面のずれ

ふくらみの中央　　圧接面　　中心軸

$\frac{1}{5}$d以下　　$\frac{1}{4}$d以下

規定値：超

※　ずれ・分数 ➡ 切り分けて再圧接

ガス圧接の外観検査の基準は、似たような数値が多いですが、対処方法を含めてがんばって覚えましょう。

本試験問題

次の記述において、記述ごとの①から③の下線部の語句のうち**最も不適当な**箇所番号を１つあげ、**適当な語句を記入しなさい。**

4．鉄筋のガス圧接を手動で行う場合、突き合わせた鉄筋の圧接端面間のすき間は５㎜以下で、偏心、曲がりのないことを確認し、還元炎で圧接端面間の
　　　　　　　　　　　　　　　　　　　　　　　　　　　　①
すき間が完全に閉じるまで加圧しながら加熱する。

圧接端面間のすき間が完全に閉じた後、鉄筋の軸方向に適切な圧力を加えながら、中性炎により鉄筋の表面と中心部の温度差がなくなるように十分加
　　　　②
熱する。このときの加熱範囲は、圧接面を中心に鉄筋径の２倍程度とする。
　　　　　　　　　　　　　　　　　　　　　　　　　　　③

次の記述において、記述ごとの①から③の下線部の語句のうち**最も不適当な**箇所番号を１つあげ、**適当な語句を記入しなさい。**

4．ガス圧接の技量資格種別において、手動ガス圧接については、１種から４
　　　　　　　　　　　　　　　　①
種まであり、２種、３種、４種となるに従って、圧接作業可能な鉄筋径の範囲が大きくなる。技量資格種別が１種の圧接作業可能範囲は、異形鉄筋の場
　　　②
合は呼び名Ｄ32以下である。
　　　　　　　③

① 2

解説

　鉄筋のガス圧接において、圧接突合せ面の隙間は2mm以下とします。鉄筋の圧接部の加熱は、圧接端面が密着するまでは圧接端面の酸化を防ぐため**還元炎**で行い、圧接端面同士が密着した後は、還元炎より熱効率の高い**中性炎**で加熱します。また、加熱範囲は圧接面を中心に鉄筋径の2倍程度とします。

③ 25

解説

　圧接技量資格種別には1〜4種があり、作業可能範囲（鉄筋の種類・径など）が決められています。技量資格種別が1種の作業可能範囲は、D25以下です。D29の場合は2種以上の資格が必要です。なお、SD490を圧接する場合には、施工前試験が必要です。

PART
4
躯体施工

3
鉄筋工事

　次の記述において、記述ごとの①から③の下線部の語句又は数値のうち最も不適当な箇所番号を１つあげ、適当な語句又は数値を記入しなさい。

４．鉄筋のガス圧接を行う場合、圧接部の膨らみの直径は、主筋等の径の$\underset{①}{1.2}$倍以上とし、かつ、その長さを主筋等の径の$\underset{②}{1.1}$倍以上とする。

　　また、圧接部の膨らみにおける圧接面のずれは、主筋等の径の$\underset{③}{\frac{1}{4}}$以下とし、かつ、鉄筋中心軸の偏心量は、主筋等の径の$\frac{1}{5}$以下とする。

　次の記述において、記述ごとの①から③の下線部の語句又は数値のうち最も不適当な箇所番号を１つあげ、適当な語句又は数値を記入しなさい。

４．ガス圧接の技量資格種別において、$\underset{①}{手動ガス圧接}$については、１種から４種まであり、２種、３種、４種となるに従って、圧接作業可能な鉄筋径の範囲が$\underset{②}{大きく}$なる。

　　技量資格種別が１種の圧接作業可能範囲は、異形鉄筋の場合は呼び名$\underset{③}{\underline{D32}}$以下である。

① 1.4

解説

　鉄筋のガス圧接においては、ふくらみの直径が径の1.4倍以上、長さが径の1.1倍以上となるよう正しく加熱・加圧します。

....

③ D25

解説

　圧接技量資格種別には1〜4種があり、作業可能範囲（鉄筋の種類・径など）が決められており、2種、3種、4種となるに従って、作業可能な鉄筋径の範囲が大きくなります。技量資格種別が1種の作業可能範囲は、D25以下です。

　次の記述において、記述ごとの①から③の下線部の語句又は数値のうち最も不適当な箇所番号を1つあげ、適当な語句又は数値を記入しなさい。

5．鉄筋のガス圧接継手の継手部の外観検査において、不合格となった圧接部の処置は次による。

　　圧接部のふくらみの直径や長さが規定値に満たない場合は、再加熱し、<u>徐冷</u>①して所定のふくらみに修正する。

　　圧接部の折曲がりの角度が<u>2度</u>②以上の場合は、再加熱して修正する。

　　圧接部における鉄筋中心軸の<u>偏心量</u>③が規定値を超えた場合は、圧接部を切り取って再圧接する。

....

　次の記述において、記述ごとの①から③の下線部の語句又は数値のうち最も不適当な箇所番号を1つあげ、適当な語句又は数値を記入しなさい。

4．鉄筋工事において、鉄筋相互のあきは粗骨材の最大寸法の1.25倍、<u>20mm</u>①及び隣り合う鉄筋の径（呼び名の数値）の<u>1.5倍</u>②のうち最大のもの以上とする。

　　鉄筋の間隔は鉄筋相互のあきに鉄筋の最大外径を加えたものとする。

　　柱及び梁の主筋のかぶり厚さはD29以上の異形鉄筋を使用する場合は径（呼び名の数値）の<u>1.5倍</u>③以上とする。

① 加圧

解説

　ふくらみの直径が1.4dに、長さが1.1dに満たない場合は、再加熱＋加圧して修正します。

① 25

解説

　鉄筋相互のあきは、粗骨材の最大寸法の1.25倍または25mm、もしくは隣り合う鉄筋の呼び名の数値の1.5倍のうち、最大値を確保します。

PART
4
躯体施工

3
鉄筋工事

次の記述において、□□□に当てはまる**最も適当な語句又は数値の組合せ**を、下の枠内から1つ選びなさい。

4. 鉄筋のガス圧接を手動で行う場合、突き合わせた鉄筋の圧接端面間の隙間は□ a □㎜以下で、偏心、曲がりのないことを確認し、還元炎で圧接端面間の隙間が完全に閉じるまで加圧しながら加熱する。

　圧接端面間の隙間が完全に閉じた後、鉄筋の軸方向に適切な圧力を加えながら、□ b □により鉄筋の表面と中心部の温度差がなくなるように十分加熱する。

　このときの加熱範囲は、圧接面を中心に鉄筋径の□ c □倍程度とする。

	a	b	c
①	2	酸化炎	3
②	2	酸化炎	2
③	2	中性炎	2
④	5	中性炎	2
⑤	5	酸化炎	3

次の問いに答えなさい。

留意事項は、それぞれ異なる内容の記述とし、材料の保管、作業環境（気象条件等）及び作業員の安全に関する記述は除くものとする。

2. 鉄筋工事の鉄筋の組立てにおける**施工上の留意事項**を、2つ具体的に記述しなさい。

　ただし、鉄筋材料、加工及びガス圧接に関する記述は除くものとする。

③　a−2　　b−中性炎　　c−2

解説

　ガス圧接継手は、鉄筋端面同士を突き合せ、突合せ部分をガス炎で赤熱状態の溶融点近くまで加熱し、**加圧**しながらふくらませて接合する継手です。鉄筋の圧接部の加熱は、圧接端面が密着するまでは圧接端面の酸化を防ぐため**還元炎**で行い、圧接端面同士が密着した後は、還元炎より熱効率の高い**中性炎**で加熱します。また、加熱範囲は、圧接面を中心に鉄筋径の2倍程度とします。

鉄筋の**最小かぶり厚さ**を確実に確保するため、バーサポートやスペーサーを使用箇所に適した材質で、所定の間隔以下で用いる。
鉄筋の継手は応力の小さい位置に設け、1カ所に集中させず、千鳥になるように相互にずらして配置する。

＜他の解答例＞

・施工図、施工要領書に従い正しい位置に、継手長さ、定着長さ、相互のあき寸法が不足しないように組み立てる。

・鉄筋の固定は、鉄筋継手部分及び交差部を径0.8〜0.85mm程度の**なまし鉄線**を用い堅固に組み立てる。

・柱梁主筋と帯筋・あばら筋との結束は、四隅の交点において**全数**（あばら筋の下端隅部は半数）行い、その他の交点においては**半数**以上を行う。

PART
4 躯体施工

3 鉄筋工事

315

次の問いに答えなさい。

　解答はそれぞれ異なる内容の記述とし、作業環境（気象条件等）、材料の品質、材料の調合、材料の保管及び作業員の安全に関する記述は除くものとする。

2. 鉄筋工事における、バーサポート又はスペーサーを設置する際の**施工上の留意事項**を2つ具体的に記述しなさい。

....

次の問いに答えなさい。

　解答はそれぞれ異なる内容の記述とし、材料の保管、作業環境（騒音、振動、気象条件等）及び作業員の安全に関する記述は除くものとする。

2. 鉄筋工事において、鉄筋の組立てを行う場合の**施工上の留意事項**を2つ、具体的に記述しなさい。

　ただし、鉄筋材料、加工及びガス圧接に関する記述は除くものとする。

> バーサポート又はスペーサーは、鉄筋の重量に対して変形せず、十分な剛性・強度を有するものとする。

> バーサポート又はスペーサーは、使用部位や所用かぶり厚さに応じて、材質や形状・サイズを使い分ける。

＜他の解答例＞

・原則として**鋼製**スペーサーを使用し、型枠に接する部分については**防錆処理**の施されたものを使用する。

・断熱材打込み部では、めり込み防止の付いた専用スペーサーを使用し、かぶり厚さを確保する。

・モルタル製のスペーサーを使用する場合は、強度が十分であるか確認してから使用する。

> スペーサーの配置や数量に関する内容（**3**かぶり厚さ【4】**4**の表）を解答してもよいでしょう。ただし、数値や、以上・以内等の記載は正確に。

> 施工図、施工要領書に従い正しい位置に、継手長さ、定着長さ、相互のあき寸法が不足しないように組み立てる。

> 鉄筋の継手は応力の小さい位置に設け、1カ所に集中させず、千鳥になるように相互にずらして配置する。

＜他の解答例＞

・鉄筋の固定は、鉄筋継手部分及び交差部を径0.8〜0.85mm程度の**なまし鉄線**を用い堅固に組み立てる。

・柱梁主筋と帯筋・あばら筋との結束は、四隅の交点において**全数**（あばら筋の下端隅部は半数）行い、その他の交点においては**半数**以上を行う。

テーマ 4　型枠工事

1 せき板

❶ 原則として、厚さ12㎜とし、「合板の日本農林規格（JAS）」で規定される「コンクリート型枠用合板」を用います。

❷ シートなどで覆い直射日光を避けて保管し、乾燥したものを用います。

⇒ 長時間太陽光にさらされると、セメントの硬化を阻害する物質の生成が増大し、コンクリート表面の硬化不良の原因となります。

❸ 製材のせき板を用いる場合、木材はスギ、マツなどの針葉樹が適しています。

⇒ 広葉樹のカシ、キリ、ケヤキなどはアルカリによる抽出物が多く、コンクリート表面に硬化不良をおこすので使用しません。

2 セパレーター・締付け金物　過H26・30・R4 択一

せき板の形状を保持し、せき板と支保工を緊結する部材で、セパレーター、フォームタイ、ばた材などがあります。

【1】セパレーター

型枠の間隔を一定に保つために用いる金具です。

❶ 丸セパB型：打放し仕上げ面（表面仕上げがない場合）に用います。コーンの跡穴は、硬練りモルタルなどで埋め戻します。

コーンの跡穴埋め

❷ 丸セパC型：見え掛かりで仕上げがない箇所（設備シャフト内など）に用います。型枠取外し後、表面に座金及び頭（ねじ頭部分）が残ります。

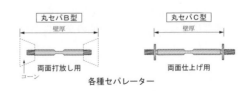

各種セパレーター

⇒ ねじ頭はハンマーでたたき折って除去し、座金部分には錆止め塗料を塗布します。

❸ 締付け時に丸セパレーターのせき板に対する**傾きが大きく**なると、丸セパレーターの**破断強度**が大幅に**低下**するため、**できるだけ直角**（垂直）に近くなるように取り付けます。

【2】締付け金物（フォームタイ）

　躯体内部側においてセパレーター及びコーンで離隔したせき板を、その外側からばた材を介して締め付けて固定する金具です。

　締付け金物は、締付け不足でも締め付けすぎても不具合が生じるため、適正に使用しなければなりません。締付け金物を**締め付けすぎる**と、**せき板が内側に変形**するため、締付け金物の締付けすぎへの対策として、内端太（縦端太）と締付けボルトをできるだけ**近づける**方法があります。

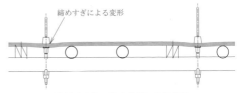

型枠の部材名称

締付け金物の締めすぎによる変形

3 型枠の加工・組立て 過R3 記述

<全般>

❶ 型枠支保工の組立てにあたり、支柱・梁・つなぎ・筋かいなどの部材の配置、接合方法、寸法などを示した**組立て図**を作成し、図面どおりに組み立てます。

❷ 型枠は、セメントペーストをできるだけ漏出させないように、緊密に組み立てます。

❸ コンクリート打込み時の作業荷重、コンクリートの側圧、打込み時の振動・衝撃に耐え、かつ著しいひずみや狂いが生じないように強固に組み立てます。

❹ 下部には、コンクリート打設前の清掃用に掃除口を設けます。

❺ 型枠は外部足場などの仮設物と連結させることは避けます。

PART **4** 躯体施工

4 型枠工事

＜柱＞

❶ 柱型枠建込み前に柱脚部の清掃水洗い等を行います。

❷ 型枠の下部には、打込み前に型枠内の不要物を取り除くために清掃用の掃除口を設けます。

❸ 柱型枠の足元は、垂直精度の保持・変形防止及びセメントペーストの漏出防止のための**根巻き**を行います。

❹ 梁や壁など他の型枠を取り付ける前に、チェーン等で控えをとり、垂直精度を確保します。

❺ 締付けは、柱全体をバランスよく行い、ねじれ、変形等の防止に留意します。

＜梁＞

❶ 垂直せき板（側板）を先に取り外した後に、水平せき板（底板）を取り外せるように加工、組立てを行います。

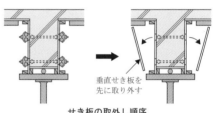

垂直せき板を
先に取り外す

せき板の取外し順序

❷ 支柱の位置：支柱は垂直に立て、また上下階の支柱はできるだけ**同一位置**に設けます。

➡ 支柱が上下階で同一位置にないと、強度発現が不十分なコンクリートスラブに悪影響を与えます。

❸ 底板と側板との取合いは、セメントペーストが漏出しないように密着させて組み立てます。

❹ 梁の側板に小梁接合部の欠込み部がある場合には、添木等で仮止めして変形の防止処置を講じます。

4 型枠支保工

❶ 鋼管（パイプサポートを除く）

型枠支保工の支柱として用いる場合、高さ2m以内ごとに、水平つなぎを2方向に設け、かつ、水平つなぎの変位を防止します。

❷ パイプサポート　過 H25 記述

パイプサポート

- 継ぎ足して使用する場合、3本以上継いで用いることはできません（2本まで）。
- 4本以上のボルト又は専用金具を用いて継ぎます。
- 高さ3.5mを超える場合、高さ2m以内ごとに水平つなぎを2方向に設け、かつ、水平つなぎの変位を防止します。
- 脚部の固定、根がらみの取付け等、支柱脚部の滑動を防止します。頭部は大引きに釘止めし、大引きが鋼製の場合は専用金物で固定します。

❸ 組立て鋼柱

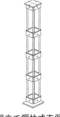

組立て鋼柱式支保工

4本以上の柱で4構面を形成されたユニットを組み上げていく支柱で、高さが高く、かつ、大きい荷重を支持する場合に用います。高さが4mを超える場合、高さ4m以内ごとに水平つなぎを2方向に設け、かつ、水平つなぎの変位を防止します。

支柱の種類	水平つなぎの設置
鋼管 （パイプサポート除く）	高さ2m以内ごとに、2方向に設ける
パイプサポート	高さ3.5mを超えるとき、高さ2m以内ごとに2方向に設ける
組立て鋼柱	高さ4mを超えるとき、高さ4m以内ごとに2方向に設ける

❹ 鋼管枠 過 R2 択一

● 鋼管枠相互の間に交差筋かいを 5 枠以内ごとに設けます。

● 最上層及び 5 層以内、5 枠以内ごとに、水平つなぎ及び布枠を設けます。

● 支柱脚部は固定し、根がらみを設けます。

> 型枠支保工はよく出題されます。パイプサポートを中心に、特徴と水平つなぎの設置基準を覚えましょう。

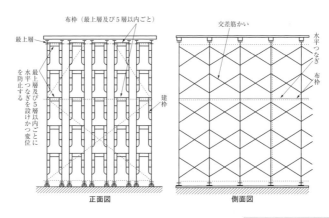

正面図　　　　　　　側面図

❺ 軽量型支保梁

軽量型支保梁を使用する場合、支保梁の中間部を支柱で支持することはできません。

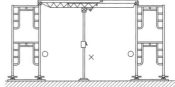

5 型枠の設計（荷重）

❶ 鉛直荷重

型枠に作用する鉛直荷重は、次の固定荷重＋積載荷重になります。

● 固定荷重：打込み時の鉄筋・コンクリート・型枠の重量による荷重

➡ 鉄筋・コンクリートの自重（23.5kN/㎡×部材厚さm）

　＋型枠重量（在来の型枠工法の場合：0.4kN/㎡）

● 積載荷重：（打込み時の打設機具、作業員などの作業荷重）＋（打込みに伴う衝撃荷重）

➡ 在来型枠工法、ポンプ工法による場合：1.5kN/㎡

❷ 水平荷重

風圧による荷重は**考慮する場合があります**が、**地震による荷重は通常考慮する必要はありません**。一般には次の値により計算します。

支柱の種類	パイプサポート、単管支柱など（現場合わせで支保工を組み立てる場合）	枠組支柱（**鋼管枠**）（工場製作精度で支保工を組み立てる場合）
水平荷重	設計（鉛直）荷重の5％$\left(\frac{5}{100}\right)$ 	設計（鉛直）荷重の2.5％$\left(\frac{2.5}{100}\right)$

❸ コンクリートの側圧　過 H28・R4 択一

	小 ◀━━ 側圧 ━━▶ 大※	
コンクリートの**打込み速さ**	遅	速
コンクリートの**ヘッド**(H)	低	高（大）
コンクリートの**質量**	小	大
コンクリートの**温度、気温**	高	低

※　側圧は、打込み速さ、ヘッド、質量（単位容積質量・比重）、温度、打込み時の気温などに影響される。コンクリートの温度や気温が高いほど、凝結時間が短くなり、側圧は減少する。

ⓘ せき板材質の**透水性又は漏水性が大きい**と最大側圧は**小さく**なります。

ⓘⓘ 打ち込んだコンクリートと型枠表面との**摩擦係数が小さい**ほど、液体圧に近くなり最大側圧は**大きく**なります。

ⓘⓘⓘ **型枠設計用**の側圧は液圧WoHとします(JASS5-2022改定)。これは、コンクリート打設速度が一般に速い場合が多いこと、及びコンクリートの流動性は大きくなる傾向にあり、側圧は増大傾向にあるためです。

6 型枠の存置期間

　「コンクリートの圧縮強度試験による場合」と「コンクリートの養生期間（材齢）による場合」のいずれかを満足すれば、せき板・支保工（支柱など）は取り外すことができます。

【1】せき板の取外し

　せき板は、原則として、構造体コンクリートの圧縮強度が5N/mm²以上であることを確認後、取り外すことができます。

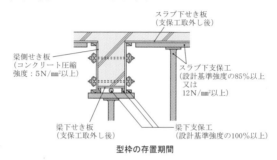

型枠の存置期間

【2】支保工の取外し

	梁下の支保工	スラブ下の支保工	
圧縮強度による場合	設計基準強度の100%以上かつ構造計算による安全確認	設計基準強度の85%又は12N/mm²以上かつ構造計算による安全確認	
材齢による場合	28日以上経過	15℃以上	17日以上経過
		5℃以上	25日以上経過
		0℃以上	28日以上経過

7 床型枠用鋼製デッキプレート（フラットデッキプレート）工法　過 H25・27 記述

　鉄筋コンクリート造や鉄骨造などの床の型枠として、床型枠用鋼製デッキプレート（フラットデッキ）を用いる工法です。支持するための**支柱が不要**となり、また、コンクリートの打設完了後も取り外さない「**捨て型枠**」として用いるため、**解体作業は不要**で、型枠工事を省力化できます。

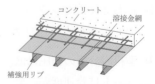

デッキ型枠スラブ（フラットデッキ）

❶ フラットデッキには、施工荷重によるたわみを考慮して、一般に、**10mm 程度のキャンバー（むくり）をつけます**。梁との隙間から、のろ漏れ等のないように措置をします。

❷ 衝撃に弱く変形しやすいので、養生方法、揚重方法、吊り治具に配慮します。

❸ フラットデッキのエンドクローズ部分の接合方法

ⅰ 支持梁が鉄筋コンクリート造の場合

● フラットデッキが施工中に落下しないよう、エンドクローズ部分を型枠の上に載せ、掛かり代を**50mm以上確保**します。

● 落下防止用金具を取り付けない場合、**躯体へののみ込み代は10mm程度確保**します。

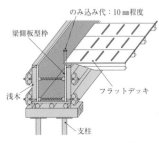

フラットデッキののみ込み代

ⅱ 支持梁が鉄骨造の場合

● 支持梁への掛かり代は**50mm以上**

ⅰ ⅱ ともに、**オフセット寸法はエンドクローズ部分の折れ防止**のため、**40mm以下**とします。

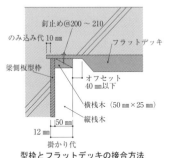

型枠とフラットデッキの接合方法

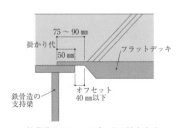

鉄骨梁とフラットデッキの接合方法

❹ 現場における切込み等の作業をできるだけ少なくするように、**割付け計画**を行います。

❺ 保管に際しては、錆の発生や飛散に留意して、屋根付き・囲い付きの場所を選びます。

❻ 設備配管等の貫通孔が規則的な場合または集中している場合は、局部破壊の原因となるため**補強**を行います。

❼ リブを切断する場合は、**デッキ受け**を設け、荷重を梁や型枠に確実に伝わるようにします。

<u>**MEMO**</u>

本試験問題

次の記述において、記述ごとの①から③の下線部の語句のうち**最も不適当な**箇所番号を１つあげ、**適当な語句**を記入しなさい。

7．型枠組立てにあたって、締付け時に丸セパレーターとせき板の角度が大きくなると丸セパレーターの破断強度が大幅に低下するので、できるだけ<u>垂直</u>
①
に近くなるように取り付ける。

締付け金物は、締付け不足でも締付けすぎても不具合が生じるので、適正に使用することが重要である。締付け金物を締付けすぎると、せき板が<u>内側</u>
②
に変形する。

締付け金物の締付けすぎへの対策として、内端太（縦端太）を締付けボルトとできるだけ<u>離して</u>締付ける等の方法がある。
③

次の記述において、記述ごとの①から③の下線部の語句又は数値のうち**最も不適当な箇所番号**を１つあげ、**適当な語句又は数値**を記入しなさい。

5．型枠に作用するコンクリートの側圧に影響する要因として、コンクリートの打込み速さ、比重、打込み高さ、柱や壁などの部位等があり、打込み速さが速ければコンクリートヘッドが<u>大きく</u>なって、最大側圧が大となる。
①
また、せき板材質の透水性又は漏水性が<u>大きい</u>と最大側圧は小となり、打
②
ち込んだコンクリートと型枠表面との摩擦係数が<u>大きい</u>ほど、液体圧に近く
③
なり最大側圧は大となる。

③ 近づけて

💡 解 説

締付け金物の締め付けすぎによるせき板の**内側**への変形を防止するため、内端太（縦端太）を締付けボルトにできるだけ**近づける**（接近させる）方法があります。締付け時に丸セパレーターのせき板に対する傾きが大きくなると、丸セパレーターの破断強度が大幅に低下するので、できるだけ**垂直**（せき板に対して**直角**）に近くなるように取り付けます。

③ 小さい

💡 解 説

コンクリートと型枠表面との摩擦係数が小さいほど、液体圧に近くなるので最大側圧は**大きく**なります。また、せき板材質の透水性又は漏水性が**大きい**と最大側圧は小さくなります。

なお、型枠設計用の側圧は液圧 WoH とします（JASS5-2022改定）。これは、コンクリート打設速度が一般に速い場合が多いこと、及びコンクリートの流動性は大きくなる傾向にあり、側圧は増大傾向にあるためです。

　次の記述において、記述ごとの①から③の下線部の語句又は数値のうち**最も不適当な箇所番号**を1つあげ、**適当な語句又は数値を記入しなさい。**

6．型枠組立てに当たって、締付け時に丸セパレーターのせき板に対する傾きが大きくなると丸セパレーターの破断強度が大幅に低下するので、できるだけ<u>直角</u>に近くなるように取り付ける。
　　　　　　①

　　締付け金物は、締付け不足でも締付けすぎても不具合が生じるので、適正に使用することが重要である。締付け金物を締付けすぎると、せき板が<u>内側</u>
　　　　　　　　　　　　　　　　　　　　　　　　　　　　　　　②
に変形する。

　　締付け金物の締付けすぎへの対策として、内端太（縦端太）を締付けボルトとできるだけ<u>離す</u>等の方法がある。
　　　　　　　　　　③

　次の記述において、記述ごとの①から③の下線部の語句又は数値のうち**最も不適当な箇所番号**を1つあげ、**適当な語句又は数値を記入しなさい。**

5．型枠工事における型枠支保工で、鋼管枠を支柱として用いるものにあっては、鋼管枠と鋼管枠との間に<u>交差筋かい</u>を設け、支柱の脚部の滑動を防止す
　　　　　　　　　　　　　　　　　①
るための措置として、支柱の脚部の固定及び<u>布枠</u>の取付けなどを行う。
　　　　　　　　　　　　　　　　　②

　　また、パイプサポートを支柱として用いるものにあっては、支柱の高さが3.5mを超えるときは、高さ2m以内ごとに<u>水平つなぎ</u>を2方向に設けなけれ
　　　　　　　　　　　　　　　　　　　　　　　　③
ばならない。

③ 近づける

💡解 説

　締付け金物の締め付けすぎによるせき板の**内側**への変形を防止するため、内端太（縦端太）を締付けボルトにできるだけ**近づける**（接近させる）方法があります。締付け時に丸セパレーターのせき板に対する傾きが大きくなると、丸セパレーターの破断強度が大幅に低下するので、できるだけ**垂直**（せき板に対して**直角**）に近くなるように取り付けます。

----

② 根がらみ

💡解 説

　鋼管枠を支柱に用いる場合、鋼管枠相互の間に**交差筋交い**を設け、水平つなぎ及び布枠を**最上層**及び**5層以内**、**5枠以内**ごとに設けます。支柱の脚部の滑動を防止するためには、支柱脚部を固定し、**根がらみ**を設けます。

次の記述において、□□□に当てはまる**最も適当な語句又は数値の組合せ**を、下の枠内から1つ選びなさい。

5. 型枠に作用するコンクリートの側圧に影響する要因として、コンクリートの打込み速さ、比重、打込み高さ及び柱、壁などの部位の影響等があり、打込み速さが速ければコンクリートヘッドが a なって、最大側圧が大となる。

　また、せき板材質の透水性又は漏水性が b と最大側圧は小となり、打ち込んだコンクリートと型枠表面との摩擦係数が c ほど、液体圧に近くなり最大側圧は大となる。

	a	b	c
①	大きく	大きい	大きい
②	小さく	小さい	大きい
③	大きく	小さい	大きい
④	小さく	大きい	小さい
⑤	大きく	大きい	小さい

⑤　a－大きく　　　b－大きい　　　c－小さい

💡**解 説**

　型枠に作用するコンクリートの側圧に影響する要因として、コンクリートの打込み速さ、比重、打込み高さ及び柱、壁などの部位の影響等があります。**打込み速さ**が**速け**ればコンクリートヘッドが大きくなって、最大側圧が大きくなります。また、せき板材質の**透水性又は漏水性**が大きいと最大側圧は小さくなり、打込んだコンクリートと型枠表面との**摩擦係数**が小さいほど、液体圧に近くなり最大側圧は大きくなります。

　なお、型枠設計用の側圧は**液圧WoH**とします（JASS5-2022改定）。これは、コンクリート打設速度が一般に速い場合が多いこと、及びコンクリートの流動性は大きくなる傾向にあり、側圧は増大傾向にあるためです。

PART
4
躯体施工

4

型枠工事

次の記述において、 に当てはまる**最も適当な語句又は数値の組合せ**を、下の枠内から１つ選びなさい。

6. 型枠組立てに当たって、締付け時に丸セパレーターのせき板に対する傾きが大きくなると丸セパレーターの a 強度が大幅に低下するので、できるだけ垂直に近くなるように取り付ける。

締付け金物は、締付け不足でも締付け過ぎでも不具合が生じるので、適正に使用することが重要である。締付け金物を締め過ぎると、せき板が b に変形する。

締付け金物の締付け過ぎへの対策として、内端太（縦端太）を締付けボルトとできるだけ c 等の方法がある。

	a	b	c
①	破断	内側	近接させる
②	圧縮	外側	近接させる
③	破断	外側	近接させる
④	破断	内側	離す
⑤	圧縮	外側	離す

① a－破断　　b－内側　　c－近接させる

解 説

　セパレーターは、型枠の間隔を一定に保つための金具で、せき板に対する傾きが大きくなると、セパレーターの**破断**強度が大幅に低下するため、できるだけ直角（垂直）に近くなるように取り付けます。

　締付け金物（フォームタイ）は、躯体内部側においてセパレーター及びコーンで離隔したせき板を、その外側からばた材を介して締め付けて固定する金具です。締付け金物を締め付けすぎると、せき板が**内側に**変形するため、締付け金物の締付けすぎへの対策として、内端太（縦端太）と締付けボルトをできるだけ**近づける**方法があります。

次の問いに答えなさい。

留意事項は、それぞれ異なる内容の記述とし、材料の保管、作業環境（気象条件等）及び作業員の安全に関する記述は除くものとする。

3．型枠工事において、支保工にパイプサポートを使用する場合の**施工上の留意事項**を、2つ具体的に記述しなさい。

ただし、パイプサポートに不良品はないものとする。

次の問いに答えなさい。

解答はそれぞれ異なる内容の記述とし、作業環境（気象条件等）、材料の保管及び作業員の安全に関する記述は除くものとする。

2．鉄筋コンクリート造の型枠工事において、床型枠用鋼製デッキプレート（フラットデッキプレート）の**施工上の留意事項**を、2つ具体的に記述しなさい。

ただし、材料の選定に関する記述は除くものとする。

> パイプサポートを継ぎ足して使用する場合、2本までとし、接合部は4本以上のボルト又は専用金物を用いて継ぐ。

> 高さが3.5mを超える場合、高さ2m以内ごとに水平つなぎを2方向に設け、かつ、水平つなぎにより変位を防止する。

＜他の解答例＞

・脚部の固定、**根がらみ**の取付け等、支柱脚部の滑動を防止する。頭部は大引きに釘止め又は大引きが鋼製の場合は専用金物で固定する。

> フラットデッキには10mm程度の**キャンバー（むくり）**がついているため、梁との隙間から、のろ漏れ等が生じないように施工する。

> フラットデッキが施工中に落下しないように、エンドクローズ部分をRC造の場合は型枠の上に、また鉄骨造の場合は支持梁に載せ、掛かり代を50mm以上確保する。

＜他の解答例＞

・現場における切り込み等の作業をできるだけ少なくするように、割付計画を行う。
・フラットデッキは衝撃に弱く変形しやすいため、養生方法、揚重方法、吊り治具等に考慮し計画する。
・設備配管等の貫通孔が規則的な場合または集中している場合は、局部破壊の原因となるため補強を行う。
・リブを切断する場合は、デッキ受けを設け、荷重を梁や型枠に確実に伝わるようにする。

PART
4
躯体施工

4

型枠工事

次の問に答えなさい。

解答はそれぞれ異なる内容の記述とし、材料（仕様、品質、運搬、保管等）、作業環境（騒音、振動、気象条件等）及び作業員の安全に関する記述は除くものとする。

2．型枠工事において、柱又は梁型枠の加工、組立ての**施工上の留意事項を2つ、具体的に記述しなさい。**

ただし、基礎梁及び型枠支保工に関する記述は除くものとする。

［柱型枠］

> 梁型枠や壁型枠を取り付ける前に**チェーン**等で控えをとって、安定させるとともに、垂直精度を確保する。

＜他の解答例＞

・柱型枠の締付けは、柱全体をバランスよく行い、ねじれ、変形等の防止に留意する。

・柱型枠下部には、コンクリート打込み前の型枠内の清掃用に**掃除口**を設け、打設前の型枠内の清掃を行った後にふさぐ。

［梁型枠］

> 梁型枠の側板を底板より早く取り外すことを考慮して、型枠の納まりを検討の上、加工・組立てを行う。

＜他の解答例＞

・梁の側板に小梁の欠込みがある場合は、添木等で仮止めして変形防止の処置を行う。

・底板と側板との取合いは、セメントペースト等が漏出しないように密着させて組み立てる。

テーマ 5　コンクリート工事

1 コンクリートの調合　過 H27 記述

【1】水セメント比

- コンクリートの強度は、主に水とセメントの質量比である水セメント比によって決まります。高い強度が必要な場合は、水セメント比を小さくします。

$$水セメント比(W/C)=\frac{水の質量（W）}{セメントの質量（C）}×100（\%）$$

- 水セメント比が大きくなると、強度・耐久性・水密性の低下や乾燥収縮の増大などが生じるため、水セメント比の最大値は一般に65%以下と規定されています。
- 水セメント比を小さくすることにより、密実なコンクリートとなるため、コンクリート表面からの塩化物イオンの浸透に対する抵抗性を高めることができます。

【2】単位水量（W）

- 単位水量が多いと、ブリーディング量が増加し、乾燥収縮も増加します。
- 必要なワーカビリティーが得られる範囲で、できるだけ小さくします。
  一般に、単位水量の最大値は185kg/㎥以下です。

【3】単位セメント量

- 水セメント比と単位水量から決まります。
- 少なすぎるとワーカビリティーが悪くなり、耐久性も低下します。
- 多すぎると乾燥収縮や水和熱によるひび割れの原因になるため、できるだけ少なくします。

＜単位セメント量の最小値＞

- 普通コンクリート：270kg/㎥以上
- 場所打ちコンクリート杭等の水中コンクリート：330kg/㎥以上

【4】 単位骨材量

● 細骨材率とは、骨材量（細骨材＋粗骨材）に対する細骨材量の割合のことで、絶対容積の比で表します。

$$細骨材率 = \frac{細骨材の絶対容積}{細骨材の絶対容積＋粗骨材の絶対容積} \times 100 \quad （\%）$$

● 細骨材率は所定の品質が得られる範囲内で、**できるだけ小さく**します。
● **過小** ➡ 粗骨材が分離しやすく、バサバサのコンクリートになります。
● **過大** ➡ 流動性が悪くなり、乾燥収縮が大きくなります。所要のスランプを得るためには、単位水量が大きくなり、単位セメント量も多くなります。
● **単位粗骨材量**は、乾燥収縮ひずみ抑制のため、**できるだけ大きく**します。
● 骨材は扁平なものより球形に近い方が、ワーカビリティーがよくなります。

> 細骨材はできるだけ少なく、粗骨材はできるだけ多くしたいところですが、施工性に大きく影響します。

【5】 空気量

● 空気量が増えれば、ワーカビリティー、凍結融解抵抗性が増加しますが、強度は低下します。
● 普通コンクリートで**4.5%**が標準です。

【6】 塩化物量　過 H24 択一

● 塩化物が多いと**鉄筋の腐食**が生じやすくなります。
● 細骨材中の塩化物含有量は、NaCl換算で**0.04%以下**とします。
● コンクリート1㎥中の塩化物イオン量は**0.3kg/㎥以下**とします。

【7】 アルカリシリカ反応

● **アルカリシリカ反応**とは、反応性シリカを含む骨材が、セメントなどに含まれる**アルカリ金属イオン**と反応したものが、**水分を吸収**、膨張してコンクリートにひび割れ、ポップアウトなどを生じさせる現象です。

＜対策＞

次のいずれかを実施します。

- 反応性の骨材を使用しないようにします（無害の骨材を使用）。
- コンクリート中の**アルカリ総量の低減**（3.0kg/㎥以下）。
- アルカリシリカ反応の抑制効果のある、**混合セメント**の使用。

【8】 コンクリートの施工性・流動性

ワーカビリティーとはフレッシュコンクリート打込み・締固めなどの**作業の容易性**です。このワーカビリティーは、主にスランプによって代表されます。

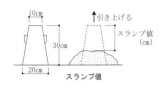

スランプ値

なお、**スランプ**とは、高さ30cmのスランプコーンにコンクリートを詰め、コーンを引き上げた後の、**中央部における下がり量**です。

調合管理強度33N/㎟未満：18cm以下

調合管理強度33N/㎟以上：21cm以下

② コンクリートの発注・製造

【1】 レディーミクストコンクリート工場の選定

- 所定時間限度内にコンクリートを打ち込める距離の工場を選定します。
- 同一工区に2以上の工場のコンクリートを打ち込まないようにします。

【2】 レディーミクストコンクリートの発注

- **呼び強度**の強度値は、「調合管理強度」以上とします。
- 呼び強度を保証する材齢は、原則として**28日**とします。

③ コンクリートの運搬

- 運搬及び打込み時に、コンクリートに**水を加えてはいけません**。
- 荷卸し直前にトラックアジテータのドラムを**高速回転**させて、コンクリートを**攪拌**し、均質にした後に排出します。

トラックアジテータ
（生コン車・ミキサー車）

4 コンクリートの現場内運搬

コンクリートの現場内運搬は、一般にコンクリートポンプ車により圧送します。コンクリートポンプ1台当たりの圧送能力は20〜70㎥/hです。

【1】輸送管の配置

輸送管は、フレッシュコンクリートの圧送に用いる鋼製やゴム製の管です。型枠や配筋などに直接振動を与えないように、**支持台**や**緩衝材**を用いて設置します。

【2】輸送管の径

	粗骨材の最大寸法（mm）	輸送管の呼び寸法（mm）
普通骨材	20、25	100A以上
	40	125A以上
軽量骨材（高所圧送・長距離圧送の場合）		125A以上

【3】圧送負荷 過 H26 択一

コンクリートポンプに加わる圧送負荷の算定に用いる配管長さは、**ベント管**の水平換算長さは実長の**3倍**、**テーパー管**、**フレキシブルホース**は実長の**2倍**で計算します。また、輸送管の**径が大きいほど圧力損失は小さくなり**、圧送性が向上します。

【4】配管の閉塞

圧送中に閉塞した場合は、その箇所の輸送管をすみやかに取り外し、その部分のコンクリートは**廃棄**します。

【5】先送りモルタル

圧送に先立ち、配管の水密性や潤滑性の確保のために、**水**及び**先送りモルタル**（富調合のモルタル）を圧送します。先送りモルタルは、原則として型枠内には打ち込まず、全て**廃棄**しなければいけません。

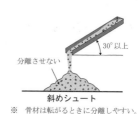

斜めシュート
※ 骨材は転がるときに分離しやすい。

【6】 シュートによる運搬 <small>過 H24・28・R2 択一</small>

シュートとは、コンクリートを高所から低所へ流し送るために使用する管状や樋状の器具です。

❶ シュートは原則、縦型シュートを用います。やむを得ず**斜めシュート**を用いる場合は、水平に対する傾斜角度を**30度以上**とします。

❷ 縦型フレキシブルシュートを用いて高所からコンクリートを流下させる場合、その**投入口と排出口との距離**については、水平方向の距離を垂直方向の距離の$\frac{1}{2}$以下とします。

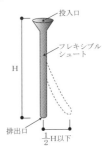

5 コンクリートの打込み <small>過 R1・5 記述</small>

【1】 打込みの注意点

❶ 型枠内で分離が生じやすくなる**横流し**はできるだけ避けます。

❷ **自由落下高さ**は、コンクリートが**分離**しない範囲とします。

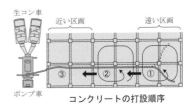

コンクリートの打設順序

【2】 打込み区画

❶ **遠い区画から先**に打ち込み、手前に**後退**しながら行います。

❷ **階段**を含む区画は、**階段まわり**から打ち込みます。

❸ **パラペットの立上がり、庇、バルコニー**などは、これを支持する**構造体部分と同一**の打込み区画とします。

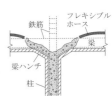

【3】 柱の打込み <small>過 H28・R2 択一</small>

❶ コンクリートを一度**スラブまたは梁で受けた後**、柱各面から打ち込みます。

　➡ 自由落下高さを抑えて、コンクリートが分離するのを防ぎます。

柱の打込み

❷ 階高が高い柱や壁（高さ4.5〜5m以上）に打ち込む場合は、縦型シュートなどを利用して、コンクリートが分離しない高さから打ち込みます。

【4】壁の打込み

❶ 打込み口を3m程度の間隔で移動し、各位置から平均して打ち込みます。

❷ 横流しで打込みを行うことは、分離などの原因となるため避けます。

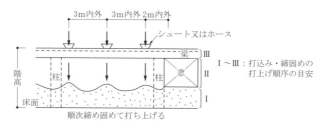

【5】梁の打込み

● 柱、壁は梁下で一度打込みを止めてコンクリートを沈降させてから打ち重ねます。梁上部まで連続して打ち込むと、コンクリートの沈降により、スラブと梁との境目にひび割れが発生するおそれがあります。

● せいが高い梁はスラブと一緒に打ち込まず、梁だけ先に打ち込みます。

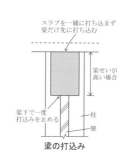

梁の打込み

【6】鉄骨鉄筋コンクリート造の梁への打込み

フランジの下端が空洞とならないように、フランジの片側から流し込み、反対側にコンクリートが上昇するのを待って全体に打ち込みます。

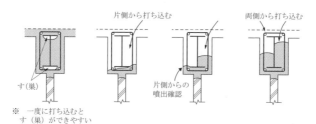

鉄骨鉄筋コンクリート造の梁への打込み

　ポンプ工法による打込み速度は、スランプが18cm程度のコンクリートの場合は1時間当たり20〜30㎥、1日当たりの上限250㎥が、良好な締固め作業ができ、側圧が過大にならない範囲の目安です。

> コンクリートの運搬、打込みは重要事項です。

6 コンクリートの締固め　過 R5 記述

【1】棒形振動機（内部振動機）による締固め

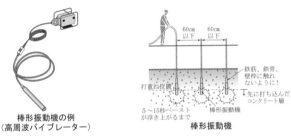

棒形振動機の例
（高周波バイブレーター）

60cm
以下　60cm
以下

打重ね位置

鉄筋、鉄骨、
壁枠に触れ
ないように！

先に打ち込んだ
コンクリート層

5〜15秒ペースト
が浮き上がるまで　棒形振動機

棒形振動機

※　スランプ10〜15cmの場合、公称棒径45mmの棒形振動機の締固め能力は、1台当たり10〜15㎥/h程度。

❶ 加振時間は、コンクリートの表面にセメントペーストが浮き上がるまでとします。一般に、1カ所5〜15秒程度です。

❷ 振動機の挿入間隔は60cm以下とします。

❸ 振動機は、鉄筋、埋込み配管、型枠などに接触しないようにします。
　➡ スペーサーが外れる原因となるためです。

❹ 振動機の先端は、先に打ち込んだ層に先端が入るようにします。
　➡ コールドジョイント防止のためです。

❺ 振動機を引き抜くときは、打ち込んだコンクリートに穴（空気だまり）が残らないように、加振しながら徐々に引き抜きます。

【2】タンピング

　コンクリートの沈み、材料分離、ブリーディング、プラスチック収縮ひび割れなどの硬化前の不具合は、**コンクリートの凝結が終了する前にタンパーによ**

るタンピングにより処置します。

7 時間管理　過 R1 記述

コンクリートの練混ぜから打込み終了までの時間及び打込み継続中における打重ね時間は以下のように、外気温によって決まります。なお、打重ね時間は、先に打ち込まれたコンクリートが再振動可能な時間内であることも必要です。

※　打継ぎとは、硬化後のコンクリートに新たなコンクリートを打つことをいい、打重ねとは、硬化前のコンクリートに新たなコンクリートを打つことをいう。

外気温	練混ぜから打込み終了までの時間	打重ね時間の間隔
25℃未満	120分以内	150分以内
25℃以上	90分以内	120分以内

※　高強度コンクリート、高流動コンクリートにおける練混ぜから打込み終了までの時間は、高性能AE減水剤による凝結遅延効果により、外気温にかかわらず120分以内。

覚え方
「日光で暑い打込み苦労を重ねてヒーフー」
　　　　25℃　　　　　　90分　　　　　1　　20分

8 打継ぎ

コンクリートの打継ぎ部は、完全な一体化は期待できないため、できるだけ少なくし、やむを得ず打継ぎ部を設ける場合は、応力の小さいところで打ち継ぐことが基本です。

【1】打継ぎ位置

❶ 水平打継ぎ部：水平打継ぎ部を設ける場合、一般にスラブ、梁、基礎梁の上端に設けます。

❷ 鉛直打継ぎ部：鉛直打継ぎ部を設ける場合、せん断応力の小さいスパンの中央部付近または曲げ応力の小さいスパンの $\frac{1}{4}$ 付近に設けます。

PART
4
躯体施工

5
コンクリート工事

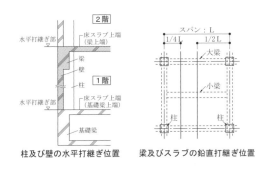

柱及び壁の水平打継ぎ位置 　　梁及びスラブの鉛直打継ぎ位置

【2】打継ぎ面の注意点

❶ 打継ぎ面は、レイタンス、ぜい弱なコンクリート、ごみなどを取り除き、健全なコンクリートを露出させます。

❷ 打継ぎ部は、散水などにより、湿潤状態にしておきます。

❸ 外部に面する場合、防水処理を行う目地（打継ぎ目地）を設けます。

9 養生 　過R3 記述

【1】湿潤養生

湿潤養生には、以下の方法があります。

❶ 透水性の小さいせき板による被覆、養生マット、水密シートなどの被覆による水分維持

❷ 散水又は噴霧による水分供給

❸ 膜養生や浸透性養生剤の塗布によるスラブ上面の水分逸散防止

　　実施時期：ⅰ コンクリート打設の仕上げ後

　　　　　　ⅱ コンクリート凝結終了後（せき板に接する面では脱型直後）

　　　　　　ⅲ コンクリートのブリーディング終了後

　　養生期間：普通ポルトランドセメントの場合は5日以上、早強ポルトランドセメントの場合は3日以上とします。また、いずれのセメントの場合も圧縮強度が10N/㎟以上になれば、湿潤養生を打ち切ることができます（厚さ18cm以上の場合）。

【2】養生温度

❶ 打込み中及び打込み後5日間以上はコンクリートの温度を2℃以上に保たなければなりません。なお、早強ポルトランドセメントの場合は3日間以上とすることができます。

❷ 大断面の部材で、中心部の温度が外気温より25℃以上高くなるおそれがある場合は、水和熱による温度ひび割れの発生を防止するための養生を行います。

【3】振動・外力からの保護

打込み中及び打込み後5日間は、乾燥、振動等によって凝結及び硬化が妨げられないように養生しなければなりません。少なくとも1日間（24時間）はその上の歩行や作業は禁止されます。やむを得ず、歩行や墨出しなどの軽作業を行う場合は、適切な養生を行い、静かに作業します。

🔟 コンクリートの欠陥・ひび割れ対策

【1】豆板（じゃんか） 週R1・5記述

豆板とは「じゃんか」ともいい、コンクリートの表面に粗骨材が集まって固まり、多くの隙間ができて不均質な状態となる欠陥です。

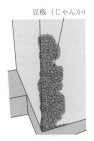
豆板（じゃんか）

豆板（じゃんか）

＜防止方法＞

記述対策 以下の項目を最低2つ以上は書けるようにしましょう。

- コンクリート打設に先立ち、型枠の水湿しを十分に行います。
- コンクリートが分離しないように、自由落下高さは、できるだけ低くし、均等に打ち込みます。
- 型枠内で分離が生じやすくなる横流しはできるだけ避けます。
- 棒形振動機による締固め加振時間は、コンクリートの表面にセメントペーストが浮き上がるまでとします（一般に、1カ所5〜15秒程度）。
- 階段まわりなどでは、吹出し部を先行し、立上がり部の締固めを十分に行います。

＜補修法＞

軽微な豆板は、不良部分をはつり、水洗いの後、木ごてなどで硬練りモルタルを塗り込みます。軽微でない豆板は、コンクリートをはつり取った後にコンクリートを打ち直します。

【2】 コールドジョイント 過 H29 記述

コンクリートの連続した打込みにおいて、先に打ち込まれたコンクリートが凝結し、後から打ち込んだコンクリートと一体化されずにできた継ぎ目のことをコールドジョイントといいます。

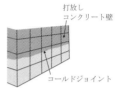

コールドジョイント

＜防止方法＞

記述対策 以下の項目を最低2つ以上は書けるようにしましょう。

- コンクリートの打込み作業は、できるだけ中断しないように連続的に行います。
- 打重ね部では、棒形振動機による締固めは、先に打ち込んだ層に先端が入るようにします。
- 打重ねの時間管理は、外気温が25℃未満の場合150分以内、25℃以上の場合120分以内とします。
- 十分な締固めを行えるコンクリート工、棒形振動機台数を準備します。
- 十分な締固めを行えるコンクリート打設速度とします。一般に20～30㎥／hを目安とします。

【3】 乾燥収縮ひび割れ 過 H27 記述

乾燥収縮ひび割れは、硬化後のコンクリート中の水分が失われることにより生じます。

＜防止方法＞

記述対策 以下の項目を最低2つ以上は書けるようにしましょう。

- 水セメント比が大きくなると乾燥収縮が増加するため、できるだけ小さくします。
- 単位水量は、必要なワーカビリティーが得られる範囲で、できるだけ少なく

します。

- ●**スランプ**は、必要なワーカビリティーが得られる範囲で、できるだけ小さくします。
- ●**単位セメント量**は、必要な施工性や耐久性が得られる範囲で、できるだけ少なくします。
- ●**細骨材率**は、所定の品質が得られる範囲内で、できるだけ**小さく**します。
- ●**単位粗骨材量**は、所定の品質が得られる範囲内で、できるだけ**大きく**します。
- ●透水性の小さいせき板による被覆、養生マット、水密シートなどの被覆による「水分維持」を目的とした湿潤養生を行います。
- ●膜養生や浸透性養生剤の塗布による「水分逸散防止」を目的とした湿潤養生を行います。

＜ひび割れ誘発目地の配置＞

- ●柱、梁で囲まれる壁の面積は**25㎡以下**とし、その**辺長比**（壁の長さ／壁の高さ）が**1.25以下**を原則とします。
- ●誘発目地の深さ（欠損率）は、施工時の実壁厚に対して$\frac{1}{5}$以上とし、かつ、誘発目地の間隔は**3ｍ以下**とします。

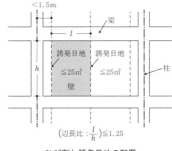

ひび割れ誘発目地の配置

11 各種コンクリート

【1】寒中コンクリート

　寒中コンクリートは、コンクリート打込み後の養生期間中にコンクリートが**凍結するおそれのある場合**に施工されるコンクリートのことで、打設日を含む旬（10日間）の平均気温が**4℃以下**になることが予想される時期に打ち込むコンクリートです。

❶ 品質

- ●AE剤、AE減水剤、高性能AE減水剤のいずれかを用います。
- ●**空気量は4.5〜5.5%**を標準とします。
- ●材料を加熱する場合は、水又は骨材を加熱します。
- ●骨材を加熱する場合、**直接火で加熱してはいけません**。

- セメントはいかなる方法でも、加熱してはいけません。
- 加熱した材料を用いる場合、セメントを投入する直前のミキサー内の骨材及び水の温度は40℃以下とします。

❷ 施工

- 荷卸し時の温度は10〜20℃とします。ただし、十分な**温度上昇**が見込まれる場合、工事監理者の承認を得て、下限値を5℃とすることができます。
- **初期凍害**を受けないように**初期養生**（加熱、断熱、保温）を行います。
- 初期養生期間は圧縮強度が5N/㎟に達するまでとします（加熱養生の際は、散水等で加湿する）。

【2】 暑中コンクリート　 過 H26・R4 択一

　暑中コンクリートは、暑中に施工されるコンクリートのことで、打込み予定日の日平均気温の日別平滑値（＝平年値［10年］）が**25℃を超える時期**に打ち込むコンクリートです。

❶ 品質

- 凝結を遅らせるため、遅延形の混和剤を用います。
- 荷卸し時の温度は、原則として**35℃以下**とします。
- **構造体強度補正値（S値）**は6N/㎟とします。

❷ 施工

- 練混ぜ開始から打込み終了までの時間は90分以内とします。
- 湿潤養生開始時期
  コンクリート上面：ブリーディング水の消失時期
  せき板面：脱型直後
- 湿潤養生：水分の急激な発散及び日射による温度上昇を防ぐよう、コンクリート表面に散水し、常に湿潤に保ちます。

【3】 高強度コンクリート

　高強度コンクリートは、**設計基準強度が48N/㎟を超える**コンクリートです。

❶ 品質

- 単位水量は、原則として、175kg/㎥以下とします。

ただし、良質な骨材が確保できないなど骨材事情により高性能AE減水剤を使用しても困難である場合、185kg/㎡以下にできます。

- 水セメント比は50%以下とします。
- 流動性はスランプフローで表します。

設計基準強度	スランプフロー
48N/㎟超、60N/㎟以下	60㎝以下

- 塩化物量は、一般と同様に、塩化物イオン量として0.30kg/㎡以下にします。
- 計画調合における品質・施工性の確認は、実機プラントによる試し練りにより確認します。

❷ 施工

- 練混ぜから打込み終了までの時間は、原則として一律120分とします。
- 粘性が高く、振動・締固めが効きにくいので、締固めは入念に行います。

【4】 マスコンクリート

　マスコンクリートは、部材断面寸法が大きく、セメントの水和熱による内外温度差により有害なひび割れが入るおそれがある部分に用いるコンクリートです。

❶ 品質

- 適用対象部材は、一般に最小断面寸法が、壁状部材については80㎝以上、柱状部材などでは100㎝以上が目安です。
- 中庸熱・低熱ポルトランドセメントなどを用います。
- AE減水剤などの標準形又は遅延形を用い、促進形は使用しません。
- スランプは15㎝以下とします。

❷ 施工

- コンクリートの内部温度の上昇をできるだけ低く抑え、内外の温度差を小さくします。
- 荷卸し時の温度は、原則として35℃以下とします。
- 内部温度上昇の期間は、表面温度が急激に低下しないように養生します（冷却目的の散水は内外温度差を拡大させて、ひび割れを誘発してしまう）。
- 内部温度の最高温度到達後は、保温養生によりひび割れを防止します。

●型枠は、コンクリートの表面温度と外気温との差が小さくなってから取り外します。

MEMO

PART
4
躯体施工

5
コンクリート工事

本試験問題

平成24年度 問題

次の記述において、記述ごとの①から③の下線部の語句のうち**最も不適当な**箇所番号を1つあげ、**適当な語句**を記入しなさい。

5．日本工業規格（JIS）のレディーミクストコンクリートの規格では、指定がない場合のレディーミクストコンクリートの塩化物含有量は、荷卸し地点で、塩化物イオン量として0.30kg/㎥以下と規定されている。
　　　　　　　①

また、レディーミクストコンクリートに使用する砂利の塩化物量については、プレテンション方式のプレストレストコンクリート部材に用いる場合を
　　　　　　　　　　　　　　　　　　　　　　　②
除き、NaCl換算で 0.04％以下と規定されている。
　　　③

平成24年度 問題

次の記述において、記述ごとの①から③の下線部の語句のうち**最も不適当な**箇所番号を1つあげ、**適当な語句**を記入しなさい。

6．コンクリート打込みの際の自由落下高さが高すぎるとコンクリートが分離
　　　　　　　　　　　　①
したりするおそれがあり、たて形シュートや打込み用ホースを接続してコンクリートの分離を防止する必要がある。

たて形シュートを使用する場合には、その投入口と排出口との水平方向の距離は、垂直方向の高さの約2倍以下とする。
　　　　　　　　　　　　　②

また、斜めシュートはコンクリートが分離しやすいが、やむを得ず斜めシュートを使用する場合には、その傾斜角度を水平に対して30度以上とする。
　　　　　　　　　　　　　　　　　　　　　　　　　　　③

②｜砂

解説

塩化物量が多いと鉄筋の腐食が生じやすくなるため、コンクリート 1 ㎥中の塩化物イオン量は0.3kg /㎥以下に規制されます。また、細骨材（砂）中の塩化物含有量は、NaCl換算で0.04％以下とされています。

② $\dfrac{1}{2}$

解説

コンクリート打ち込み時の自由落下高さは、コンクリートが**分離しない範囲**とします。たて型シュートを用いて高所からコンクリートを打設する場合、投入口と排出口の水平距離は、垂直距離の$\dfrac{1}{2}$以下とします。シュートは原則として、たて型シュートを用い、やむを得ず斜めシュートを用いる場合は、水平に対する傾斜角度を30度以上とします。

PART
4
躯体施工

5
コンクリート工事

　次の記述において、記述ごとの①から③の下線部の語句のうち**最も不適当な箇所番号**を１つあげ、**適当な語句**を記入しなさい。

5．コンクリート工事において、暑中コンクリートでは、レディミクストコンクリートの荷卸し時のコンクリート温度は、原則として35℃以下とし、コン
①
クリートの練混ぜから打込み終了までの時間は、120分以内とする。打込み後
②
の養生は、特に水分の急激な発散及び日射による温度上昇を防ぐよう、コンクリート表面への散水により常に湿潤に保つ。湿潤養生の開始時期は、コンクリート上面ではブリーディング水が消失した時点、せき板に接する面では脱型直後とする。
③

....

　次の記述において、記述ごとの①から③の下線部の語句のうち**最も不適当な箇所番号**を１つあげ、**適当な語句**を記入しなさい。

6．コンクリートポンプを用いてコンクリート打設を行う際、コンクリートポンプ１台当たりの１日の打込み量の上限は250㎥を目安とし、輸送管の大きさ
①
は圧送距離、圧送高さ、コンクリートの圧送による品質への影響の程度などを考慮して決める。輸送管の径が大きいほど圧力損失が大きくなる。
②
　コンクリートの圧送に先だちポンプ及び輸送管の内面の潤滑性の保持のため、水及びモルタルを圧送する。先送りモルタルは打設するコンクリートと同等以上の強度を有するものとし、モルタルは型枠内に打ち込まないことを
③
原則とする。

② 90

解説

暑中コンクリートは、荷卸し時のコンクリート温度は35℃以下とし、練混ぜから打込み終了までの時間を90分以内とします。

なお、ブリーディングとは、水より骨材・セメントの方が重いため沈み込み、コンクリート表面に水が浮かび上がる現象をいいます。レイタンスはブリーディング（現象）に伴い、水とともにコンクリート上面に浮かび上がったセメント微粒子による薄膜層のことをいいます。

・・・

② 小さく

解説

ポンプ工法によって打ち込む場合、スランプ18cm程度の場合は1時間当たり20〜30㎥、1日当たりの上限250㎥が、良好な締固め作業が可能で、側圧が過大にならない範囲の目安です。コンクリート輸送管の径が大きいほど圧力損失は小さくなり、圧送性が向上します。コンクリートの圧送に先立ち、水及び先送りモルタル（富調合のモルタル）を圧送しますが、この先送りモルタルは原則として型枠内には打ち込まず、全て廃棄しなければいけません。

PART
4
躯体施工

5
コンクリート工事

359

次の記述において、記述ごとの①から③の下線部の語句又は数値のうち最も不適当な箇所番号を1つあげ、適当な語句又は数値を記入しなさい。

6. 型枠の高さが4.5m以上の柱にコンクリートを打ち込む場合、たて形シュー
   ①
   トや打込み用ホースを接続してコンクリートの分離を防止する。

   たて形シュートを用いる場合、その投入口と排出口との水平方向の距離は、
   垂直方向の高さの約$\frac{1}{2}$以下とする。
   ②

   やむを得ず斜めシュートを使用する場合、その傾斜角度は水平に対して15
   ③
   度以上とする。

....

次の記述において、記述ごとの①から③の下線部の語句又は数値のうち最も不適当な箇所番号を1つあげ、適当な語句又は数値を記入しなさい。

7. コンクリートポンプ工法による1日におけるコンクリートの打込み区画及
   び打込み量は、建物の規模及び施工時間、レディーミクストコンクリートの
   ①
   供給能力を勘案して定める。

   コンクリートの打込み速度は、スランプ18cm程度の場合、打込む部位に
   よっても変わるが、20～30㎥/hが目安となる。
   ②

   また、スランプ10～15cmのコンクリートの場合、公称棒径45mmの棒形振動
   機台1当たりの締固め能力は、10～30㎥/h程度である。
   ③

   なお、コンクリートポンプ1台当たりの圧送能力は、20～50㎥/hである。

③ 30

解説

　階高が高い柱や壁（高さ4.5〜5 m以上）に打ち込む場合は、縦型シュートなどを利用して、コンクリートが分離しない高さから打ち込みます。縦型シュートの場合、投入口と排出口の水平距離は、垂直距離の$\frac{1}{2}$以下とします。また、やむを得ず、斜めシュートを用いる場合は、その水平に対する傾斜角は30度以上とします。

---

③ 15

解説

　ポンプ工法によって打込む場合、スランプ18cm程度の場合は1時間当たり20〜30㎥、1日当たりの上限250㎥が、良好な締固め作業が可能で、側圧が過大にならない範囲の目安です。スランプ10〜15cmのコンクリートの場合、公称棒形45mmの棒形振動機（内部振動機）の締固め能力は、1台当たり10〜15㎥/h程度とされています。

PART
4
躯体施工

5
コンクリート工事

次の記述において、記述ごとの①から③の下線部の語句又は数値のうち最も
不適当な箇所番号を1つあげ、適当な語句又は数値を記入しなさい。

6. 型枠の高さが <u>4.5m以上</u> の柱にコンクリートを打ち込む場合、たて形シュー
　　①
ートや打込み用ホースを接続してコンクリートの分離を防止する。

　　たて形シュートを用いる場合、その投入口と排出口との水平方向の距離は、
垂直方向の高さの約 $\frac{1}{2}$ 以下とする。
　　　　　　　　②

　　また、斜めシュートはコンクリートが分離しやすいが、やむを得ず斜め
シュートを使用する場合で、シュートの排出口に漏斗管を設けない場合は、そ
の傾斜角度を水平に対して <u>15度以上</u> とする。
　　　　　　　　　　　③

③ 30

解 説

階高が高い柱や壁（高さ4.5〜5m以上）に打ち込む場合は、縦型シュートなどを利用して、コンクリートが**分離**しない**高さ**から打ち込みます。縦型シュートの場合、投入口と排出口の水平距離は、垂直距離の$\frac{1}{2}$以下とします。また、やむを得ず、斜めシュートを用いる場合は、その水平に対する傾斜角は30度以上とします。

PART
4
躯
体
施
工

5

コ
ン
ク
リ
ー
ト
工
事

次の記述において、□□□に当てはまる**最も適当な語句又は数値の組合せ**を、下の枠内から**1つ**選びなさい。

7. コンクリート工事において、暑中コンクリートでは、レディーミクストコンクリートの荷卸し時のコンクリート温度は、原則として□a□℃以下とし、コンクリートの練混ぜから打込み終了までの時間は、□b□分以内とする。

　打込み後の養生は、特に水分の急激な発散及び日射による温度上昇を防ぐよう、コンクリート表面への散水により常に湿潤に保つ。

　湿潤養生の開始時期は、コンクリート上面ではブリーディング水が消失した時点、せき板に接する面では脱型□c□とする。

	a	b	c
①	30	90	直後
②	35	120	直前
③	35	90	直後
④	30	90	直前
⑤	30	120	直後

次の問いに答えなさい。

ただし、解答はそれぞれ異なる内容の記述とし、作業環境（気象条件等）、材料の保管及び作業員の安全に関する記述は除くものとする。

3. 普通コンクリートを用いる工事において、ひび割れを防止するためのコンクリートの調合上の留意事項を、2つ具体的に記述しなさい。

令和4年度 解答

③　a－35　　　b－90　　　c－直後

解説

　暑中コンクリートは、暑中に施工されるコンクリートのことで、打込み予定日の日平均気温の日別平滑値（＝平年値［10年］）が25℃を超える時期に打ち込むコンクリートです。凝結を遅らせるため、遅延形の混和剤を用い、荷卸し時の温度は、原則として**35℃以下**、練混ぜ開始から打込み終了までの時間は**90分以内**とします。

　打込み後の養生は、特に水分の急激な発散及び日射による温度上昇を防ぐよう、コンクリート表面への**散水**により常に湿潤に保たなければなりません。この湿潤養生の開始時期は、コンクリート上面では**ブリーディング水**が**消失**した時点、せき板に接する面では**脱型直後**とします。

平成27年度 解答例

単位水量は、規定するコンクリートの品質が得られる範囲で、できるだけ**小さく**する。
AE剤やAE減水剤などを用いてワーカビリティーを向上させつつ、単位水量を減らす。

＜他の解答例＞

・計画供用期間の級が標準の場合、レディーミクストコンクリートの水セメント比は、**65％以下**とする。

・コンクリート中の**細骨材率**は、品質が得られる範囲内で小さくし、また**単位粗骨材量**は乾燥収縮ひずみ抑制のため、できるだけ大きくする。

次の問いに答えなさい。

解答はそれぞれ異なる内容の記述とし、作業環境（気象条件等）、材料の品質、材料の調合、材料の保管及び作業員の安全に関する記述は除くものとする。

3．コンクリート工事の打込み時における、コールドジョイントの発生を防止するための**施工上の留意事項**を2つ具体的に記述しなさい。

次の問いに答えなさい。

ただし、解答はそれぞれ異なる内容の記述とし、材料の保管、作業環境（騒音、振動、気象条件等）及び作業員の安全に関する記述は除くものとする。

3．普通コンクリートを用いる工事において、コンクリートを密実に打ち込むための**施工上の留意事項**を2つ、具体的に記述しなさい。

ただし、コンクリートの調合及び養生に関する記述は除くものとする。

コンクリートの打込み作業は、できるだけ中断しないように**連続的**に行い、十分な締固めを行える打投速度（一般に**20〜30㎥/ h**）とする。

打重ね時に棒状バイブレーターを**先打ちコンクリートの中に挿入**して、後打ちコンクリートとの一体化をはかり、十分に締め固める。

＜他の解答例＞
・十分な締固めを行えるコンクリート工、**棒型振動機**（内部振動機）の数を準備し、必要に応じて**型枠振動機**（外部振動機）を併用する。

柱・壁は、スラブと梁との境目のひび割れ防止のため、梁下で一度打込みを止めてコンクリートを沈降させてから打ち重ねる。

コンクリートは鉛直に打ち込み、落下高さを小さくする。壁部分は3 m程度の間隔で打設し、横流しをしない。

＜他の解答例＞
・柱の打設は、**自由落下高さ**を抑えて、コンクリートが分離するのを防ぐため、一度スラブまたは梁で受けた後に、柱各面から打ち込む。
・階高が高い柱や壁に打ち込む場合は、縦型シュートの利用やホースを伸ばして、コンクリートが**分離しない高さ**から打ち込む。
・SRC造の梁への打設は、フランジの下部が空洞とならないように、フランジ**片側**から流し込み、反対側にコンクリートが上昇するのを待って全体に打ち込む。

PART
4
躯体施工

5
コンクリート工事

次の問に答えなさい。

ただし、解答はそれぞれ異なる内容の記述とし、材料（仕様、品質、運搬、保管等）、作業環境（騒音、振動、気象条件等）及び作業員の安全に関する記述は除くものとする。

3. コンクリート工事において、コンクリート打込み後の養生に関する**施工上の留意事項**を２つ、具体的に記述しなさい。

なお、コンクリートに使用するセメントは普通ポルトランドセメントとし、計画供用期間の級は標準とする。

> ひび割れ防止のため、コンクリート打込み後、**少なくとも1日**はその上を歩行したり、重量物を載せて作業をしたりしない。

> コンクリートが、日射、風により乾燥しひび割れが生じないように、シートで覆うもしくは**散水養生**を行う。

＜他の解答例＞

・打込み後**5日間以上**は、コンクリートの温度を**2℃以上**に保つ。

・大断面の部材では、コンクリート中心部と表面の温度差が大きくならないように養生し、水和熱による温度ひび割れの発生を防止する。

・コンクリート打込み後、**5日間以上**は、**湿潤養生**を行う。

1 鋼材の加工

【1】 開先加工

　溶接する母材の間に設ける溝を「**開先（グルーブ）**」
といい、開先加工には機械加工法、ガス加工法、プ
ラズマ加工法などがあり、**自動ガス切断機**によるガ
ス加工法が多く用いられます。開先加工面の精度は、
次のとおりです。

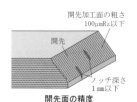

開先加工面の粗さ
100μmRz以下

開先

ノッチ深さ
1 mm以下

開先面の精度

粗さ	ノッチ深さ
100μmRz以下	1 mm以下

　※　$\mu = 10^{-6}$なので、$100\,\mu m = 10^{-4}m = 0.1\,mm$
　※　ノッチ：ガス切断により生じた、えぐられたような
　　　欠陥のこと。

【2】 孔あけ加工

❶ **高力ボルト**用の孔あけ加工は、板厚
　にかかわらず**ドリルあけ**とします。た
　だし、監理者の承認がある場合はレー
　ザー孔あけとすることができます。

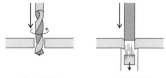

ドリル加工　　　　せん断加工

❷ 普通ボルト用孔、アンカーボルト用孔、鉄筋貫通孔は、ドリルあけを原則
　とします。ただし、**板厚13mm以下はせん断孔あけ**とすることができます。

❸ 高力ボルト接合面にブラスト処理を行う場合、孔あけ加工は、**ブラスト処
　理の前**に行います。

【3】 摩擦面の処理

　高力ボルト接合部は、応力伝達に必要な摩擦面処理をします。自然発錆、薬
剤発錆、ブラスト処理で**すべり係数0.45以上**を確保します。

❶ 自然発錆

● 摩擦面のミルスケール（黒皮）は、ディスクグラインダーなどにより**除去**し
　た後、屋外で**赤錆を自然発錆**させます。

● ミルスケールは添え板全面（添え板外周から5mm程度内側）の範囲について

除去します。

※　ミルスケール（黒皮）：鋼材の製造過程で、鋼材表面に形成される黒色の酸化鉄の層。ミル
スケールは、高力ボルト摩擦面では除去する。溶接面では除去しなくてもよい。

❷ 薬剤発錆

●黒皮除去後、薬剤を塗布して、所定期間養生し、赤錆状態を確保します。

❸ ブラスト処理

ショットブラストなどにより、表面粗さ50μmRz以上を確保します。

※　ショットブラスト：小さな鋼球を処理面に吹き付け、ミルスケールや粉状の赤錆を除去する。
高力ボルト摩擦接合の摩擦面の処理のほか、塗装下地の処理に用いる。

❹ 自然発錆、薬剤発錆により赤錆状態とした場合、又はブラスト処理で表面
粗さ50μmRz以上とした場合、**すべり係数試験は省略**できます。

❺ 摩擦面、座金の接する面の浮き錆、塵埃（じんあい）、油、塗料、溶接スパッタなどは
除去します。

❻ 溶融亜鉛めっきの摩擦面　週R2択一

すべり係数0.40以上を確保することができるように、特記のない限り、表
面粗さ50μmRz以上となるブラスト処理又はりん酸塩処理とします。処理
範囲は、添え板外周ラインから5mm程度内側までとします。

高力ボルト摩擦接合は、「摩擦面」が命です。

2 溶接方法

溶接種類		特　徴
アーク溶接	被覆アーク溶接 （手溶接※1）	金属の棒（心線）に被覆材（フラックス）を塗布した**溶接棒**と母材の間に電圧をかけ、発生したアーク熱を利用して溶接棒と母材を溶融させて溶接する方法。**風に強く**、比較的簡易な装置なので広く利用されている
	ガスシールドアーク溶接 （CO₂半自動溶接※2）	溶接部をガス（CO₂やCO₂＋Arガス）で遮断（シールド）しながら、溶接ワイヤ（ソリッドワイヤなど）を自動で送給して行うアーク溶接。風に対して弱く、**防風対策が必要**
その他の溶接	スタッド溶接 （アークスタッド溶接）	スタッドボルトの先端と母材の間にアークを発生させ、加圧して行う溶接。**合成梁や鉄骨柱脚のシアコネクタなどの溶接**に用いられる

※1　手溶接：溶接操作、溶接で短くなった溶接棒の交換をともに手作業で行う溶接
※2　半自動溶接：溶接操作は手作業で行うが、溶接ワイヤの送給が自動で行われる溶接
　　　自動溶接：溶接操作も溶接ワイヤの送給も自動で行われる溶接

＜その他の特徴＞

❶ 被覆アーク溶接
● 全姿勢溶接可能

❷ ガスシールドアーク溶接
● 作業能率が最も良好です。
● 被覆アーク溶接に比べて風に弱くなります。

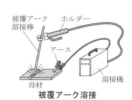

被覆アーク溶接

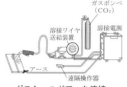

ガスシールドアーク溶接

❸ 溶接継ぎ目

　溶接部の断面の形式を**溶接継ぎ目**といいます。鉄骨工事では主に、完全溶込み溶接、隅肉溶接、部分溶込み溶接などが用いられます。

【1】完全溶込み溶接

　接合部の**全断面**を完全に溶接するため、接合部の強さは**母材同等**となります。

突合せ継手

Ｔ継手

角継手

❶ 全断面を完全に溶かし合わせるため、開先加工を行います。

❷ 全幅を完全に溶接しなければなりません。溶接の始端と終端には欠陥が生じやすいため、エンドタブを用いて始端・終端は母材外とします。なお、エンドタブは、**特記がない場合は切断しなくてかまいません**が、クレーンガーダーなど

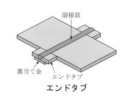

エンドタブ

のように高サイクル疲労荷重が作用する箇所では、切除して母材表面まで平滑に仕上げなければいけません。

❸ エンドタブの長さは被覆アーク溶接は30㎜以上、サブマージアーク溶接などの自動溶接は70㎜以上で、**自動溶接の方が長くなります**。

❹ 溶接方法

＜片面から溶接する場合＞

底部に溶込み不足が生じやすいので、裏当て金を
用います。

➡ ルート部に溶接欠陥が生じやすいので、**適正な**
ルート間隔が重要です。

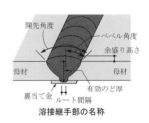

溶接継手部の名称

● **開先角度**：開先（＝溝）全体としての角度です。

● **ベベル角度**：ベベルとは傾斜を意味し、材料端部
の傾斜角度のことです。

● **ルート面**：ルートとは、母材間の最も接近した部分です。

● **ルート間隔**：開先の底部の間隔。**ルートギャップ**ともいいます。

＜両面から溶接する場合＞

先行溶接の第1層に欠陥が生じやすいので、裏面から
の溶接前、**裏はつり**して削り落とします。

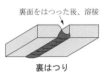

裏はつり

❺ **余盛り**は、母材表面から溶接金属が盛り上がった部
分ですが、過大なものは欠陥となるので、**最小の余**
盛り高さとし、母材表面から滑らかに連続する形状とします。

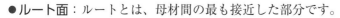	開先寸法 B （mm）	管理許容差 Δh （mm）	限界許容差 Δh （mm）
$h+\Delta h$	$B < 15$	$0 < \Delta h < 3\ (h=0)$	$0 < \Delta h < 5$
$h+\Delta h$	$15 \leqq B < 25$	$0 < \Delta h < 3\ (h=0)$	$0 < \Delta h < 6$
$h+\Delta h$	$25 \leqq B$	$0 < \Delta h < (4/25)\,B$ $(h=0)$	$0 < \Delta h < (6/25)\,B$

名　称	図	管理許容差	限界許容差
完全溶込み溶接T継手（裏当て金あり）の余盛り高さ※1　$\varDelta h$		$t \leqq 40\text{mm}$（$h = \dfrac{t}{4}\text{mm}$） $0 \leqq \varDelta h \leqq 7\,\text{mm}$ $t > 40\text{mm}$（$h = 10\text{mm}$） $0 \leqq \varDelta h \leqq \dfrac{t}{4} - 3\,\text{mm}$	$t \leqq 40\text{mm}$（$h = \dfrac{t}{4}\text{mm}$） $0 \leqq \varDelta h \leqq 10\,\text{mm}$ $t > 40\text{mm}$（$h = 10\text{mm}$） $0 \leqq \varDelta h \leqq \dfrac{t}{4}$
完全溶込み溶接T継手（裏はつり）の余盛り高さ※2　$\varDelta h$		$t \leqq 40\text{mm}$（$h = \dfrac{t}{8}\text{mm}$） $0 \leqq \varDelta h \leqq 7\,\text{mm}$ $t > 40\text{mm}$（$h = 5\,\text{mm}$） $0 \leqq \varDelta h \leqq \dfrac{t}{4} - 3\,\text{mm}$	$t \leqq 40\text{mm}$（$h = \dfrac{t}{8}\text{mm}$） $0 \leqq \varDelta h \leqq 10\,\text{mm}$ $t > 40\text{mm}$（$h = 5\,\text{mm}$） $0 \leqq \varDelta h \leqq \dfrac{t}{4}$

※1　裏当て金付きのT継手の余盛り高さの最小値は、突き合わせる材の厚さの$\dfrac{1}{4}$とし、材の厚さが40mmを超える場合は10mmとする。

※2　裏はつりT継手の余盛り高さの最小値は、突き合わせる材の厚さの$\dfrac{1}{8}$とし、材の厚さが40mmを超える場合は5mmとする。

❻ 板厚の異なる完全溶込み溶接（突合せ継手）

● 傾斜加工

低応力高サイクル疲労を受ける突合せ継手においては、板厚の厚い部材側にテーパー（傾斜$\dfrac{1}{2.5}$以下）を付けます。

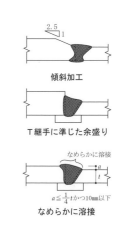

傾斜加工

T継手に準じた余盛り

なめらかに溶接

$a \leqq \dfrac{1}{4}t$かつ10mm以下

● T継手に準じた余盛り

板厚差による段違いが薄い部材の$\dfrac{1}{4}$を超える場合、あるいは10mmを超える場合は、T字継手に準じた高さの余盛りを設けます。

● なめらかに溶接

板厚差による段違いが薄い部材の$\dfrac{1}{4}$以下、かつ、10mm以下の場合は、溶接表面が薄い部材から厚い部材へなめらかに移行するように溶接します。

【2】 隅肉溶接

隅肉溶接は、母材の隅部に三角形の
断面をもつ溶接金属にて溶接する方法
で、重ね継手やT継手に用いられます。
完全溶込みと異なり、全断面を溶接で
きないので母材より接合部の方が弱くなります。

T継手

重ね継手

❶ 隅肉溶接の溶接長さ

設計図書に示す溶接長さは、**有効長さに隅肉サイズ（S）の2倍を加えたも**
ので、その長さを確保するように施工します。

$$溶接長さ＝有効長さ＋2S$$

❷ 部材端部は滑らかに回し溶接を行います。

❸ サイズは薄い方の母材厚以下とします。

回し溶接 　　　 隅肉溶接の溶接長さ

4 溶接施工の留意点

【1】 溶接環境等 過 H26・R2 択一

❶ 溶接作業場所の気温が−5℃を下回る場合は、**溶接を行うことはできませ**
ん。−5℃〜5℃の間の場合、接合部より100㎜の範囲の母材部分を適切
に**加熱（ウォームアップ）**すれば溶接することができます。

❷ 鉄骨の現場溶接作業において、**防風対策**は特に配慮しなければなりません。

● アーク熱によって溶かされた溶融金属は大気中の**酸素**や**窒素**が混入しやすく、
凝固するまで適切な方法で**外気から遮断**する必要があります。

➡ 遮断材料：**シールドガス**など

● 風の影響によりガスに乱れ

➡ 溶融金属の保護が不完全 ➡ ブローホールなどの溶接欠陥

- 窒素の混入

    ➡ 溶融金属の破壊じん性が低下

- ガスシールドアーク溶接の場合は、風速が2m/s以上ある場合には適切な防風措置を講じなければ、溶接を行うことはできません。

❸ 溶接姿勢はできるだけ下向きとします。

❹ 溶接割れを防止するためには、溶接部及び周辺を予熱することにより、溶接部の冷却速度を遅くしたり、継手の拘束度を小さくします。

【2】母材の清掃

❶ 開先面とその周辺は、スラグなど溶接に支障となるものは除去します。

※　スラグ：アーク熱で分解した溶接棒の被覆材（フラックス）などが溶けて固まったかす。

❷ 固着したミルスケールは、除去しなくてもかまいません。

【3】溶接金属の品質（溶接入熱・パス間温度）

　溶接入熱が大きく、かつ、パス間温度が高すぎると、溶接金属の強度や衝撃値が低下するなど、構造的な弱点となるおそれが生じますので、溶接入熱・パス間温度は特に管理が重要です。

※　パス間温度：複数パス（溶接継目に沿って行う1回の溶接操作）において、次パスを開始するときの前パスの最低温度をいう。この温度が高すぎると、接合部の強度や変形能力が低下するおそれがある。

【4】溶接欠陥と補修

		欠　陥	補修方法
外観不良の補修	アンダーカット	溶接の止端に沿って母材が掘られて、溶着金属が満たされないで溝となって残る溶接欠陥	❶ 深さ1mm以下 グラインダーで母材の削りすぎに注意し、滑らかに仕上げる ❷ 深さ1mm超 グラインダーなどでアンダーカットを除去し整形した後、40mm以上のビード長さの補修溶接を行い、必要に応じてグラインダーで仕上げる
	表面割れ	溶接金属の表面に割れがある溶接欠陥	割れの両端から50mm以上余分にはつり取り、舟底形に溝を整えてから補修溶接をする 表面割れの補修方法
内部欠陥の補修	溶込み不良	溶込みが不足してルート面などが溶融されずに残る溶接欠陥	検査記録に基づき欠陥の位置関係を溶接部にマークし、欠陥をアークエアガウジング等で完全に除去する。欠陥指示位置の両端から20mm程度を余分に除去し、舟底形に溝を整えてから再溶接をする
	融合不良	溶接境界面が互いに十分に溶け合っていない溶接欠陥	

5 鉄骨建方

【1】建方工法

❶ 建逃げ方式

クローラークレーン、トラッククレーンなど移動式建方機械を用い、建物端部から建て始めて、1～3スパンごとに最上階まで

クローラークレーン　トラッククレーン　　建逃げ方式

建て、機械を移動させた後に、また同様に建方を行う方式です。

❷ 水平積上げ方式

タワークレーンなどの定
置式クレーンを用い、建物
全体を水平割りとし、下層
から順に上層へ積み上げ
て建方を行う方式です。

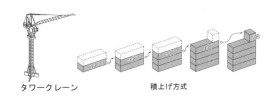

タワークレーン　　　　　　　積上げ方式

【2】 建方を容易にする工夫・留意点

❶ 梁の高力ボルト接合では、上フランジのスプライスプレートをあらかじめ
はね出しておきます。

❷ 風荷重などの建方時の予期しない外力に備えて、補強ワイヤ、筋かいなど
による**補強作業は必ず建方当日に行い**、翌日に持ち越してはいけません。

❸ 重心のわかりにくい部材は、危険防止のため重心位置を明示します。

❹ 10分間の平均風速が**10m/sを超える場合**は、作業を中止します。

【3】 仮ボルトの締付け　過 H25 記述

　建方作業における鉄骨部材の組立てに使用し、ボ
ルトの本締め又は溶接までの間、架構の変形や倒壊
を防ぐための仮のボルトを**仮ボルト**といいます（本
ボルトと同径のものを使用）。

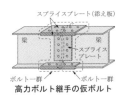

スプライスプレート（添え板）

梁　　　　　梁
スプライス
プレート

ボルト一群　　ボルト一群
高力ボルト継手の仮ボルト

❶ 一般的な高力ボルト継手に用いる仮ボルト
中ボルトなどを用い、ボルト一群に対して$\frac{1}{3}$程度、かつ、2本以上をウェブ
とフランジにバランスよく配置して締め付けます。

❷ 混用接合・併用継手に用いる仮ボルト
中ボルトなどを用い、ボルト一群に対して$\frac{1}{2}$程度、かつ、2本以上をバラン
スよく配置して締め付けます。

※　六角ボルトは、加工精度による分類により上、中、並に区分される。

❸ 柱現場溶接継手のエレクションピースに用いる仮ボルト
高力ボルトを使用し、全数締め付けます。

❹ 仮ボルトは本締め用のボルトと兼用してはいけません。

❺ 本締め前に梁上に材料を仮置き等する場合には、仮ボル
ト本数を割り増したり、補強ワイヤの検討を行います。

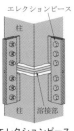

エレクションピース
に用いる仮ボルト

継手の種類	仮ボルトの材種	本　数
高力ボルト	普通ボルト（中ボルト）	$\frac{1}{3}$程度・2本以上
混用接合・併用継手		$\frac{1}{2}$程度・2本以上
エレクションピース	高力ボルト	全数

【4】建入れ直し　過 R1 記述

　建入れ直しとは、鉄骨の建方の途中または最
後に柱や梁の鉛直度・水平度などを測定・修正
する作業のことです。

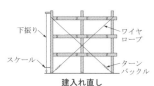

建入れ直し

❶ 建入れ直し及び建入れ検査は、建方の進行
とともに、**できるだけ小区画に区切って行います。**

❷ 倒壊防止用ワイヤロープを使用する場合、これを**建入れ直しに兼用しても
かまいません。**

❸ ターンバックル付き筋かいを有する構造物は、その筋かいを用いて**建入れ
直しを行ってはいけません。**

❹ ワイヤによる**建入れ直し**は、**スパンを収縮させる方向に働くため、その前
に各スパンを正規の寸法に直すスパン調整作業**を行います。正規より小さ
い場合、接合部のクリアランスに**くさび**を打ち込み、押し広げます。

【5】建方の精度

❶ 測定は、**日照・温度による影響**を考慮し、温度による変動が少なくなる時
間帯に行います。

PART
4
躯体施工

6
鉄骨工事

❷ **建方精度**

● 建物の倒れ精度（限界許容差）

高さの$\frac{1}{2,500}$＋10mm以下、かつ、50mm以下とします。

● 柱の倒れの建方精度（管理許容差）

高さの$\frac{1}{1,000}$かつ10mm以下とします。

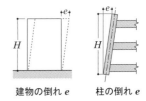

建物の倒れ e 　　柱の倒れ e

※ 限界許容差：これを超える誤差は原則として許されない許容差のこと。

※ 管理許容差：施工上の目標値のこと。

6 高力ボルト接合

【1】 高力ボルト 　過 R2 択一

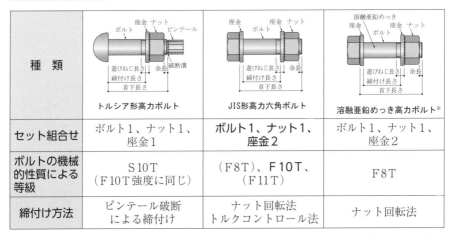

種　類	トルシア形高力ボルト	JIS形高力六角ボルト	溶融亜鉛めっき高力ボルト※
セット組合せ	ボルト1、ナット1、座金1	**ボルト1、ナット1、座金2**	ボルト1、ナット1、座金2
ボルトの機械的性質による等級	S10T（F10T強度に同じ）	（F8T）、F10T、（F11T）	F8T
締付け方法	ピンテール破断による締付け	ナット回転法 トルクコントロール法	ナット回転法

※ 溶融亜鉛めっき高力ボルト接合においては、溶融亜鉛めっき高力ボルトの等級F8Tを用いる。

【2】 高力ボルトの取扱い

❶ 梱包**未開封**状態のまま工事現場へ搬入、乾燥した場所で保管し、**梱包は施工直前に解きます**。

❷ 種類、等級、径、長さ、ロット番号などをメーカーの規格品証明書と照合し、発注条件と合っていることを確認します。

【3】接合部の組立て

❶ 接合部に1mmを超える**はだすき**がある場合、
フィラープレートを挿入します。フィラープ
レートの材質は、母材の材質にかかわらず、
400N/㎟級の鋼材でかまいません。

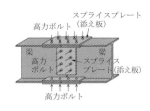

はだすき量	処理方法
1mm以下	処理不要
1mmを超えるもの	フィラーを入れる

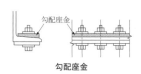

フィラープレート

❷ 高力ボルトの頭部またはナットと接合部材
の面が$\frac{1}{20}$以上傾斜している場合は、勾配座
金を使用します。

勾配座金

❸ **高力ボルト孔のくい違い**

部材組立て時に生じた**ボルト孔のくい違い**については、くい違い量によって
以下の対処方法をとります。

孔のくい違い	処理方法
2mm以下の場合	リーマ掛けして修正
2mmを超えるの場合	工事監理者と協議して決定

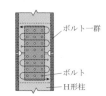

ボルト孔のくい違い

※ リーマ：ボルト孔などの径の修正またはくい違いの修正に用いられる、孔さらい用のきり。

【4】高力ボルトの締付け 過 H29・R3記述

❶ 一群の高力ボルトの締付けは、**群の中央から周辺に向
かう順序**で行います。

❷ [1次締め] ➡ [マーキング] ➡ [本締め] の順に3段
階で行います。

❸ **マーキング**

ボルト、ナット、座金、母材にかけて、マーキングを施します。

❹ トルシア形高力ボルトの本締め

● 専用の締付け機を用い、ピンテールが破断するまでナットを締め付けます。

● 専用締付け機が使用できない場合には、高力六角ボルトに交換して、ナット回転法又はトルクコントロール法で締め付けます。

マーキング
（トルシア形高力ボルト）

❺ 留意事項

● 座金及びナットには表裏を逆使いしないようにします。

　座金の表：内側に**面取りのある側**

　ナットの表：等級の**表示記号がある側**

● 挿入から本締めまで、同日中に完了させることを原則とします。

● 作業場所の温度が0℃以下になり着氷のおそれがある場合には、原則として、**締付け作業を行うことはできません。**

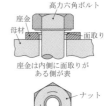

座金は内側に面取りがある側が表

ナットは表示記号のある側が表

座金・ナットの表裏

● 高力ボルトの頭部が接する鋼材面や座金との接触面に、鋼材のまくれなどがある場合は、**ディスクグラインダー掛け**により平らに仕上げます。

> 高力ボルトの締付け管理は、記述問題に対応できるようにしましょう。

【5】本締め後の検査 過 H24・28 択一、R3 記述

　トルシア形高力ボルトは、全てのボルトを目視検査し、異常のないものを合格とします。

❶ ピンテールの破断

❷ 共回り・軸回りがないこと。

※　共回り：ナットの締付けとともに、座金又はボルトがナットと一緒に回転してしまう現象。
※　軸回り：ナットと座金が動かず、ボルトだけが回転してしまう現象。

❸ ナット回転量は全てのナット回転量を測定し、一群の平均回転角度±30°の範囲内。範囲を外れたボルトは全て**取り替えます。**なお、一度使用した

ボルトは、再使用することはできません。

❹ ナット面から突き出たボルトの余長：ねじ山の出が1～6山

トルシア形高力ボルト
マーキング

本締め
正常終了

ナットと座金の
共回りの例

ボルトの
軸回りの例

７ スタッド溶接　過 H27 記述

　床スラブに加わる面内せん断力（水平力）を梁に伝達し、鉄骨とコンクリートを一体化させる目的で、鉄骨梁に「頭付きスタッド」をスタッド溶接ガンを用いて溶接する方法です。

スタッド
溶接ガン

スタッド溶接

❶ スタッド溶接は、原則、**下向き姿勢**で行います。

❷ やむを得ず、**横向き姿勢**で溶接を行う場合は、スタッド溶接技能者で資格種別**B級（専門級）**の資格を有する者が行います。

頭付きスタッド

❸ 溶接面に、水分、著しい錆、塗料・亜鉛めっき等溶接作業及び溶接結果に障害となるものがある場合、ウ
エスやワイヤブラシ等で除去します。または、スタッド軸径の**2倍以上**をグラインダー等により丁寧に除去し清掃を行います。

梁
頭付きスタッド

❹ スタッド溶接は大電流のため、原則、**専用電源**を用います。

❺ スタッド溶接でデッキプレートを貫通させる場合は、径16mm以上の太いスタッドを使い、デッキプレートを梁に確実に密着させて溶接します。
　→ 事前に**試験溶接**を行って、引張試験、曲げ試験等を行い、溶接部の品質が確保できる施工条件を定めます。

❻ スタッド溶接の検査　過 H24・28・30・R4 択一
＜施工前（30°打撃曲げ検査）＞
●施工に先立ち、適切な**溶接条件**を確認するために行います。

PART
4
躯体施工

6

鉄骨工事

● スタッドの径ごと、午前と午後のそれぞれの作業開始前に2本以上のスタッド溶接を行い、ハンマー打撃により曲げ角度30°まで曲げ、溶接条件の適否を確認します。

＜施工後（15°打撃曲げ検査）＞

● ハンマー打撃により曲げ角度15°まで曲げ、溶接部の割れなどの欠陥を確認します。

● 「100本」または「主要部材1個に溶接した本数」のいずれか少ない方を1ロットとして、1ロットにつき1本行います。

　➡ 合格したスタッドは、曲げたままでかまいません。

● 欠陥が認められた場合、同一ロットからさらに2本のスタッドを検査

　➡ 2本とも良：ロット合格

　　 1本のみ良：ロット全数について検査

時　期	折曲げ角度	目　　的
施工前	30°	適切な溶接条件の確認のため
施工後	15°	施工後、良質な施工品質が確保されているか否か

＜スタッドの仕上り高さ、スタッドの傾きの基準＞

　ロットから長いかあるいは短そうなもの、又は傾きの大きそうなもの1本を選択し、外観検査を行います。

スタッド溶接後の仕上りの高さと傾き

	管理許容差	限界許容差	測定方法
$L + \triangle L$ θ	$-1.5\text{mm} \leqq \triangle L \leqq$ $+1.5\text{mm}$	$-2\text{mm} \leqq \triangle L \leqq$ $+2\text{mm}$	スタッドが傾いている場合は、軸の中心でその軸長を測定する 仕上り高さ　　金属製直尺　　度型板（85°）
	$\theta \leqq 3°$	$\theta \leqq 5°$	

スタッド溶接は、数値をしっかり覚えましょう。

8 耐火被覆 過 H29 記述

　耐火被覆とは、鉄骨造の骨組みを火災時の熱から守るために耐火性・断熱性の高い材料で被覆することで、主要な工法は**吹付け工法（ロックウール吹付け）**です。

❶ 吹付け工法には、乾式工法、半乾式工法があります。

●**乾式工法**

　ロックウールとセメントを工場配合した材料と水を別々に圧送して、ノズル先端で混合吹付けする工法です。

●**半乾式工法**

　ロックウールとセメントスラリーを別々に圧送して、ノズルの先端で混合吹付けする工法です。

❷ 搬入された材料は、吸水や汚染などが生じないように、パレット積みやシート掛けなどをして保管します。

❸ 鋼材面に浮き錆、油脂、塵埃（じんあい）などが付着している場合は、ディスクサンダーなどの動力工具、スクレーパー、ワイヤブラシなどの手工具を使用して、付着物を十分に除去します。

❹ 吹付け厚さは、**確認ピン**を用いて確認します。

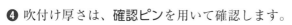
確認ピン

❺ 吹付け厚さの確認は、スラブ及び壁面については、5 ㎡につき 1 カ所、柱は 1 面につき各 1 本以上、梁は 1 本当たり**ウェブ両側に各 1 本、フランジ下面に 1 本、下フランジ端部両側に各 1 本**、確認ピンを差し込んで確認します。なお、確認ピンはそのまま**残置**します。

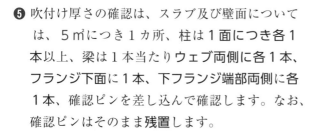
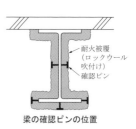

耐火被覆
（ロックウール
吹付け）
確認ピン

梁の確認ピンの位置

❻ かさ密度の測定は施工面積を代表するように行い、梁はウェブから 2 カ所、フランジ下から 1 カ所、柱は 2 カ所から切り取って行います。

❼ 施工中の**粉じんの飛散**が多く、吹付けにあたり、十分な**飛散防止養生**が必要です。

平成24年度 問題

　次の記述において、記述ごとの①から③の下線部の語句のうち**最も不適当な**箇所番号を１つあげ、**適当な語句を記入**しなさい。

7．トルシア形高力ボルトの締付け完了後の検査は、すべてのボルトについてピンテールが破断していることを確認する。１次締付け後に付したマークの①
　ずれにより、ナット回転量に著しいばらつきの認められる群については、その一群のすべてのボルトのナット回転量を測定し、平均回転角度を算出する。②
　この結果、平均回転角度±45度の範囲のものを合格とする。③

平成24年度 問題

　次の記述において、記述ごとの①から③の下線部の語句のうち**最も不適当な**箇所番号を１つあげ、**適当な語句を記入**しなさい。

8．鉄骨工事におけるスタッド溶接部の15°打撃曲げ検査は、150本又は主要部①
　材１個ごとに溶接した本数のいずれか少ない方を１ロットとし、１ロットにつき１本行う。②
　　検査の結果不合格になった場合は、同一ロットから更に２本のスタッドを検査し、２本とも合格の場合は、そのロットを合格とする。
　　ただし、これら２本のスタッドのうち１本以上が不合格となった場合は、そのロット全数について検査する。③

③ 30

解 説

トルシア形高力ボルトの本締めは専用の締付け機を用い、**ピンテール**が破断するまでナットを締め付けます。高力ボルトのナット回転量は、一群の平均回転角度±30°の範囲を合格とし、範囲を外れたボルトは全て取り替えます。

....

平成24年度 解答

① 100

解 説

スタッド溶接の施工後の15°打撃曲げ検査は、100本又は主要部材1個に溶接した本数のいずれか少ない方を1ロットとして、1ロットにつき1本行います。欠陥が認められた場合、同一ロットからさらに2本のスタッドを検査します。2本とも良好な場合はそのロットは合格とし、1本のみ良好の場合は、ロット**全数**について検査します。

PART
4
躯体施工

6

鉄骨工事

　次の記述において、記述ごとの①から③の下線部の語句のうち**最も不適当な箇所番号を１つあげ、適当な語句を記入しなさい。**

8．鉄骨の現場溶接作業において、防風対策は特に配慮しなければならない事項である。アーク熱によって溶かされた溶融金属は大気中の酸素や窒素が混
　　①　　　　　　　　　　　　　　　　　　　　　　　　　　　　　②
入しやすく、凝固するまで適切な方法で外気から遮断する必要がある。このとき遮断材料として作用するものが、ガスシールドアーク溶接の場合シールドガスである。しかし、風の影響によりシールドガスに乱れが生じると、溶融金属の保護が不完全になりアンダーカットなどの欠陥が生じてしまう。ま
　　　　　　　　　　　　　　　　③
た、溶融金属中への窒素の混入は、溶融金属の破壊靱性を低下させる。
　　　　　　　　　②

　次の記述において、記述ごとの①から③の下線部の語句又は数値のうち**最も不適当な箇所番号を１つあげ、適当な語句又は数値を記入しなさい。**

7．鉄骨工事におけるスタッド溶接部の15°打撃曲げ検査は、150本又は主要部
　　　　　　　　　　　　　　　　　　　　　　　　　　　①
　材１個に溶接した本数のいずれか少ない方を１ロットとし、１ロットにつき
　　　　　　　　　　　　　②
　１本行う。
　③
　　検査の結果、不合格になった場合は同一ロットからさらに２本のスタッドを検査し、２本とも合格の場合はそのロットを合格とする。

③ ブローホール

💡解説

　アーク熱によって溶かされた溶融金属は大気中の酸素や窒素が混入しやすいため、凝固するまで外気からシールドガスで遮断します。風の影響等でガスが乱れて保護が不完全になると、ブローホール（空洞）等の溶接欠陥が生じます。また、窒素が混入すると、溶接金属のじん性が低下します。

....

平成28年度 解答

① 100

💡解説

　スタッド溶接の施工後の15°打撃曲げ検査は、100本又は主要部材1個に溶接した本数のいずれか少ない方を1ロットとして、1ロットにつき1本行います。欠陥が認められた場合、同一ロットからさらに2本のスタッドを検査します。2本とも良好な場合はそのロットは合格とし、1本のみ良好の場合は、ロット全数について検査します。

PART
4
躯体施工

6

鉄骨工事

次の記述において、記述ごとの①から③の下線部の語句又は数値のうち**最も不適当な箇所番号**を1つあげ、**適当な語句又は数値を記入しなさい。**

8. トルシア形高力ボルトの締付け完了後の検査は、すべてのボルトについてピンテールが破断されていることを確認し、1次締付け後に付したマークの
 ①
 ずれを調べる。

　ナット回転量に著しいばらつきが認められる群については、そのボルト一
 ②
群のすべてのボルトのナット回転量を測定し、平均回転角度を算出し、ナット回転量が平均回転角度±45度の範囲のものを合格とする。
 ③

次の記述において、記述ごとの①から③の下線部の語句又は数値のうち**最も不適当な箇所番号**を1つあげ、**適当な語句又は数値を記入しなさい。**

8. 鉄骨工事におけるスタッド溶接後の仕上がり高さ及び傾きの検査は、100
 ①
本又は主要部材1本若しくは1台に溶接した本数のいずれか少ないほうを1
ロットとし、1ロットにつき1本行う。
 ②
　検査する1本をサンプリングする場合、ロットの中から全体より長いかあ
 ②
るいは短そうなもの、又は傾きの大きそうなものを選択する。

　なお、スタッドが傾いている場合の仕上がり高さは、軸の中心でその軸長を測定する。

　検査の合否の判定は限界許容差により、スタッド溶接後の仕上がり高さは指定された寸法の±2mm以内、かつ、スタッド溶接後の傾きは15度以内を適
 ③
合とし、検査したスタッドが適合の場合は、そのロットを合格とする。

③ 30

解説

　トルシア形高力ボルトの本締めは専用の締付け機を用い、**ピンテール**が破断するまでナットを締め付けます。高力ボルトのナット回転量は、一群の平均回転角度±30°の範囲を合格とし、範囲を外れたボルトは全て取り替えます。

③ 5

解説

　スタッドが傾いている場合、軸の中心でその軸長を測定し、仕上り高さは±2mm以内、傾きは5°以内を合格とします。

PART
4

躯体施工

6

鉄骨工事

次の記述において、記述ごとの①から③の下線部の語句又は数値のうち**最も不適当な**箇所番号を１つあげ、**適当な**語句又は数値を記入しなさい。

7．溶融亜鉛めっき高力ボルト接合に用いる溶融亜鉛めっき高力ボルトは、建築基準法に基づき認定を受けたもので、セットの種類は１種、ボルトの機械的性質による等級は<u>F8T</u>が用いられる。
　　　　　　　　　　　　　　　　　　　　　　　　　　①

　溶融亜鉛めっきを施した鋼材の摩擦面の処理は、すべり係数が0.4以上確保できるブラスト処理又は<u>りん酸塩</u>処理とし、H形鋼ウェブ接合部のウェブに
　　　　　　　　　　　　　　②
処理を施す範囲は、添え板が接する部分の添え板の外周から５mm程度<u>外側</u>と
　　　　　　　　　　　　　　　　　　　　　　　　　　　　　　　　　③
する。

次の記述において、記述ごとの①から③の下線部の語句又は数値のうち**最も不適当な**箇所番号を１つあげ、**適当な**語句又は数値を記入しなさい。

8．鉄骨の現場溶接作業において、防風対策は特に配慮しなければならない事項である。

　アーク熱によって溶かされた溶融金属は大気中の酸素や<u>窒素</u>が混入しやす
　　　　　　　　　　　　　　　　　　　　　　　　　　①
く、凝固するまで適切な方法で外気から遮断する必要があり、このとき遮断材料として作用するものが、ガスシールドアーク溶接の場合は<u>シールドガス</u>
　　　　　　　　　　　　　　　　　　　　　　　　　　　　②
である。

　しかし、風の影響により<u>シールドガス</u>に乱れが生じると、溶融金属の保護
　　　　　　　　　　　　②
が不完全になり溶融金属内部に<u>アンダーカット</u>が生じてしまう。
　　　　　　　　　　　　　　③

③ 内側

解説

　溶融亜鉛めっきの摩擦面**すべり係数**0.40以上を確保することができるように、特記なき限り、表面粗さ50μmRz以上となるブラスト処理、又はりん酸塩処理とします。処理範囲は、添え板外周ラインから5㎜程度内側までとします。

· ·

③ ブローホール

解説

　アーク熱によって溶かされた溶融金属は大気中の酸素や窒素が混入しやすいため、現場溶接において凝固するまで外気からシールドガスで遮断します。風の影響等でガスが乱れて保護が不完全になると、ブローホール（空洞）等の溶接欠陥が生じます。

　なお、アンダーカットとは、溶接の止幅に沿って母材が掘られて、溶接金属が満たされずに溝となって残る溶接欠陥をいいます。

　次の記述において、☐☐☐☐に当てはまる**最も適当な語句又は数値の組合せ**を、下の枠内から**1つ選びなさい。**

8．鉄骨工事におけるスタッド溶接後の仕上がり高さ及び傾きの検査は、
　　☐ a ☐本又は主要部材1本若しくは1台に溶接した本数のいずれか少ない
　　ほうを1ロットとし、1ロットにつき1本行う。

　　検査する1本をサンプリングする場合、1ロットの中から全体より長いか
　　あるいは短そうなもの、又は傾きの大きそうなものを選択する。

　　なお、スタッドが傾いている場合の仕上がり高さは、軸の中心でその軸長
　　を測定する。

　　検査の合否の判定は限界許容差により、スタッド溶接後の仕上がり高さは
　　指定された寸法の±☐ b ☐mm以内、かつ、スタッド溶接後の傾きは☐ c ☐
　　度以内を適合とし、検査したスタッドが適合の場合は、そのロットを合格と
　　する。

	a	b	c
①	150	2	5
②	150	3	15
③	100	2	15
④	100	2	5
⑤	100	3	5

④　a － 100　　b － 2　　c － 5

💡**解 説**

　スタッド溶接後の**外観検査**は、「100本」または「主要部材1個に溶接した本数」のいずれか**少ない方**を1ロットとして、ロットから長いかあるいは短そうなもの、又は傾きの大きそうなもの**1本**を選択して行います。スタッドが傾いている場合は、軸の中心でその軸長を測定し、限界許容差は、長さについては±2㎜、傾きについては5度以内です。

次の問いに答えなさい。

ただし、留意事項は、それぞれ異なる内容の記述とし、材料の保管、作業環境（気象条件等）及び作業員の安全に関する記述は除くものとする。

4．鉄骨工事の建方時における仮ボルトの**施工上の留意事項**を、2つ具体的に記述しなさい。

ただし、材料に不良品はないものとする。

....

次の問いに答えなさい。

解答はそれぞれ異なる内容の記述とし、作業環境（気象条件等）、材料の保管及び作業員の安全に関する記述は除くものとする。

4．鉄骨工事において、梁上に頭付きスタッドをアークスタッド溶接する場合の**施工上の留意事項**を、2つ具体的に記述しなさい。

ただし、頭付きスタッドに不良品はないものとし、電源、溶接機及び技量資格に関する記述は除くものとする。

仮ボルトの材質は、本締めで用いる高力ボルトと同径の**中ボルト**とし、仮ボルトは本締め用のボルトと兼用しない。

高力ボルト継手に用いる仮ボルトは中ボルトを使用し、ボルト一群に対して$\frac{1}{3}$程度、かつ**2本**以上をウェブとフランジにバランスよく配置する。

＜他の解答例＞

・混合接合・併用継手に用いる仮ボルトは中ボルトを使用して、ボルト一群に対して$\frac{1}{2}$程度、かつ、**2本**以上をバランスよく配置して締め付ける。

・柱現場溶接に使用するエレクションピースに用いる仮ボルトは高力ボルトを使用し、**全数**締付けを行う。

デッキプレートを貫通して溶接する場合は、事前に**試験溶接**を行い、施工条件を定める。

スタッドの溶接は、スタッドを鉄骨母材に直接溶接することを原則として、**下向き**の姿勢で行う。

＜他の解答例＞

・溶接面に水分、錆、塗料が付着している場合は、ウエスやワイヤブラシ等で除去する。

・溶接面に、著しい錆、塗料、亜鉛めっき等溶接結果に障害となるものがある場合、スタッド**軸径の2倍以上**をグラインダー等により丁寧に除去し**清掃**を行う。

・デッキプレートを敷き込んだ梁上にスタッド溶接を行う場合、デッキプレートに穴をあける、又は切り離す等して**フランジ表面**に直接溶接できるようにする。

PART 4 躯体施工

6 鉄骨工事

次の問いに答えなさい。

解答はそれぞれ異なる内容の記述とし、作業環境（気象条件等）、材料の品質、材料の調合、材料の保管及び作業員の安全に関する記述は除くものとする。

4．鉄骨工事の耐火被覆における、吹付けロックウール（乾式又は半乾式）工法の**施工上の留意事項**を2つ具体的に記述しなさい。

....

次の問いに答えなさい。

解答はそれぞれ異なる内容の記述とし、材料の保管、作業環境（騒音、振動、気象条件等）及び作業員の安全に関する記述は除くものとする。

4．鉄骨工事において、建入れ直しを行う場合の**施工上の留意事項**を2つ、具体的に記述しなさい。

　　ただし、アンカーボルト及び仮ボルトに関する記述は除くものとする。

....

次の問に答えなさい。

解答はそれぞれ異なる内容の記述とし、材料（仕様、品質、運搬、保管等）、作業環境（騒音、振動、気象条件等）及び作業員の安全に関する記述は除くものとする。

4．鉄骨工事において、トルシア形高力ボルトの締付けに関する**施工上の留意事項**を2つ、具体的に記述しなさい。

　　ただし、締付け器具に関する記述は除くものとする。

吹付け作業に際して、粉じんが外部に飛散しないようシート等で養生する。

吹付け厚さは、柱は各面1カ所以上など所定の本数の**確認ピン**を差し込んで確認する。なお、確認ピンは残置する。

<他の解答例>

・浮き錆、油脂、じん埃などが鋼材面に付着している場合では、ディスクサンダーなどで付着物を十分に除去する。

建入れ直しは、各節の建て方が終了するごとに行う。建物形状が大規模でスパン数が多い場合は、適度な**小ブロック**に分割してその都度に修正を行う。

ターンバックル付きブレースを有する建物においては、そのブレースを用いて建入れ直しは行わず、建入れ直し用のワイヤロープを用いる。

<他の解答例>

・ターンバックル付き筋かいを有する構造物においては、その筋かいを用いて建入れ直しは行わない。

本締めは、ピンテールが破断するまでナットを締め付け、**共回り**、**軸回り**がないことをマーキングにより確認する。

トルシア形高力ボルトセットを構成する座金及びナットには**表裏**があるため、逆使いしないようにする。

<他の解答例>

・締付け作業は、部材の密着に注意し、**1次締め**、**マーキング**、**本締め**の3段階で行う。なお、挿入から本締めまで、同日中に完了させる。

・一群の高力ボルトの締付けは、群の中央から周辺に向かう順序で行う。

PART
4
躯体施工

6
鉄骨工事

テーマ **7**　　**安全・クレーン等**

◼ 仮囲い・通路

【1】 仮囲い

　工事現場と外部とを区画する仮設物で、工
事関係者以外の出入りを禁止したり、通行人
などの第三者に対する災害の防止、盗難防止
などを目的として設置します。

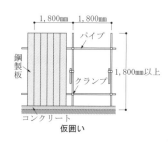

仮囲い

❶ 既製の鋼製板や木製板などを使用し、高
　さ1.8m（必要がある場合は3m）以上と
　します。

❷ 強風等により倒壊することがないよう**十分に安全な構造**とし、工事期間に
　見合った**耐久性**のあるものとします。

❸ 仮囲い下部の隙間は、背面に**幅木**を取り付けたり、**土台コンクリート**を打
　設したりして塞ぎます。道路に傾斜がある場合は、土台コンクリートを階
　段状に打設して、隙間が生じないようにします。

【2】 ゲート・通用口

❶ 重量と風圧を軽減するためは、上部に網を張る構造にします。

❷ 出入り口、通用口などの扉は、**引き戸または内開き**とします。

❸ 施錠できる構造とし、工事に必要がない限り**閉鎖**しておきます。

❹ 生コン車が出入りする場合、**空荷時の生コン車が通過できる高さ**とします。

【3】 屋内に設ける仮設通路（建物内通路）　過 H26 択一

　作業場に通じる場所及び作業場内には、労働者が使用するための**安全な通路**を
設け、かつ、これを常時有効に保持しなければいけません。また、主要な通路に
は、これを保持するため、通路であることを示す**表示**をしなければいけません。

❶ つまずき、すべり、踏み抜きなどの危険がないようにします。

❷ 用途に応じた幅とし、通路面から高さ1.8m以内に障害物がないようにします。

❸ 機械間又はこれと他の設備との間に設ける通路については、幅80㎝以上とします。

2 足場の安全性　過R2択一

❶ 単管足場における建地間の積載荷重は400kg以下とします。

❷ 吊り足場の上で脚立、はしごなどを用いて労働者に作業させてはいけません。

❸ 吊り足場の作業床は、幅40㎝以上とし、かつ、隙間がないようにします。

❹ 吊り足場の安全係数

吊りワイヤロープ、吊り鋼線の安全係数：10以上

吊り鎖（チェーン）、吊りフックの安全係数：5以上

吊り鋼帯・吊り足場の上下支点部（鋼材）：2.5以上

※　安全係数は、吊り材の切断荷重の値を、吊り材にかかる「最大積載荷重」で除した値。安全係数が大きいほど、安全に対して余裕を見込んでいる。

> 吊り足場の３つの安全係数は、数値もしっかり覚えましょう。

3 クレーン　過H24・28択一

【1】移動式クレーン

❶ 油圧式トラッククレーン

全旋回型のクレーン部分をトラックシャーシの上に装備した移動式クレーンで、作業時にはアウトリガーを設置して使用します。

トラッククレーン

❷ ホイールクレーン（ラフテレーンクレーン）

同じ運転室内でクレーン操作及び走行操作が可能で、小回りがきき、機動性に優れます。油圧トラッククレーンより、狭所進入、狭隘地作業性に優れます。

❸ クローラークレーン

キャタピラで走行する移動式クレーンで、移動式ク
レーンの中では機動性、走行性は劣りますが、安定
性に優れ、不整地・軟弱地盤での走行性は良好です。
直ブーム式と**タワー式**があります。タワー式の方が、
ブーム下のふところが大きく、より建物に接近して作
業が可能です。

クローラー
クレーン

【2】定置式クレーン

❶ タワークレーン（水平式タワークレーン）

ジブが水平で、吊り荷をトロリーで水平移動すること
ができ、クレーンの安定及び効率が良好です。

❷ タワークレーン（傾斜ジブ式又は起伏式タワーク
レーン）

タワークレーン

重量物の揚重に適し、市街地の**狭い場所**で、ジブの起伏動作によって**作業半
径を自由に変える**ことができます。水平式より、つり上げ荷重が大きく、**揚
程が高く**とれます。

MEMO

本試験問題

次の記述において、記述ごとの①から③の下線部の語句のうち**最も不適当な**箇所番号を1つあげ、**適当な語句を記入しなさい。**

1. ラフテレーンクレーンと油圧トラッククレーンを比較した場合、狭所進入、狭隘地作業性に優れるのは、ラフテレーンクレーンである。
①

   また、クローラクレーンのタワー式と直ブーム式を比較した場合、ブーム下のふところが大きく、より建物に接近して作業が可能なのは、直ブーム式である。
②

   定置式のタワークレーンの水平式と起伏式を比較した場合、吊上げ荷重が大きく、揚程が高くとれるのは、起伏式である。
③

....

次の記述において、記述ごとの①から③の下線部の語句のうち**最も不適当な**箇所番号を1つあげ、**適当な語句を記入しなさい。**

1. 作業場に通じる場所及び作業場内には、労働者が使用するための安全な通路を設け、かつ、これを常時有効に保持しなければならない。通路で主要なものにはこれを保持するため通路であることを示す表示をしなければならない。

   屋内に設ける通路は用途に応じた幅を有し、通路面から高さ1.8m以内に障
①   ②
害物を置いてはならない。機械間又はこれと他の設備との間に設ける通路については、幅60cm以上としなければならない。
③

②│タワー式

💡解説

　クローラクレーンにはタワー式と直ブーム式がありますが、ブームのふところが大きく、より建物に接近して作業が可能なのはタワー式です。

③│80

💡解説

　場内通路は用途に応じた幅とし、通路面から高さ1.8m以内に障害物がないようにします。機械間又はこれと他の設備との間に設ける通路については、幅80cm以上とします。

PART
4
躯体施工

7

安全・クレーン等

　次の記述において、記述ごとの①から③の下線部の語句又は数値のうち最も不適当な箇所番号を1つあげ、適当な語句又は数値を記入しなさい。

1．ラフテレーンクレーンと油圧トラッククレーンを比較した場合、狭所進入、狭隘地作業性に優れるのは、<u>ラフテレーンクレーン</u>である。
①

　クローラクレーンのタワー式と直ブーム式を比較した場合、ブーム下のふところが大きく、より建物に接近して作業が可能なのは、<u>直ブーム式</u>である。
②

　また、定置式のタワークレーンの水平式と起伏式を比較した場合、吊上げ荷重が大きく揚程が高くとれるのは、<u>起伏式</u>である。
③

　次の記述において、記述ごとの①から③の下線部の語句又は数値のうち最も不適当な箇所番号を1つあげ、適当な語句又は数値を記入しなさい。

1．つり足場における作業床の最大積載荷重は、現場の作業条件等により定めて、これを超えて使用してはならない。

　つり足場のつり材は、ゴンドラのつり足場を除き、定めた作業床の最大積載荷重に対して、使用材料の種類による安全係数を考慮する必要がある。

　安全係数は、つりワイヤロープ及びつり鋼線は<u>7.5以上</u>、つり鎖及びつりフックは<u>5.0以上</u>、つり鋼帯及びつり足場の上下支点部は鋼材の場合<u>2.5以上</u>とする。
①　　　　　　　　　　②　　　　　　　　　　　　　　　　　③

② タワー式

解説

クローラクレーンにはタワー式と直ブーム式がありますが、ブームのふところが大きく、より建物に接近して作業が可能なのは**タワー式**です。定置式のタワークレーンのジブには水平式と起伏式がありますが、**水平式**はジブが水平で、吊り荷をトロリーにて水平移動を行います。**起伏式**は、ジブの起伏動作によって作業半径を自由に変えることができます。水平式より、吊上げ荷重が大きく、揚程が高くとれます。

....

① 10

解説

吊り足場の安全係数は、吊りワイヤロープ及びつり鋼線は**10**以上、吊り鎖と吊りフックは5以上、吊り鋼帯及び吊り足場の上下支点部は鋼材の場合2.5以上です。また、吊り足場の作業床は、**幅40cm**以上とし、かつ、隙間がないようにします。

PART
4
躯体施工

7
安全・クレーン等

PART 5

仕上施工

PART 5　仕上施工

1　過去12年の出題テーマ

【注】Hは平成、Rは令和を示しています。また "タ" は択一形式、"キ" は記述形式を表しています。

		出題項目	H24	H25	H26	H27	H28	H29	H30	R1	R2	R3	R4	R5
防水工事	テーマ1	アスファルト防水		タ		タ	キ	タ	キ	タ		タ	キ	
		シート防水												タ
		2成分形変成シリコーン系シーリング材	キ											
タイル工事	テーマ2	密着張り	キ											
		改良圧着張り		タ					キ					
		有機質接着剤張り					キ				キ			
		検査・その他タイル工事全般				タ		タ		タ		タ		タ
屋根工事	テーマ3	下葺・加工		タ								タ		
		鋼板製屋根用折板葺			キ	タ		タ		タ	キ			タ
金属工事	テーマ4	軽量鉄骨天井下地				タ								
		軽量鉄骨壁下地	キ							タ				タ
		アルミニウム製笠木							キ					
		金属製手すり						タ						
左官工事	テーマ5	左官工事における吸水調整材						タ						
		下地のセメントモルタル塗り				タ				タ				タ
		セルフレベリング材塗り		タ			キ					タ		
		仕上塗材		タ	キ					キ			キ	
建具工事	テーマ6	鋼製、ステンレス製建具						タ					キ	タ
		シャッター				タ				タ				
塗装工事	テーマ7	塗装の研磨紙ずり										タ		
		パテ処理				タ				タ				タ
		アクリル樹脂系非水分散形塗料					タ							

	出題項目	H24	H25	H26	H27	H28	H29	H30	R1	R2	R3	R4	R5
内装工事 テーマ8	せっこうボードの直張り工法		タ						タ				
	天井仕上げ					キ				キ			
	壁紙の直張り工法			キ							タ		
	ビニル床シート	キ											
	フローリングの釘留め工法			キ								キ	
	フリーアクセスフロア下地タイルカーペット				タ		タ						タ
	硬質ウレタンフォーム吹付け工法									キ			
その他のテーマ テーマ9	構造ガスケット構法（ガラス）		タ										
	ALCパネル		タ										
	PCカーテンウォール											タ	
	外壁のひび割れ部の改修											タ	

　過去12年の「仕上施工」の出題を区分すると、表のようになります。全般として、専門性・難度が高く、広い分野からまんべんなく出題されていますが、繰り返し出題されるテーマもあるため、過去問対策が重要です。

　出題頻度が高いのは防水工事、タイル工事、内装工事で、ほぼ毎年出題されます。

　防水工事は、アスファルト防水を中心に、各種工法の特徴をしっかり押さえて、記述形式にも対応できるように準備する必要があります。

　タイル工事はセメントモルタルを用いた後張り工法を中心に、検査関係も忘れずに学習しましょう。比較的量は多くありませんので、学習効率の高い分野といえます。「仕上施工」が不得意な方も、得点できるように準備しましょう。

　内装工事は、天井、壁、床の部位別にみると、いずれかからほぼ毎年出題されています。また、天井関連は記述形式で複数回出題されています。

　令和6年度の仕上施工は、前年の出題傾向から、記述形式の出題が予想されます。施工上の留意点を記述することを意識しながら、しっかり学習してください。なお不得意項目については、『わかって合格る1級建築施工管理技士基本テキスト』『わかって合格る1級建築施工管理技士一次検定8年過去問題集』での復習をお勧めします。

テーマ 1　防水工事

■1　防水材料

【1】アスファルトプライマー

　防水下地に最初に塗布する下地処理材で、下地表面に浸透して下地と防水層の**接着性**を向上させます。有機溶剤タイプとエマルションタイプ（水性タイプ）がありますが、引火の危険性がないことや人体への影響の配慮などから、**エマルションタイプ**を使用するケースが増えています。

【2】ルーフィング類

❶ アスファルトルーフィング

　天然の有機質繊維のフェルト状シートにアスファルトを浸透させ、表裏面に鉱物質粉末を付着させてロール状またはシート状にした防水材料で、防水層を形成する主要材料の一つです。

❷ ストレッチルーフィング

　合成繊維を主とした多孔質なフェルト状のシートにアスファルトを浸透させ、表裏面に鉱物質粉末を付着させた防水材料です。アスファルトルーフィングに比べ伸び率が大きく破断しにくいため、下地の動きが大きいことが予測される場合には効果的です。なお、表面に砂粒を付着させた**砂付ストレッチルーフィング**は、一般に、保護コンクリートのない**露出防水の最上層**に、仕上げ張りとして用いられます。

❸ 砂付あなあきルーフィング

　全面に一定の大きさの「あな」を等間隔にあけたアスファルトルーフィングで、防水層と下地面を**密着させず絶縁する**目的で、防水層の**最下層**に用います。

❹ 網状アスファルトルーフィング

　目の粗い麻布、綿布、合成繊維の布などにアスファルトを浸透させたもので、引張強度が強いので、防水層立上がりの際やドレン・貫通配管まわりなどに、増張りしてアスファルト防水層の補強として用います。

❺ 改質アスファルトシート

合成ゴム、又はプラスチックを添加してアスファルトの性能を高めた**改質ア
スファルト**を用いたルーフィングシートです。ストレッチルーフィングより
も強度、伸び、化学的性質などに優れ、耐久性が非常に高くなります。

❻ 粘着層付改質アスファルトルーフィングシート

裏面全面に粘着層を付けた**粘着層付**と、部分的に粘
着層を付けた**部分粘着層付**の2種類があります。こ
れらは、はく離紙をはがして下地とシートを粘着一
体化させるもので、下地の挙動への追従性に優れて
います。**絶縁工法**の防水層最下層には、砂付あなあ

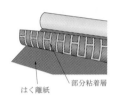

部分粘着層

はく離紙

きルーフィングに代わり**部分粘着層付改質アスファルトルーフィングシー
ト**が普及しています。

【3】塗膜防水

❶ 塗膜防水材

ウレタンゴム系防水材は、引張強さ、伸び率、**抗張積**（引張強さ×最大荷重
時の伸び率）などの特性によって、**高伸長形**と**高強度形**の2種類があります。
2成分形は主材と硬化剤の反応硬化、1成分形は空気中の湿気による硬化
（湿気硬化）により塗膜を形成します。

❷ 補強布

塗膜厚さの確保、立上がり部などの防水材の垂下がり防止を目的にした合成
繊維及びガラス繊維の布です。

❸ 通気緩衝シート

膜防水層の破断・ふくれ防止のために用いるシート状の材料です。

【4】シーリング材

製品形態による区分

区　分	製品形態
1成分形	施工に使う状態にあらかじめ調整したシーリング材
2成分形	施工直前に、基剤に硬化剤を調合し、反応させることにより硬化するタイプのシーリング材

シーリング材の種類

種類（主要成分）	特　性
シリコーン系	1成分形と2成分形があり、耐候性、耐熱性、耐疲労性に優れたシーリング材。主に**ガラスまわり**や内部の水まわりに用いられる。**塗装が付着しないので**、表面塗装が必要な建物外壁や貫通部まわりに用いることはできない
変成 シリコーン系	1成分形と2成分形があり、**耐熱性、耐久性**に優れ、**柔軟性**があり、ムーブメントの大きい**金属類**への使用も可能な材料。主に**サッシ窓枠まわり**や外壁サイディング目地、タイル目地など、露出シーリングとして使用する。ガラスまわりには適さない
ポリサル ファイド系	1成分形と2成分形があり、弾性シーリング材として歴史のある材料。**柔軟性があまりないので**、**ノンワーキングジョイント**であるコンクリート壁下地の**石材類**の目地、**タイル類**の目地などに用いられ、ムーブメントの大きい金属類などへの使用には適さない

❶ 不定形シーリング材

弾性シーリング材のように、施工時に粘着性のあるペースト状のシーリング材の総称です。

❷ 2面接着

相対する2面で接着することをいい、目地に変位が発生する**ワーキングジョイント**に適用されます。

❸ 3面接着

相対する面及び底部の3面で接着することをいい、目地の変位がないか極めて少ない**ノンワーキングジョイント**に適用されます。

❹ バックアップ材

シーリング材の3面接着を回避して**2面接着**とするほか、**充填深さの調整**（所定の目地深さを保持する）などを目的とした、弾力性のある材料（ポリエチレンフォーム、合成ゴム成形材）です。シーリ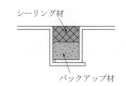ング材と接着せず、かつ、シーリング材の性能を低下させないものでなければいけません。

❺ ボンドブレーカー

充填深さの調整の必要がない場合に3面接着を回
避する目的で、目地底に張り付けるテープ状の材料
（ポリエチレンなどからなる粘着テープ）です。シー
リング材と接着せず、かつ、シーリング材の性能を
低下させないものでなければいけません。

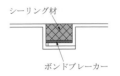

② 各種防水の概要

防水層	特　徴
 アスファルト防水層	● ルーフィング類を溶融したアスファルトで密着させ、**数層繰り返し張り重ねる** ● 多層にすることでシームレス（継ぎ目のない）な防水層が得られる ● 防水層は厚い。損傷を受けにくく、さらに保護層が施せる ● 溶融アスファルトの**煙**や**臭気**が近隣に迷惑を及ぼすおそれがある
改質アスファルトシート防水層	● アスファルトの性質を改良した、改質アスファルトシートを**トーチバーナー**で加熱し、溶融密着させる ● 工程数が少なく、施工が早い ● 溶融アスファルトを使用しないので、臭気は比較的少なく、周辺環境への影響が少ない
合成高分子系シート防水層	● 合成ゴム又は合成樹脂を主原料とした1〜2mm厚のルーフィングシートを、**接着剤張り**、もしくは金物類で**機械的に固定**する ● **単層**（1層）仕様のため、シート相互の継ぎ目の施工に十分な管理が必要
塗膜防水層	● 塗膜防水材を**塗り重ね**て、継ぎ目のない連続的な防水層を形成する ● 主な塗膜防水材には、ウレタンゴム系とゴムアスファルト系がある ● **塗り厚の確保が防水性能を左右するので、所定の塗膜厚、かつ、均一な塗膜厚を確保するための入念な施工管理が必要**

3 防水の下地

【1】 下地の勾配・状態（全防水種別共通）

❶ コンクリート、砂利などで防水層を保護する場合 ➡ $\frac{1}{100}$～$\frac{1}{50}$

❷ 仕上塗料塗り、仕上げなしの露出の場合 ➡ $\frac{1}{50}$～$\frac{1}{20}$

❸ 平場の排水勾配は、原則として、下地（躯体）の施工段階で確保します。
  ➡ 保護層、仕上げ層で勾配をとることは好ましくありません。

❹ 下地面は十分に乾燥させます。乾燥が不十分だと、防水層の施工後にふくれや漏水の原因となるおそれがあります。

❺ 乾燥状態は高周波水分計による含水率や、コンクリート打設後の経過日数により判断します。

❻ 鉄筋・番線等の突起物、粗骨材、モルタルのこぼれ等は、防水層を損傷する原因となるので完全に除去します。

【2】 下地の形状（全防水種別共通）

❶ 平場のコンクリート表面は、金ごて仕上げとします。

❷ 立上がり部のコンクリートは、打放し仕上げとします。
  ➡ セパレーターは丸セパB型を用い、コーン穴には硬練りモルタルを充填し平たんに仕上げます。

【3】 入隅・出隅

❶ 入隅
  アスファルト防水の場合は面取り、その他では直角。入隅面取りは角度45°の成形キャント材を使用する場合もあります。

		アスファルト防水	アスファルト防水以外 ● 改質アスファルトシート防水 ● シート防水（合成高分子系） ● 塗膜防水
入隅		45° 面取り	90° 通りよく直角
出隅		45° 面取り	

416

❷ 出隅

全て面取りします。

❹ 密着工法と絶縁工法

【1】 密着工法

下地面に防水層を全面接着する工法です。

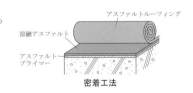

密着工法

❶ 下地の亀裂などにより破断しやすい工法です。

❷ 下地が乾燥していないと、防水層のふくれや漏水の原因になります。

【2】 絶縁工法

下地面と防水層を部分接着する工法で、第1層目（最下層）に部分粘着層付改質アスファルトルーフィングシート又は砂付あなあきルーフィングを用います。

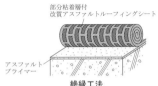

絶縁工法
部分粘着層付改質アスファルト
ルーフィングシート

❶ 下地のひび割れ箇所やジョイント部に挙動が予測される場合に採用します。

❷ 砂付あなあきルーフィングは、砂付き面を下向きにして、突き付けて敷き並べます。

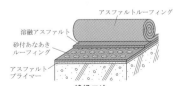

絶縁工法
砂付あなあきルーフィング

※ 露出防水の最上層の砂付ストレッチルーフィング ➡ 砂付き面は上向き（防水層の保護）

※ 絶縁工法の最下層の砂付あなあきルーフィング ➡ 砂付き面は下向き（絶縁）

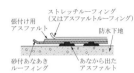

砂付あなあきルーフィング
を用いた絶縁工法

❸ 周辺部及び立上がり部は密着とし、砂付あなあきルーフィングなどは省略します。

【1】 保護防水 　過 H28・R4 記述

防水層の上に保護コンクリートや砂利などの保護層を設ける防水です。

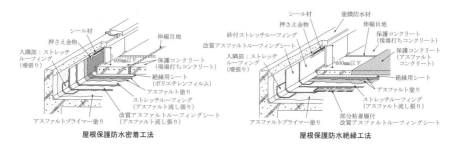

屋根保護防水密着工法　　　　　　　屋根保護防水絶縁工法

❶ 保護コンクリート（現場打ちコンクリート）

● 水下で厚さ80mm以上とします。

● 溶接金網は、線径6.0mm、網目寸法100mm程度とし、重ね幅は、金網部分を
1節半以上、かつ、150mm以上とします。

❷ 伸縮目地

● 目地の深さは、保護コンクリート表面から、防水層上面の絶縁用シートに達
するまでとします。

● パラペットなどの立上がり部の際から0.6m程度、中間部は縦横３m程度の
間隔とします。

❸ 絶縁用シート

● ポリエチレンフィルム（厚さ0.15mm程度）、フラットヤーンクロスなどを用
います。

● 重ね幅100mm程度をとり、立上がり面に30mm程度張り上げるようにして平場
に敷き並べます。

● 風の影響を受けて飛散しないように粘着テープなどを用いて固定します。

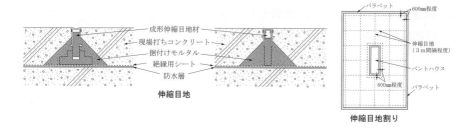

伸縮目地　　　　　　　　　　　　　　　　　伸縮目地割り

【2】 保護断熱防水

防水層の上に断熱材を設け、絶縁シートを敷き、保護層を設けます。日射や気温変化の影響から防水層を保護するので、耐久性に優れています。

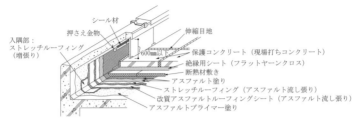

入隅部：
ストレッチルーフィング
（増張り）

シール材
押さえ金物
600mm以下

伸縮目地
保護コンクリート（現場打ちコンクリート）
絶縁用シート（フラットヤーンクロス）
断熱材敷き
アスファルト塗り
ストレッチルーフィング（アスファルト流し張り）
改質アスファルトルーフィングシート（アスファルト流し張り）
アスファルトプライマー塗り

屋根保護防水密着断熱工法

【3】 露出防水

防水層の上にコンクリートなどの保護層を設けない、ルーフィング露出型の防水です。保護層がない分、重さを軽減できます。

❶ 最下層に部分粘着層付改質アスファルトルーフィングシート又は砂付あなあきルーフィングを張り付けて絶縁工法とします。

❷ 下地面の水分を逃がすために脱気装置を用います。

❸ 最上層には砂付ストレッチルーフィングを用い、塗装を行います。

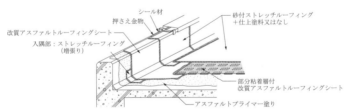

改質アスファルトルーフィングシート
入隅部：ストレッチルーフィング
（増張り）

シール材
押さえ金物

砂付ストレッチルーフィング
＋仕上塗料又はなし

部分粘着層付
改質アスファルトルーフィングシート
アスファルトプライマー塗り

屋根露出防水絶縁工法（最下層：部分粘着層付改質アスファルトルーフィングシート）

＜脱気装置＞

防水層のふくれの原因となる下地面の湿気を外部に逃すために設ける装置で、平場部脱気型と立上がり部脱気型があります。なお、密着工法には設けません。設置は25～100㎡に1カ所設け、面積が大きい場合は、必要に応じて2種類の脱気装置を併用します。

※ 絶縁工法では、一般平場部は部分接着であるが、周辺部及び立上がり部は密着とする。立上がり部脱気型は、管状の脱気テープを立上がり部に張るもので、それ以外の部分は下地と防水層を密着させる。

平場部脱気型　　　　　　立上り部脱気型

脱気装置の種類

6 アスファルト防水の施工

記述対策 施工上の留意点を書けるようにしましょう。

【1】アスファルトプライマーの塗布

❶ 下地を十分に乾燥させた後、均一に塗布し、十分に乾燥させる。ルーフィング類の張付けは、原則として翌日とします。

❷ コンクリート下地の場合、使用量は0.2kg/㎡とします。

❸ ALCパネル下地の場合は、2回塗り（合計0.4kg/㎡）とします。

【2】アスファルトの溶融・施工 過 H25・R1 択一

❶ 溶融がまは、できるだけ施工場所の近くに設置します。

❷ アスファルトの溶融は、小塊にして溶融がまに投入します。

❸ 溶融温度は製造所指定の温度以下とし、低煙・低臭型アスファルトの上限は240℃以下とします。

溶融がま

❹ 溶融アスファルトは、施工に適した温度を保つように管理します。

❺ アスファルトの使用量は、1層につき1.0kg /㎡程度とします。

【3】 アスファルトルーフィング類の張付け　過 H25・R1 択一

❶ 増張り

　以下の増張りは、平場部のルーフィングの張付けに先行して行います。

●出隅、入隅には、幅300mm以上のストレッチルーフィングを最下層に増張りします。

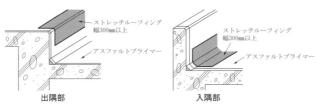

アスファルトルーフィングの増張り

●プレキャストコンクリート下地の場合には、継手部両側に100mm程度ずつ張り掛ける幅のストレッチルーフィングを絶縁増張りします。

●露出防水絶縁工法における入隅の増張りは、幅700mm以上のストレッチルーフィングを用いて、平場に500mm以上張り掛けます。

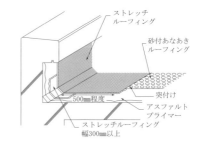

●コンクリート打継ぎ部には、幅50mm程度の絶縁用テープを張り付けた後、幅300mm以上のストレッチルーフィングを増張りします。

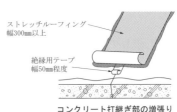

コンクリート打継ぎ部の増張り

●ドレンまわりは、防水層の張掛け幅100mm程度とします。ドレンは、つば先をスラブレベルより30～50mm下げてコンクリートに打込みます。

●貫通配管まわりは、最下層に網状アスファルトルーフィングを増張りして、十分にアスファルトで目つぶし塗りを行います。次に、配管の根元の平場にストレッチルーフィングを150mm程度張り掛けて増張りします。立上がりの防水層端部をステンレス製既製バンドで締め付けて密着させた後、上部にシール材を塗り付けます。

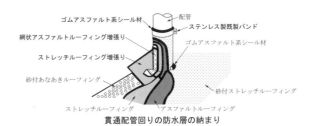

貫通配管回りの防水層の納まり

❷ 平場の張付け　過 H30 記述

ⅰ 砂付あなあきルーフィング

砂付き面を下向きに、**突き付けて**敷き並べます。

ⅱ 部分粘着層付改質アスファルトルーフィングシート

はく離紙をはがしながら、**突き付けて**張り付けます。

ⅲ 張付けの方向と継ぎ目の重ね幅（一般ルーフィング）

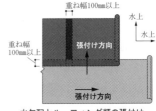

水勾配とルーフィング類の張付け

- 溶融アスファルトをロール状ルーフィングの前方にひしゃくを用いて流し、ロールを押し広げながら張る**流し張り**とします。

- 張付けは**水下側から水上側へ**、重ね幅は**100mm以上**とします。

ⅳ 重ね部が各層で同じ箇所とならないよう、重ね部の位置が**千鳥**になるように張り重ねます。

ⅴ 流し張りで張り付ける場合、ルーフィングの重ね部からはみ出たアスファルトはその都度はけを用いて塗りならします。

❸ 立上がり部の張付け

- 立上がりは、原則として平場から連続して張り上げます。

- 高さが**300mm以上**の場合は、平場と立上がりを別々に、平場を張り付けた後に、平場に**150mm程度張り掛けて**、立上がりを張り付けます。

立上がり部の張付け
（高さ300mm以上）

- 露出防水における最上層の砂付ストレッチルーフィングの場合は、**立上がりを先に張り付けた後に平場を張り付けます**（美観のため）。

【4】その他

❶ 打放しコンクリートのパラペット天端は、ひび割れや表面の劣化を防ぐため、**塗膜防水材を塗布するか**、金属笠木で保護します。

立上がり部の防水層末端

❷ 防水層立上がりに使用する**乾式保護板**は高さ600mm以下とします。

❸ ルーフィング類に、空隙、気泡、しわなどが生じた場合は、各層ごとに補修します。ただし、**ふくれに進行性がなく小面積のものは、補修しない方がよい場合もあります。**

❹ 立上がり部の末端部は、押さえ金物で固定し、ゴムアスファルト系のシール材を充填します。

⑦ 改質アスファルトシート防水の施工
【1】工法

トーチ工法：改質アスファルトルーフィングシートの裏面及び下地面を**トーチバーナー**であぶって加熱溶融させ、ロールを広げながら下地に接着する工法です。

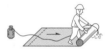
トーチ工法

常温粘着工法：粘着層付改質アスファルトシート又は部分粘着層付改質アスファルトシートを、裏面のはく離紙をはがしながら、下地面に接着させる工法です。

【2】プライマー

はけ、ローラーばけなどを用いて、0.2kg/㎡を均一に塗布します。ただし、ALCパネル下地の場合は、はけ塗り2回（合計0.4kg/㎡）とします。

【3】増張り

❶ 出隅、入隅の角は、平場のシートの張付けに先立ち、**200㎜角程度の増張り用シート**を張り付けます。

❷ 密着工法では、ALCパネル短辺接合部は、**幅300㎜程度の増張り用シート**を絶縁張りします。

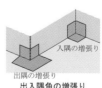
出入隅角の増張り

❸ 絶縁工法では、ALCパネルの短辺接合部を、改質アスファルトシートの張付けに先立ち、幅50mm程度の絶縁用テープで処理します。

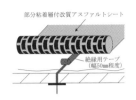
部分粘着層付改質アスファルトシート
絶縁用テープ
（幅50mm程度）

【4】平場の張付け

❶ 一般平場部の改質アスファルトシート相互の重ね幅は、長手方向、幅方向ともに100mm以上とします。

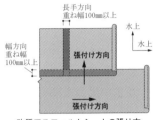
長手方向
重ね幅100mm以上
幅方向
重ね幅
100mm以上
張付け方向
水上
水上
張付け方向

改質アスファルトシートの張り方

❷ 重ね部の張付けは、トーチバーナーであぶり、改質アスファルトがはみ出す程度まで十分に溶融し、密着させます。

❸ 原則として水上側が水下側の上に重なるように張り付けます。

❹ 露出工法シートの砂付面の重ね合わせ部では、重ね部の砂をあぶって沈めるか、砂をかき取った上で重ねます。

❺ シート3枚重ね部は、水みちになりやすいので、中間のシート端部を斜めにカットするか、焼いた金ごてを用いて平滑にするなどの処理をします。

【5】改質アスファルトシート防水常温粘着工法・断熱露出仕様の立上がり取合部 　過 H29・R3 択一

　立上がり際の風による負圧は平場の一般部より大きくなるため、断熱材の上が絶縁工法となる仕様の場合、立上り際の平場部幅500mm程度は、防水層の1層目に粘着層付改質アスファルトシートを張り付け、密着させます。

　なお、入隅部では100mm程度立ち上げ、浮き・口あきが生じないようにします。

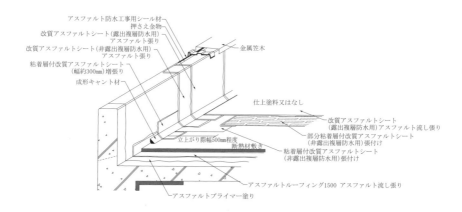

アスファルト防水工事用シール材
押さえ金物
改質アスファルトシート(露出複層防水用)
アスファルト張り
改質アスファルトシート(非露出複層防水用)
アスファルト張り
粘着層付改質アスファルトシート
(幅約300mm)増張り
成形キャント材
金属笠木
仕上塗料又はなし
改質アスファルトシート
(露出複層防水用)アスファルト流し張り
部分粘着層付改質アスファルトシート
(非露出複層防水用)張付け
粘着層付改質アスファルトシート
(非露出複層防水用)張付け
立上がり際幅500mm程度
断熱材敷き
アスファルトルーフィング1500 アスファルト流し張り
アスファルトプライマー塗り

8 合成高分子系ルーフィングシート防水の施工

合成高分子系ルーフィングシート防水は、一般に「シート防水」と総称されます。通常は1〜2mm厚の合成高分子系シート(合成ゴム系《加硫ゴム系》又は合成樹脂系《塩化ビニル樹脂系》など)を接着剤で張り(**接着工法**)、もしくは金物類で機械的に固定して(**機械的固定工法**)、防水層を形成します。

【1】 プライマー

下地の乾燥後、当日の施工範囲を、ローラーばけで、むらなく塗布します。ALCパネルに施工する場合もプライマーを塗布します。

【2】 出隅・入隅の増張り等

❶ **加硫ゴム系ルーフィングシート**:出隅角に対しては、ルーフィングシート張付けに先立ち、200mm角程度の**非**加硫ゴム系の増張り用シートを張り付けます。なお、入隅角は、シートに切り込みを入れずに折りたたんで張り付けるため、増張りは行いません。

❷ **合成樹脂系ルーフィングシート(塩化ビニル樹脂系シート)**:ルーフィングシートを施工後に、**成形役物**を張り付けます。

出隅角用　　入隅角用

成形役物

❸ **接着工法**:ALCパネル下地の場合、パネル短辺接合部に、幅50mmの絶縁用テープを張り付けます。

【3】 一般部のルーフィングシート張付け

❶ 水上側のシートが水下側のシートの上になるように張り重ねます。

❷ 接着剤を均一に塗布し、下地に**全面接着**とします。塩化ビニル樹脂系シートの場合は、接着剤は、**エポキシ樹脂系**、ウレタン系、又はニトリルゴム系とし、下地側のみに塗布します。

❸ できるだけ**引張りを与えない**ように、また、しわを生じさせないようにゴムローラーなどを用いて転圧して張り付けます。

【4】 ルーフィングシートの接合部の施工

❶ 加硫ゴム系ルーフィングシート

●接着剤をシート両面に塗布し、かつ、**テープ状シール材**を併用して張り付け、ローラーなどで押さえて十分に密着させます。

●シートの重ね幅は、長手、幅方向ともに**100mm以上**とします。

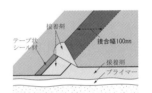

シートの接合部（加硫ゴム系）

❷ 塩化ビニル樹脂系ルーフィングシート 　過 R5 択一

●重ね部は、**溶着剤（テトラヒドロフラン系）**による溶着または熱風による融着とし、接合端部は**液状シール材**でシールします。

●シートの重ね幅は、長手、幅方向ともに**40mm以上**とします。

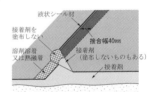

シートの接合部（塩化ビニル樹脂系）

【5】 立上がり部

❶ 末端部：接着仕様の防水層立上がり端部は、**テープ状シール材**を張り付けた後、シートを張り付け、末端部は**押さえ金物**で固定し、シール材を充填します。

❷ 平場部：加硫ゴム系ルーフィング

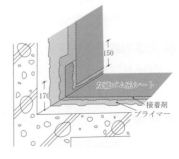

加硫ゴム系シートの立上がり面の重ね幅

シート防水接着工法において、立上がりと平場との重ね幅は150mm以上とします。

9 塗膜防水 過 H27 択一

塗膜防水は、液状の**塗膜防水材**（主に**ウレタンゴム系**）を、数層下地に塗布することで防水層を形成します。補強布を使用する**高伸長形**と補強布を使用しない**高強度形**の2種類があります。また、通常の**密着工法**の他に、**通気緩衝シート**を張り付け

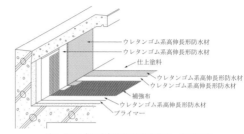

ウレタンゴム系高伸長形防水材
ウレタンゴム系高伸長形防水材
仕上塗料
ウレタンゴム系高伸長形防水材
ウレタンゴム系高伸長形防水材
補強布
ウレタンゴム系高伸長形防水材
プライマー

ウレタンゴム系高伸長形塗膜防水・密着工法

た上に、塗膜を構成する**絶縁工法**があります。

ゴムアスファルト系塗膜防水材には、手塗りタイプと吹付けタイプがあります。

手塗りタイプには、ゴムアスファルトエマルションだけで**乾燥造膜**するものと、硬化剤を用いて**反応硬化**させるものがあります。

吹付けタイプには、乾燥造膜や反応硬化によるものの他に、専用吹付け機で**ゴムアスファルトエマルションと凝固剤を同時に吹き付けて**、凝固・硬化を促進させて防水層を形成するものがあり、地下外壁の防水等に用います。

【1】 補強布

❶ 補強布はあらかじめ**仮敷き**をして下地によく馴染ませ、しわや耳立ちが生じないように注意し、**防水材を塗りながら**張り付けます。

❷ 補強布の重ね幅は**50mm以上**とします。

❸ コンクリートの**打継ぎ箇所**、**著しいひび割れ箇所**は、U字形にはつり、シーリング材を充填した上で、**幅100mm以上の補強布**を用いて、防水材で補強塗りを行います。

【2】防水材の塗布

❶ 防水材の**塗継ぎの重ね幅**は100㎜以上とします。

❷ **ウレタンゴム系**の総使用量は、硬化物比重が1.0の場合、**平場部3.0kg/㎡**、**立上がり部2.0kg/㎡**とし、所定の塗膜厚さ（平場：平均3㎜、立上がり：平均2㎜）を確保します。

❸ **ゴムアスファルト系室内仕様**の総使用量は、**固形分60％**の場合、**4.5kg/㎡**とします。これは、平均2.7㎜の硬化後の防水層の塗膜厚さとするためです。

❹ 低温時に粘度が高い場合は、メーカーの指定範囲で**希釈剤**を使用します。

❺ 塗重ねは、下層が造膜した後、製造所が指定する最長時間を超えないように注意します。

【3】防水材の使用量の管理（膜厚の管理）

　膜厚確保が防水性能を左右するため、防水材の使用量管理が重要です。防水材の使用済み容器の数を数えて総使用量を出し、対象面積で除して単位面積当たりの**平均使用量**を算出し、所定どおりであることを確認します。

【4】保護・仕上げ

　保護・仕上げは、軽歩行用仕上げ塗料を塗布します。

【5】絶縁工法（通気緩衝工法）の場合の注意点

❶ 通気緩衝<ruby>シート<rt>かんしょう</rt></ruby>は、接着剤を塗布し、シート相互を**突付け張り**とします。

❷ 穴あきタイプの通気緩衝シートは、下地にシートを張り付けた後、ウレタンゴム系防水材でシートの孔を充填します。

❸ 立上がり面には密着工法を適用し、平場部と立上がり部の接合部は、**補強布を平場部の通気緩衝シートの上に100㎜張り掛けて**、

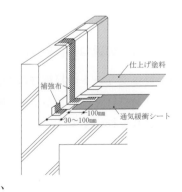

仕上げ塗料
補強布
100㎜
30～100㎜
通気緩衝シート

防水材を塗布します。

🔟 シーリング材の施工 過 H24 記述

【1】 施工順序

	順　序	施工法
1	被着面の清掃	● 被着面を十分乾燥させた後、シーリング材の施工に支障のないよう清掃する
2	バックアップ材の装填又はボンドブレーカー張り	● バックアップ材は、目地深さが所定の深さになるように装填し、ボンドブレーカーは、目地底に一様に張り付ける ● ワーキングジョイントにおいて2面接着を構成する
3	**マスキングテープ張り**	● 目地周辺の構成材の汚れを防止し、かつ、シーリング材が**通りよく仕上がる**ように、マスキングテープを張る
4	プライマー塗布	● 接着面とシーリング材との接着性を良好にする目的で、はけなどで均一に塗布し、乾燥させる
5	シーリング材の調整・シーリングガンの準備	● 2成分形の場合は、均質になるよう調整し、気泡が入らないように、シーリングガンに充填する
6	シーリング材の充填	● 目地の充填は、原則として、**目地の交差部**または**コーナー部から行う** ● 目地への打始め・打継ぎ箇所は、目地の交差部及びコーナー部を避け、斜めに打ち継ぐ
7	へら仕上げ	● 充填シーリング材をへらで押さえ、表面を平滑に仕上げる
8	**マスキングテープはがし**	● へら仕上げ終了直後（シーリング材の硬化前）に、マスキングテープをはがす
9	充填後の清掃	● 充填箇所以外に付着したシーリング材などを清掃する

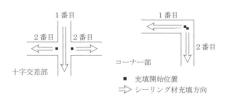

シーリング材充填の順序

【2】 施工一般

❶ シーリング材の打継ぎ箇所は、目地の交差部及びコーナー部を避け、そぎ継ぎ（斜めに打ち継ぐ）とします。

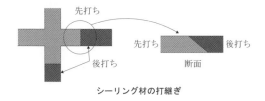

シーリング材の打継ぎ

❷ 種類の異なるシーリング材を打ち継ぐことは、原則として避けます。やむを得ず打ち継ぐ場合は、一般に、**先打ちをポリサルファイド、後打ちを変成シリコーン系**とします。

❸ 外壁コンクリートと鋼製建具との目地は、**変成シリコーン系シーリング材**を用います。

❹ 打継ぎ目地、ひび割れ誘発目地などは、**3面接着**を標準とし、2成分形変成シリコーン系や2成分形ポリサルファイド系などを用います。ALCなどの材料引張強度の低い（表面強度が小さい）ものには、低モジュラス系のシーリング材を用います。

❺ 充填箇所以外にシーリング材が付着した場合、**直ちに取り除きます**。ただし、**シリコーン系**は、未硬化状態でふき取ると汚染が拡散するおそれがあるため、**硬化してから取り除きます**。

❻ 2成分形シーリング材の**硬化状態**については、1組作業班の1日施工箇所を1ロット、1日に1回、作成したサンプルにより、定期的に確認します。

❼ 被着体が5℃以下又は50℃以上になるおそれがある場合、降雨、多湿（85％以上）等により結露のおそれがある場合には、施工を**中止**します。

❽ 外部に面するシーリング材は、施工に先立ち接着性試験を行います。接着性試験は、特記がなければ**簡易接着性試験**とし、**シーリング材の凝集破壊又は薄層凝集破壊**した場合に合格とします。

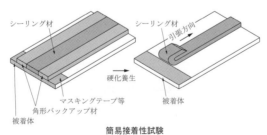

簡易接着性試験

MEMO

本試験問題

次の記述において、記述ごとの①から③の下線部の語句のうち**最も不適当な**箇所番号を1つあげ、**適当な語句**を記入しなさい。

1．密着保護仕様のアスファルト防水において、一般平場部と立上り部又は立

下り部で構成する出隅・入隅は、平場部のルーフィング類の張付けに先立ち、

幅300㎜程度の<u>ストレッチルーフィング</u>の流張りで均等に増張りする。
　　①　　　　　　　　　　②

　　屋根にプレキャストコンクリート板を使用する場合、プレキャスト

コンクリート板の継手目地部は、平場部のルーフィング類の張付けに

先立ち、両側のプレキャストコンクリート板に<u>40㎜</u>程度張り掛る幅の
　　　　　　　　　　　　　　　　　　　③

<u>ストレッチルーフィング</u>を用いて、絶縁増張りをする。
　　②

次の記述において、記述ごとの①から③の下線部の語句のうち**最も不適当な**箇所番号を1つあげ、**適当な語句**を記入しなさい。

1．ゴムアスファルト系塗膜防水材には、手塗りタイプと吹付けタイプがあり、

手塗りタイプには<u>ゴムアスファルトエマルション</u>だけで乾燥造膜するものと
　　　　　　　　　　　①

硬化剤を用いて反応硬化させるものがある。また、吹付けタイプには、乾燥

造膜や反応硬化によるものの他に、専用吹付機を用いてゴムアスファルト

<u>エマルション</u>と凝固剤を<u>交互</u>に吹き付けて、凝固・硬化を<u>促進</u>させ防水層を
　　①　　　　　　　　②　　　　　　　　　　　　　③

形成させるものがあり、鉄筋コンクリート造の地下外壁の外防水等に用いら

れる。

平成25年度 解答

③ 100

💡解説

　アスファルトルーフィングの増張りは平場部のルーフィング類の張付けに先行して行い、出隅・入隅は幅300mm以上のストレッチルーフィングを最下層に増張りとします。また、プレキャストコンクリート下地の場合は、継手部両側に100mm程度ずつ張り掛ける幅のストレッチルーフィングを用い絶縁増張りを行います。

平成27年度 解答

② 同時

💡解説

　ゴムアスファルト系塗膜防水材の手塗りタイプには、**ゴムアスファルトエマルション**だけで**乾燥造膜**するものと、**硬化剤**を用いて**反応硬化**させるものがあります。吹付けタイプには、乾燥造膜や反応硬化によるものの他に、専用吹付機を用いてゴムアスファルトエマルションと凝固剤を**同時**に吹き付けて、凝固・硬化を促進させ防水層を形成するものがあります。

　次の記述において、記述ごとの①から③の下線部の語句のうち**最も不適当な箇所番号を1つ**あげ、**適当な語句を記入しなさい。**

1．改質アスファルトシート防水常温粘着工法・断熱露出仕様の場合、立上がり際の風による負圧は平場の一般部より大きくなるため、断熱材の上が絶縁工法となる立上がり際の平場部幅300㎜程度は、防水層の1層目に粘着層付改
　　　　　　　　　　　　　　　　　①　　　　　　　　　　　　②
質アスファルトシートを張り付ける。

　なお、入隅部では立上りに100㎜程度立ち上げて、浮き・口あきが生じない
　　　　　　　　　　　　③
ように張り付ける。

　次の記述において、記述ごとの①から③の下線部の語句又は数値のうち**最も不適当な箇所番号を1つ**あげ、**適当な語句又は数値を記入しなさい。**

1．アスファルト防水密着工法において、出隅及び入隅は平場部のルーフィング類の張付けに先立ち、幅300㎜程度のストレッチルーフィングを増張りする。
　　　　　　　　　　　　　　①
　また、コンクリートスラブの打継ぎ部は、絶縁用テープを張り付けた上に、
幅300㎜程度のストレッチルーフィングを増張りする。
②
　なお、流し張りに用いるアスファルトは、環境対応低煙低臭型防水工事用アスファルトとし、溶融温度の上限は、300℃とする。
　　　　　　　　　　　　　　　　　　　　　③

平成29年度 解答

①｜500mm

解説

　改質アスファルトシート防水常温粘着工法・断熱露出仕様の場合、立上がり際の風による負圧は平場の一般部より大きくなるため、断熱材の上が絶縁工法となる仕様の場合、立上がり際の平場部幅500mm程度は、防水層の1層目に粘着層付改質アスファルトシートを張り付け、密着させます。また、入隅部では100mm程度立ち上げて、浮き・口あきが生じないようにします。

令和元年度 解答

③｜240

解説

　アスファルト防水密着工法において、増張りは平場部のルーフィング類の張付けに先行して行い、出隅・入隅は幅300mm以上のストレッチルーフィングを最下層に増張りとします。また、アスファルトは、環境対応低煙低臭型防水工事用アスファルトとし、溶融温度は240℃以下とします。

次の記述において、ⓐからⓔの下線部のうち最も不適当な語句又は数値の下線部下の記号とそれに替わる適当な語句又は数値との組合せを、下の枠内から１つ選びなさい。

1．改質アスファルトシート防水常温粘着工法・断熱露出仕様の場合、立上り際の風による負圧は平場の一般部より大きくなるため、断熱材の上が絶縁工法となる立上り際の平場部の幅300㎜程度は、防水層の１層目に粘着層付改質アスファルトシートを張り付ける。

　なお、入隅部では立上りに100㎜程度立ち上げて、浮きや口あきが生じないように張り付ける。

① ⓐ－正　② ⓑ－500　③ ⓒ－2　④ ⓓ－出隅　⑤ ⓔ－150

....

次の問いに答えなさい。

留意事項は、それぞれ異なる内容の記述とし、材料の保管、作業環境（気象条件等）、安全に関する記述は除くものとする。

1．鉄筋コンクリート造建物のアルミサッシの枠回り目地に、２成分形変成シリコーン系シーリング材を充填するときの施工上の留意事項を２つ具体的に記述しなさい。

　ただし、被着面の確認及び清掃、充填後の養生に関する記述は除くものとする。

② ⓑ－500

解 説

　改質アスファルトシート防水常温粘着工法・断熱露出仕様の場合、立上がり際の風による負圧は平場の一般部より大きくなるため、断熱材の上が絶縁工法となる仕様の場合、立上がり際の平場部幅500mm程度は、防水層の１層目に粘着層付改質アスファルトシートを張り付け、密着させます。また、入隅部では100mm程度立ち上げて、浮き・口あきが生じないようにします。

平成24年度 解答例

| シーリングの充填は、目地幅に適し、底まで届くノズルを装着したガンを用い、**目地底部**から加圧しながら行う。 |
| シーリングの充填は、目地の交差部あるいは**角部（コーナー）**から行い、隙間、打残し、気泡がないように目地の隅々まで充填する。 |

＜他の解答例＞
・目地は**３面接着**とし、バックアップ材等は使用せず、目地底にも接着させる。
・充填したシーリング材は、へら押さえして下地と密着させた後、平滑に仕上げる。
・マスキングテープは、シーリング材表面仕上げ**直後**に除去する。

次の問いに答えなさい。

解答はそれぞれ異なる内容の記述とし、材料の保管、気象条件等による作業の中止及び作業員の安全に関する記述は除くものとする。

1. 屋上アスファルト防水保護層の平場部の工事における**施工上の留意事項**を2つ、具体的に記述しなさい。

　　ただし、保護層の仕上げはコンクリート直均し仕上げとする。

次の問いに答えなさい。

解答はそれぞれ異なる内容の記述とし、材料の保管、作業環境（気象条件等）及び作業員の安全に関する記述は除くものとする。

1. 屋上アスファルト防水工事において、平場部にアスファルトルーフィング類を張り付ける場合の、**施工上の留意事項を2つ**、具体的に記述しなさい。

　　ただし、下地及び増張りに関する記述は除くものとする。

保護コンクリートの厚さは、こて仕上げの場合は80mm以上とし、所定の勾配をとる。

ひび割れ防止のため保護コンクリートの中にφ6mm網目100mm程度の溶接金網を敷き込む。その重ね幅は、網目の1節半以上かつ150mm以上とする。

＜他の解答例＞

・伸縮目地は、パラペットなどの立上がり部の際から0.6m程度、中間部は縦横3m程度の間隔に設ける。

・目地の深さは、保護コンクリート表面から、防水層上面の絶縁用シートに達するまでとする。

・絶縁用シートは、**ポリエチレンフィルム**（厚さ0.15mm程度）を用い、重ね幅100mm程度、立上がり面は30mm程度張り上げるようにして平場に敷き並べる。

平場では**千鳥張り**とする。ルーフィングの継ぎ目は縦横とも100mm以上重ね合わせて、水下側のルーフィングが下になるように張り付ける。

絶縁工法の砂付あなあきルーフィングでは、絶縁面である**砂付き面が下**になるようにして突付け張りとする。

＜他の解答例＞

・ルーフィング類の重ね部が各層で同じ箇所とならないよう、重ね部の位置は**千鳥**になるように張り重ねる。

・流し張りで張り付ける場合、ルーフィングの重ね部からはみ出たアスファルトはその都度はけを用いて塗りならす。

次の問いに答えなさい。

解答はそれぞれ異なる内容の記述とし、材料（仕様、品質、運搬、保管等）、作業環境（騒音、振動、気象条件等）、下地、養生及び作業員の安全に関する記述は除くものとする。

1．屋根保護防水断熱工法における保護層の平場部の**施工上の留意事項を2つ**、具体的に記述しなさい。

　　なお、防水層はアスファルト密着工法とし、保護層の仕上げはコンクリート直均し仕上げとする。

令和4年度 解答例

> ひび割れ防止のため網目寸法100mm程度の溶接金網を敷き込み、その重ね幅は、網目の1節半以上かつ150mm以上とする。
>
> 伸縮目地は、パラペット等立上がり部の際から600mm程度、中間部は縦横3m程度の間隔に設ける。

<他の解答例>

・保護層とするコンクリートの厚さは、こて仕上げの場合は80mm以上とし、所定の勾配をとる。

・伸縮目地の深さは、保護コンクリート表面から、防水層上面の絶縁用シートに達するまでとする。

・絶縁用シートは、ポリエチレンフィルム（厚さ0.15mm程度）を用い、重ね幅100mm程度、立上がり面は30mm程度張り上げるようにして平場に敷き並べる。

テーマ **2** タイル工事

1 タイル

【1】 吸水率

種　類	吸水率	主な使用箇所	備　考
Ⅰ類 （旧規格の磁器質）	3％以下　　　小	外装の壁・床	素地の**吸水率が低く**、無ゆうタイルと施ゆうタイルの2種類がある
Ⅱ類 （旧規格のせっ器質）	10％以下	内装・外装の壁・床	無ゆうタイルと施ゆうタイルの2種類がある
Ⅲ類 （旧規格の陶器質）	50％以下　　　大	内装の壁	素地は**多孔質**で**吸水率が大き**く、うわぐすりを施した施ゆうタイル

※　タイルの凍害：タイルに吸収された水分が、凍結により体積膨張と融解を繰り返すことで、素地が疲労破壊されることをいう。外装用タイルや寒冷地では特に注意が必要で、**吸水率の低いタイルを用いる。**

【2】 形状

- **平物（平タイル）**：表面がほぼ平らな、長方形などの一般部用タイルです。
- **役物（役物タイル）**：開口部、隅角部などに用いる特別な形状をしたタイルの総称です。使用箇所により様々な形状があります。
- **ユニットタイル**：多数のタイルの表面又は裏面にシート状の台紙などを張り付けて連結したものです。モザイクタイルなどに使われます。

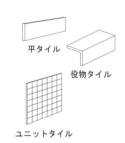

平タイル

役物タイル

ユニットタイル

【3】 大きさ

　一般的な外壁タイルの「**小口タイル**」や「**二丁掛けタイル**」などは、積みレンガのサイズに由来するものです。なお、45㎜角、45㎜×90㎜など面積50c㎡以下のタイルは**モザイクタイル**と呼ばれます。

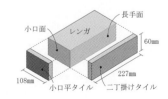

長手面

小口面　レンガ

60mm

108mm　227mm

小口平タイル　二丁掛けタイル

【4】 タイルの検査　<small>過 H29 択一</small>

　タイルの検査における**標準品**のタイルは、寸法、厚さ、反り、側反り、ばち、欠陥の有無、**吸水率、耐凍害性**、曲げ破壊荷重、色合いなどの**品質検査表**を提出し、工事監理者の承認を受けます。

　特注品は、品質検査表を提出し、**外観検査**を実施して監理者の承認を得ます。荷口見本（約0.5㎡程度の台紙張りした見本）**による検査**又は**工場における立会い検査**のいずれかを実施します。

2 セメントモルタルによる後張り工法

【1】 各工法共通事項

❶ 下地調整　<small>過 R1 択一、H24・30 記述</small>

　コンクリート下地面の場合は、下地の乾燥の程度に応じ、**吸水調整材**を塗布します。モルタル下地の場合は、**水湿し**でもかまいません。

❷ タイルの張付け順序は、窓や出入り口まわり、隅、角などの**役物を先に張り付けます**。

❸ 下地面側に塗るモルタルは**2度塗り**とし、1層目は**こて圧をかけて塗ります**。

❹ モルタルの練混ぜは、原則として**機械練り**とし、**モルタル練りからタイル張りまで60分以内に終える量**とします。

【2】 密着張り　<small>過 H24 記述</small>

　下地モルタル面に張付けモルタルを塗り付け、**振動工具（ヴィブラート）**を用いて、タイルをモルタルの中に**1枚ずつ埋め込む**ようにして張り付ける工法です。

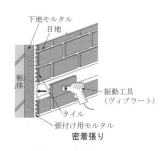

密着張り

❶ 張付けモルタル
- 下地面は**2度塗り**とし、合計塗厚は**5～8㎜**とします。
- 塗付け面積の限度は、触れると**手指にモルタルが付く状態**のままタイル張りが完了できることとし、**2㎡/人以内**とします。

❷ 上部から下部へ1段置きに、間を埋めるように張り付けます。

❸ 加振は、張付けモルタルがタイルの四周から**目地部分にはみ出るまで**行います。なお、盛り上がったモルタルを目地ごてで押さえ、目地も同時に仕上げる**一発目地押さえは深目地になりやすいため、行ってはいけません。**

❹ タイルの大きさと適正な衝撃時間・位置は下表のとおりです。

タイルの大きさ（mm）	衝撃時間	衝撃位置
小口平（108×60）	3～5秒	両端と中間の3カ所
二丁掛け（227×60）	7～11秒	両端と中間3カ所の5カ所

【3】改良積上げ張り

タイル裏面に張付けモルタルを載せて平らにならし、下地モルタル面に1枚ずつ押し付けるように·た·た·き·締めを行い、1段ごとに下部から上部へと張り上げていく工法です。

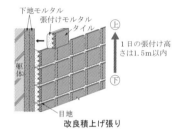

改良積上げ張り

❶ 張付けモルタル

● タイル裏面に、塗厚7～10mmで平らに塗り付けます。

● 塗り置き時間はとらず、直ちに（5分以内）張り付けます。

❷ 1日の張付け高さは**1.5m以内**とします。

【4】改良圧着張り  H25択一、H30記述

中塗りまで施工した**下地モルタル面**及び**タイル裏面の両面**に張付けモルタルを塗り、·た·た·き押さえて張り付ける工法です。

● 張付けモルタルは、下地面は**2度塗り**とし、合計塗厚は**4～6mm**とします。

● 同様に、タイル裏面は厚さ**1～3mm**程度に塗ります。

● 塗付け面積の限度は、触れると**手指にモルタルが付く状態のまま**タイル張りが完了できることとし、**2㎡/人以内**とします。

【5】 モザイクタイル張り 過R1択一

約300mm角の表張りユニットタイル（小口未満のタイル）を、下地面に塗り付けた張付けモルタルが軟らかいうちに、たたき板でたたき押さえて張り付ける工法です。

❶ 張付けモルタル

- 下地面は2度塗りとし、合計塗厚は3～5mmとします。
- 1層目はこて圧をかけます。
- 塗付け面積の限度は、触れると手指に付く状態のままタイル張りが完了できることとし、3㎡／人以内とします。

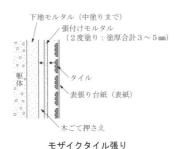

モザイクタイル張り

❷ たたき押さえは、タイル目地部分に盛り上がった張付けモルタルの水分により、紙張りの目地部分が湿るまで、十分に行います。

❸ タイル張り付け後、表面に水湿しを行って、表張り台紙（表紙）をはがします。

【6】 マスク張り 過R1択一

25mm角（通常50mm角）以上のユニットタイルに用いる工法で、ユニットタイル裏面にモルタル塗布用の厚さ4mmのマスク板をかぶせて、張付けモルタルを塗り付け、マスク板を外した後、ユニットタイルをたたき押さえて張り付ける工法です。

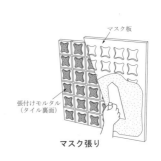

マスク張り

❶ 張付けモルタル

塗り置き時間はとらず、直ちに（5分以内）壁面に張り付け、たたき込みます。

❷ タイル張り付け後、表面に水湿しを行って表張り台紙（表紙）をはがします。

❸ 接着剤によるタイル後張り工法（接着剤張り） 過 H28・R2 記述

有機系接着剤を用いて壁タイルを張り付ける工法です。

内装の場合は、JIS規格品で、湿っている下地に張り付け後、長期に水及び温水の影響がある箇所には**タイプⅠ**の接着剤、ほぼ乾燥している下地に張り付け後、間欠的に水及び温水の影響がある箇所には**タイプⅡ**の接着剤を使用します。

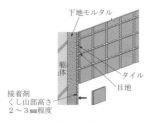

接着剤張り

屋外（外壁）の場合の接着剤は、JIS規格品の**一液反応硬化形**の**変成シリコーン系**のものを使用します。

【1】下地

＜内装＞

中塗りまで行い、金ごてで仕上げた**セメントモルタル下地**か、せっこうボード、繊維強化セメント板（けい酸カルシウム板のタイプ2）等とします。

＜外装＞

所定の精度を確保したコンクリート下地又はモルタル下地とします。モルタル下地の場合は、コンクリートに**セメント系下地調整厚塗材2種（CM－2）2回塗り、総厚10mm以上**、金ごて仕上げとします。他の工法の下地と異なり、**乾燥状態**であることが必要です。

【2】施工

＜内装＞ 過 H28 記述

❶ 接着剤の1回の塗布面積は、製造所仕様による張付け可能時間内に張り終える面積とします。一般に30分以内です。

❷ 接着剤は、金ごて等で平たんに塗布し、くし目ごてを用いて、くし目を立てます。

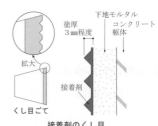

接着剤のくし目

❸ 1枚張りの場合は、手でもみ込むようにして押さえつけます。

＜外装＞　過 R2 記述

❶ 接着剤の１回の塗布面積は、製造所仕様による張付け可能時間内に張り終える面積とします。一般に30分以内です。

❷ 接着剤は、金ごて等で塗厚３mm程度に塗布した後、くし目ごてを用いて、くし目を壁面に対して60°立てます。

❸ くし目の方向は裏足方向と平行にならないようにします。

❹ タイルは手でもみこんだ後、たたき板や加振機で押さえます。

4 目地の種類と構造

【1】伸縮調整目地　過 R1 択一

　温度・湿度変化、外力により建物や建物各部に生ずる変形による、タイルのはく離、ひび割れなどを防止する目的で、下地及び仕上げ層に設ける目地を伸縮調整目地といいます。

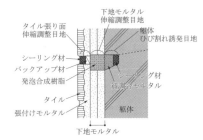

外壁タイルのひび割れ誘発目地・伸縮調整目地

❶ タイル張り面の伸縮調整目地の位置は、下地モルタルの伸縮調整目地及びコンクリート躯体のひび割れ誘発目地の位置と一致するように設けます。

❷ 鉛直方向目地は、柱の両側部及び中間３〜４m程度の位置に設けます。

❸ 水平方向目地は、各階ごとの打継ぎ目地の位置に設けます。

❹ 床タイル張りの場合の目地は、縦、横とも４m以内ごとに設けます。

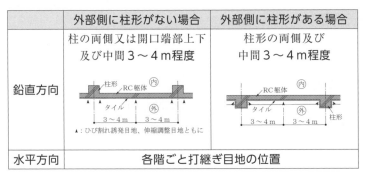

	外部側に柱形がない場合	外部側に柱形がある場合
鉛直方向	柱の両側又は開口端部上下及び中間３〜４m程度	柱形の両側及び中間３〜４m程度
水平方向	各階ごと打継ぎ目地の位置	

【2】目地詰め

　タイル張り付け後、伸縮調整目地以外の目地部に、目地モルタルを確実に充填したうえ、硬化を見計らい、目地押えを行います。

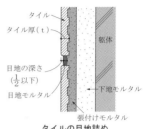

タイルの目地詰め

❶ 目地深さは、**タイル厚の$\frac{1}{2}$以下**とします。

❷ 目地幅は、小口・二丁掛けタイルでは、6〜11mm程度とします。

　➡目地幅6mm以下では目地押さえが難しくなりがちです。

❸ 目地詰めはタイル張り付け後、**24時間以上**経過した後、張付けモルタルの硬化を見計らって行います。

5 タイル工事一般

【1】 タイル張り下地面の面精度

　下地面は、張付けモルタルの塗厚が小さいほど高い精度が要求されます。

● モザイクタイル：**2mにつき3mm以下**（張付けモルタル厚3〜5mm）
● 小口平タイル以上：**2mにつき4mm以下**（張付けモルタル厚7〜10mm）

【2】 下地面の状態

セメントモルタルによるタイル後張り工法	下地面の清掃後、吸水調整材の塗布又は水湿しにより、吸水調整を行う
接着剤によるタイル後張り工法	下地面の清掃後、下地面は十分に乾燥させる（水湿し及び吸水調整材の塗布は行わない）

【3】 まぐさ等のはく落防止　過 R3択一

　まぐさ、ひさし先端下部等は、はく落のおそれが大きいので、原則、タイル張りを避けます。

　小口タイル以上の大きさのタイルをまぐさ又はひさし先端下部に張り付ける場合は、**はく落防止用引金物**を張付けモルタルに塗り込み、必要に応じて、**受木**を添えて**24時間以上**支持します。

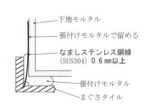

　はく落防止用引金物（なましステンレス鋼線）は、張付けモルタル中に埋め込む場合は0.6mm以上、働き長さ200mm程度、下地側のアンカービス等に緊結する場合は0.8mm程度を使用します。

【4】作業条件

　気温が5℃以下になると、初期凍害や硬化遅延をおこすおそれがあるため、施工は中止します。ただし、仮設暖房や保温などによる施工面の養生を行った場合は施工できます。

【5】養生

　強い直射日光、風、雨などにより損傷を受けるおそれのある場合は、シートを張るなどの養生が必要です。

【6】タイルの清掃

❶ 清掃は、原則、水洗いとし、ブラシなどを用いてタイル表面に汚れが残らないように行います。

❷ 汚れが著しい場合は、工事監理者の承認を得て、30倍希釈した工業用塩酸を用いて酸洗いを行うことができます。酸洗い前後に水洗いを行い、サッシ、金物部などに酸類が残らないようにします。

6 タイル工事の検査
【1】充填状況・接着状況の確認

❶ 張付けモルタルのタイル裏面への充填性の確認は、充填面積率90％以上とします。

❷ タイルと接着剤の接着状況の確認は、タイル張り直後にタイルをはがして行い、タイル裏面への接着剤の接着率が60％以上、かつ、タイル全面に均等に接着していれば合格とします。

【2】打音検査（打診検査）

❶ タイル用テストハンマー（打診用ハンマー）を用いてタイル壁面を全面にわたりたたき、その音によってタイルのはく離や浮きを判断します。

タイル用テストハンマー

一般に正常音（高く、硬い音）であれば浮きがなく、異常音（響くような低く大きな音）であれば浮きがあります。

❷ 検査時期は、タイル張り付け後、張付けモルタル又は接着剤が**硬化した後**（一般的には、**施工後2週間以上経過後**）とします。

【3】引張接着試験　圖 H27・R5 択一

油圧式**接着力試験機**を用いてはがしたときの**接着強度**と**破壊状況**を確認します。

❶ 施工後2週間以上経過した時点で、引張接着強度を確認します。

❷ 100㎡以下ごとにつき1個以上とし、かつ、全面積で3個以上とします。

❸ 試験に先立ち、試験体周辺部（タイル目地部分）を**コンクリート面まで切断**し、周囲と絶縁します。タイルのはく落がモルタルとコンクリートの界面からの場合が多いので、この部分まで試験するためです。

❹ 試験機のアタッチメントの大きさはタイルの大きさを標準とします。ただし、二丁掛けタイル等小口タイルより**大きなタイル**の場合は、力のかかり方が局部に集中し、正しい結果が得られないことがあるため、タイルを小口平タイル程度の大きさに切断して試験を行います。

❺ セメントモルタルによるタイル後張り工法において、接着強度の全ての測定結果が0.4N/㎟以上、かつ、コンクリート下地と張付けモルタル（又は下地モルタル）の接着界面における破壊率が50％以下の場合を合格とします。

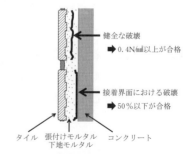

健全な破壊
➡ 0.4N/㎟以上が合格

接着界面における破壊
➡ 50％以下が合格

タイル　張付けモルタル　コンクリート
　　　　下地モルタル

引張接着強度検査
（セメントモルタルによるタイル後張り工法）

❻ 接着剤張りの場合は、接着剤とタイ

ル及び下地調整塗材の**凝集破壊率**が50％以上を合格とし、接着強度は参考値とします。

❼ タイル先付けプレキャストコンクリート工法では、0.6N／㎟以上の場合を合格とします。

本試験問題

　次の記述において、記述ごとの①から③の下線部の語句のうち**最も不適当な**箇所番号を1つあげ、**適当な語句を記入しなさい**。

2．タイルを壁の下地モルタル面に、改良圧着張り工法にて張り付ける場合、下地に適当な水湿しを行い、機械練りした張付けモルタルを2層塗りし、タイ
　　①　　　　　　　　　　②
ル裏面全体に張付けモルタルを塗り付け、直ちにたたき押えをして張り付ける。一度に張り付ける面積は3㎡以下とする。
　　　　　　　　　　　　　③

....

　次の記述において、記述ごとの①から③の下線部の語句のうち**最も不適当な**箇所番号を1つあげ、**適当な語句を記入しなさい**。

2．鉄筋コンクリート造のセメントモルタルによる外壁タイル後張り工法における引張接着強度検査は、施工後2週間以上経過した時点で引張接着試験機を用いて行い、引張接着強度と破壊状況に基づき合否を判定する。
　　　　　　　　　　　　　　　　　　　　①
　　下地がモルタル塗りの場合の試験体は、タイルの目地部分を下地モルタル
　　　　　　　　　　　　　　　　　　　　　　　　　　　②
面まで切断して周囲と絶縁したものとし、試験体の数は、100㎡以下ごとに1個以上、かつ全面積で3個以上とする。
　　　　　　　　　③

③ 2

💡 **解 説**

　タイルの改良圧着張りにおいて、下地面へは**2度塗り**とし、合計塗厚は4〜6mmとします。次に、タイル裏面に厚さ1〜3mm程度に張付けモルタルを塗り、**直ち**に張り付けます。一度に張り付ける面積の限度は、触れると手指に付く状態のままタイル張りが完了できることとし、2㎡/人以内とします。

....

平成27年度 解答

② コンクリート

💡 **解 説**

　引張接着強度検査（引張接着試験）は、施工後2週間以上経過した時点で引張接着試験機（油圧式接着力試験機）を用いて行い、下地がモルタル塗りの場合の試験体は、試験体周辺部を**コンクリート**面まで切断します。試験体の数は、100㎡以下ごとに1個以上、かつ全面積で3個以上とします。

次の記述において、記述ごとの①から③の下線部の語句のうち最も不適当な箇所番号を1つあげ、適当な語句を記入しなさい。

2．タイルの検査における標準品のタイルは、寸法、厚さ、反り、側反り、ばち、欠陥の有無、<u>吸水率</u>①、<u>耐凍害性</u>②、<u>圧縮強度</u>③、色合いなどの品質検査表を提出し、工事監理者の承認を受ける。

　特注品は、荷口見本による検査又は工場における立会い検査のいずれかを実施する。

次の記述において、記述ごとの①から③の下線部の語句又は数値のうち最も不適当な箇所番号を1つあげ、適当な語句又は数値を記入しなさい。

2．セメントモルタルによる外壁タイル後張り工法において、マスク張りでは、張付けモルタルを塗り付けたタイルは、塗り付けてから<u>60分</u>①を限度に張り付ける。

　また、モザイクタイル張りでは、張付けモルタルを2層に分けて塗り付けるものとし、<u>1層目</u>②はこて圧をかけて塗り付ける。

　なお、外壁タイル張り面の伸縮調整目地の位置は、一般に縦目地を<u>3m内</u>③外に割り付け、横目地を各階ごとの打継ぎ目地に合わせる。

③ 曲げ破壊荷重

解説

　タイルの検査における標準品のタイルは、寸法、厚さ、反り、側反り、ばち、欠陥の有無、吸水率、耐凍害性、**曲げ破壊荷重**、色合いなどの品質検査表を提出し、工事監理者の承認を受けます。特注品は、**荷口見本**（約0.5㎡程度の台紙張りした見本）による検査又は工場における**立会い検査**のいずれかを実施します。

① 5

解説

　マスク張りでは、張付けモルタルの塗り置き時間はとらず、**直ちに**（5分以内）壁面に張り付け、たたき込みます。モザイクタイル張りでは、下地面は**2度塗り**とし、1層目はこて圧をかけて塗り付け、塗厚は1〜3㎜とします。伸縮調整目地の縦目地は、柱の両側部及び中間3〜4m程度の位置に設け、横目地は、各階ごとの打継ぎ目地の位置に設けます。

次の記述において、ⓐからⓔの下線部のうち最も不適当な語句又は数値の下線部下の記号とそれに替わる適当な語句又は数値との組合せを、下の枠内から１つ選びなさい。

２．セメントモルタルによるタイル張りにおいて、まぐさ、庇先端下部など剥落のおそれが大きい箇所に小口タイル以上の大きさのタイルを張る場合、径が0.6㎜以上のなまし鉄線を剥落防止用引金物として張付けモルタルに塗り込み、必要に応じて、受木を添えて24時間以上支持する。

①	ⓐ－見付	②	ⓑ－モザイク	③	ⓒ－0.4
④	ⓓ－ステンレス	⑤	ⓔ－72		

次の問いに答えなさい。

留意事項は、それぞれ異なる内容の記述とし、材料の保管、作業環境（気象条件等）、安全に関する記述は除くものとする。

２．壁のタイル張り下地モルタル面に、セラミックタイル（小口タイル）を密着張りで張るときの施工上の留意事項を２つ具体的に記述しなさい。

ただし、下地の調整、張付けモルタルの調合、タイルの割付けに関する記述は除くものとする。

令和3年度 解答

④ ⓓ－ステンレス

💡**解説**

　小口タイル以上のタイルをまぐさ又はひさし先端下部に張り付ける場合は、はく落防止用引金物を張付けモルタルに塗り込み、必要に応じて、受木を添えて24時間以上支持します。この際の、はく落防止用引金物は、径0.6mm程度のなましステンレス鋼線とします。

平成24年度 解答例

塗付け面積の限度は、触れると手指にモルタルが付く状態のままタイル張りが完了できることとし、2㎡/人以内とする。

張付けモルタルは、2度塗りとし、合計塗厚は5～8mmとする。また、タイルの張付けは上部から下部へ1段置きに張り付けた後、間のタイルを張る。

＜他の解答例＞

・振動工具による加振は小口平タイルの場合、タイルの両端と中間の3カ所とし、張付けモルタルがタイルの周囲から目地部分にはみ出るまで行う。

次の問いに答えなさい。

解答はそれぞれ異なる内容の記述とし、材料の保管、気象条件等による作業の中止及び作業員の安全に関する記述は除くものとする。

3．鉄筋コンクリート造の内壁モルタル下地面への有機系接着剤によるタイル後張り工法における**施工上の留意事項**を2つ、具体的に記述しなさい。

ただし、ユニットタイル張りに関する記述は除くものとする。

....

次の問いに答えなさい。

解答はそれぞれ異なる内容の記述とし、材料の保管、作業環境（気象条件等）及び作業員の安全に関する記述は除くものとする。

4．外壁下地モルタル面に小口タイルを改良圧着張りとする場合の、**施工上の留意事項**を2つ、具体的に記述しなさい。

ただし、下地清掃、張付けモルタルの調合、タイルの割付け及びタイル面洗いに関する記述は除くものとする。

....

次の問いに答えなさい。

解答はそれぞれ異なる内容の記述とし、材料（仕様、品質、保管等）、作業環境（騒音、振動、気象条件等）及び作業員の安全に関する記述は除くものとする。

1．タイル工事において、有機系接着剤を用いて外壁タイル張りを行うときの**施工上の留意事項**を2つ、具体的に記述しなさい。

ただし、下地及びタイルの割付けに関する記述は除くものとする。

平成28年度 解答例

> タイル施工に先立ち、下地の清掃を十分に行い乾燥させる。また接着剤1回の塗布面積は3㎡以内とする。

> 内装壁タイル接着剤張りに使用する有機質接着剤は、施工箇所に応じたもの（タイプⅠ又はタイプⅡ）とする。

<他の解答例>

・内装壁タイル接着剤張りに使用する有機質接着剤は、金ごて等で平たんに塗布してから、**くし目ごて**を用いて、**くし目**を立てる。

....

平成30年度 解答例

> 張付けモルタルを下地面には**2度塗り**、合計塗厚4～6㎜とし、タイル裏面には厚さ1～3㎜程度に塗る。

> 目地割りに基づき、水糸を引き通し、窓や開口まわり、入角出角の**役物を先**に張り付ける。

<他の解答例>

・モルタルの塗付け面積の限度は、触れると指にモルタルが付く状態のままタイル張りが完了できることとし、2㎡/人以内とする。

....

令和2年度 解答例

> 接着剤張りの場合、下地は乾燥状態とし、接着剤の塗付け面積は製造所仕様による張付け時間内に張り終える面積とする（一般に30分以内）。

> 接着剤は、**くし目ごて**を用いて、くし目を壁面に対して**60°**立てる、くし目の方向は裏足に対して直交または斜めとする。

<他の解答例>

・タイルは手でもみこんだ後、たたき板や振動機で押さえる。

H28の解答例と比較しましょう。H28は内壁、R2は外壁です。

テーマ3　屋根工事

1 下葺（したぶき）

金属板葺（折板を除く）、粘土瓦葺、住宅屋根用化粧スレート葺などの屋根仕上げの下葺として、雨漏りや結露水・湿気を防ぐために、**下葺材料を敷き込み**ます。

【1】材料

一般には、**アスファルトルーフィング**を用いますが、**緩勾配で漏水のおそれのある場合**は、防水性の優れた**改質アスファルトルーフィングシート**の使用を検討します。 J 形瓦で、**屋根勾配 $\frac{4}{10}$ 未満で流れ長さが10mを超える場合**などです。

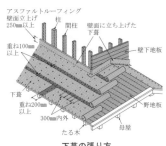

下葺の張り方

【2】施工　過 H25・29 択一

❶ 下葺のルーフィング類は、屋根の下地板の上に軒先と**平行に敷き**、その重ね幅はシートの**長手方向（水平方向）は200mm以上**、**幅方向（勾配方向）は100mm以上**とします。

❷ ステープルによる仮止め間隔は、重ね部分で300mm程度、流れ方向で300mm程度、流れと直角方向（重ね以外の部分）では900mm以内とします。

❸ 棟部：破断を起こしやすい部位であるため、棟の両側に250mm以上折り掛けて、一枚もので**左右300mm以上の増張り**を行います。

❹ 谷部：水が集まる箇所であり、漏水をおこしやすい部位であるため、**左右300mm以上の下葺材の一枚ものを先張り**し、その上に下葺材を左右に重ね合わせ、谷底から250mm以上延ばします。

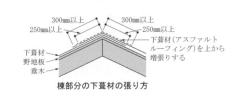

棟部分の下葺材の張り方

② 金属板葺 　過 H25・R3 択一

　金属板葺には、平葺、横葺、瓦棒葺（心木なし・心木あり）などの長尺金属板葺と折板葺があります。

❶ 金属板の折曲げは十分曲げ半径をとり、**切れ目を入れずに塗装、めっき、地肌にき裂が生じないように**行います。

❷ **塗装溶融亜鉛めっき鋼板**を用いた金属板葺の固定ボルト、ドリリングタッピンねじ等の留付け用部材は、**亜鉛めっき製品**とします。これは異種金属間の電食を防止するためです。

【1】 心木なし瓦棒葺

❶ 施工手順

ⅰ 溝板を所定の位置に並べ、各溝板の間に**通し吊子**を入れます。

ⅱ 溝板は、通し吊子を介して母屋に留め付けます。

ⅲ キャップを溝板と通し吊子にはめ込み、均一にはぜ締めを行います。

❷ 通し吊子の鉄骨母屋への留付けは、**平座金を付けたドリルねじ**を用い、下葺、野地板を貫通させ母屋に固定します。

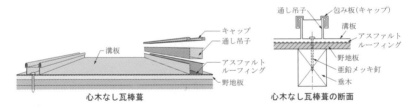

心木なし瓦棒葺 　　心木なし瓦棒葺の断面

❸ 棟包みは溝板の端部に八千代折りとした水返しを付けた後、棟包みを取り付けます。棟包みの継手の位置は、瓦棒に可能な限り近い位置とします。

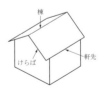

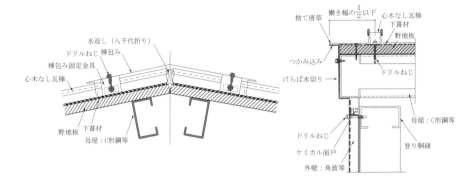

❹ けらばにおいて、端部の溝板の幅は、瓦棒の**働き幅の**$\frac{1}{2}$**以下**とします。

❺ 水上部分と壁との取合い部においては、**雨押さえ**を設け、溝板には水返しを設けます。また、雨押さえは壁際立上がりを**120**mm**以上**とします。

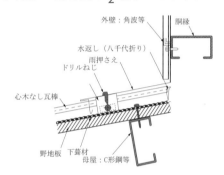

【2】 平葺

平葺の葺き方は右図のとおりです。

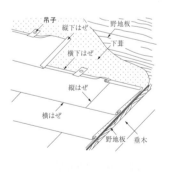

❶ 吊子：葺板と同種・同厚、**幅30**mm**、長さ70**mm**程度**とします。

❷ 小はぜ掛けは、上はぜの折返し幅は**15**mm**程度、下はぜの折返し幅は18**mm**程度**とします。

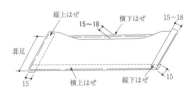

❸ 金属板を小はぜ掛けとする場合は、はぜの折返し寸法と角度に注意し、小はぜ内に**3〜6**mm**の隙間**をつくり、**毛細管現象による雨水の浸入を防ぎ**ます。

❹ 立て平葺の棟部は、溝板のはぜ締め後、はぜを水平に倒して折り上げ、立上げ部分の先端に水返しを付け、**棟覆い（棟包み）** を取り付けます。

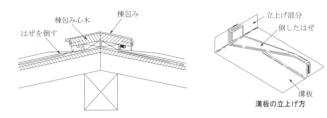

溝板の立上げ方

【3】横葺

横葺は、上下の葺板をはめ合わせ、その部分で**吊子**を介して下地に留め付けます。葺板の継手位置は、**千鳥**などとします。

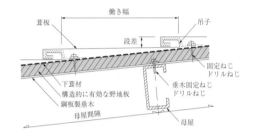

③ 折板葺　過 H27・R1・5択一、H26・R2記述

鋼板を成形加工した**折板**を用いる金属屋根の工法で、工場、車庫などの鉄骨の建物に多く用いられます。

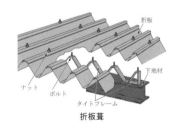

折板葺

❶ **重ね形折板**は、山ごとに**タイトフレーム**に固定します。

折板の重ね部に使用する**緊結ボルト**の間隔は600mm程度、折板の端部の端空き寸法は50mm以上とします。

※　タイトフレーム：折板を受け梁に固定するための部品。

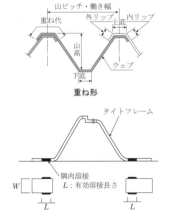

重ね形

❷ タイトフレーム取付けのための墨出しは、山ピッチを基準に行い、割付けは建物の桁行方向の中心から行います。

❸ タイトフレームと受け梁との接合は、緩みを防ぐため**隅肉溶接**とし、タイトフ

レームの立上り部の縁から**10㎜程度残し**、下底部両側を溶接します。

❹ 隅肉溶接のサイズは**タイトフレームの板厚**と同じ寸法とします。

❺ 溶接はタイトフレームの防錆処理が施されたままで行うことができます。

❻ タイトフレームの溶接後は**スラグを除去**して、**錆止め塗料**を塗布します。

❼ 折板の流れ方向には、原則として継手を設けてはいけません。

❽ 折板のけらば納めは、**けらば包み**による方法を原則とし、けらば包みは
1,000㎜程度の間隔で下地（けらば用タイトフレーム）に取り付けます。

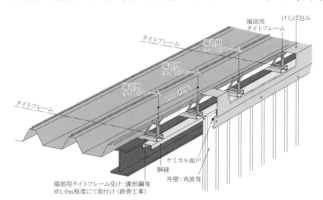

❾ けらば包みの継手は**60㎜以上重ね合わせ**、重ね部に**定形シール材**又はブ
チル系などの**不定形シール材**を挟み込んで、**ドリリングタッピンねじ等**で
締め付けます。継手位置は、けらば用タイトフレームにできるだけ近い位
置とします。

❿ けらば包みを用いない場合、けらば先端部に、**1,200㎜以下の間隔**で、折
板の山間隔の**３倍以上の長さ**の変形防止材を取り付けます。

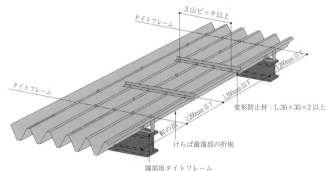

⓫ 軒先の落とし口は、折板の底幅より小さく穿孔し、テーパー付きポンチで
押し広げ、尾垂れを付けます。

● 尾垂れは、折板の裏面に雨水が伝わらな
いように、軒先に設けるもので、5〜
10mm以上、15°程度曲げます。

● 落とし口は、雨水排水目的の孔で、折板
の底に底幅より尾垂れ寸法を控えた円孔
をあけます。その後、テーパーの付いた
ポンチで孔周辺を下方に向けてたたくと、
尾垂れも簡単に付けることができます。

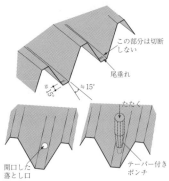

⓬ 水上の壁との取合い部に設ける、**雨押さえは150mm程度立ち上げ**、雨水を
止めるために**止水面戸**を設け、周囲に**シーリング**を施します。

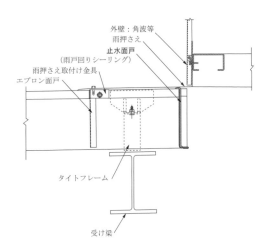

465

本試験問題

　次の記述において、記述ごとの①から③の下線部の語句のうち**最も不適当な**箇所番号を1つあげ、**適当な語句を記入しなさい。**

4．長尺金属板葺の下葺のアスファルトルーフィングは、軒先と平行に敷き込

①

　み、軒先から順次棟へ向かって張り、隣接するルーフィングとの重ね幅は、短

　辺部は200mm以上、長辺部は100mm以上とする。

　　金属板を折曲げ加工する場合、塗装又はめっき及び地肌にき裂が生じない

　よう切れ目を入れて折り曲げる。金属板を小はぜ掛けとする場合は、はぜ

②

　の折返し寸法と角度に注意し、小はぜ内に3～6mm程度のすき間を設けて

　毛細管現象による雨水の浸入を防ぐようにする。

③

　次の記述において、記述ごとの①から③の下線部の語句のうち**最も不適当な**箇所番号を1つあげ、**適当な語句を記入しなさい。**

3．鋼板製折板葺き屋根におけるけらば包みの継手位置は、端部用タイトフ

　レームの位置よりできるだけ離す方がよい。また、けらば包み相互の継手の

①

　重ね幅は60mm以上とし、当該重ね内部に不定形又は定形シーリング材をはさ

②

　み込み、ドリリングタッピンねじ等で締め付ける。

③

平成25年度 解答

② | 入れずに

💡 解 説

　下葺のルーフィング類は、屋根の下地板の上に軒先と平行に敷き、その重ね幅はシートの長手方向（短辺部）は200mm以上、幅方向（長辺部）は100mm以上とします。金属板を折曲げは十分曲げ半径を取り、切れ目を**入れずに**行います。金属板を小はぜ掛けとする場合は、はぜの折返し寸法と角度に注意し、小はぜ内に3～6mmの隙間をつくり、**毛細管現象**による雨水の浸入を防ぎます。

平成27年度 解答

① | 近づける

💡 解 説

　けらば包みの継手は60mm以上重ね合わせ、重ね部に定形シール材又はブチル系などの不定形シール材を挟み込んで、ドリリングタッピンねじ等で締め付けます。継手位置は、けらば用タイトフレームにできるだけ近い位置とします。

　次の記述において、記述ごとの①から③の下線部の語句のうち**最も不適当な箇所番号を１つ**あげ、**適当な語句を記入**しなさい。

3．金属板葺きによる屋根工事の下葺きに用いるアスファルトルーフィングは、軒先より葺き進め、隣接するルーフィングの重ね幅は、シートの短辺部は<u>200mm</u>以上、長辺部は100mm以上とする。
　　　　　　①

　　仮止めを行う場合のステープル釘の打込み間隔は、ルーフィングの<u>重ね</u>屋根の流れ方向で<u>450mm</u>程度、流れに直角方向では<u>900mm</u>以内とする。
　　　　　　　　　　　　　　②　　　　　　　　　　　　③

　次の記述において、記述ごとの①から③の下線部の語句又は数値のうち**最も不適当な箇所番号を１つ**あげ、**適当な語句又は数値を記入**しなさい。

3．金属製折板葺きにおいて、タイトフレームの受梁への接合は、下底の両側を隅肉溶接とし、隅肉溶接のサイズを<u>受梁の板厚</u>と同じとする。
　　　　　　　　　　　　　　　　　　　①

　　また、水上部分の折板と壁との取合い部における雨押えは、壁際立上りを<u>150mm</u>以上とする。
　②

　　なお、重ね形折板の端部の端あき寸法は、<u>50mm</u>以上とする。
　　　　　　　　　　　　　　　　　　　③

② 300mm

🔘 解 説

　下葺のルーフィング類は、屋根の下地板の上に軒先と平行に敷き、その重ね幅はシートの長手方向（水平方向）は200mm以上、幅方向（勾配方向）は100mm以上とします。ステープルによる仮止め間隔は、重ね部分で300mm程度、流れ方向で300mm程度、流れと直角方向では900mm以内とします。

① タイトフレーム

🔘 解 説

　隅肉溶接のサイズはタイトフレームの板厚と同じ寸法とします。水上の壁との取合い部に設ける雨押さえは、150mm程度立ち上げ、雨水を止めるために止水面戸を設け、周囲にシーリングを施します。折板の重ね部に使用する緊結ボルトの間隔は600mm程度、折板の端部の端空き寸法は50mm以上とします。

次の記述において、ⓐからⓔの下線部のうち**最も不適当な語句又は数値**の下線部下の記号とそれに替わる**適当な語句又は数値**との組合せを、下の枠内から１つ選びなさい。

３．長尺金属板葺の下葺のアスファルトルーフィングは軒先と平行に敷き込み、
　　軒先から順次棟へ向かって張り、隣接するルーフィングとの重ね幅は、流れ
　　方向（上下）は100㎜以上、長手方向（左右）は150㎜以上重ね合わせる。
　　　　　　　　ⓑ　　　　　　　　　　　　　ⓒ
　　　金属板を折曲げ加工する場合、塗装又はめっき及び地肌に亀裂が生じない
　　よう切れ目を入れないで折り曲げる。金属板を小はぜ掛けとする場合は、は
　　　　　　　ⓓ
　　ぜの折返し寸法と角度に注意し、小はぜ内に３～６㎜程度の隙間を設けて毛
　　細管現象による雨水の浸入を防ぐようにする。
　　　　　　　　　　ⓔ

| ① | ⓐ－垂直 | ② | ⓑ－200 | ③ | ⓒ－200 | ④ | ⓓ－入れて | ⑤ | ⓔ－風 |

次の問いに答えなさい。
　解答はそれぞれ異なる内容の記述とし、材料の保管、作業環境（気象条件等）
及び作業員の安全に関する記述は除くものとする。

１．鉄骨屋根下地に金属製重ね形折板葺きとするときの**施工上の留意事項を２**
　　つ、具体的に記述しなさい。

③　ⓒ－200

解説

　下葺のルーフィング類は、屋根の下地板の上に軒先と平行に敷き、その重ね幅はシートの流れ方向（勾配方向）100mm以上、長手方向（水平方向）は200mm以上とします。

　金属板の折曲げは十分曲げ半径をとり、**切れ目を入れずに**塗装、めっき、地肌にき裂が生じないように行います。金属板を小はぜ掛けとする場合は、はぜの折返し寸法と角度に注意し、小はぜ内に３～６mmの隙間をつくり、**毛細管現象**による雨水の浸入を防ぎます。

タイトフレームと受け梁との接合は、緩みを防ぐため**隅肉溶接**とし、タイトフレームの立上がり部の縁から10mm程度残し底部両側を溶接する。
折板の重ね部に使用する緊結ボルトの間隔は**600mm**程度とし、折板の端部の端空き寸法は**50mm以上**とする。

＜他の解答例＞

・折板は、**幅方向で継ぐ**。漏水防止に配慮し、折板の流れ方向には、原則として継手を設けない。

　次の問いに答えなさい。

　解答はそれぞれ異なる内容の記述とし、材料（仕様、品質、保管等）、作業環境（騒音、振動、気象条件等）及び作業員の安全に関する記述は除くものとする。

2. 屋根工事において、金属製折板屋根葺を行うときの**施工上の留意事項を2つ**、具体的に記述しなさい。

令和2年度 解答例

重ね形折板は山ごとにタイトフレームに固定し、折板の**緊結ボルト**の間隔は**600mm**程度とする。

タイトフレームの鉄骨梁への固定は、タイトフレームの立上がり部の縁から10mm残し、下底部両側を**隅肉溶接**とする。

<他の解答例>

・折板は、**幅方向で継ぐ**。漏水防止に配慮し、折板の流れ方向には、原則として継手を設けない。

1 鋼製天井下地（軽量鉄骨天井下地）

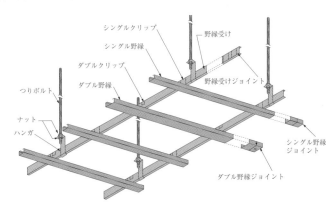

【1】吊りボルトの取付け　過 H27 択一

❶ 取付け間隔

つりボルトの間隔は900mm程度とし、周辺部は端から150mm以内に取り付けます。

❷ ダクトやダクト支持金物等に固定・接触させてはいけません。

❸ ハンガは、つりボルトにナット2個で挟み込んで固定します。

【2】野縁受け

❶ 野縁受けジョイント（継手）の配置は千鳥状にします。

❷ 廊下など、天井裏を通るダクトの幅が広くて野縁受けをつれない場合は、野縁受けの部材断面を大きくするなどの処置をとります。

【3】野縁の取付け

❶ 野縁は、つりボルトにハンガを用いて固定した野縁受けに、クリップを用いて留め付けます。野縁の幅は、シングル野縁が25mm、ダブル野縁が50mmです。

❷ 野縁の間隔は、下地張りのある場合は360mm程度、仕上げ材の直張り、壁紙又は塗装下地材を直接張り付ける場合は300mm程度とします。

❸ クリップの留付けは、外れ防止のため、**つめの向きを交互にします**。

❹ 天井に点検口、照明、ダクトなどを設置するため、野縁などの下地材を切断せざるを得ない場合、**溶断を行ってはいけません**。

❺ 下地張りがなく野縁が壁等に突き付く場所に天井目地を設ける場合、**厚さ0.5mmのコ形の金物**を野縁端部の小口に差し込みます。これは、天井目地の目地底にするとともに、野縁の通りをよくするためのものです。

【4】振れ止め

❶ 天井ふところが1,500mm以上ある場合には、振れ止めとして、**水平補強は縦横間隔1,800mm程度**とし、**斜め補強**は相対する斜め材を1組とし、**縦横間隔を3,600mm程度**とします。補強には**施工用補強部材**又は［−19×10×1.2（mm）以上の鋼材を用います。

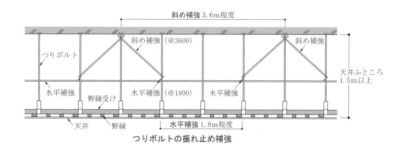

つりボルトの振れ止め補強

❷ 下がり壁など、天井に**段違いがある箇所**の振れ止め補強は、**野縁受けと同材**又はL−30×30×3（mm）程度の部材で、段違い部分の野縁受けまたはスタッドに、**間隔2,700mm程度**で固定します。

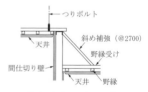

天井段違い箇所の振れ止め補強
（間仕切り壁による場合）

【5】 その他

❶ 鋼製下地に溶接を行った場合、錆止め塗料を塗布します。

❷ 高速カッターなどにより切断した場合の切断面は、亜鉛の犠牲防食作用が
期待できるため、錆止め塗装は行わなくてかまいません。

② 鋼製壁下地（軽量鉄骨壁下地）　過 H24 記述

【1】 ランナの取付け　過 R1・5 択一

❶ ランナは、間隔900mm程度でスラブなどに打
込みピンなどで固定します。なお、両端部の
固定は、端部から50mm内側とします。

❷ ランナの継手は、突付け継ぎとします。

❸ 野縁と平行となる上部ランナは、野縁受けに
タッピンねじ又は溶接にて、間隔900mm程度で固定します。なお、野縁と
直角となる上部ランナは、野縁に固定します。

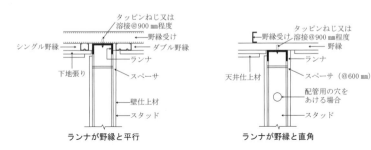

ランナが野縁と平行　　　ランナが野縁と直角

❹ 鉄骨梁に取り付く上部ランナは、耐火被覆の後、あらかじめ鉄骨に取り付
けられた先付け金物にタッピンねじ類又は溶接で固定します。

【2】 スタッドの取付け　過 R1・5 択一

❶ 上下ランナに差し込み、半回転させて取り付けます。

❷ 長さが4.0m超4.5m以下の場合は、90形のスタッドを用います。

❸ スタッドの建込み間隔の精度は±5mm以下、垂直精度は約±2mmとします。

❹ スタッドは、上部ランナの高さに合わせて切断します。上部ランナ上端とスタッド天端の隙間は**10㎜以下**となるようにします。

❺ スタッドの間隔

ボードの枚数	スタッドの間隔
ボード2枚張りの場合（下地張りのある場合）	450㎜程度
ボード1枚張りの場合（仕上材料などの直張り）	300㎜程度

❻ コンクリート壁に添え付く端部のスタッドについては、スペーサで振れ止め上部を押さえ、必要に応じて打込みピン等でコンクリート壁に固定します。

【3】振れ止め・スペーサの取付け 過R1・5択一

❶ 振れ止めは、床面ランナ下端から**約1,200㎜**ごとに設けます。

❷ 上部ランナ上端から**400㎜以内**となる振れ止めは、**省略できます**。

❸ スペーサは、各スタッドの端部を押さえるため上下ランナの近く、及び振れ止め上部を固定します。また、**間隔は600㎜程度**とします。

【4】補強材

❶ 出入り口などの開口部両側及びそで壁の端部の垂直方向の補強材は、戸の開閉による振動や衝撃荷重に耐えられるように、**床から上部の梁下又はスラブ下に達する長さまで延ばして固定**します。

❷ **65形で補強材の長さが4.0mを超える場合**は、同材の補強材を**2本抱き合わせ**、上下端部及び間隔600㎜程度に溶接したものを用います。

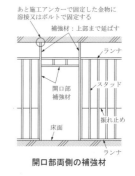

開口部両側の補強材

❸ 設備配管などにより**振れ止めを切断する場合**は、振れ止めと同材又はつりボルトで補強します。

3 アルミニウム製笠木 過 H30 記述

❶ 笠木の割付けにおいては、**コーナー部**などの役物を先に、直線部については、全体の形状を考慮して、**定尺のものを優先して割り付けます**。調整部分を中心部にもってくる方法、両側に割り振る方法、片側にもってくる方法があります。

❷ 笠木のジョイント部分は、原則として、はめあい方式による**オープンジョイント**とし、温度変化による部材の伸縮への対応のため、長さ4mごとに**5〜10mmのクリアランス**を設けます。

❸ 固定金具は、パラペット天端に**あと施工アンカー**などで所定の位置に堅固に取り付けます。

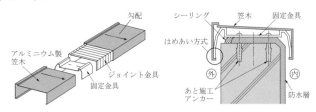

アルミニウム製笠木部材の構成　　　笠木の取付け断面

4 手すり 過 H29 択一

❶ 温度変化による伸縮を考慮し、**5〜10m間隔に伸縮調整部**を設けます。

❷ 温度差40℃の場合の部材伸縮の目安は、鋼材は0.5mm/m程度、アルミニウムは1.0mm/m程度で、アルミニウムの方が伸縮が大きくなります。

　➡ 伸縮調整継手の間隔：**アルミニウム合金製手すり ＜ 鋼製の手すり**

❸ **手すり支柱**は、コンクリートやモルタルの中に入る部分であっても、できるだけ**錆止め処置**を行います。

<u>MEMO</u>

本試験問題

平成27年度 問題

　次の記述において、記述ごとの①から③の下線部の語句のうち**最も不適当な**箇所番号を1つあげ、**適当な語句を記入しなさい。**

4．屋内の軽量鉄骨天井下地のつりボルトは、間隔を900㎜程度とし、周辺部は
　　　　　　　　　　　　　　　　　　　　　　①
　　端から300㎜以内に鉛直に取り付ける。
　　　　　②
　　また、下地張りのある場合の野縁の取付け間隔は、360㎜程度とする。
　　　　　　　　　　　　　　　　　　　　　　　　　　③

....

平成29年度 問題

　次の記述において、記述ごとの①から③の下線部の語句のうち**最も不適当な**箇所番号を1つあげ、**適当な語句を記入しなさい。**

4．金属製手すりが長くなる場合には、金属の温度変化による部材の伸縮を考
　　慮して、通常5〜10m間隔程度ごとに伸縮調整部を設ける。伸縮調整部を設け
　　る間隔及び伸縮調整幅は、使用する金属の線膨張係数を考慮して決める。温
　　度差40℃の場合の部材伸縮量は、鋼は1m当たり0.2㎜程度、アルミニウム合
　　　　　①　　　　　　　　　　　　　　　　　　　　　　　②
　　金は1m当たり1.0㎜程度である。
　　　　　　　　③

平成27年度 解答

② | 150

解説

　つりボルトの取付け間隔は900mm程度とし、周辺部は端から150mm以内に取り付けます。野縁の間隔は、下地張りのある場合360mm程度、仕上げ材の直張り、壁紙又は塗装下地材を直接張り付ける場合300mm程度とします。

⋯⋯⋯⋯⋯⋯⋯⋯⋯⋯⋯⋯⋯⋯⋯⋯⋯⋯⋯⋯⋯⋯⋯⋯⋯⋯⋯⋯⋯⋯⋯⋯⋯⋯⋯

平成29年度 解答

② | 0.5mm

解説

　温度変化による伸縮を考慮し、5〜10m間隔に伸縮調整部を設けます。温度差40℃の場合の部材伸縮の目安は、鋼材は0.5mm/m程度、アルミニウムは1.0mm/m程度で、アルミニウムの方が伸縮は大きくなります。

　次の記述において、記述ごとの①から③の下線部の語句又は数値のうち**最も不適当な箇所番号**を１つあげ、**適当な語句又は数値**を記入しなさい。

4．軽量鉄骨壁下地のランナ両端部の固定位置は、端部から50mm内側とする。ラ
　　　　　　　　　　　　　　　　　　　　　　　　　　　　　　　　　①
　　ンナの固定間隔は、ランナの形状及び断面性能、軽量鉄骨壁の構成等により

　　900mm程度を限度とする。
　　②
　　　また、上部ランナの上端とスタッド天端の間隔は10mm以下とし、スタッド

　　に取り付けるスペーサの間隔は1,200mm程度とする。
　　　　　　　　　　　　　　　③

　次の問いに答えなさい。

　留意事項は、それぞれ異なる内容の記述とし、材料の保管、作業環境（気象条件等）、安全に関する記述は除くものとする。

3．鉄筋コンクリート造建物（階高４m程度）に、間仕切壁の軽量鉄骨下地を
　　取り付けるときの**施工上の留意事項**を２つ具体的に記述しなさい。

　　　ただし、施工箇所の点検、修正及び墨出しに関する記述は除くものとする。

③ 600

💡 **解 説**

　ランナは、間隔900mm程度でスラブなどに打込みピンなどで固定します。なお、両端部の固定は、端部から50mm内側とします。上部ランナ上端とスタッド天端の隙間は10mm以下となるように切断します。スペーサは、各スタッドの端部を押さえるため上下ランナの近く、及び振れ止め上部を固定します。また、間隔は600mm程度とします。振れ止めは、床面ランナ下端から約1,200mmごとに設けます。

....

平成24年度 解答例

スタッドは、スタッドの天端と上部ランナの溝底との隙間が10mm以下となるように、間仕切り壁の高さに合わせて切断する。
スタッドがコンクリート壁等に添え付く場合は、端部及び間隔900mm程度に打込みピン等で固定する。

＜他の解答例＞

・振れ止めは、床ランナから間隔1,200mm程度の箇所にフランジ側を上向きにしてスタッドに引き通し、スペーサで固定する。

・開口部等（袖壁端部）の補強は補強材を用い、建枠補強材は、床から上階のスラブ下（または梁下）まで延ばして固定する。

次の問いに答えなさい。

解答はそれぞれ異なる内容の記述とし、材料の保管、作業環境（気象条件等）及び作業員の安全に関する記述は除くものとする。

3. パラペット天端にアルミニウム笠木を設ける場合の、**施工上の留意事項を2つ**、具体的に記述しなさい。

ただし、下地清掃及び防水層に関する記述は除くものとする。なお、パラペットは現場打ちコンクリートとする。

平成30年度 解答例

施工現場の風圧や積雪荷重に対応して安全となる固定金具の間隔を考慮する。

ジョイント部は**オープンジョイント**を原則とし、温度変化による伸縮干渉を防止するため、5〜10mmのクリアランスを設ける。

<他の解答例>

・笠木の取付け前に、パラペット天端に水勾配がとれているか確認し、笠木取付けはレベルを調整しながら行う。

・笠木の割付けにおいては、コーナー部等の**役物**を先に、直線部については、全体の形状を考慮して、**定尺**ものを優先して割り付ける。

1 セメントモルタル塗り

コンクリート系下地面における、セメントモルタル塗りは、［下塗り］➡
［むら直し］➡［中塗り］➡［上塗り］の順に行います。

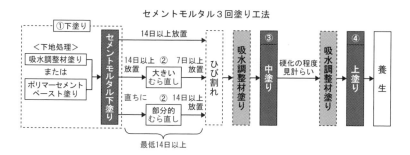

セメントモルタル3回塗り工法

【1】下地処理

コンクリート系下地は、はく離防止のため、**目荒し**または清掃・脆弱層の除
去などを行った後、不陸の著しい箇所はモルタル等で**つけ送り**をして、仕上げ
厚が均一となるように不陸調整を行います。

【2】下塗り 過 H29 択一

❶ **吸水調整材**（原則）又は**ポリマーセメントペーストの塗布**

● 吸水調整材を塗布することにより、薄い膜を形成させて、塗り付ける材料
（セメントモルタル）の水分が急激に下地面に吸水されること（**ドライアウ
ト**）を防止します。

● 吸水調整材は、**薄塗り**とし、塗り回数は**2回**を限度とします。
　➡ 塗りすぎると膜が厚くなり、はく落の危険性が増大します。

● 塗装合板や金属製型枠を用いた場合には、付着性を向上させる目的で、ポリ
マーセメントペーストなどを塗布します。

❷ **セメントモルタル下塗り**

● 吸水調整材を塗布した場合
　➡ **吸水調整材が乾燥後**、セメントモルタルの下塗りを行います。

➡ 下塗り時期は、一般に吸水調整材を塗布後1時間以上とし、1日程度経過後とします。

● ポリマーセメントペーストを塗布した場合

➡ ポリマーセメントペーストが乾燥しないうちに、セメントモルタルの下塗りを行います。

● 下塗りした面は、金ぐし類（金ぐし、木ごてなど）で荒し目をつけます。

● 下塗り後、14日（2週間）以上放置してひび割れなどを誘発させます。

【3】むら直し

塗りむらが著しい場合に、むら直しを行います。

【4】中塗り

● 定規塗りを行い、平らに仕上げます。

● 下塗り後2週間以上放置し、ひび割れが下地に十分入った後に中塗りを行います。

● あらかじめ施された下塗りまたはむら直しのひび割れ・浮きを点検し、これを処置してから、吸水調整材を全面に塗り付けた上で、中塗りにかかります。

● 出入隅、開口部のちりまわりなどの他、平らな壁面も適当な間隔にあたりをつくり、これを基準とします。

【5】上塗り 過 H27・R1・5択一

❶ 中塗りの硬化の程度を見計らい、吸水調整材を全面に塗り付けた上で、行います。

❷ 金ごて仕上げ、木ごて仕上げ、はけ引き仕上げ、くし目引き仕上げがあり、その上の仕上げに応じて使い分けます。

こて種類	施工箇所
金ごて	一般塗装下地、壁紙張り下地、防水下地、タイル接着剤張り下地
木ごて	タイル下地（モルタル張り）

※ はけ引きによる仕上げの場合、木ごてでならした後、少量の水を含ませたはけを引き、はけ目の通りよく仕上げます。

※ セメントスタッコなど、総塗り厚の厚いものは、くし目引きとすることもあります。

❸ 額縁のちりじゃくりの範囲は、**こて１枚の厚さだけ透かして仕上げます**。

【6】 塗厚（床の場合を除く）

❶ １回の塗厚は、**６㎜を標準、最大９㎜を限度**とします。

❷ 全塗厚は25㎜以下とします（天井・庇下部は12㎜以下）。

【7】 材料

❶ 砂の最大寸法は、**塗厚の半分以下**で、塗厚に支障のない限り粒径の**大きな**ものとします。

❷ セメント、せっこうプラスターなどの保管場所は、吸湿・風化を防止するため、**床を30㎝以上上げた倉庫**などに、**乾燥状態**で保管します。

【8】 モルタルの調合

❶ １回の練混ぜ量は60分以内に使い切れる量とします。

❷ 下塗りに用いるものは富調合（強度が高いモルタル）とします。下塗りは付着力を大きく、中・上塗りはひび割れを少なくするためです。

② **セルフレベリング材塗り** 過 H25・R3 択一、H28 記述
　セルフレベリング材 (SL材) は、内装の張物下地の床下地として用います。セルフレベリング材は、せっこう系又はセメント系の**非常に流動性が高い**材料で、床面に流した後、**こて仕上げなどをせず**にトンボでならしただけで、平たん・平滑な精度の高い床下地をつくることが可能です。

【1】 下地処理
　下地コンクリートの乾燥を見計らい、十分な清掃後、**吸水調整材の２回塗り**を標準とし、十分に乾燥させます。

【2】SL材の種類・品質

❶ せっこう系のSL材は、収縮がなく施工性はよいが耐水性が劣るため、**水掛かりとなる床**には、**セメント系**のものを用います。

❷ プラントで練り混ぜられたものを施工現場に搬送する場合、可使時間内に搬送し、施工を行わなければいけません。交通事情も考慮した上で、あらかじめ搬送時間を検討します。

【3】施工

❶ 軟度を一定に練り上げたSL材を、レベルに合わせて流し込み、必要に応じて、ならし道具等を使用します。

❷ SL材の打継ぎ部の突起、気泡跡の周辺の突起等は、サンダー等で削り取ります。

❸ 施工場所の気温が5℃以下の場合は、施工できません。

【4】養生 　過 H25・R3 択一

❶ **流し込み作業中も施工後も硬化するまでは、窓や開口部をふさぎ、できるだけ通風はなくします。**その後は自然乾燥状態とし、人工的な乾燥促進は避けます。

　➡ 硬化前に風があたると表層部が動き、硬化後にしわが発生するおそれがあるためです。

❷ 養生期間は、一般に**7日以上**、低温の場合は**14日以上**とし、表面仕上げ材の施工までの期間は**30日以内**を標準とします。

❸ 床コンクリート直ならし仕上げ

記述対策 施工上の留意点を書けるようにしましょう。

　床コンクリートを打設した後、硬化する前にコンクリートの表面をこてなどでならして平滑に仕上げるものです。

【1】 コンクリートの仕上がりの平たんさ

●ビニル床シートの下地となる床面の仕上がりの平たんさの標準値は、3mにつき7mm以下とします。

コンクリートの仕上がりの平たんさの標準値

コンクリートの 内外装仕上げ	平たんさ (凹凸の差)	適用部位による仕上げの目安	
		柱・梁・壁	床
仕上げ厚さが7mm以上の場合、又は下地の影響をあまり受けない場合	1mにつき 10mm以下	●モルタル塗り ●胴縁下地	●セメントモルタルによるセラミックタイル張り ●モルタル塗り ●二重床
仕上げ厚さが7mm未満の場合、その他かなり良好な平たんさが必要な場合	3mにつき 10mm以下	●セメントモルタルによるセラミックタイル張り ●仕上塗材塗り	●カーペット張り ●防水下地
コンクリートが見えがかりとなる場合、又は仕上げ厚さが極めて薄い場合、その他良好な表面状態が必要な場合	3mにつき 7mm以下	●化粧打放しコンクリート ●塗装仕上げ ●壁紙張り ●接着剤によるセラミックタイル張り	●合成樹脂塗床 ●ビニル系床材張り ●床コンクリート直ならし仕上げ ●フリーアクセスフロア(置敷式)

※ セメントモルタルによるタイル張りは、床と壁で平たんさの標準値が異なる。

【2】 施工

❶ コンクリート打込み後のならしでは、所定の位置と勾配に**荒ならし**を行った後、コンクリートが凝結硬化を始める前に、タンパー等で表面を**たたき締め**、平たんに敷きならし、コンクリートのひび割れを防止します。

❷ コンクリートの表面は、所定の位置を保つように、長尺のならし定規を用いて**平たんにならします**。

❸ 中むらどりを木ごてで行います。

❹ 踏み板を用いて**金ごて押さえ**を行い、セメントペーストを十分に表面に浮き出させます。

❺ 締まり具合をみて、金ごてで強く押さえ、平滑にします。

屋内の床仕上げの種類で、ビニル系床材、合成樹脂塗床等の仕上げ厚が薄い場合には、**金ごて仕上げ又は機械式こて仕上げ**で、下ずり、中ずり及び仕上げずりの3工程を標準とします。

❻ 仕上げ面で、こてむらの著しい箇所は、コンクリート硬化後グラインダーで平滑に仕上げます。

❼ 目地工法の特記がない場合は、**押し目地**とし、目地割は2㎡程度、最大間隔3m程度とします。

【3】 養生

表面仕上げ後、コンクリートの硬化状態を見計らい、ビニルシートなどで覆い、養生及び表面の保護を行います。

4 内装合成樹脂エマルション系薄付け仕上塗材（内装薄塗材E） 過H25 択一
【1】 下地

モルタル下地の仕上げは、金ごて又は木ごて仕上げとします。

【2】 下塗り

だれ、塗り残しのないように均一に塗り付けます。

【3】 主材塗り

❶ 見本と同様の模様で均一に仕上がるように行います。

❷ 主材2回塗りとする場合の**工程内間隔時間は2時間以上**とします。

❸ 1回目で下地を均一に覆い、乾燥後の色むらや透け等を確認し、2回目で均一に仕上げます。

●**吹付け**の場合：見本と同様の模様で均一に仕上がるように、所定の吹付け条件により吹き付けます。吹付けには、専用のスプレーガンを用いて吹き

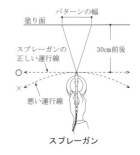

むらがないように行います。

➡ スプレーガンは、塗り面に**直角よりやや上向き**で、平行に動かします。

● **ローラー塗り**の場合：見本と同様の模様で均一に仕上がるように、所定のローラーを用いて塗り付けます。

● **こて塗り**の場合：見本と同様の模様で均一に仕上がるように、所定のこてを用いて塗り付けます。

【4】施工一般

❶ 気温が5℃以下、湿度85％以上、結露等で乾燥に不適当な場合は、施工できません。ただし、採暖、換気等を適切に行う場合は、この限りではありません。

❷ シーリング面に対して施工する場合、シーリング材が硬化した後に行うものとし、塗重ね適合性を確認し、必要な処理を行います。

5 外装合成樹脂エマルション系薄付け仕上塗材（外装薄塗材E） 過 H30・R4 記述

【1】下塗り

だれ、塗残しのないように均一に塗り付けます。

【2】主材塗り

❶ 見本と同様の模様で均一に仕上がるように行います。

❷ 主材2回塗りとする場合の**工程内間隔時間は2時間以上**とします。

❸ 1回目で下地を均一に覆い、乾燥後の色むらや透け等を確認し、2回目で均一に仕上げます。

● **吹付け**の場合：見本と同様の模様で均一に仕上がるように、所定の吹付け条件により吹き付けます。吹付けには、専用のスプレーガンを用いて吹きむらがないように行います。

● **ローラー塗り**の場合：見本と同様の模様で均一に仕上がるように、所定のローラーを用いて塗り付けます。

● **こて塗り**の場合：見本と同様の模様で均一に仕上がるように、所定のこてを用いて塗り付けます。

【3】 施工一般

❶ 気温が5℃以下、湿度85%以上、結露等で乾燥に不適当な場合は、施工できません。ただし、採暖、換気等を適切に行う場合は、この限りではありません。

❷ 塗り残しは、色むら等仕上り外観に影響するため、同一区画内の**途中で1日の作業が終わらない**ように、1日の塗装面積を計画します。

❸ シーリング面に対して施工する場合、シーリング材が硬化した後に行うものとし、**塗重ね適合性**を確認し、必要な処理を行います。

⑥ 防水形合成樹脂エマルション系複層仕上塗材（防水形複層塗材E） 過 H26 記述

[下塗り] ➡ [増塗り] ➡ [主材塗り（基層塗り➡模様塗り）] ➡ [凸部処理] ➡ [上塗り] の工程で施工しますが、塗厚の確保が防水性能に直接影響するため、所要量の確認が特に重要です。

【1】 下地

モルタル下地の仕上げは、**金ごて仕上げ**とします。

【2】 下塗り

所要量0.1kg/㎡以上、専用薄め液で均一になるように行います。下塗り材の吸込みは、下地の種類や状態によって異なるため、**試し塗り**を行って確認します。

【3】 増塗り

出入隅、開口部周辺等に、はけ又はローラーにより、端部に段差のないよう行います。

【4】 主材塗り

❶ **基層塗り**：所要量1.7kg/㎡以上、2回塗りとします。だれ、ピンホール、塗残しのないように均一に塗り付けます。混合時の気泡の混入は最小限にします。

❷ 模様塗り：ゆず肌状又はさざ波状の場合は**ローラーを用い、**凹凸状や砂壁状の場合は**吹付け工法**により、0.9kg/㎡以上を1回塗りで、**見本と同様の模様**になるように塗り付けます。

● **吹付けの場合：**見本と同様の模様で均一に仕上がるように、所定の吹付け条件により吹き付けます。

● **ローラー塗りの場合：**見本と同様の模様で均一に仕上がるように、所定のローラーを用いて塗り付けます。

仕上げ	工 法
砂壁状・凹凸状	吹付け工法
ゆず肌状・さざ波状	ローラー工法

【5】凸部処理

こて又はローラー押さえにより、見本と同様の模様になるように、主材の模様塗り後1時間以内の適当な時間を選んで行います。

【6】上塗り

所要量0.25kg/㎡以上、2回塗りで、色むら、だれ、光沢むらが発生しないように均一に塗り付けます。

【7】施工一般

❶ 気温が5℃以下、湿度85％以上、結露等で乾燥に不適当な場合は、施工できません。ただし、採暖、換気等を適切に行う場合は、この限りではありません。

❷ シーリング面に対して施工する場合、シーリング材が硬化した後に行うものとし、**塗重ね適合性**を確認し、必要な処理を行います。

<u>MEMO</u>

本試験問題

次の記述において、記述ごとの①から③の下線部の語句のうち**最も不適当な**箇所番号を1つあげ、**適当な語句を記入しなさい。**

3．内装の床張物下地をセルフレベリング材塗りとする場合、軟度を一定に練り上げたセルフレベリング材を、レベルに合わせて流し込む。流し込み中は、できる限り通風を<u>良くして</u>作業を行う。
①

施工後の養生期間は、常温で7日以上、冬期間は<u>14日以上</u>とし、施工場所
②
の気温が<u>5℃</u>以下の場合は施工しない。
③

⋯⋯⋯⋯⋯⋯⋯⋯⋯⋯⋯⋯⋯⋯⋯⋯⋯⋯⋯⋯⋯⋯⋯⋯⋯⋯⋯⋯⋯⋯⋯⋯⋯⋯

次の記述において、記述ごとの①から③の下線部の語句のうち**最も不適当な**箇所番号を1つあげ、**適当な語句を記入しなさい。**

7．内壁を内装合成樹脂エマルション系薄付け仕上塗材仕上げとする場合、下地のセメントモルタル面を<u>金ごて又は木ごて</u>仕上げとする。
①

吹付け塗りとするときは、下地面に対して直角に吹き付けられるように、スプレーガンのノズルは、やや<u>下向き</u>に保ち、一様に吹き付け、主材2回塗り
②
とする場合の工程内間隔時間は、<u>2</u>時間以上とする。
③

① なくして

解説

流し込み作業中も施工後も硬化するまでは、窓や開口部をふさぎ、できるだけ通風はなくします。その後は自然乾燥状態とし、人工的な乾燥促進は避けます。養生期間は、一般に7日以上、低温の場合は14日以上とし、施工場所の気温が5℃以下の場合は施工できません。表面仕上げ材の施工までの期間は30日以内を標準とします。

② 上向き

解説

モルタル下地の仕上げは、金ごて又は木ごて仕上げとします。吹付け塗りの場合、スプレーガンは、塗り面に直角よりやや上向きとし、平行に動かします。主材2回塗りとする場合の工程内間隔時間は2時間以上とします。

　次の記述において、記述ごとの①から③の下線部の語句のうち**最も不適当な**箇所番号を１つあげ、**適当な語句**を記入しなさい。

5．セメントモルタル塗りの表面仕上げには、金ごて仕上げ、木ごて仕上げ、はけ引き仕上げの他<u>くし目引き仕上げ</u>があり、その上に施工する仕上げ材の種
　　　　　　　　　　　　①
類に応じて使い分ける。

　　<u>金ごて仕上げ</u>は、塗装仕上げや壁紙張り仕上げなどの下地面に用い、
　　　②
<u>はけ引き仕上げ</u>は、セメントモルタルによるタイル後張り工法の下地面に用
　③
いる。

　次の記述において、記述ごとの①から③の下線部の語句のうち**最も不適当な**箇所番号を１つあげ、**適当な語句**を記入しなさい。

5．左官工事における吸水調整材は、モルタル<u>塗り</u>の下地となるコンクリート
面等に直接塗布することで、下地とモルタルの界面に<u>厚い膜</u>を形成させて、モ
　　　　　　　　　　　　　　　　　　　　　　①
ルタル中の水分の下地への吸水（ドライアウト）による付着力の低下を防ぐ
ものである。

　　吸水調整材塗布後の下塗りまでの間隔時間は、一般的には<u>１時間以上</u>とす
　　　　　　　　　　　　　　　　　　　　　　　　　　　②
るが、長時間放置するとほこり等の付着により接着を阻害することがあるの
で、<u>１日程度</u>で下塗りをすることが望ましい。
　　③

③ 木ごて

💡 解 説

　セメントモルタル塗りの表面仕上には、金ごて仕上げ、木ごて仕上げ、はけ引き仕上げ、くし目引き仕上げがあり、その上の仕上げに応じて使い分けます。はけ引きは、外部土間コンクリート等の仕上げとして滑り止めに用います。

こて種類	施工箇所
金ごて	一般塗装下地、壁紙張り下地、防水下地、タイル接着剤張り下地
木ごて	タイル下地（モルタル張り）

① 薄い

💡 解 説

　吸水調整材を塗布することにより、薄い膜を形成させて、塗り付ける材料（セメントモルタル）の水分が急激に下地面に吸水される（ドライアウト）のを防止します。

　下塗り時期は、一般に吸水調整材を塗布後1時間以上とし、1日程度経過後とします。

次の記述において、記述ごとの①から③の下線部の語句又は数値のうち最も不適当な箇所番号を１つあげ、適当な語句又は数値を記入しなさい。

5．仕上げ材の下地となるセメントモルタル塗りの表面仕上げには、金ごて仕上げ、木ごて仕上げ、はけ引き仕上げのほか、くし目引き仕上げがあり、そ
①
の上に施工する仕上げ材の種類に応じて使い分ける。

　一般塗装下地、壁紙張り下地の仕上げとして、金ごて仕上げを用い、セメ
②
ントモルタルによるタイル張付け下地の仕上げとして、はけ引き仕上げを用
③
いる。

次の記述において、ⓐからⓔの下線部のうち最も不適当な語句又は数値の下線部下の記号とそれに替わる適当な語句又は数値との組合せを、下の枠内から１つ選びなさい。

4．内装の床張物下地をセルフレベリング材塗りとする場合、軟度を一定に練
ⓐ
り上げたセルフレベリング材を、レベルに合わせて流し込む。流し込み中は
できる限り通風を良くして作業を行う。
ⓑ
　施工後の養生期間は、常温で7日以上、冬期間14日以上とし、施工場所の
ⓒ　　　　　　　ⓓ
気温が5℃以下の場合は施工しない。
ⓔ

| ① | ⓐ－硬 | ② | ⓑ－避けて | ③ | ⓒ－3 | ④ | ⓓ－28 | ⑤ | ⓔ－3 |

令和元年度 解答

③ 木ごて

💡解説

　セメントモルタル塗りの表面仕上には、金ごて仕上げ、木ごて仕上げ、はけ引き仕上げ、くし目引き仕上げがあり、その上の仕上げに応じて使い分けます。はけ引きは、外部土間コンクリート等の仕上げとして滑り止めに用います。

こて種類	施工箇所
金ごて	一般塗装下地、壁紙張り下地、防水下地、タイル接着剤張り下地
木ごて	タイル下地（モルタル張り）

令和3年度 解答

② ⓑ－避けて

💡解説

　軟度を一定に練り上げたセルフレベリング材を、レベルに合わせて流し込み、流し込み作業中も施工後も硬化するまでは、窓や開口部をふさぎ、できるだけ通風を避けます。養生期間は、一般に7日以上、低温の場合は14日以上とし、施工場所の気温が5℃以下の場合は施工できません。表面仕上げ材の施工までの期間は30日以内を標準とします。

次の問いに答えなさい。

解答はそれぞれ異なる内容の記述とし、材料の保管、作業環境（気象条件等）及び作業員の安全に関する記述は除くものとする。

2. 外壁コンクリート面に防水形合成樹脂エマルション系複層仕上塗材（防水形複層塗材Ｅ）を用いて外装仕上げとするときの**施工上の留意事項**を2つ、具体的に記述しなさい。

次の問いに答えなさい。

解答はそれぞれ異なる内容の記述とし、材料の保管、気象条件等による作業の中止及び作業員の安全に関する記述は除くものとする。

2. 内装床の張物下地のセルフレベリング材塗りにおける**施工上の留意事項**を2つ、具体的に記述しなさい。

ただし、セルフレベリング材は固定プラント式のスラリータイプとし、専用車両で現場まで輸送供給されるものとする。

平成26年度 解答例

> 防水形複層塗材Eは、（一般の複層塗材と異なり、下地のひび割れ追従性が要求されるので）**増塗り**（主材基層塗り前）は出隅、入隅、目地部のまわり等をはけやコーナー用ローラーにより、端部に段差のないように塗り付ける。

> 仕上げ材を塗布する前の**基層**は、だれ、ピンホールがないように入念に施工するとともに塗り残しに注意し、下地を完全に覆い均一に仕上げる。

<他の解答例>
・**凸部処理**は、こてまたはローラー押さえにより、主材の模様塗り後、1時間以内の適当な時間を選んで行う。

平成28年度 解答例

> 下地となるコンクリート面の不陸や凹凸が大きい場合は、補修を行っておく。

> 流し込み作業中はできる限り**通風をなくし**、施工後も硬化するまでは強い通風を避ける。

<他の解答例>
・下地処理は、コンクリートの乾燥を見計らい、十分な清掃後、吸水調整材の**2回塗り**を標準とし、十分に乾燥させる。
・養生期間は、一般に**7日以上**、低温の場合は**14日以上**とし、表面仕上げ材の施工までの期間は**30日以内**を標準とする。
・固定プラント式の場合は、輸送時間及び可使用時間を考慮し、施工計画を立てる。
・ジェットヒーターを採暖に使用する場合、温風が直接セルフレベリング材表面にあたらないように注意する。

次の問いに答えなさい。

解答はそれぞれ異なる内容の記述とし、材料の保管、作業環境（気象条件等）及び作業員の安全に関する記述は除くものとする。

2．外壁コンクリート面を外装合成樹脂エマルション系薄付け仕上塗材（外装薄塗材E）仕上げとする場合の、**施工上の留意事項を2つ**、具体的に記述しなさい。

ただし、材料の調合に関する記述は除くものとする。

....

次の問いに答えなさい。

解答はそれぞれ異なる内容の記述とし、材料（仕様、品質、運搬、保管等）、作業環境（騒音、振動、気象条件等）、下地、養生及び作業員の安全に関する記述は除くものとする。

3．外壁コンクリート面を外装合成樹脂エマルション系薄付け仕上塗材（外装薄塗材E）仕上げとするときの**施工上の留意事項を2つ**、具体的に記述しなさい。

見本と同様の仕上がりとなるように、所定のスプレーガンやローラー、こてを用いて均一に仕上がるように塗り付けまたは吹付けを行う。

塗り残しは、色むら等仕上がり外観に影響を与えるので、同一区画内の途中で1日の作業が終わらないように1日の工程を考慮した塗装面積を計画する。

＜他の解答例＞
・こて塗りとする場合は、見本と同様の模様で均一に仕上がるように、所定のこてを用いて塗り付ける。
・材料の練混ぜは、製造所の指定する水の量で均一になるように行い、だれ、塗残しのないように均一に塗り付ける。
・シーリング面に仕上塗材仕上げを行う場合、シーリング材が硬化した後に行うものとし、塗重ね適合性を確認し必要な処理を行う。

見本と同様の仕上がりとなるように、所定のスプレーガンやローラー、こてを用いて均一に仕上がるように塗り付けまたは吹付けを行う。

塗り残しは、色むら等仕上がり外観に影響を与えるので、同一区画内の途中で1日の作業が終わらないように1日の工程を考慮した塗装面積を計画する。

＜他の解答例＞
・材料の練混ぜは、製造所の指定する水の量で均一になるように行い、だれ、塗残しのないように均一に塗り付ける。
・シーリング面に仕上塗材仕上げを行う場合、シーリング材が硬化した後に行うものとし、塗重ね適合性を確認し、必要な処理を行う。

テーマ 6　建具工事

1 アルミニウム製建具

【1】表面処理・防食処理

❶ アルミニウム面に**異種金属**の接触腐食が生じないよう、異種金属を直接接触させることは避け、一般には、**めっき又は塗膜処理**を施します。

➡ 電位の低い金属が溶け出す「**電食**」を生ずることがあります。

● 見え隠れ部分の**補強材に鋼材**を使用する場合には接触腐食をおこすおそれがあるため、**防食処理**（亜鉛めっき処理、塗装等）を行います。

❷ アルミニウム材がアルカリ性材料（コンクリート、モルタルなど）に接する箇所には、**耐アルカリ塗料**（アクリル樹脂系又はウレタン樹脂系の塗料）を施します。

● **着色陽極酸化皮膜の表面処理**：絶縁処理が必要で、モルタルに接する箇所の**耐アルカリ性塗料塗り**を省略できません。

● **陽極酸化塗装複合皮膜の表面処理**：絶縁処理（アルミニウム材と充填モルタルとの絶縁及びアルミニウム材と鋼材等との接触腐食を避けるための絶縁）も兼ねているため、**耐アルカリ性塗料塗り**は省略できます。

【2】加工・組立て

❶ 枠、かまち、水切り、ぜん板、額縁は、アルミニウム板を**折曲げ加工**する場合は、**厚さ1.5mm以上**とします。

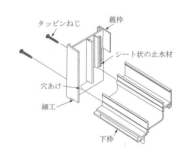

❷ 建具の仕口や隅部の突付け部分の組立ては、漏水防止のため**シーリング材又はシート状の止水材（成形シール材）**を挟んで、タッピンねじ止めとします。

❸ アルミニウムに接する小ねじなどの材質は、**ステンレス**とします。

【3】 鉄筋コンクリート造への取付け 過 R5 択一、R4 記述

❶ 躯体付けアンカーを型枠に取り付け、コンクリート中に埋め込みます。建具枠、くつずり等のアンカーは、両端から150mm逃げた位置から、間隔500mm以下とします。

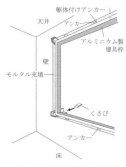

❷ くさびなどで仮留めし、位置・形状を正確に決め、アンカーに溶接して本取付けを行います。また、仮留めのままでは動きやすいため、できるだけ早い時期に固定します。

アルミニウム製建具枠の取付け

❸ 仮留め用のくさび
　➡ 外部に面する場合、モルタル充填時、くさびを**必ず取り除きます**。
　➡ 屋内で水掛かりでない場合、取り除かずモルタルを充填できます。

❹ シーリング材の施工
　鉄筋コンクリート造のサッシまわりでは、バックアップ材等を用いず、**3面接着**とします。

❺ 溶接スパッタ等は、枠材のアルミニウム表面仕上げに悪影響を及ぼすため、養生を行います。

【4】 鉄骨造への取付け

シーリング材の施工は、バックアップ材等を用いて、**2面接着**とします。

【5】 取付け基準・精度

❶ 取付けには、基準墨（心墨、陸墨、逃げ墨）を出し、建具にも基準墨に合う位置にマーク（けがき）して位置を調整します。
● 寄り：壁に出されている心墨にサッシ心のけがきをさしがねで合わせます。
● 高さ：陸墨にサッシのけがきをさしがねで合わせます。
● 出入り（下枠）：逃げ墨を基準に水糸より下枠の出入りを測定し、位置決めをします。
● 出入り（上枠）：下枠の出入り位置決め後、下枠を動かさず上枠部の出入り方向に下振りを降ろし、建枠の垂直を出します。

● 倒れ：下枠位置決め後、縦枠面内方向に下振りを降ろし、縦枠面内方向の垂
直を決めます。

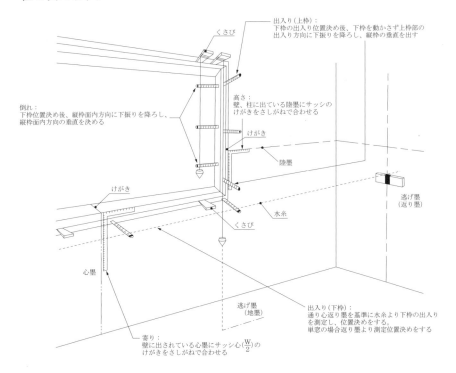

出入り（上枠）：
下枠の出入り位置決め後、下枠を動かさず上枠部の
出入り方向に下振りを降ろし、縦枠の垂直を出す

くさび

高さ：
壁、柱に出ている陸墨にサッシの
けがきをさしがねで合わせる

倒れ：
下枠位置決め後、縦枠面内方向に下振りを降ろし、
縦枠面内方向の垂直を決める

けがき

陸墨

けがき

逃げ墨
（返り墨）

くさび

水糸

心墨

逃げ墨
（地墨）

出入り（下枠）：
通り心返り墨を基準に水糸より下枠の出入り
を測定し、位置決めをする。
単窓の場合返り墨より測定位置決めをする

寄り：
壁に出されている心墨にサッシ心（$\frac{W}{2}$）の
けがきをさしがねで合わせる

❷ 取付け精度は、許容差を±2mm程度とします。

【6】 充填モルタル

❶ 建具周囲への充填モルタルは、**セメント1：砂3（容積比）**とします。

❷ 外部建具周囲に用いる充填モルタルは、**防水剤**及び必要に応じて**凍結防止
剤入り**とします。

❸ 塩化物によるアルミニウムの腐食は、保護塗装でも防げない場合が多いた
め、充填モルタルに使用する砂の塩分含有量は、**NaCl換算0.04%（質量
比）**以下とし、海砂等は除塩します。

❹ 建具枠の下部のモルタルの確実な充填のためには、水切り板とサッシ下枠
部とを2度に分けてモルタル詰めを行います。

【7】清掃・養生

❶ 表面にモルタル、塗料などが付着した場合、そのままの状態で放置しておくとしみが生じるおそれがあるため、**直ちに柔らかい布と清水**などで除去します。

❷ アルミニウム製建具に**油類**が付着した場合は、5〜10%エチルアルコールを加えた水又は温湯につけた布などで油類を拭き取ります。

2 鋼製建具・鋼製軽量建具

【1】加工・組立て 過 R5 択一

❶ 鋼製建具の戸の表面板は、**厚さ1.6mmの鋼板**を標準とします

❷ 建具枠の補強板及び力骨は、**厚さ2.3mm以上**とします。

❸ **鋼製軽量建具**の戸の表面板は**厚さ0.6mm**、力骨は**厚さ1.6mm**とします。

❹ 鋼製建具（出入り口）のくつずりは**ステンレス製**とし、**板厚1.5mm**、表面仕上げを**ヘアライン（HL）**とします。

❺ フラッシュ戸の中骨は厚み1.6mm、間隔は300mm以下とし、構造用接合テープを用いて接合します。

❻ 外部に面する両面フラッシュ戸の見込部は、下部を除き**三方の見込み部を表面板で包みます（三方曲げ）。**

❼ 組立ては、一般に**溶接**とし、小ねじ留めは水掛かりでない屋内の鋼製建具には使用することができます。

【2】取付け 過 R5 択一

❶ 心墨、心返り墨、陸墨などを基準とし、水糸、下げ振り、さしがねを用いて位置決めや精度測定を行います。

❷ **倒れ精度**の許容差は面内、面外とも±2mmとします。

❸ くつずりは、裏面に鉄線を付け、**あらかじめ（取り付け前に）モルタル詰め**を行った後に取り付けます。

❹ 溶接完了後、溶接個所に錆止めを施します。

❺ 外部に面する場合、取付位置調整のために使用したくさびは、モルタル充填時に必ず取り除きます。

❻ 充填モルタルが硬化するまで、衝撃を与えたり、人が乗らないようにします。

❼ 表面に付着したモルタルは、直ちに柔らかい布と清水で除去します。

3 ステレンス製建具 　過 H29 択一

❶ 一般部分は厚み1.5㎜、裏板は1.6㎜以上、補強板は2.3㎜以上とします。

❷ ステンレス鋼板の曲げ加工は普通曲げ又は角出し曲げとし、特記がなければ、普通曲げとします。

角出し曲げ（角曲げ）ができる板厚は一般に1.5㎜以上であり、3種類の加工方法があります。切込み後の残り板厚が0.5㎜（ａ角）、0.75㎜（ｂ角）の場合は裏板で補強します。1.0㎜（ｃ角）の場合は補強不要です。ａ角は割れが生じやすいので、一般的にはｂ角、ｃ角を用います。

呼称	切込み後の残り板厚寸法	備考
ａ角	0.5㎜	裏板で補強
ｂ角	0.75㎜	
ｃ角	1㎜	補強不要

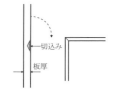

4 シャッター 　過 H27・R1 択一

❶ 防火シャッターのスラットはインターロッキング形、防煙シャッターにはオーバーラッピング形を用います。

➡ 表面がフラットなため、ガイドレール内での遮煙性を確保できます。

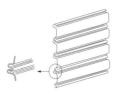

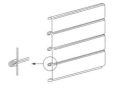

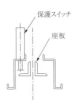

インターロッキング形スラット　　オーバーラッピング形スラット

❷ スラットは板厚1.6㎜の溶融亜鉛めっき鋼板とします。

❸ 座板にアルミニウムを使用する場合には、鋼板で覆います。

❹ 耐風圧性を高めるためには、スラットのはずれ止め機構を設けます。

❺ 電動式の場合は、リミットスイッチを設けます。

※　リミットスイッチ：シャッターが全開した場合又は全閉した場合に作動し、シャッターを停止させるスイッチ。

❻ 防煙シャッターのまぐさ部には、一般的に、シャッターが閉じたとき、漏煙を抑制する遮煙装置を付けます。また、その材料は不燃材料、準不燃材料又は難燃材料とします。

❼ 電動シャッターは、不測の落下に備え、急降下制動装置（ガバナー装置）、又は急降下停止装置を設けます。

❽ 電動シャッターは、降下中に障害物を感知した場合、自動的に停止する機能を有する障害物感知装置を設けます。

❾ 防火シャッター及び防煙シャッターは、降下中に障害物を感知した場合、自動的に停止又は反転上昇して停止し、障害物がなくなると降下を開始して閉鎖する機能を有する危害防止装置を設けます。

本試験問題

平成27年度 問題

　次の記述において、記述ごとの①から③の下線部の語句のうち**最も不適当な**箇所番号を１つあげ、**適当な語句**を記入しなさい。

6．防火区画に用いる防煙シャッターは、表面がフラットでガイドレール内での遮煙性を確保できる<u>インターロッキング</u>形のスラットが用いられる。また、<u>まぐさ</u>に設ける遮煙機構は、シャッターが閉鎖したときに漏煙を抑制する構造とし、その材料は不燃材料、準不燃材料又は難燃材料とする。

　なお、座板にアルミニウムを使用する場合には、<u>鋼板</u>で覆う。

平成29年度 問題

　次の記述において、記述ごとの①から③の下線部の語句のうち**最も不適当な**箇所番号を１つあげ、**適当な語句**を記入しなさい。

6．ステンレス製建具におけるステンレス鋼板の加工には普通曲げと角出し曲げ（角曲げ）がある。角出し曲げ（角曲げ）ができる板厚は一般に<u>2.0㎜</u>以上であり、３種類の加工方法がある。

　切込み後の残り板厚寸法が0.5㎜（ａ角）、<u>0.75㎜</u>（ｂ角）の場合は裏板にて補強する。<u>1.0㎜</u>（ｃ角）の場合は補強不要である。ａ角は割れが生じやすいので、一般的にはｂ角、ｃ角を用いる。

平成27年度 解答

① オーバーラッピング

解説

　防煙シャッターにはオーバーラッピング形を用います。表面がフラットなため、ガイドレール内での遮煙性を確保できます。防煙シャッターのまぐさ部には、一般的に、シャッターが閉じたとき、漏煙を抑制する**遮煙装置**を付けます。また、その材料は不燃材料、準不燃材料又は難燃材料とします。座板にアルミニウムを使用する場合には、**鋼板**で覆います。

・・・

平成29年度 解答

① 1.5mm

解説

　角出し曲げ（角曲げ）ができる板厚は一般に1.5mm以上であり、3種類の加工方法があります。a角は割れが生じやすいため、一般的にb角、c角を用います。

呼称	切込み後の残り板厚寸法	備考
a角	0.5mm	裏板で補強
b角	0.75mm	裏板で補強
c角	1mm	補強不要

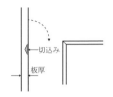

513

　次の記述において、記述ごとの①から③の下線部の語句又は数値のうち**最も不適当な箇所番号を１つあげ、適当な語句又は数値を記入しなさい。**

　６．防火区画に用いる防煙シャッターは、表面がフラットでガイドレール内での遮煙性を確保できる<u>インターロッキング</u>形のスラットが用いられる。
　　　　　　　　　　　　　　　　　　　　　　　　①
　　また、<u>まぐさ</u>の遮煙機構は、シャッターが閉鎖したときに漏煙を抑制する
　　　　　　②
　　構造で、その材料は不燃材料、準不燃材料又は難燃材料とし、座板にアルミ
　　ニウムを使用する場合には、<u>鋼板</u>で覆う。
　　　　　　　　　　　　　　　③

....

　次の問いに答えなさい。

　解答はそれぞれ異なる内容の記述とし、材料（仕様、品質、運搬、保管等）、作業環境（騒音、振動、気象条件等）、下地、養生及び作業員の安全に関する記述は除くものとする。

　４．鉄筋コンクリート造の外壁に鋼製建具を取り付けるときの**施工上の留意事項を２つ、具体的に記述しなさい。**

① | オーバーラッピング

解説

　防煙シャッターにはオーバーラッピング形を用います。表面がフラットなため、ガイドレール内での遮煙性を確保できます。防煙シャッターのまぐさ部には、一般的に、シャッターが閉じたとき、漏煙を抑制する遮煙装置を付けます。また、その材料は不燃材料、準不燃材料又は難燃材料とします。座板にアルミニウムを使用する場合には、鋼板で覆います。

下枠の裏面（くつずり）等、あとでモルタルの充填が不可能な部分は、くつずり裏面に鉄線を付け、あらかじめモルタル詰めを行った後に取り付ける。

溶接完了後、溶接個所に錆止めを施す。取付位置調整のために使用したくさびはモルタル充填時に必ず取り除き、モルタル固化まで人が乗らないようにする。

<他の解答例>
・心墨、心返り墨、陸墨などを基準とし、水糸、下げ振り、さしがねを用いて位置決めや精度測定を行い、倒れ精度の許容差は面内、面外とも±2mmとする。
・表面に付着したモルタルは、直ちに柔らかい布と清水で除去する。
・くさびかい等により仮留め後、サッシアンカーをコンクリートに固定された鉄筋類に溶接又はコンクリートに固定された下地金物にねじ等で留め付ける。

　コンクリートの外壁にアルミサッシの枠を取り付けるとき、枠回りの充填モルタルを施工する前に行う取付け精度の検査項目をその計測方法とともに2つ、具体的に記述しなさい。

　ただし、検査項目の重複は不可とする。

　なお、取り付けるサッシは幅1,800㎜、高さ1,800㎜の引違いサッシとする。

4．鉄筋コンクリート造におけるアルミニウム製外部建具を取り付けるときの留意事項を2つ具体的に記述しなさい。

　ただし、墨出し又は取付け後の養生に関する記述は、除くものとする。

平成18年度 解答例

倒れ精度の許容差は面内・面外ともに±2mm程度として、下枠位置決め後に下げ振りを用いて、枠の倒れを計測する。

出入りは、通り心返り墨を基準に水糸を張り、水糸と下枠の距離を測定する。

＜他の解答例＞

・寄りは開口部に出されている心墨にサッシ心のけがきをさしがねで合わせる。

・垂直精度は、建具縦枠に合わせて下振りを下げ、下振りと縦枠の距離を計測する。取付け精度の許容差は±2mm程度とする。

平成20年度 解答例

アンカー位置は、枠の隅より150mmを端とし、中間は500mmの間隔とする。アンカーと差し筋は、最短距離で溶接を行う。

溶接スパッタ等は、枠材のアルミニウム表面仕上げに悪影響を及ぼすため、養生を行う。

＜他の解答例＞

・外部に面する建具では、枠まわりのモルタル充填の際、仮止め用くさびを必ず取り除き、取り残しのないようにする。

・建具枠の取付けは、くさび等で仮止めし、位置及び形状を正確に決め、躯体付けアンカーに溶接して本取付けを行う。仮止め後は、早い時期に固定する。

テーマ **7** 塗装工事

1 塗装施工一般

【1】 塗料の取扱い

　原則として、**調合された塗料をそのまま使用します**。ただし、貯蔵中に均一な品質を保持するため、施工時の条件に適した粘度より若干高い粘度の製品になっている場合、素地面の粗密、吸収性の大小、気温の高低等に応じて、所定のシンナーや水等により希釈して、塗装に適した状態に**粘度を調整すること**ができます。

【2】 こしわけ

　塗料は、使用直前によくかき混ぜ、均一な状態にします。この場合、攪拌等で再分散しない沈殿物、皮ばり、凝集等は、必要に応じて**こしわけ**を行います。

※　こしわけ：塗料を使用する前に不純物を取り除くために、ふるいで濾すこと。

【3】 研磨 　過 H23・R3 択一

　研磨紙ずりは、下層塗膜及びパテが**硬化乾燥した後**、素地の汚れや錆、じん埃を除去し、素地や下地を平滑にし、かつ、次工程の塗装材料の**付着性を確保**するための足掛かりをつくり、**仕上がりをよくするために行います**。各層ごとに研磨紙で研磨しますが、塗膜を過度に研がないように注意します。

【4】 穴埋め、パテ処理 　過 H27・R1・5 択一

❶ 穴埋め：深い穴、大きな隙間等に穴埋め用パテなどをへら又はこてで押し込んで埋めます。

❷ パテ処理

　パテ塗付けは、不陸、凹凸、穴等を処理して塗装仕上げの**精度を高めるため**に行い、素地面に直接施工する場合と、各工程間に行う場合があります。パテは硬化後に研磨を行うため、厚塗りを行う必要があります。ただし、塗膜性能の向上は期待できないため、塗付け量は**必要最小限**とします。

　パテ処理の工法には、パテかい、パテしごき、パテ付けの３種類があります。

- パテかい：塗装面のくぼみ、隙間、目違い等の部分に、パテをへら又はこてで薄く付け、局部的に処理します。素地とパテ面との肌違いが仕上げに影響するため、注意しなければなりません。
- パテしごき：パテを**全面にへら付け**し、表面に過剰のパテを残さないよう、**素地が現れるまで十分しごき取ります**。素地とパテ面との肌がそろう程度に平滑にするようパテを残し、過剰なパテをしごき取る処理です。
- パテ付け：パテで**全面を平滑**にするもので、特に**美装性**を要求される仕上げの場合に行います。パテが**厚塗り**されるため、耐久性能を要求される仕上げの場合は適していません。

【5】 塗り方

　❶～❸までの工法のうち塗料に適したものを選び、色境、隅、ちりまわり等は、乱さないよう十分注意し、区画線を明確に塗り分けます。

❶ はけ塗り

- はけ目を正しく一様に塗ります。
- 塗り作業は、塗面の形状、大きさ、塗装材料に適したはけを用います。
- 小ばけを用いて、最初に周囲や塗りにくい部分を塗り、その後、適切な寸法のはけで全面を順序よく、上から下に塗り進むようにします。

❷ 吹付け塗り

- 塗装用のスプレーガンを用います。
- ガンの種類、口径、空気圧等は、用いる塗料の性状に応じて、適切なものを選び、吹きむらのないよう一様に塗ります。

❸ ローラーブラシ塗り

- 隅角部、ちりまわり等を小ばけ又は専用のコーナーローラーを用いて先に塗り付けてから、全面が均一になるように塗ります。
- ローラーは上下に転がしながら**逆W字型**に小幅に上下移動させます。ローラーを横方向に移動させてはいけません。上下に平行にローラーを転がして移動すると、そのつどローラーを付けた部分と離した部分の塗膜が不均一になるからです。

【6】 施工上のポイント

❶ 中塗り・上塗りの各層の色を変えること等により、均一に塗られていることを確認します。

❷ シーリング面の塗装仕上げを行う場合は、シーリング材が硬化した後に行います。

❸ 気温5℃以下、湿度85%以上、結露等で塗料の乾燥に不適当な場合は、塗装を中止します。ただし、採暖、換気等を適切に行う場合は、この限りではありません。

❹ 塗料などが付着した布片などの自然発火を起こすおそれがあるものは、塗装材料の保管場所には置かず、分別して処理します。

② 各種塗料

【1】 合成樹脂調合ペイント（SOP）

❶ 適用素地：主に**金属系**、木部（アルカリ性に弱く、セメント系素地面には適さない）

❷ 溶剤の蒸発とともに、空気中の酸素により油分が**酸化重合**することで硬化乾燥して塗膜を形成します。

❸ はけ目が少なく、光沢がよく、平滑な仕上がり塗膜が得られます。

【2】 合成樹脂エマルションペイント（EP）

❶ 適用素地：主に**セメント系、せっこう系**、木部（鉄鋼などの**金属系素地面には適さない**）

❷ 水分が蒸発するとともに樹脂粒子が**接近融着**して連続塗膜を形成します（水と樹脂粒子が融合するわけではない）。

❸ 一般建築物の内外の壁や天井などの保護と美装を目的として用います。

❹ 合成樹脂と顔料を結合させた乳液状のものを水で薄めて塗装する、不透明性の**水性塗料**です。水で希釈することができます。

❺ 臭気が少なく、引火の危険性もないので作業性に優れています。

❻ 1種は外部や水掛かり部分に、2種は内部に用います。

❼ 下塗り、中塗りの工程間隔時間（次工程の塗装を行うために必要な最低限度の時間間隔）は3時間以上（気温20℃）とします。

【3】 つや有合成樹脂エマルションペイント塗り（EP－G）

❶ 適用素地：主に金属系、セメント系、せっこう系、木部

❷ 主に、屋内の鋼製又は亜鉛めっき鋼製の建具や設備機器、建築物の内外の壁や天井などのつや有仕上げを必要とする部位に用います。

❸ 工程間隔時間（セメント系素地の場合）は、下塗り後3時間以上、中塗り後5時間以上とします。

【4】 アクリル樹脂系非水分散形塗料塗り（NAD）　H29 択一

❶ 適用素地：主にセメント系（ただし、せっこう素地面には不適）

❷ 溶解力の弱い溶剤に溶解しないアクリル樹脂を重合分散させた非水分散形ワニスを主要構成要素とし、溶剤の蒸発・乾燥とともに分散された粒子が融着結合し、塗膜を形成します。

❸ 常温で比較的短時間で硬化し、耐水性や耐アルカリ性に優れます。

❹ 主に内外の壁などにつや消しの平滑仕上げを施す場合に用います。

❺ A種の場合には下塗り後中塗り前に、パテかいと研磨紙P220～240を用いた研磨を行います。これは素地調整の工程で平滑化できなかった凹凸部を平滑化する工程です。なお、パテかいは、屋内塗装の場合に限ります。ただし、水掛かり部分には行いません。

❻ 塗装方法は、はけ塗り、ローラーブラシ塗り又は吹付け塗りとし、吹付け塗りの場合は、塗料に適したノズルの径や種類を選定します。

❼ 下塗り、中塗り、上塗りの材料は同一で、塗付け量も同量（0.10kg/㎡）とします。工程間隔は3時間以上（気温20℃）とします。

次の記述において、記述ごとの①から③の下線部の語句のうち**最も不適当な**箇所番号を１つあげ、**適当な語句**を記入しなさい。

7．パテ処理には、パテしごき、パテかい、パテ付けの 種類がある。<u>パテしごき</u>
　　　　　　　　　　　　　　　　　　　　　　　　　　　　　①
　　は、面の状況に応じて、面のくぼみ、すき間、目違い等の部分を平滑にする

　　ためにパテを塗るものである。

　　　　また、パテ付けは、<u>パテかい</u>の後、表面が平滑になり、肌が一定になるよ
　　　　　　　　　　　　　②
　　うパテを<u>全面</u>に塗り付けるものである。
　　　　　　　③

⋯⋯

次の記述において、記述ごとの①から③の下線部の語句のうち**最も不適当な**箇所番号を１つあげ、**適当な語句**を記入しなさい。

7．アクリル樹脂系非水分散形塗料（NAD）は、有機溶剤を媒体として樹脂を

　　分散させた非水分散形<u>エマルション</u>を用いた塗料で、常温で比較的短時間で
　　　　　　　　　　　　　①
　　硬化し、<u>耐水性</u>や耐アルカリ性に優れた塗膜が得られる。
　　　　　②

　　　　塗装方法は、はけ塗り、ローラーブラシ塗り又は吹付け塗りとし、吹付け

　　塗りの場合は、塗料に適したノズルの径や種類を選定する。

　　　　屋内塗装の場合、パテかいは<u>水掛り部分</u>には行わない。
　　　　　　　　　　　　　　　　③

① パテかい

解説

パテかいは、塗装面のくぼみ、隙間、目違い等の部分に、パテをへら又はこてで薄く付け、局部的に処理します。**パテしごきは、パテを全面にへら付けし、表面に過剰のパテを残さないよう、素地が現れるまで十分しごき取ることです。**素地とパテ面との肌がそろう程度に平滑にするようパテを残し、過剰なパテをしごき取る処理をいいます。

① ワニス

解説

アクリル樹脂系非水分散形塗料（NAD）は、溶解力の弱い溶剤に溶解しないアクリル樹脂を重合分散させた非水分散形ワニスを主要構成要素とし、溶剤の蒸発・乾燥とともに分散された粒子が融着結合し、塗膜を形成します。塗装方法は、はけ塗り、ローラーブラシ塗り又は吹付け塗りとし、吹付け塗りの場合は、塗料に適したノズルの径や種類を選定します。なお、パテかいは、屋内塗装の場合に限ります。**水掛かり部分には行いません。**

次の記述において、記述ごとの①から③の下線部の語句又は数値のうち最も不適当な箇所番号を1つあげ、適当な語句又は数値を記入しなさい。

7. 素地ごしらえのパテ処理の工法には、パテしごき、パテかい、パテ付けの3種類がある。このうち、<u>パテしごき</u>は、面の状況に応じて、面のくぼみ、すき間、目違い等の部分を平滑にするためにパテを塗る。
　①

　また、<u>パテかい</u>は、局部的にパテ処理するもので、素地とパテ面との肌違いが仕上げに影響するため、注意しなければならない。
　②

　なお、<u>パテ付け</u>は、特に美装性を要求される仕上げの場合に行う。
　③

次の記述において、ⓐからⓔの下線部のうち最も不適当な語句又は数値の下線部下の記号とそれに替わる適当な語句又は数値との組合せを、下の枠内から1つ選びなさい。

6. 塗装工事における研磨紙ずりは、素地の汚れや錆、下地に付着している<u>塵埃</u>を取り除いて、素地や下地を<u>粗面</u>にし、かつ、次工程で適用する塗装材料の
　　　　　　　　　　　　　　　　　　　ⓐ　　　　　　　　　　ⓑ

<u>付着性</u>を確保するための足掛かりをつくり、<u>仕上り</u>を良くするために行う。
　ⓒ　　　　　　　　　　　　　　　　　　　　ⓓ

　研磨紙ずりは、下層塗膜が十分<u>乾燥</u>した後に行い、塗膜を過度に研がない
　　　　　　　　　　　　　　　ⓔ
ようにする。

① ⓐ-油分	② ⓑ-平滑	③ ⓒ-作業	④ ⓓ-付着	⑤ ⓔ-硬化

令和元年度 解答

① パテかい

💡解 説

　パテかいは、塗装面のくぼみ、隙間、目違い等の部分に、パテをへら又はこてで薄く付け、局部的に処理します。素地とパテ面との肌違いが仕上げに影響するため、注意しなければなりません。**パテ付け**は、パテで**全面**を平滑にするもので、特に美装性を要求される仕上げの場合に行います。パテが厚塗りされるため、耐久性能を要求される仕上げの場合は不適当です。

令和3年度 解答

② ⓑ－平滑

💡解 説

　研磨紙ずりは、下層塗膜及びパテが硬化乾燥した後、素地の汚れや錆、じんあいを除去し、素地や下地を平滑にし、かつ、次工程の塗装材料の**付着性**を確保するための足掛かりをつくり、仕上がりをよくするために行います。各層ごとに研磨紙で研磨しますが、塗膜を過度に研がないように注意します。

1 ボード類（せっこうボードなど）の張付け

【1】留付け材

❶ 鋼製の小ねじ類は、亜鉛めっきなどの防錆処置を施したものとします。

❷ 浴室、洗面所、便所、厨房などの錆びやすい箇所に使用する小ねじ類はステンレス製とします。

❸ 長さ　木造（釘）：ボード厚×3倍

　　※　釘頭が平らに沈むまで打ち込む。

　　鋼製下地（ドリリングタッピンねじ）：裏面余長10mm

　　※　ドリリングタッピンねじは、ボード端部から10mm程度内側の位置で留め付ける。

【2】ボード類の取付け方法及び間隔

下地への取付け方法	下地種類	施工箇所	留付け（塗付け）間隔		
			周辺部	中間部	
小ねじ類	軽量鉄骨下地 木造下地	壁	200mm程度	300mm程度	
		天井	150mm程度	200mm程度	
接着剤による直張り工法	コンクリート下地など	壁はり	150〜200mm	床上1.2m以下	床上1.2m超
				200〜250mm	250〜300mm

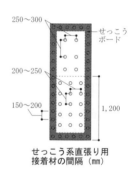

せっこう系直張り用
接着材の間隔（mm）

【3】ボードの張付け順序

　天井に張り付ける場合、室の中央から周囲に向かって張ります。

【4】ボード類の二重張り

❶ 下地張りの上に張る場合は、**接着剤を主**とし、必要に応じて、**小ねじ類**や**タッカー**による**ステープル**などを併用して留め付けます。

❷ 上張りの継ぎ目と下張りの**継ぎ目は同位置**にならないようにします。

【5】コンクリート下地などへの直張り工法（GL工法） 過 H25・R1 択一

コンクリート面において、**せっこう系直張り接着剤**を一定間隔で下地面に塗り付け、ボードを直に張り付ける工法です。

ボード下端と床面の取合い

❶ 直張り工法は、**耐震性、遮音性が劣る**ため、層間変位の大きい**ALC外壁**、集合住宅の**戸境壁**（こざかいかべ）などへの採用には十分留意します。

❷ 床面からの水の吸上げによる**ボードの濡れ防止**及び乾燥のために、ボード下端にスペーサーを置き、**10mm程度浮かした状態**で張り付けます。

❸ コンクリートの下地面からボードの仕上がり面までの寸法(a)は、下地面の凹凸を考慮して、ボードの厚さにより下表のとおりとします。

ボードの厚さ	仕上がり面までの寸法(a)
9.5mm	20mm
12.5mm	25mm

※　ボード厚の約2倍と覚える。

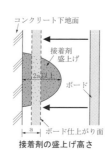

接着剤の盛上げ高さ

❹ 接着剤はだれない程度の硬さに水と練り合わせ、ボードの仕上がり面の高さの**2倍程度の高さ**にダンゴ状に盛り上げます。

❺ 一度に練る量は**1時間以内に使い切る量**とし、1回の塗布面積は**ボード1枚分**とします。

❻ 調整定規でたたきながら、所定の仕上がり面が得られるように圧着します。

❼ 下地がポリスチレンフォーム断熱材や**現場発泡断熱材**、ALCパネルなどの場合は、**プライマー処理**を行います。

❽ **乾燥期間：仕上げ材施工までの放置期間**
● 仕上げ材に通気性がある場合（布系壁紙など）：**7日以上**
● 仕上げ材に通気性のない場合（ビニルクロス、塗装など）：**20日以上**

❾ 寒冷期の施工

　寒冷期に接着剤（せっこう系直張り用接着材以外の接着剤も含む）を用いる場合、施工時及び接着剤硬化前に気温が5℃以下になるときは、**施工を中止**します。やむを得ず施工する場合は、ジェットヒーター等による採暖を行い、室温を10℃以上に保ちます。

【6】せっこうボードのジョイント処理（継ぎ目処理工法）

　テーパーエッジボード（テーパー付きせっこうボード）、**ベベルエッジボード**を用いて、目地のない平滑な面をつくる工法です。

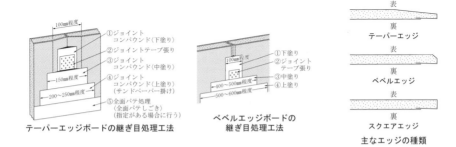

テーパーエッジボードの継ぎ目処理工法　　ベベルエッジボードの継ぎ目処理工法　　主なエッジの種類

❶ せっこうボードは、温湿度が変化してもほとんど伸縮しない特性をもつため、継ぎ目処理工法により、目地なしの平滑な壁面とすることができます。

❷ ジョイントコンパウンドを塗り付け、直ちにジョイントテープを張ります。

❸ グラスメッシュのジョイントテープを用いる場合は、ジョイントコンパウンドの**下塗り**を省略できます。

❹ 目地処理は、テーパーエッジボードの場合は幅200〜250mmの範囲、ベベルエッジボードの場合は幅500〜600mmの範囲で行います。

【7】ロックウール化粧吸音板　過 H28・R2 記述

　ロックウール化粧吸音板は、ロックウール（岩綿）を成形した吸音板で、岩綿吸音板ともいいます。システム天井の標準として使用されています。

❶ 湿度に弱いため、工事中の室内湿度は80%以下にして施工します。

❷ 化粧面に、まくれ、バリなどが生じないように、切断・孔あけの加工は化粧表面側から行います。

❸ 下張りがある場合の取付けは、釘又はステープルと接着剤を併用します。接着剤は15点以上に点付けして所定の位置に張り付け、釘又はステープルで固定します。

❹ 下張りとは目地の位置が重ならないように、50mm以上ずらします。

2 壁紙張り

【1】 材料　過R3択一

❶ 壁紙のホルムアルデヒド放散量は、特記がなければF☆☆☆☆とします。

❷ 壁紙張り用接着剤は、**でんぷん系接着剤**に合成樹脂エマルションを配合したもので、ホルムアルデヒド放散量区分F☆☆☆☆のものを用います。モルタル下地やコンクリート下地に使用する場合は、**防力ビ剤**を混合します。

❸ **壁紙の保管**：巻いた状態の壁紙は、乾燥した室内で、雨水や直射日光が当たらない場所にくせがつかないように**立置き**とし、ビニルシートなどで養生します。

【2】 張付け　過H26記述

　直接下地に張る**直張り工法**と、下地に下張りを施した後、上張りを施す**下張り工法**の2種類があります。一般には、直張り工法が用いられます。

<直張り工法>

❶ 壁紙類を張る場合は突付け張りとします。

❷ たるみ、模様等のくい違いのないように、裁ち合わせて張り付けます。

❸ やむを得ず重ね裁ちする場合には、下敷きを当てて行い、刃物で下地表面を傷つけることがないようにします。

❹ 薄手の壁紙類を張る場合は**重ね張り**とし、重ね幅**10mm程度**、陰影の生じない方向に重ねます。

【3】 張替え

防火認定が必要な壁紙の張替えは、既存の壁紙を残さず撤去し、**下地基材面を露出**させてから新規の壁紙を張り付けなければ防火材料に認定されません。

【4】 防火性能の表示

防火材の認定表示は防火製品表示ラベルを1区分（1室）ごとに、2枚以上張り付けて表示します。

3 床工事

【1】 合成高分子系張り床

❶ 床シート張り（ビニル床シート） 過 H24 記述

ⅰ 下地

- 下地面は、**十分に乾燥**していることを確認します。
  - ➡ モルタル塗り下地は施工後14日以上、コンクリート下地は施工後28日以上放置します。
- 合成高分子系張り床の場合、材料が薄く光沢のあるものが多く、下地面のわずかな不陸や突起なども目立つため、下地表面は**金ごて仕上げ**とし、下地精度に十分留意します。
- **下地表面の傷、へこみ**などは、ポリマーセメントモルタルなどを用いて補修を行った後、サンダー掛けなどにより表面を平滑にします。

ⅱ 張付け

- シート類は、長手方向に縮み、幅の方向に伸びる性質があるため、**長めに切断して仮敷きし、24時間以上放置して巻きぐせをとってなじませ**ます。
- 張付けに用いる接着剤は、所定のくし目ごてを用いて**下地面に平均して塗布**し、必要に応じて裏面にも塗布し、空気だまり等のないように**べた張り**とします。
- 適切な**オープンタイム**（待ち時間）を確保した上で張り付けます。
- 張り付け後、表面に出た余分な接着剤をふき取り、ローラー等で接着面に気泡が残らないように圧着します。

ⅲ 接着剤

湿気のおそれのある床（地下部分の最下階、洗面脱衣室、便所など）に張り付ける場合は、化学反応で硬化する「反応形」の接着剤（**エポキシ樹脂系又はウレタン樹脂系**の接着剤）を用います。なお、「エマルション形」の接着剤（酢酸ビニル樹脂系、アクリル樹脂系）は、接着剤中の水分の蒸発により硬化するため、多湿な場所には適していません。

ⅳ 床シートの接合部

ビニル床シート張り付け後、防湿・防じんなどの目的で、はぎ目及び継手を熱溶接する「**熱溶接工法**」がよく用いられます。

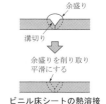

余盛り

溝切り

余盛りを削り取り
平滑にする

ビニル床シートの熱溶接

● 床シート張り付け後、**接着剤が硬化**した状態を見計らい、はぎ目及び継手部分に**溝切り**を行います。

● 熱溶接機を用いて、180〜200℃の温風で加圧しながら床シートと溶接棒を同時に溶解させます。溶接部が**完全に冷却**した後、**余盛りを削り取り**、平滑にします。

❷ 床タイル張り（ビニル床タイル、ゴム床タイル）

● 張付けに用いる接着剤は、**所定のくし目ごて**を用いて**下地面**に均一に適量を塗布します。

● 所定の**オープンタイム**経過後、張付け可能時間内に床タイルを張り付け、ローラーなどで圧着します。

➡ 所定のオープンタイムをとらずに張り付けると、初期粘着力が出なかったり、溶剤により床材が軟化したり、ふくれの原因になるなどのおそれがあります。

※　**オープンタイム**：接着剤を塗布してから、他方の材料を接着するまでの時間。

❸ 床シート・床タイルの保管

● **床シートの保管**：床シートは、乾燥した室内に直射日光を避けて、立置きにします。転倒を防止するため、ロープで柱などに固定します。

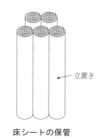

立置き

床シートの保管

➡ 横積みは、重量により変形するおそれがあるので好ましくありません。

- 床タイルの保管：くせがつかないように平たんな場所に置き、箱詰め梱包された材料は10段重ね以下とします。

❹ 作業環境

寒冷期など、施工時の作業環境温度が5℃以下となる場合は、ジェットヒーターなどで採暖を行い、室温を10℃以上に保つようにします。

【2】 フローリング張り 過 H26・R4 記述

```
          ┌─ 根太張り工法：下張りを行わずに、直接フローリングを根
  ┌─ 釘留め工法─┤            太の上に、接着剤を併用して釘打ちで張り
  │          │            込む工法
  │          └─ 直張り工法：下張り用床板を張った上に、接着剤を併用し
  │                       て釘打ちで張り込む工法
  └─ 接 着 工 法
```

❶ 釘留め工法

- フローリングボード張りにおいて、張込みに先立ち、板の割付けを行い、板の継手を乱（隣接するボードの継手から150㎜程度離す）にし、通りよく敷き並べて隠し釘留めとします。

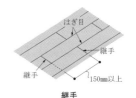

継手

- 下張り用床板と上張りのフローリングボードとの継手の位置が合わないようにします。
- 根太の間隔は300㎜程度とします。

❷ 接着工法

- 接着剤は、**エポキシ樹脂系**（一般に2液形）、ウレタン樹脂系又は変成シリコーン樹脂系とします。
- 所定のくし目ごてを用いて、接着剤を均一に塗布します。

❸ その他

- 湿度変化によるフローリングボードの膨張伸縮を考慮し、**壁、幅木及び敷居との取合い部分**には、隙間を設けます。

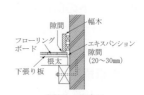

幅木との取合い

- 接着剤を用いる場合、施工中及び施工後、気温が5℃以下になると予想される場合は、施工できま

せん。ただし、採暖等を行う場合を除きます。

- 張付けは**室の中心から**行い、寸法の調整は出入口の部分を避けて、**壁際で**行います。

【3】 カーペット敷き

❶ カーペット類の防炎表示

- 防炎規制の対象となっている場合、カーペット類は**消防法に定める防炎性能を有し、防炎表示のあるもの**とします。

- 表示は、置敷きの場合は裏面に張り付け、室内などに固定されたものは、部屋ごとの主要な出入り口（1カ所以上）などに防炎ラベルを張り付けます。

❷ カーペット類の保管

- 保管場所は**必ず屋内**とし、雨露、直射日光、湿気によるカーペット類の汚れ、損傷、変色、変形などを防止します。
- ロールカーペットは横に倒して、2〜3段までの**俵積**みとします。
- タイルカーペットは、5〜6**段積み**までとします。

俵積み
（2〜3段）

❸ カーペットの工法

カーペットの種類に応じた工法の種類は、下表のとおりとします。

工法の種類	カーペットの種類
グリッパー工法	織じゅうたん
全面接着工法	タフテッドカーペット
	ニードルパンチカーペット
タイルカーペット全面接着工法	タイルカーペット

＜グリッパー工法＞

床の周囲に釘又は接着剤で固定した**グリッパー**にカーペットの端を引っ掛け、緩みのないように、一定の**張力**を加えて敷き詰める工法です。

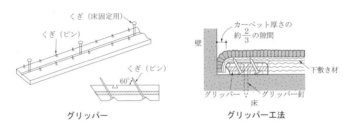

グリッパー　　　　　　　　　　グリッパー工法

- ●グリッパーの固定作業は、下敷き材の敷込みに先立って行います。壁際からの隙間を均等にとり、連続して釘又は接着剤で取り付けます。
- ●カーペットは十分に伸長してからグリッパーに引っ掛けます。
- ●カーペットの伸張作業には、一般に**ニーキッカー**を用います。なお、**面積が広い場合や幅狭や長い廊下の場合には、パワーストレッチャー**などの工具を用います。

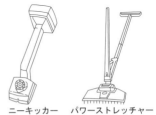

ニーキッカー　　パワーストレッチャー

- ●上敷き（下敷き材に対して、仕上げとしてのカーペットをいう）の敷詰めは、隙間及び不陸をなくすように伸張用工具で**幅300mmにつき200N程度の張力**をかけて伸張し、グリッパーに固定します。
- ●カーペット同士の接合部は、**縫い合わせ又はヒートボンド工法**によって行います。

＜全面接着工法＞

接着剤を使ってカーペットを床に固定する工法で、温・湿度の変化による伸縮を防ぎ、維持・補修が容易です。

- ●仮敷きしたカーペットを折り返し、**下地全面に所定のくし目ごてを用いて**接着剤を塗布し、接着剤の乾燥状態を見計らい、しわなどを伸ばしながら張り付けます。
- ●**接着剤**は、カーペット自体の収縮を抑えるため、**はく離強度よりもせん断強度を重視した**タイプを使用します。

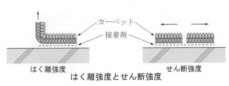

はく離強度　　　　　　せん断強度
はく離強度とせん断強度

<タイルカーペット全面接着工法> 過 H27・29・R5 択一

● タイルカーペットには、粘着はく離形（ピールアップ形）接着剤を用います。
● 特記がない場合、原則として、市松敷きとします。
● 割付け及び張付けは、基準線に沿って方向をそろえ、中央部から行います。
● 出入り口部分の割付けは、$\frac{2}{3}$以上の大きさのタイルカーペットが配置されるようにします。
● カーペットの張付けは、粘着はく離形の接着剤を下地（床パネルなど）全面に塗布し、適切なオープンタイムをとり、圧着しながら行います。

<フラットケーブルを敷設する床への施工>

　フラットケーブルは下地面に密着させて、タイルカーペットの中央付近に敷設し、フラットケーブルの端とタイルカーペットの端（目地）との間隔は100mm以上とします。

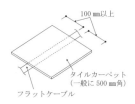

<フリーアクセスフロア（二重床）への施工> 過 R5 択一

● 張付けに先立ち、床パネルの段差と隙間を1mm以下に調整します。
● タイルカーペットの割付けは、下地のフリーアクセスフロアのパネルの目地とタイルカーペットの目地を100mm程度ずらして、またがるように張り付けます。

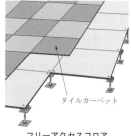

フリーアクセスフロア

4 断熱工事

工　法	概　要	断熱材の種類
はめ込み工法	断熱材を床の根太、壁の間柱などの下地材の間にはめ込む工法	フェルト状断熱材 ボード状断熱材
張付け工法	断熱材を接着剤、ボルト、釘などにより壁面などに張り付ける工法	ボード状断熱材
打込み工法	あらかじめ、断熱材をせき板に取り付けるか、断熱材をせき板として使ってコンクリートを打ち込む工法	ボード状断熱材
吹込み工法	断熱材をホースなどにより吹き込む、又は壁体などの隙間に流し込む工法	吹込み用断熱材 （ばら状断熱材）
吹付け工法	断熱材を、壁面などに吹き付ける工法	現場発泡断熱材

＜吹付け工法（現場発泡工法）＞　過 R2 記述

❶ 目地のない連続した断熱層が得られ、複雑な形状にも施工が容易です。

❷ 断熱層の厚さを調整できますが、厚さが不均一になりやすくなります。

❸ 接着性（自着性）があるため、接着剤は不要です。

❹ 換気の少ない場所では、酸欠状態となりやすいため、強制換気等の対策をとります。

❺ 吹付け面の温度・乾燥度などは、発泡性・付着性に大きく影響するため、吹付け面の温度は5℃以上に保つなど適切な条件で施工します（コンクリート面は20～30℃が最適）。

❻ 厚さ5mm以下の下吹きを行い、吹付けの総厚さが30mm以上の場合は、多層吹きとします。ただし、1日の総吹付け厚さは80mm以下とします。

❼ 厚さの許容差は、0～+10mmで、マイナスは許容されません。

❽ ワイヤゲージなどを用いて、随時厚みを測定しながら吹付け作業を行います。
　　➡ 所定の厚さに達していない箇所は、補修吹きを行います。
　　➡ 厚く吹きすぎた箇所は、カッターナイフなどで表層を除去します。

❾ 吹付け厚さは、確認ピンを用いて確認します。

● 確認ピンは、スラブ・壁は5㎡程度につき1カ所以上、柱・梁の場合は1面につき1カ所以上とします。

● 確認ピンはそのまま存置します。

本試験問題

次の記述において、記述ごとの①から③の下線部の語句のうち**最も不適当な**箇所番号を1つあげ、**適当な語句**を記入しなさい。

6．せっこうボードのせっこう系直張り用接着材による直張り工法において、直張り用接着材は、2時間程度で使いきれる量をたれない程度のかたさに水と練り合わせ、ボードの仕上がり面の高さの2倍程度の高さにダンゴ状に盛り上げる。ボードの張付けにおいては、ボード圧着の際、ボード下端と床面との間を10㎜程度浮かした状態で圧着し、さらに調整定規でたたきながら、所定の仕上げ面が得られるように張り付ける。
下線①：2時間
下線②：2倍
下線③：10㎜

次の記述において、記述ごとの①から③の下線部の語句のうち**最も不適当な**箇所番号を1つあげ、**適当な語句**を記入しなさい。

8．タイルカーペットをフリーアクセスフロア下地に張り付ける場合、床パネルの段違いやすき間を1㎜以下に調整した後、タイルカーペットを張り付ける。
タイルカーペットは、割付けを部屋の端部から行い、粘着はく離形の接着剤を床パネルの全面に塗布し、適切なオープンタイムをとり、圧着しながら張り付ける。
下線①：1㎜
下線②：端部
下線③：床パネル

① 1

💡解 説

　接着剤の一度に練る量は1時間以内に使い切る量とし、1回の塗布面積はボード1枚分
とします。接着剤はだれない程度の硬さに水と練り合わせ、ボードの仕上り面の高さの2
倍程度の高さにダンゴ状に盛り上げます。床面からの水の吸上げによるボードの濡れ防止
及び乾燥のために、ボード下端にスペーサーを置き、10mm程度浮かした状態で張り付け
ます。

② 中央

💡解 説

　タイルカーペットをフリーアクセスフロア下地に張り付ける場合、張付けに先立ち、下
地面の段違い、床パネルの隙間を1mm以下に調整します。割付けは、基準線に沿って方
向をそろえ、中央部から行います。張付けは、粘着はく離形の接着剤を下地（床パネルな
ど）全面に塗布し、適切なオープンタイムをとり、圧着しながら行います。

　次の記述において、記述ごとの①から③の下線部の語句のうち**最も不適当な**箇所番号を１つあげ、**適当な語句を記入しなさい。**

8．タイルカーペットを事務室用フリーアクセスフロア下地に施工する場合、床パネル相互間の段差とすき間を1mm以下に調整した後、床パネルの目地と①
タイルカーペットの目地を100mm程度ずらして割付けを行う。②

　カーペットの張付けは、粘着はく離形の接着剤をカーペット裏の全面に塗③
布し、適切なオープンタイムをとり、圧着しながら行う。

　次の記述において、記述ごとの①から③の下線部の語句又は数値のうち**最も不適当な**箇所番号を１つあげ、**適当な語句又は数値を記入しなさい。**

8．せっこう系直張り用接着材によるせっこうボード直張り工法において、直張り用接着材は、2時間以内で使い切れる量を、たれない程度の硬さに水と①
練り合わせ、ボードの仕上がりまでの寸法の2倍程度の高さにダンゴ状に盛②
り上げる。

　また、ボードの張付けにおいては、ボード圧着の際、ボード下端と床面との間を10mm程度浮かした状態で圧着し、さらに調整定規でたたきながら、所③
定の仕上げ面が得られるように張り付ける。

③ 床パネル

💡解説

　タイルカーペットをフリーアクセスフロア下地に張り付ける場合、張付けに先立ち、下地面の段違い、床パネルの隙間を1mm以下に調整します。割付けは、下地のフリーアクセスフロアのパネルの目地とタイルカーペットの目地を100mm程度ずらして、またがるように張り付けます。張付けは、粘着はく離形の接着剤を下地（床パネルなど）全面に塗布し、適切なオープンタイムをとり、圧着しながら行います。

....

① 1

💡解説

　接着剤の一度に練る量は1時間以内に使い切る量とし、1回の塗布面積はボード1枚分とします。接着剤はだれない程度の硬さに水と練り合わせ、ボードの仕上り面の高さの2倍程度の高さにダンゴ状に盛り上げます。床面からの水の吸上げによるボードの濡れ防止及び乾燥のために、ボード下端にスペーサーを置き、10mm程度浮かした状態で張り付けます。

次の記述において、ⓐからⓔの下線部のうち**最も不適当な語句又は数値の下**線部下の記号とそれに替わる**適当な語句又は数値との組合せ**を、下の枠内から１つ選びなさい。

7．居室の壁紙施工において、壁紙及び壁紙施工用<u>でん粉系接着剤</u>の
　　　　　　　　　　　　　　　　　　　　　　　　　ⓐ
<u>ホルムアルデヒド</u>放散量は、一般に、F☆☆☆☆としている。また、防火材
　ⓑ　　　　　　　　　　　　　　　　ⓒ
の認定の表示は防火製品表示<u>ラベル</u>を１区分（１室）ごとに<u>１</u>枚以上張り付
　　　　　　　　　　　　ⓓ　　　　　　　　　　　　　　ⓔ
けて表示する。

① ⓐ－溶剤	② ⓑ－シンナー	③ ⓒ－☆☆☆
④ ⓓ－シール	⑤ ⓔ－２	

次の問いに答えなさい。

留意事項は、それぞれ異なる内容の記述とし、材料の保管、作業環境（気象条件等）、安全に関する記述は除くものとする。

4．内装床工事において、ビニル床シートを平場部に張り付けるときの**施工上**
の留意事項を２つ具体的に記述しなさい。

ただし、下地の調整・補修、張付け後の清掃に関する記述は除くものとする。

令和３年度 解答

⑤　ⓔ－２

💡解 説

　壁紙張り用接着剤は、でんぷん系接着剤に合成樹脂エマルションを配合したものです。モルタル下地やコンクリート下地に使用する場合は、**防カビ剤**を混合します。壁紙のホルムアルデヒド放散量は、特記がなければＦ☆☆☆☆とします。防火材の認定の表示は**防火製品表示ラベル**を１区分（１室）ごとに**２枚以上**張り付けて表示します。

平成２４年度 解答例

張付けに用いる接着剤は、所定の**くし目ごて**を用いて下地面に均一に塗布し、また必要に応じて裏面にも塗布し、べた張りする。

接着剤は、所定の**オープンタイム**をとり、張付け時間内に床シートを張り付ける。

＜他の解答例＞

・床シートの張付けは、ローラー等で接着面に気泡が残らないように圧着し、表面に出た余分な接着剤はふき取る。

次の問いに答えなさい。

解答はそれぞれ異なる内容の記述とし、材料の保管、作業環境（気象条件等）及び作業員の安全に関する記述は除くものとする。

3. 木製床下地にフローリングボード又は複合フローリングを釘留め工法で張るときの**施工上の留意事項**を2つ、具体的に記述しなさい。

ただし、下地又は張付け後の養生に関する記述は、除くものとする。

. . . .

次の問いに答えなさい。

解答はそれぞれ異なる内容の記述とし、材料の保管、作業環境（気象条件等）及び作業員の安全に関する記述は除くものとする。

4. せっこうボード下地に壁紙を直張り工法で張るときの**施工上の留意事項**を2つ、具体的に記述しなさい。

平成26年度 解答例

フローリングボード張りにおいて、張込みに先立ち、板の割付けを行い、板の継手を乱（150mm程度離す）にし、通りよく敷き並べて隠し釘留めとする。

下張り用床板と上張りのフローリングボードとの継手の位置が合わないようにする。

<他の解答例>
・湿度変化によるフローリングボードの膨張伸縮を考慮し、壁、幅木及び敷居との取合い部分には、隙間を設ける。
・フローリング類の施工において、張付けは室の**中心**から行い、寸法の調整は出入り口の部分を避けて、壁際で行う。

平成26年度 解答例

壁紙のジョイントはできるだけ**突付け張り**とし、やむを得ず**重ね裁ち**とする場合、下敷きを当てて行い、刃物で下地表面を傷つけないように施工する。

厚手の壁紙類を張る場合は突付け張りとし、**薄手**の壁紙類を張る場合は、重ね張りとし、重ね幅は10mm程度とし、陰影の生じない方向に重ねる。

<他の解答例>
・模様のある壁紙等では、継目部分の模様にずれがないように留意する。
・張り終わった箇所ごとに表面に付いた接着剤や手あか等を直ちにふき取る。特に建具、枠まわり、鴨居、ジョイント部等は放置すると、しみの原因となるので注意する。

次の問いに答えなさい。

解答はそれぞれ異なる内容の記述とし、材料の保管、気象条件等による作業の中止及び作業員の安全に関する記述は除くものとする。

4. 室内天井せっこうボード下地へのロックウール化粧吸音板張り工事における**施工上の留意事項**を2つ、具体的に記述しなさい。

　　ただし、下地材の調整、開口部補強及び張付け後の養生に関する記述は除くものとする。

....

次の問いに答えなさい。

解答はそれぞれ異なる内容の記述とし、材料（仕様、品質、保管等）、作業環境（騒音、振動、気象条件等）及び作業員の安全に関する記述は除くものとする。

3. 内装工事において、天井仕上げとしてロックウール化粧吸音板を、せっこうボード下地に張るときの**施工上の留意事項**を2つ、具体的に記述しなさい。

　　ただし、下地に関する記述は除くものとする。

....

次の問いに答えなさい。

解答はそれぞれ異なる内容の記述とし、材料（仕様、品質、保管等）、作業環境（騒音、振動、気象条件等）及び作業員の安全に関する記述は除くものとする。

4. 断熱工事において、吹付け硬質ウレタンフォームの吹付けを行うときの**施工上の留意事項**を2つ、具体的に記述しなさい。

　　ただし、下地に関する記述は除くものとする。

ロックウール化粧吸音板と下地のせっこうボードの目地位置が重ならないようにする。

中央から張り始め、順次周囲に向かって張り上げる。半端ものは端部にもってくる。

<他の解答例>

・化粧面に、まくれ、バリなどが生じないように、切断・孔あけの加工は化粧表面側から行う。

・釘又はステープルと接着剤を併用し、接着剤は15点以上に点付けして所定の位置に張り付け、釘又はステープルで固定する。

せっこうボード張りの目地と、ロックウール板の目地の位置が重ならないように、50mm以上ずらす。

接着剤は15点以上に点付けし、塗布量は1㎡当たり150〜180gを基準とする。

H28の解答例と同内容の解答でも大丈夫です。

吹付厚さは、スラブ・壁は5㎡程度に1カ所以上、柱・梁の場合は1面につき1カ所以上確認ピンをさして確認する。

吹付けの総厚さが30mm以上の場合は、**多層吹き**とする。ただし、一日の総吹付け厚さは80mm以下とする。

<他の解答例>

・ワイヤゲージ等を用いて、随時厚みを測定しながら作業し、所定の厚みに達していない箇所は、補修吹きを行う。厚みの許容差は0〜10mmとする。

次の問いに答えなさい。

解答はそれぞれ異なる内容の記述とし、材料（仕様、品質、運搬、保管等）、作業環境（騒音、振動、気象条件等）、下地、養生及び作業員の安全に関する記述は除くものとする。

2. 木製床下地にフローリングボード又は複合フローリングを釘留め工法で張るときの施工上の留意事項を2つ、具体的に記述しなさい。

令和4年度 解答例

下張り用床板と上張りのフローリングボードとの**継手の位置が合わない**ようにする。

温度変化によるフローリングボードの膨張伸縮を考慮し、壁、巾木及び敷居との取合い部分には**すき間**を設ける。

＜他の解答例＞

・張込みに先立ち、板の割付けを行い、板の継手を乱（150mm程度離す）にし、通りよく敷き並べて隠し釘留めとする。

・張付けは室の**中心**から行い、寸法の調整は出入り口の部分を避けて、**壁際**で行う。

1 ガラス工事

【1】 はめ込み構法－不定形シーリング材構法

　金属などのU字形の溝にガラスをはめ込む場合に、シリコーン系などの弾性（不定形）シーリング材を用いる構法です。

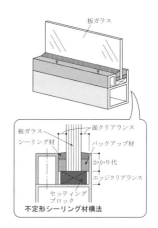

不定形シーリング材構法

❶ 面クリアランス

　ガラス面からサッシ溝の内側までの寸法をいい、主に風圧力の作用による不均一な発生応力の防止や、窓枠との接触による熱割れ防止、シーリング材の充填などのスペースです。

❷ エッジクリアランス

　ガラス小口（エッジ）と建具枠底との距離をいい、セッティングブロックにより確保します。また、両サイドの建具枠との距離を確保するためには**エッジスペーサー**を用います。これは、地震時に窓枠が面内変形したときのガラスと窓枠の接触を防止し、可動窓開閉時の衝撃によるガラスの損傷防止のために必要なスペースです。

❸ かかり代

　建具枠に飲み込まれるガラスの寸法をいい、主に**風圧力**による板ガラスの窓枠からの**外れ防止**や、ガラス切断面の**反射を見えなくする**ために必要です。

❹ セッティングブロック

　下辺のガラスはめ込み溝内で、**ガラス自重を支える**材料です。

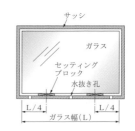

- ●サッシ溝底とガラスの接触を防止し、かつ適当なエッジクリアランスとガラスのかかり代を確保します。
- ●ガラス両端より**ガラス幅の$\frac{1}{4}$**のところに、**2カ所**設置します。

❺ バックアップ材

シーリング施工の場合、ガラスを固定するとともに、シール打設時のシール受けの役目をする材料です。

【2】構造ガスケット構法 過 H25 択一

構造ガスケットは、ジッパーガスケットとも呼ばれ、クロロプレンゴムなどの押出成形によってつくられます。**ガラスの保持機能と**ガラス周囲のシール材としての**水密機能を兼ねた、ガラスの支持材兼防水材**です。

ジッパーを取り付ける際には、ジッパーとジッパー溝に**滑り剤**を塗布します。

● ガラスの**エッジクリアランスが大きく**なると、ガラスの**かかり代が小さく**なります。かかり代が小さい場合には、風圧を受け

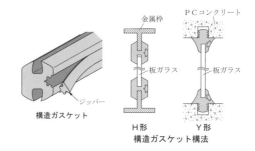

金属枠　ＰＣコンクリート

板ガラス　板ガラス

ジッパー

構造ガスケット

H形　Y形
構造ガスケット構法

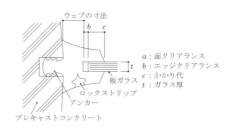

ウェブの寸法

b　c

t

板ガラス

ロックストリップ

アンカー

プレキャストコンクリート

a：面クリアランス
b：エッジクリアランス
c：かかり代
t：ガラス厚

たときの構造ガスケットのリップのこ̇ろ̇び̇が大きくなるので、**止水性が著しく低下**します。また、ガラスが外れたり、構造ガスケットがアンカー溝又は金属枠から外れるおそれが生じます。

❷ ALCパネル工事

【1】ロッキング構法

構造躯体の変形に対して、パネルが１枚ごとに微少回転して追従する構法で、パネル内部に設置されたアンカーと取付け金物（**イナズマプレート、平プレートなど**）により上部、下部の２点でピン支持となるように躯体に固定します。最も**層間変位に対する追従性に優れた構法**です。

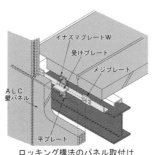

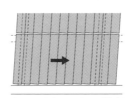

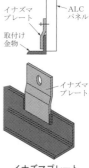

ロッキング構法のパネル取付け　　パネルの動き（ロッキング構法）　　イナズマプレート

❶ パネルは、格段ごとに、構造体に固定した下地鋼材に取り付けます。**パネル重量は下部のパネル中央に設置する受けプレートで支持**します。

❷ ロッキング構法の**横目地は伸縮目地**とし、目地幅10〜20mmとします。

【2】 横壁アンカー構法　過 H25択一

　躯体の層間変位に対し、上下段のパネル相互が水平方向にずれ合い追従する構法で、横壁パネルの両端部を**フックボルト**などにより躯体に固定します。パネル重量はパネル下部の両端に位置する**自重受け金物**により、積上げ段数**5段以下ごと**に支持します。

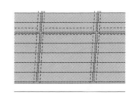

パネルの動き（横壁アンカー構法）

　なお、自重受け鋼材を設けた横目地には、伸縮目地を設けます。

❸ 押出成形セメント板工事

　パネルの縦使い（縦張り工法）と横使い（横張り工法）の2つの方法があります。地震時の層間変位にパネルが追従できるように、縦使いの場合は**ロッキング方式**、横使いの場合は**スライド方式**とします。

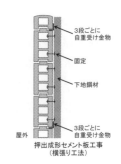

押出成形セメント板工事
（横張り工法）

	パネル縦使い（縦張り工法）	パネル横使い（横張り工法）
	ロッキング方式	スライド方式
工　法	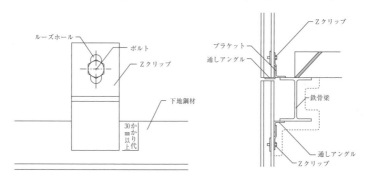	
荷重受け	パネルは、各段ごとに構造体に固定した下地鋼材で受ける	パネルは、積上げ段数3段以下ごとに、柱などの構造体に固定した自重受け金物で受ける

❶ パネル取付け金物（Zクリップ）は、下地鋼材へのかかり代30mm以上を確保し、層間変位に追従できるように正確、かつ堅固に取り付けます。

- 縦張りロッキング方式：上下動できるようにするためです。
- 横張りスライド方式：左右にスライドできるようにするためです。

（図内ラベル）ルーズホール　ボルト　Zクリップ　下地鋼材　30mmかかり代以上

（図内ラベル）Zクリップ　ブラケット　通しアングル　鉄骨梁　通しアングル　Zクリップ

❷ パネル相互の目地幅は、長辺10mm以上、短辺15mm以上とします（縦張り、横張り共通）

❸ 2次的な漏水対策として、室内側にガスケット、パネル最下部に水抜きパイプを設置する構法もあります。

◢ カーテンウォール工事

カーテンウォール（以下、CW）は、工場生産された部材で構成される非耐力外壁のうち、地震や強風による建物変形に追従できる壁をいいます。CWは、主要構成部材の材料により、メタルCWとプレキャストコンクリートCWの2つに大別されます。

【1】取付け形態

❶ スパンドレル方式

腰壁と下がり壁を一体とした部材（スパンドレルパネル）を、梁又はスラブに取り付ける方式です。

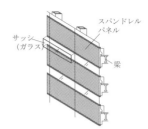

❷ マリオン（方立）方式

細長い方立を上下階の梁又はスラブ間（層間）に架け渡し、方立間にガラス、パネルなどを取り付ける方式です。

❸ プレキャストコンクリートCWの取付け方式　過 R3 択一

上下の層間に架け渡す面内剛性の高いCW部材（プレキャストコンクリート部材など）は、一般に**ロッキング方式、スライド（スウェイ）方式**などにより構造躯体に取り付け、層間変位に追従させます。なお、スパンドレルパネルを用いる場合は、一般に固定式とします。

● **ロッキング方式**

パネルを回転（ロッキング）させることにより、層間変位に追従させる方式です。

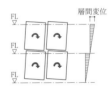

● **スライド（スウェイ）方式**

上部あるいは下部のファスナーの**どちらか**を**スライドホール**などでスライドさせる（すべらせる）ことにより、**層間変位**に追従させる方式です。

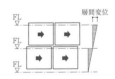

【2】取付け

❶ CW部材の躯体への取付けは、**躯体付け金物**と**取付け金物**で行います。

※　躯体付け金物：CW部材を取り付けるため、あらかじめ鉄骨躯体に溶接などで取り付けたり、コンクリート躯体に埋め込む金物。

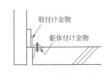

❷ 取付け金物のボルト孔は、**ルーズホール**と**スライドホール**を設けます。

※　ルーズホール：CW部材の取付けに際し、躯体精度、部材精度を吸収する
機能をもつ長孔。取付位置の調整後、ボルト締めや溶接で固定する。
※　スライドホール：地震時の層間変位や熱伸縮に追従する機能をもつ長孔。
滑動を阻害する強固なボルト締めや溶接を行ってはならず、一般に手締め
程度とし、緩み止めを施す。

ルーズホール・
スライドホール

5 コンクリートの「ひび割れ部」の改修工事 [過]R3 択一

ひび割れ部の改修に適用する工法は、ひび割れ幅、ひび割れの挙動の有無などにより、以下から選択します。

改修工法	幅	挙動	使用材料
シール工法	0.2mm未満	無	パテ状エポキシ樹脂
		有	可とう性エポキシ樹脂
エポキシ樹脂注入工法	0.2mm以上 1.0mm以下	無	硬質形エポキシ樹脂
		有	軟質形エポキシ樹脂
			可とう性エポキシ樹脂
Uカットシール材充填工法	1.0mm超	無	可とう性エポキシ樹脂
		有	シーリング材

【1】シール工法

0.2mm未満の微細なひび割れに用いる改修工法で、プライマー塗布後、シール材をパテへらなどで塗布し、表面を平滑に仕上げます。

● シール工法は、一時的な漏水防止処理に適し、改修後の耐用年数は長期には
期待できません。

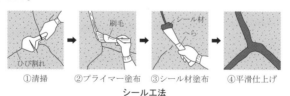

①清掃　②プライマー塗布　③シール材塗布　④平滑仕上げ
シール工法

【2】エポキシ樹脂注入工法

低・中粘度で、挙動のある場合は**軟質形**、挙動のない場合は**硬質形**のエポキシ樹脂を用いて、ひび割れ部に樹脂を注入する工法です。シール工法やUカット

シール材充填工法に比べて耐久性が期待できます。自動式、手動式、機械式の3種類があり、特記がなければ「自動式低圧エポキシ樹脂注入工法」とします。

❶ 自動式低圧エポキシ樹脂注入工法

　　自動的に注入できる機能をもった注入用器具を、ひび割れに所定の間隔で取り付け、樹脂を低圧で注入する工法です。

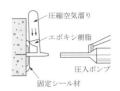

自動式低圧エポキシ樹脂
注入工法

●注入用器具の取付け間隔（注入間隔）は、ひび割れの幅を考慮して決めますが、特記がない場合は、200〜300㎜間隔とします。

●注入完了後は、注入用器具を取り付けたまま硬化養生します。

❷ 手動式エポキシ樹脂注入工法

　　ひび割れにパイプを取り付けて注入口とし、**手動式**のポンプを用いて樹脂を注入する工法です。

●垂直方向のひび割れは**下部の注入口**から上部へ、水平方向のひび割れは片端部の注入口から他端へ順次注入し、注入口を密封し、硬化養生します。

【3】 Uカットシール材充填工法

　　ひび割れ部を中心としてU字形に溝切り（Uカット）を行い、その部分にシーリング材などを充填します。

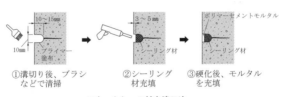

Uカットシール材充填工法

MEMO

本試験問題

平成25年度 問題

平成25年度 問題

次の記述において、記述ごとの①から③の下線部の語句のうち**最も不適当な**箇所番号を1つあげ、**適当な語句**を記入しなさい。

5．構造ガスケット構法によるガラスのはめ込みにおいて、ガラスの面クリア
①
ランスが大きくなるとガラスのかかり代が小さくなり、風圧を受けたときの
②
構造ガスケットのリップのころびが大きくなるので、止水性の低下や、ガラ
③
スが外れたりガスケットがアンカー溝又は金属枠から外れたりするおそれが
ある。

....

平成25年度 問題

次の記述において、記述ごとの①から③の下線部の語句のうち**最も不適当な**箇所番号を1つあげ、**適当な語句**を記入しなさい。

8．ALC外壁パネルを横張りで取り付ける場合、通常、パネル積上げ段数7段
①
以下ごとにパネル質量を支持する自重受け鋼材を設ける。また、自重受け鋼
材を設けた横目地には、伸縮目地を設ける。
②   ③

平成25年度 解答

① エッジ

💡 **解 説**

　構造ガスケット構法によるガラスはめ込みにおいて、ガラスのエッジクリアランスが大きくなるとガラスのかかり代が小さくなります。**かかり代**が小さい場合には、風圧を受けたときの構造ガスケットのリップのころびが大きくなるので、止水性が著しく低下します。また、ガラスが外れたり、構造ガスケットがアンカー溝又は金属枠から外れるおそれが生じます。

平成25年度 解答

① 5

💡 **解 説**

　ALC外壁パネル横張り工法の場合、パネル重量はパネル下部の両端に位置する**自重受け金物**により、積上げ段数5段以下ごとに支持します。なお、自重受け鋼材を設けた横目地には、伸縮目地を設けます。

次の記述において、ⓐからⓔの下線部のうち最も不適当な語句又は数値の下線部下の記号とそれに替わる適当な語句又は数値との組合せを、下の枠内から1つ選びなさい。

5．PCカーテンウォールの<u>ファスナー</u>方式には、ロッキング方式、スウェイ方
　（ⓐ）
　式がある。
　　ロッキング方式はPCパネルを<u>回転させる</u>ことにより、また、スウェイ方
　　　　　　　　　　　　　　　（ⓑ）
　式は上部、下部ファスナーの<u>両方</u>をルーズホールなどで<u>滑らせる</u>ことにより、
　　　　　　　　　　　　　　（ⓒ）　　　　　　　　　　　　（ⓓ）
　PCカーテンウォールを<u>層間</u>変位に追従させるものである。
　　　　　　　　　　　　（ⓔ）

①	ⓐ－取付	②	ⓑ－滑らせる	③	ⓒ－どちらか
④	ⓓ－回転させる	⑤	ⓔ－地震		

次の記述において、ⓐからⓔの下線部のうち最も不適当な語句又は数値の下線部下の記号とそれに替わる適当な語句又は数値との組合せを、下の枠内から1つ選びなさい。

8．コンクリート打放し仕上げ外壁のひび割れ部の改修における樹脂注入工法
　は、外壁のひび割れ幅が0.2mm以上<u>2.0mm</u>以下の場合に主に適用され、シール工
　　　　　　　　　　　　　　　　　（ⓐ）
　法や<u>Uカットシール材充填工法</u>に比べ<u>耐久性</u>が期待できる工法である。
　　　（ⓑ）　　　　　　　　　　　（ⓒ）
　　挙動のあるひび割れ部の注入に用いるエポキシ樹脂の種類は、<u>軟質形</u>とし、
　　　　　　　　　　　　　　　　　　　　　　　　　　　　　（ⓓ）
　粘性による区分が<u>低粘度形</u>又は中粘度形とする。
　　　　　　　　　（ⓔ）

①	ⓐ－1.0	②	ⓑ－V	③	ⓒ－耐水	④	ⓓ－硬	⑤	ⓔ－高

③　ⓒ－どちらか

💡解説

　ロッキング方式は、パネルを回転（ロッキング）させることにより、層間変位に追従させる方式です。**スライド（スウェイ）方式**は、上部あるいは下部のファスナーのどちらかをスライドホールなどで**スライドさせる（滑らせる）**ことにより、層間変位に追従させる方式です。

①　ⓐ－1.0

💡解説

　エポキシ樹脂注入工法は、低・中粘度で、挙動のある場合は**軟質形**、挙動のない場合は**硬質形**のエポキシ樹脂を用いて、ひび割れ部に樹脂を注入する工法です。シール工法やUカットシール材充填工法に比べて**耐久性**が期待できます。

改修工法	幅	挙動	使用材料
シール工法	0.2mm未満	無	パテ状エポキシ樹脂
		有	可とう性エポキシ樹脂
エポキシ樹脂注入工法	0.2mm以上1.0mm以下	無	硬質形エポキシ樹脂
		有	軟質形エポキシ樹脂
			可とう性エポキシ樹脂
Uカットシール材充填工法	1.0mm超	無	可とう性エポキシ樹脂
		有	シーリング材

PART **6**

法　　規

PART 6 法 規

1 出題の概要

「**法規**」では、一次検定でも出題された「建設業法」「建築基準法施行令」「労働安全衛生法」の3法から、例年各1問が出題されています。従来は条文の2つの空欄にあてはまる語句を記述する形式でしたが、令和3年度の試験制度の変更により、条文の空欄に該当する語句を語群から選ぶ択一形式となりました。重要条文のキーワードを押さえていく必要がありますが、対象となる条文の全部を暗記するのは困難ですので、条文の趣旨を理解し、ある程度は推測でも答えられるようにしておくとよいでしょう。過去の出題とその根拠となった条文を掲載していますので、キーワードを意識しながら、理解に努めましょう。

2 過去12年の出題テーマ

【注】Hは平成、Rは令和を示しています。また★は出題のあった項目を表しています。

		出題項目	H24	H25	H26	H27	H28	H29	H30	R1	R2	R3	R4	R5
建設業法	テーマ1	附帯工事（4条）												
		現場代理人の専任等の通知（19条の2）												
		建設工事の見積り等（20条）				★			★					
		請負契約とみなす場合（24条）										★		
		下請代金の支払（24条の3）												★
		検査及び引渡し（24条の4）			★						★			
		特定建設業者の下請代金の支払期日等（24条の6）		★									★	
		施工体制台帳及び施工体系図の作成等（24条の8）	★					★						
		主任技術者及び監理技術者の設置等（26条）	★											
		主任技術者及び監理技術者の職務等（26条の4）					★			★				

	出題項目	H24	H25	H26	H27	H28	H29	H30	R1	R2	R3	R4	R5
テーマ2 建築基準法施行令	仮囲い（第136条の2の20）				★			★					
	根切り工事、山留め工事等を行う場合の危害の防止（136条の3）						★			★			★
	落下物に対する防護（136条の5）		★	★					★			★	
	建て方（136条の6）					★					★		
テーマ3 労働安全衛生法	事業者等の責務（3条）							★					
	総括安全衛生管理者（10条）									★			★
	元方事業者の講ずべき措置等（29条）										★		
	元方事業者の講ずべき措置等（29条の2）	★			★							★	
	特定元方事業者等の講ずべき措置（30条）			★					★				
	安全衛生教育（60条）		★				★						
	健康診断（66条）					★							

PART
6
法
規

建設業法からは、請負契約に関する20条から技術者の設置に係る26条の4までが出題の中心となります。出題実績がある条文の数は12条程度ですので、比較的、的がしぼりやすいといえるでしょう。

1 用語の定義（2条）

【1】建設工事

建設工事とは、土木建築に関する工事で別表で定める下表の29業種のいずれかとなります。建設業の許可は、この29業種ごとに必要となります（3条2項）。

1	土木一式工事	16	ガラス工事
2	建築一式工事	17	塗装工事
3	大工工事	18	防水工事
4	左官工事	19	内装仕上工事
5	とび・土工・コンクリート工事	20	機械器具設置工事
6	石工事	21	熱絶縁工事
7	屋根工事	22	電気通信工事
8	電気工事	23	造園工事
9	管工事	24	さく井工事
10	タイル・れんが・ブロック工事	25	建具工事
11	鋼構造物工事	26	水道施設工事
12	鉄筋工事	27	消防施設工事
13	舗装工事	28	清掃施設工事
14	しゅんせつ工事	29	解体工事
15	板金工事		

【2】建設業・建設業者

建設業とは、元請、下請その他いかなる名義をもってするかを問わず、建設工事の完成を請け負う営業をいい、**建設業者**とは、許可を受けて建設業を営む者をいいます。

【3】 下請契約

　下請契約とは、建設工事を他の者（発注者）から請け負った建設業を営む者（元請業者）と他の建設業を営む者（下請業者）との間で当該建設工事の全部又は一部について締結される請負契約をいいます。

【4】 発注者

　発注者とは、建設工事（他の者から請け負ったものを除く）の注文者をいい、「元請負人」とは、下請契約における注文者で建設業者であるものをいい、「下請負人」とは、下請契約における請負人をいいます。

公共事業の発注形態

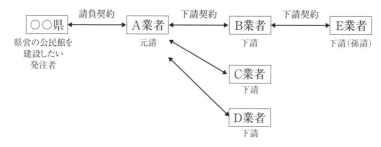

② 建設業の許可

【建設業の許可】

第3条　建設業を営もうとする者は、次に掲げる区分により、この章で定めるところにより、**2以上**の都道府県の区域内に営業所（本店又は支店若しくは政令で定めるこれに準ずるものをいう。以下同じ。）を設けて営業をしようとする場合にあっては**国土交通大臣**の、1の都道府県の区域内にのみ営業所を設けて営業をしようとする場合にあっては当該営業所の所在地を管轄する**都道府県知事**の許可を受けなければならない。ただし、政令で定める軽微な建設工事のみを請け負うことを営業とする者は、この限りでない。

一　建設業を営もうとする者であって、次号に掲げる者以外のもの

二　建設業を営もうとする者であって、その営業にあたって、その者が発注者から直接請け負う1件の建設工事につき、その工事の全部又は一部を、下請代金の額（その工事に係る下請契約が2以上あるときは、下請代金の額の総額）が政令で定める金額以上となる下請契約を締結して施工しようとするもの

2 前項の許可は、別表第1の上欄に掲げる建設工事の種類ごとに、それぞれ同表の下欄に掲げる建設業に分けて与えるものとする。

【附帯工事】

第4条 建設業者は、許可を受けた**建設業**に係る建設工事を請け負う場合においては、当該建設工事に附帯する他の建設業に係る建設工事を請け負うことができる。

💡 解 説

【1】 3条1項本文

本条は、営業所の設置場所による許可の区分と、許可不要となる軽微な建設工事を示しています。

- ●複数の都道府県に営業所を設置…国土交通大臣の許可
- ● 1つの都道府県に営業所を設置…当該都道府県知事の許可

許可を要しない軽微な建設工事は、請負代金が500万円以下（建築一式工事の場合は1,500万円以下）又は延べ面積150㎡未満の木造住宅の建築工事と、施行令1条の2で定められています。

【2】 3条1項一号・二号

建設業の許可は、下請金額により、一般建設業（一号）と特定建設業（二号）に区分されることを示しています。

- ●特定建設業の許可…下請金額が4,500万円以上（建築一式工事の場合7,000万円以上）
- ●一般建設業の許可…上記以外

【3】 3条2項、4条

建設業の許可は、前掲の29業種ごとに必要と定めています。その上で、4条は附帯工事である場合（屋根工事の附帯としての板金工事等）は許可外の工事も請け負える旨を示しています。

③ 請負契約の原則

【現場代理人の選任等に関する通知】

第19条の2 請負人は、請負契約の履行に関し工事現場に**現場代理人**を置く場合においては、当該現場代理人の**権限**に関する事項及び当該現場代理人の**行為**についての注文者の請負人に対する**意見の申出の方法**（第3項において「現場代理人に関する事項」という。）を、**書面**により注文者に**通知**しなければならない。

2 注文者は、請負契約の履行に関し工事現場に**監督員**を置く場合においては、当該監督員の権限に関する事項及び当該監督員の行為についての請負人の注文者に対する意見の申出の方法（第4項において「監督員に関する事項」という。）を、書面により請負人に**通知**しなければならない。

【建設工事の見積り等】 過 H27・30

第20条 建設業者は、建設工事の**請負契約**を締結するに際して、工事内容に応じ、工事の種別ごとの材料費、労務費その他の**経費**の内訳並びに工事の工程ごとの作業及びその準備に必要な**日数**を明らかにして、建設工事の**見積り**を行うよう努めなければならない。

2 建設業者は、建設工事の**注文者**から請求があったときは、請負契約が成立するまでの間に、建設工事の**見積書**を交付しなければならない。

【下請負人の変更請求】

第23条 注文者は、請負人に対して、建設工事の施工につき**著しく不適当**と認められる下請負人があるときは、その**変更**を請求することができる。ただし、あらかじめ注文者の**書面による承諾**を得て選定した下請負人については、この限りでない。

【請負契約とみなす場合】 過 R3

第24条 委託その他いかなる**名義**をもってするかを問わず、**報酬**を得て建設工事の完成を目的として締結する契約は、建設工事の**請負契約**とみなして、この法律の規定を適用する。

💡 解 説

【1】 現場代理人の選任等に関する通知（19条の2）

工事現場に請負人が**現場代理人**を置き（1項）、又は注文者が**監督員**を置く場合（2項）、その権限及び行為に関する意見の申出の方法について、それぞれ相手方に**通知**すべきと定めています。

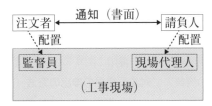

注文者と請負人の通知義務

通知（書面）

注文者 ←——————→ 請負人

配置 ↓   ↓ 配置

監督員   現場代理人

（工事現場）

【2】建設工事の見積り等（20条）

　請負契約に際して、工事の種別ごとの材料費、労務費等の経費の内訳、工事の工程ごとの作業及びその準備に必要な**日数**を明らかにして、建設工事の**見積り**を行う努力義務を定めています。

　また、2項では、注文者から請求があった場合、請負契約が成立するまでに見積書を交付しなければならない旨を定めています。

【3】下請負人の変更請求（23条）

　あらかじめ書面で承諾した下請負人を除き、注文者は、**著しく不適当な下請負人の変更請求**ができる旨を示しています。

4 下請代金の支払～検査・引渡し・監督

【下請代金の支払】 過 R5

第24条の3　元請負人は、請負代金の**出来形**部分に対する支払又は工事完成後における支払を受けたときは、当該支払の対象となった建設工事を施工した下請負人に対して、当該元請負人が支払を受けた金額の**出来形**に対する割合及び当該下請負人が施工した**出来形**部分に相応する下請代金を、当該**支払を受けた日**から**1月**以内で、かつ、できる限り**短い期間内**に支払わなければならない。

2　前項の場合において、元請負人は、同項に規定する下請代金のうち**労務費**に相当する部分については、**現金**で支払うよう適切な配慮をしなければならない。

3　元請負人は、**前払金**の支払を受けたときは、下請負人に対して、資材の購入、労働者の募集その他建設工事の着手に必要な費用を**前払金**として支払うよう適切な配慮をしなければならない。

【検査及び引渡し】 過 H26・R2

第24条の4　元請負人は、下請負人からその請け負った建設工事が完成した旨

の通知を受けたときは、当該通知を受けた日から**20日以内**で、かつ、できる限り短い期間内に、その完成を確認するための**検査**を完了しなければならない。

2　元請負人は、前項の検査によって建設工事の完成を確認した後、下請負人が申し出たときは、直ちに、当該建設工事の目的物の**引渡し**を受けなければならない。ただし、**下請契約**において定められた工事完成の時期から**20日**を経過した日以前の一定の日に引渡しを受ける旨の**特約**がされている場合には、この限りでない。

【特定建設業者の下請代金の支払期日等】　過 H25・R4

第24条の6　**特定建設業者**が**注文者**となった下請契約（下請契約における請負人が特定建設業者又は資本金額が政令で定める金額以上の法人であるものを除く。以下この条において同じ。）における下請代金の支払期日は、第24条の4第2項の**申出の日**（同項ただし書の場合にあっては、その一定の日。以下この条において同じ。）から起算して**50日**を経過する日以前において、かつ、できる限り短い期間内において定められなければならない。

2　特定建設業者が注文者となった下請契約において、下請代金の支払期日が**定められなかったとき**は第24条の4第2項の**申出の日**が、前項の規定に**違反して下請代金の支払期日が定められたとき**は同条第2項の申出の日から起算して**50日**を経過する日が下請代金の支払期日と定められたものとみなす。

【下請負人に対する特定建設業者の指導等】

第24条の7　**発注者**から直接建設工事を請け負った特定建設業者は、当該建設工事の**下請負人**が、その下請負に係る建設工事の施工に関し、この法律の規定又は建設工事の施工若しくは建設工事に従事する**労働者**の使用に関する法令の規定で政令で定めるものに違反しないよう、当該下請負人の**指導**に努めるものとする。

2　前項の特定建設業者は、その請け負った建設工事の下請負人である建設業を営む者が同項に規定する規定に**違反**していると認めたときは、当該建設業を営む者に対し、当該違反している事実を指摘して、その**是正**を求めるように努めるものとする。

3　第1項の特定建設業者が前項の規定により**是正**を求めた場合において、当該建設業を営む者が当該違反している事実を**是正**しないときは、同項の特定建設業者は、当該建設業を営む者が建設業者であるときはその許可をした国土交通大臣若しくは都道府県知事又は営業としてその建設工事の行われる区域を管轄する都道府県知事に、その他の建設業を営む者であるときはその建設工事の現場を管轄する都道府県知事に、速やかに、その旨を**通報**しなければならない。

【1】 下請代金の支払（24条の3）

　元請負人が出来形部分又は全部の報酬の支払いを注文者から受けている場合を前提に、その受領の日から１カ月以内でできる限り短い期間に下請負人に支払いをすべきと定めています。その場合、労務費（労働人件費）は現金での支払いを求めています（２項）。

　３項は、元請負人が注文者から前払金を受けている場合の規定です。

【2】 検査及び引渡し（24条の4）

　下請負人から完成通知があった場合、元請負人は、通知から20日以内でできる限り早く完成確認の検査を完了すべきと定めています（この検査は、建築基準法の完了検査等ではなく、請負契約上の行為です）。

　２項では、検査確認後に下請負人から引き渡す旨の申出があれば、直ちに引渡しを受けなければならない旨が示されていますが、引渡し時期の特約があれば、その特約に従うことになります。ただしその特約は、契約で定めた完成時期から20日以内のものに限るとされています。

【3】 特定建設業者の下請代金の支払期日等（24条の6）

　特定建設業者が注文者となる下請契約（下請負人も特定建設業者等の場合を除く）の下請代金の支払期日を定める場合、下請負人からの引渡しの申出の日から起算して50日以内で、かつ、できる限り短い期間内で定めるよう示しています。

　２項では、下請代金の支払期日の定めがない場合、下請負人からの引渡しの申出の日が支払期日とみなされると定めています。また、上記の支払期日の定めに違反した支払期日が定められたときは、引渡しの申出の日から50日を経過する日が支払期日と定められたものとみなすとして、下請負人を保護しています。

　なお、本規定は「特定建設業 ➡ 一般建設業」の場合のみ適用され、「特定 ➡ 特定」や「一般 ➡ 一般」の場合には適用されません。

【4】 下請負人に対する特定建設業者の指導等（24条の7）

　特定建設業者の下請負人の監督方法として、指導義務、是正要求及び許可権

者に対する**通報**が定められています。

5 施工体制台帳と技術者の配置

【施工体制台帳及び施工体系図の作成等】 過 H24・29

第24条の8 特定建設業者は、発注者から直接建設工事を請け負った場合におい
て、当該建設工事を施工するために締結した**下請契約の請負代金の額**（当該下
請契約が2以上あるときは、それらの請負代金の額の総額）が政令で定める金
額以上になるときは、建設工事の適正な施工を確保するため、国土交通省令で
定めるところにより、当該建設工事について、下請負人の商号又は名称、当該
下請負人に係る建設工事の内容及び工期その他の国土交通省令で定める事項
を記載した**施工体制台帳**を作成し、工事現場ごとに備え置かなければならない。

2 前項の建設工事の**下請負人**は、その請け負った建設工事を他の建設業を営む
者に請け負わせたときは、国土交通省令で定めるところにより、同項の**特定建
設業者**に対して、当該他の建設業を営む者の商号又は名称、当該者の請け負っ
た建設工事の内容及び工期その他の国土交通省令で定める事項を**通知**しなけ
ればならない。

3 第1項の特定建設業者は、同項の発注者から請求があったときは、同項の規
定により備え置かれた施工体制台帳を、その発注者の**閲覧**に供しなければなら
ない。

4 第1項の特定建設業者は、国土交通省令で定めるところにより、当該建設工
事における各下請負人の施工の**分担**関係を表示した**施工体系図**を作成し、これ
を当該工事現場の見やすい場所に掲げなければならない。

【主任技術者及び監理技術者の設置等】

第26条 **建設業者**は、その請け負った建設工事を施工するときは、当該建設工
事に関し第7条第二号イ、ロ又はハに該当する者で当該工事現場における建設
工事の施工の**技術上**の管理をつかさどるもの（以下「**主任技術者**」という。）
を置かなければならない。

2 発注者から直接建設工事を請け負った**特定建設業者**は、当該建設工事を施工
するために締結した**下請契約の請負代金の額**（当該下請契約が2以上あるとき
は、それらの請負代金の額の総額）が第3条第1項第二号の政令で定める金額
以上になる場合においては、前項の規定にかかわらず、当該建設工事に関し第
15条第二号イ、ロ又はハに該当する者（当該建設工事に係る建設業が指定建
設業である場合にあっては、同号イに該当する者又は同号ハの規定により国土

交通大臣が同号イに掲げる者と同等以上の能力を有するものと認定した者）で当該工事現場における建設工事の施工の**技術上**の管理をつかさどるもの（以下「**監理技術者**」という。）を置かなければならない。

3　**公共性**のある施設若しくは工作物又は**多数の者**が利用する施設若しくは工作物に関する重要な建設工事で政令で定めるものについては、前2項の規定により置かなければならない主任技術者又は監理技術者は、工事現場ごとに、**専任**の者でなければならない。ただし、監理技術者にあっては、発注者から直接当該建設工事を請け負った特定建設業者が、当該監理技術者の行うべき第26条の4第1項に規定する職務を**補佐**する者として、当該建設工事に関し第15条第二号イ、ロ又はハに該当する者に準ずる者として政令で定める者を当該工事現場に**専任**で置くときは、この限りでない。

4　前項ただし書の規定は、同項ただし書の工事現場の数が、同一の**特例監理技術者**（同項ただし書の規定の適用を受ける監理技術者をいう。次項において同じ。）がその行うべき各工事現場に係る第26条の4第1項に規定する職務を行ったとしてもその適切な実施に支障を生ずるおそれがないものとして政令で定める数を超えるときは、適用しない。

5　第3項の規定により専任の者でなければならない監理技術者（特例監理技術者を含む。）は、第27条の18第1項の規定による**監理技術者資格者証**の交付を受けている者であって、第26条の5から第26条の7までの規定により国土交通大臣の登録を受けた**講習を受講**したもののうちから、これを選任しなければならない。

6　前項の規定により選任された監理技術者は、発注者から請求があったときは、監理技術者資格者証を**提示**しなければならない。

【主任技術者及び監理技術者の職務等】　 H28・R1

第26条の4　主任技術者及び監理技術者は、工事現場における建設工事を適正に実施するため、当該建設工事の**施工計画**の作成、**工程管理**、品質管理その他の技術上の管理及び当該建設工事の施工に従事する者の技術上の**指導監督**の職務を誠実に行わなければならない。

2　工事現場における建設工事の施工に従事する者は、主任技術者又は監理技術者がその職務として行う指導に従わなければならない。

解説

【1】施工体制台帳及び施工体系図の作成等（24条の8第1項・3項・4項）

特定建設業者は、下請金額が4,500万円（建築一式工事の場合は7,000万円）以上の場合、所定の**施工体制台帳**と**施工体系図**を作成し、公開することなどが

定められています。

【2】主任技術者の設置（26条1項）

　建設工事の施工現場には、建設工事の施工の技術上の管理をつかさどる**主任技術者**の配置義務があることを定めています。なお、建設業者でない場合には、この義務はありません。

【3】監理技術者の設置（26条2項）

　特定建設業者は、施工体制台帳の場合と同様に下請金額が4,500万円（建築一式工事の場合は7,000万円）以上の場合、その現場に**監理技術者**の配置義務を負う旨を定めています。

【4】専任の技術者の設置（26条3項・4項）

　公共施設又は多数の者が利用する施設等の所定の重要な建設工事については、主任技術者又は監理技術者は、工事現場ごとに、**専任**と定め、兼任を禁止しています。ただし、特定建設業者が**施工管理技士補**を工事現場に専任で置くときは、監理技術者は2つの現場まで兼任することが容認されています。

　4項と5項は、専任の監理技術者の要件と監理技術者証に関する規定です。

【5】職務（26条の4）

　主任技術者及び監理技術者の職務について規定しています。

	元請負業者	下請業者
下請契約の**請負代金**の額が4,500万円（建築工事業の場合は7,000万円）以上の現場	監理技術者	主任技術者
請負契約の請負代金の額が4,000万円（建築一式工事の場合は8,000万円）以上で、 ❶ 公共性のある施設 ❷ 不特定多数が利用する重要施設	原則：専任の監理技術者 例外：技士補を置いた現場は、 　　　2カ所まで監理技術者 　　　が兼任できる	専任の主任技術者
特定専門工事（請負金額4,000万円未満で、土木一式、建築一式工事以外の所定のもの）で、元請と下請に合意のあるもの	主任技術者	不要

本試験問題

＜請負契約の原則＞

平成27年度 問題

1.「建設業法」に基づく建設工事の請負契約に関する次の文章において、
　　　　　　にあてはまる語句を記述しなさい。

　　建設業者は、建設工事の請負契約を締結するに際して、工事内容に応じ、工
事の種別ごとに材料費、労務費その他の　①　の内訳を明らかにして、建設
工事の見積りを行うよう努めなければならない。

　　建設業者は、建設工事の　②　から請求があったときは、請負契約が成立
するまでの間に、建設工事の見積書を提示しなければならない。

平成30年度 問題

1.「建設業法」に基づく建設工事の見積り等に関する次の文章において、
　　　　　　に当てはまる語句を記入しなさい。

　　建設業者は、建設工事の　①　を締結するに際して、工事内容に応じ、工
事の種別ごとに材料費、労務費その他の　②　の内訳を明らかにして、建設
工事の見積りを行うよう努めなければならない。

平成27年度 解答

①	経費	②	注文者

（建設業法20条1項・2項）

解説

　建設業者は経費の内訳を明らかにして見積を行い、必要に応じて注文者に提示しなければなりません。

平成30年度 解答

①	請負契約	②	経費

（建設業法20条1項）

解説

建設業者は経費の内訳を明らかにして見積を行うよう努める義務を負います。

次の法文において、□□□□に当てはまる**正しい語句**を、下の該当する枠内から１つ選びなさい。

1．建設業法 （請負契約とみなす場合）

第24条　委託その他いかなる　①　をもってするかを問わず、　②　を得て建設工事の完成を目的として締結する契約は、建設工事の請負契約とみなして、この法律の規定を適用する。

①	❶　業務	❷　許可	❸　立場	❹　名義	❺　資格
②	❶　報酬	❷　利益	❸　許可	❹　承認	❺　信用

・・

＜下請代金の支払い〜検査・引渡し・監督＞

1．「建設業法」に基づく特定建設業者の下請代金の支払期日等に関する次の文章において、□□□□に当てはまる語句を記入しなさい。

　　特定建設業者が　①　となった下請契約（下請契約における請負人が特定建設業者又は資本金額が4,000万円以上の法人であるものを除く。）における下請代金の支払期日は、下請負人からその請け負った建設工事の完成した旨の通知を受け、検査によって建設工事の完成を確認した後、下請負人が当該建設工事の引渡しを申し出た日（下請契約において定められた工事完成の時期から20日を経過した日以前の一定の日に引渡しを受ける旨の特約がされている場合にあっては、その一定の日。）から起算して　②　日を経過する日以前において、かつ、できる限り短い期間内において定められなければならない。

令和3年度 解答

①	❹ 名義	②	❶ 報酬

（建設業法24条）

解説

　他の契約形態に見せかけて、建設業法の規定から逃れようとすることを実質的に禁止する規程です。

....

平成25年度 解答

①	注文者	②	50

（建設業法24条の6第1項）

解説

　下請代金の支払期日に制約を定めて、下請けを保護する規定です。

1. 「建設業法」に基づく建設工事の完成を確認するための検査及び引渡しに関する次の文章において、□□□□に当てはまる語句又は数値を記入しなさい。

　　元請負人は、下請負人からその請け負った建設工事が完成した旨の通知を受けたときは、当該通知を受けた日から　①　日以内で、かつ、できる限り短い期間内に、その完成を確認するための検査を完了しなければならない。

　　元請負人は、検査によって建設工事の完成を確認した後、下請負人が申し出たときは、直ちに、当該建設工事の目的物の引渡しを受けなければならない。ただし、　②　において定められた工事完成の時期から　①　日を経過した日以前の一定の日に引渡しを受ける旨の特約がされている場合には、この限りでない。

....

1. 「建設業法」に基づく建設工事の完成を確認するための検査及び引渡しに関する次の文章において、□□□□に当てはまる語句又は数値を記入しなさい。

　　元請負人は、下請負人からその請け負った建設工事が完成した旨の通知を受けたときは、当該通知を受けた日から　①　日以内で、かつ、できる限り短い期間内に、その完成を確認するための検査を完了しなければならない。

　　元請負人は、前項の検査によって建設工事の完成を確認した後、下請負人が申し出たときは、直ちに、当該建設工事の目的物の引渡しを受けなければならない。ただし、下請契約において定められた工事完成の時期から　①　日を経過した日以前の一定の日に引渡しを受ける旨の　②　がされている場合には、この限りでない。

平成26年度 解答

①	20	②	下請契約

（建設業法24条の4第1項・2項）

解 説

　元請会社は、下請会社が行った工事について、できるだけ短時間で検査を行い、引渡しを受けなければなりません。

令和2年度 解答

①	20	②	特約

（建設業法24条の4第1項・2項）

解 説

　元請会社は、下請会社が行った工事について、できるだけ短時間で検査を行い、引渡しを受けなければなりません。

次の法文において、□□□に当てはまる**正しい語句又は数値**を、下の該当する枠内から1つ選びなさい。

1. 建設業法（特定建設業者の下請代金の支払期日等）

　　第24条の6　特定建設業者が　①　となった下請契約（下請契約における請負人が特定建設業者又は資本金額が政令で定める金額以上の法人であるものを除く。以下この条において同じ。）における下請代金の支払期日は、第24条の4第2項の申出の日（同項ただし書の場合にあっては、その一定の日。以下この条において同じ。）から起算して　②　日を経過する日以前において、かつ、できる限り短い期間内において定められなければならない。

　　2　（略）

　　3　（略）

　　4　（略）

①	❶　注文者	❷　発注者	❸　依頼者	❹　事業者	❺　受注者

②	❶　20	❷　30	❸　40	❹　50	❺　60

| ① | ❶ | 注文者 | ② | ❹ | 50 |

（建設業法24条の6）

解 説

　特定建設業者が注文者となる下請契約（下請負人も特定建設業者等の場合を除く）の下請代金の支払期日を定める場合、下請負人からの引渡しの申出の日から起算して50日以内で、かつ、できる限り短い期間内で定めなければいけません。

＜施工体制台帳と技術者の配置＞

平成24年度 問題

次の問いに答えなさい。

1．請負関係を示した下図において、「建設業法」上、施工体制台帳の作成等及び技術者の設置に関する次の問いに答えなさい。

　　ただし、下図のA社からO社のうちK社及びN社以外は、建設工事の許可業者であり、A社が請け負った工事は建築一式工事とし、B社〜O社が請け負った工事は、建築一式工事以外の建設工事とする。

　1－1　施工体制台帳を作成し、**工事現場ごとに備え置かなければならないすべての建設業者**を、**会社名**で答えなさい。

　1－2　書面等により再下請負通知を行う**再下請負通知人に該当するすべての建設業者**を、**会社名**で答えなさい。

　1－3　下請負人であるJ社からO社のうち、**工事現場に施工の技術上の管理をつかさどる主任技術者を置かなければならないすべての下請負人**を、**会社名**で答えなさい。

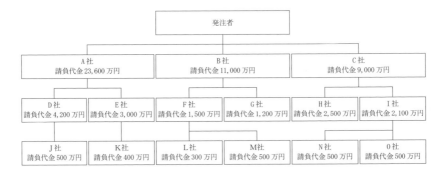

1-1	A社、C社
1-2	D社、E社、I社
1-3	J社、L社、M社、O社

💡解 説

1-1 施工体制台帳の作成・設置義務者は、下請金額の総額が4,500万円以上（建築一式工事の場合は7,000万円以上）の特定建設業者なので、A社とC社が対象となります。
（建設業法24条の8第1項、施行令7条の4）

1-2 D社〜I社のうち、再下請負通知をするものは、再下請をしているD社、E社、I社です。施工体制台帳の作成義務を有しないB社の下請F社は、再下請通知人ではありません。なお、再下請先は建設業者には限定されません（許可を受けていない建設業を営む者も対象）。
（建設業法24条の8第2項）

1-3 建設業の許可を受けていないK社とN社以外のJ社、L社、M社、O社は、工事現場に主任技術者の設置義務を負います。
（法26条）

1.「建設業法」に基づく主任技術者及び監理技術者に関する次の文章において、[　　　]にあてはまる**語句を記述しなさい。**

　　主任技術者及び監理技術者は、工事現場における建設工事を適正に実施するため、当該建設工事の[　①　]の作成、[　②　]、品質管理その他の技術上の管理及び当該建設工事の施工に従事する者の技術上の指導監督の職務を誠実に行わなければならない。

1.「建設業法」に基づく元請負人の義務に関する次の文章において、[　　　]に当てはまる**語句を記入しなさい。**

　　特定建設業者は、国土交通省令で定めるところにより、当該建設工事における各下請負人の施工の[　①　]関係を表示した[　②　]を作成し、これを当該工事現場の見やすい場所に掲げなければならない。

1.「建設業法」に基づく主任技術者及び監理技術者の職務等に関する次の文章において、[　　　]に当てはまる**語句を記述しなさい。**

　　主任技術者及び監理技術者は、工事現場における建設工事を適正に実施するため、当該建設工事の[　①　]の作成、工程管理、品質管理その他の技術上の管理及び当該建設工事の施工に従事する者の技術上の[　②　]の職務を誠実に行わなければならない。

平成28年度 解答

①	施工計画	②	工程管理

（建設業法26条の４第１項）

解 説

　主任技術者・監理技術者の職責として、施工計画の作成、工程管理、品質管理及び技術上の指導監督を定めた規定です。

平成29年度 解答

①	分担	②	施工体系図

（建設業法24条の８第４項）

解 説

　特定建設業者に課せられる施工体系図の作成・掲示義務を定めた規定です。

令和元年度 解答

①	施工計画	②	指導監督

（建設業法26条の４第１項）

解 説

　主任技術者・監理技術者の職責として、施工計画の作成、工程管理、品質管理及び技術上の指導監督を定めた規定です。

テーマ 2　建築基準法施行令

　建築基準法施行令は、第7章の8「工事現場の危害の防止」から出題されています。この章は7つの条文によって成り立っていますので、建設業法よりもさらにしぼりやすいといえます。

1 仮囲い

【仮囲い】 　過 H27・30

第136条の2の20　**木造**の建築物で**高さが13m**若しくは**軒の高さが9m**を超えるもの又は**木造以外**の建築物で**2以上の階数**を有するものについて、建築、修繕、模様替又は除却のための工事（以下この章において「建築工事等」という。）を行う場合においては、工事期間中工事現場の周囲にその地盤面（その地盤面が工事現場の周辺の地盤面より**低い**場合においては、工事現場の周辺の地盤面）からの高さが**1.8m以上**の板塀その他これに類する仮囲いを設けなければならない。ただし、これらと同等以上の効力を有する他の囲いがある場合又は工事現場の周辺若しくは工事の状況により危害防止上支障がない場合においては、この限りでない。

💡**解説**

　木造建築物は**高さ13m**又は**軒高9m超**、非木造は**2階以上**の建築物の工事に際して、高さ**1.8m以上の仮囲い**が原則として必要と規定されています。なお、現場地盤面が周辺より低い場合は、高い工事現場の周辺から1.8mを算定します。

2 根切り工事・山留め

【根切り工事、山留め工事等を行う場合の危害の防止】 　過 H29・R2・5

第136条の3　建築工事等において根切り工事、山留め工事、ウエル工事、ケーソン工事その他基礎工事を行なう場合においては、あらかじめ、地下に埋設されたガス管、ケーブル、水道管及び下水道管の損壊による危害の発生を防止するための措置を講じなければならない。

4　建築工事等において深さ**1.5m以上**の**根切り工事**を行なう場合においては、地盤が崩壊するおそれがないとき、及び**周辺の状況**により**危害防止上支障がないとき**を除き、**山留め**を設けなければならない。この場合において、山留めの

根入れは、周辺の地盤の安定を保持するために相当な深さとしなければならない。

6　建築工事等における**根切り**及び**山留め**については、その工事の施工中必要に応じて**点検**を行ない、山留めを**補強**し、**排水**を適当に行なう等これを安全な状態に維持するための措置を講ずるとともに、矢板等の抜取りに際しては、周辺の地盤の**沈下**による危害を防止するための措置を講じなければならない。

💡解説

1項、4項、6項ともに、根切り、山留め工事の場合の注意事項を規定しています。なお、未出題ですが、その他の項も詳細な注意事項を規定しています。

③ 基礎工事用機械等の転倒による危害の防止

【基礎工事用機械等の転倒による危害の防止】

第136条の4　建築工事等において次に掲げる基礎工事用機械（動力を用い、かつ、不特定の場所に自走することができるものに限る。）又は移動式クレーン（吊り上げ荷重が0.5ｔ以上のものに限る。）を使用する場合においては、**敷板、敷角**等の使用等によりその**転倒**による工事現場の周辺への危害を防止するための措置を講じなければならない。ただし、地盤の状況等により危害防止上支障がない場合においては、この限りでない。

一　くい打機

二　くい抜機

三　アース・ドリル

四　リバース・サーキュレーション・ドリル

五　せん孔機（チュービングマシンを有するものに限る。）

六　アース・オーガー

七　ペーパー・ドレーン・マシン

八　前各号に掲げるもののほか、これらに類するものとして国土交通大臣が定める基礎工事用機械

💡解説

現時点では未出題ですが、敷板、敷角等の使用等で**転倒防止**を図る旨が規定されている点に注意しておきましょう。

4 落下物に対する防護

【落下物に対する防護】 過H25・26・R1・4

第136条の5 建築工事等において工事現場の境界線からの水平距離が**5m**以内で、かつ、地盤面からの高さが**3m**以上の場所からくず、ごみその他飛散するおそれのある物を投下する場合においては、**ダストシュート**を用いる等当該くず、ごみ等が工事現場の周辺に飛散することを防止するための措置を講じなければならない。

2 建築工事等を行なう場合において、建築のための工事をする部分が工事現場の境界線から水平距離が**5m**以内で、かつ、地盤面から高さが**7m**以上にあるとき、その他はつり、除却、外壁の修繕等に伴う**落下物**によって工事現場の周辺に危害を生ずるおそれがあるときは、国土交通大臣の定める基準に従って、工事現場の周囲その他危害防止上必要な部分を**鉄網又は帆布**でおおう等**落下物による危害**を防止するための措置を講じなければならない。

> 💡 **解 説**

1項はダストシュートの設置要件、2項はいわゆる足場シート等の設置要件等が規定されています。

5 建て方

【建て方】 過H28・R3

第136条の6 建築物の建て方を行なうに当たっては、**仮筋かい**を取り付ける等荷重又は外力による**倒壊**を防止するための措置を講じなければならない。

2 鉄骨造の建築物の建て方の**仮締**は、荷重及び外力に対して安全なものとしなければならない。

> 💡 **解 説**

建築物の建方の際の事故防止のため、仮筋かいや仮締等を規定しています。

6 工事用材料の集積・火災の防止

【工事用材料の集積】

第136条の7　建築工事等における工事用材料の集積は、その**倒壊**、**崩落**等による危害の少ない場所に安全にしなければならない。

2　建築工事等において山留めの周辺又は架構の上に工事用材料を集積する場合においては、当該山留め又は架構に予定した荷重以上の荷重を与えないようにしなければならない。

【火災の防止】

第136条の8　建築工事等において火気を使用する場合においては、その場所に不燃材料の囲いを設ける等防火上必要な措置を講じなければならない。

解説

いずれも未出題ですが、条文は一読しておきましょう。

本試験問題

＜仮囲い＞

平成27年度 問題

2. 「建築基準法施行令」に基づく工事現場の危害の防止に関する次の文章において、□□□□にあてはまる語句又は数値を記述しなさい。

　　木造の建築物で高さが13m若しくは□③□が９mを超えるもの又は木造以外の建築物で２以上の階数を有するものについて、建築、修繕、模様替又は除却のための工事を行う場合においては、工事期間中工事現場の周囲にその地盤面（その地盤面が工事現場の周辺の地盤面より低い場合においては、工事現場の周辺の地盤面）からの高さが□④□m以上の板塀その他これに類する仮囲いを設けなければならない。

　　ただし、これらと同等以上の効力を有する他の囲いがある場合又は工事現場の周辺若しくは工事の状況により危害防止上支障がない場合においては、この限りでない。

平成30年度 問題

2. 「建築基準法施行令」に基づく仮囲いに関する次の文章において、□□□□に当てはまる語句又は数値を記入しなさい。

　　木造の建築物で高さが13m若しくは軒の高さが９mを超えるもの又は木造以外の建築物で□③□以上の階数を有するものについて、建築、修繕、模様替又は除却のための工事を行う場合においては、工事期間中工事現場の周囲にその地盤面（その地盤面が工事現場の周辺の地盤面より□④□場合においては、工事現場の周辺の地盤面）からの高さが1.8m以上の板塀その他これに類する仮囲いを設けなければならない。ただし、これらと同等以上の効力を有する他の囲いがある場合又は工事現場の周辺若しくは工事の状況により危害防止上支障がない場合においては、この限りでない。

平成27年度 解答

③	軒の高さ	④	1.8

（建築基準法施行令136条の2の20）

💡**解 説**

仮囲いを設けなければならない要件、必要な高さ、設置が免除される場合を定めた規定です。

. . . .

平成30年度 解答

③	2	④	低い

（建築基準法施行令136条の2の20）

💡**解 説**

仮囲いを設けなければならない要件、必要な高さ、設置が免除される場合を定めた規定です。

＜根切り工事・山留め＞

2．「建築基準法施行令」に基づく工事現場の危害の防止に関する次の文章において、□□□に当てはまる語句を記入しなさい。

　　建築工事等における根切り及び山留めについては、その工事の施工中必要に応じて点検を行ない、山留めを補強し、□③□を適当に行なう等これを安全な状態に維持するための措置を講ずるとともに、矢板等の抜取りに際しては、周辺の地盤の□④□による危害を防止するための措置を講じなければならない。

2．「建築基準法施行令」に基づく山留め工事等を行う場合の危害の防止に関する次の文章において、□□□に当てはまる語句を記入しなさい。

　　建築工事等における根切り及び山留めについては、その工事の施工中必要に応じて□③□を行ない、山留めを補強し、排水を適当に行なう等これを安全な状態に維持するための措置を講ずるとともに、矢板等の抜取りに際しては、周辺の地盤の□④□による危害を防止するための措置を講じなければならない。

③	排水	④	沈下

（建築基準法施行令136条の3第6項）

解説

　根切り、山留めを施工するときは、安全上の措置や点検、周辺地盤沈下を防止するための措置を講じなければいけません。

③	点検	④	沈下

（建築基準法施行令136条の3第6項）

解説

　根切り、山留めを施工するときは、安全上の措置や点検、周辺地盤沈下を防止するための措置を講じなければいけません。

<落下物に対する防護>

2. 「建築基準法施行令」に基づく落下物に対する防護に関する次の文章におい
  て、□□□に当てはまる語句を記入しなさい。

　　建築工事を行なう場合において、建築のための工事をする部分が工事現場
  の境界線から水平距離が5m以内で、かつ、地盤面から高さが　③　m以上
  にあるとき、その他はつり、除却、外壁の修繕等に伴う落下物によって工事
  現場の周辺に危害を生ずるおそれがあるときは、国土交通大臣の定める基準
  に従って、工事現場の周囲その他危害防止上必要な部分を鉄網又は　④　で
  おおう等落下物による危害を防止するための措置を講じなければならない。

....

2. 「建築基準法施行令」に基づく落下物に対する防護に関する次の文章におい
  て、□□□に当てはまる語句又は数値を記入しなさい。

　　建築工事等において工事現場の境界線からの水平距離が5m以内で、かつ、
  地盤面からの高さが　③　m以上の場所からくず、ごみその他飛散するおそ
  れのある物を投下する場合においては、　④　を用いる等当該くず、ごみ等が
  工事現場の周辺に飛散することを防止するための措置を講じなければならない。

平成25年度 解答

③	7	④	帆布

（建築基準法施行令136条の5第2項）

解説

　落下物による危害を防止するため、いわゆる工事用シートなどを設置しなければならない要件を定めたものです。

平成26年度 解答

③	3	④	ダストシュート

（建築基準法施行令136条の5第1項）

解説

　投げ下ろし等に伴うゴミなどの飛散を防止するためのダストシュート等の設置の要件を定めたものです。

2. 「建築基準法施行令」に基づく落下物に対する防護に関する次の文章において、□□□□に当てはまる語句又は数値を記入しなさい。

　　建築工事等を行なう場合において、建築のための工事をする部分が工事現場の境界線から水平距離が□③□m以内で、かつ、地盤面から高さが7m以上にあるとき、その他はつり、除却、外壁の修繕等に伴う落下物によって工事現場の周辺に危害を生ずるおそれがあるときは、国土交通大臣の定める基準に従って、工事現場の周囲その他危害防止上必要な部分を□④□又は帆布でおおう等落下物による危害を防止するための措置を講じなければならない。

　次の法文において、□□□□に当てはまる正しい語句又は数値を、下の該当する枠内から1つ選びなさい。

2. 建築基準法施行令（落下物に対する防護）
　　第136条の5　（略）
　　2　建築工事等を行なう場合において、建築のための工事をする部分が工事現場の境界線から水平距離が□③□m以内で、かつ、地盤面から高さが□④□m以上にあるとき、その他はつり、除却、外壁の修繕等に伴う落下物によって工事現場の周辺に危害を生ずるおそれがあるときは、国土交通大臣の定める基準に従って、工事現場の周囲その他危害防止上必要な部分を鉄網又は帆布でおおう等落下物による危害を防止するための措置を講じなければならない。

③	❶ 3	❷ 4	❸ 5	❹ 6	❺ 7
④	❶ 3	❷ 4	❸ 5	❹ 6	❺ 7

令和元年度 解答

③	5	④	鉄網

（建築基準法施行令136条の5第2項）

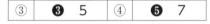

解 説

　落下物による危害を防止するため、いわゆる工事用シートなどを設置しなければならない要件を定めたものです。

- -

令和4年度 解答

③	❸ 5	④	❺ 7

（建築基準法施行令136条の5）

解 説

　2項において、いわゆる**足場シート等**の設置要件が規定されています。工事をする部分が工事現場の境界線から水平距離が**5m以内**で、かつ、高さが**7m以上**にあるときなどは、現場の周囲その他危害防止上必要な部分を**鉄網**又は**帆布**でおおう等**落下物による危害を防止するための措置**を講じなければいけません。

＜建て方＞

2.「建築基準法施行令」に基づく建て方に関する次の文章において、◻︎◻︎◻︎
にあてはまる語句を記述しなさい。

　　建築物の建て方を行なうに当たっては、　③　を取り付ける等荷重又は外
力による　④　を防止するための措置を講じなければならない。

....

　次の法文において、◻︎◻︎◻︎に当てはまる正しい語句を、下の該当する枠内か
ら１つ選びなさい。

2．建築基準法施行令　（建て方）
　　第136条の6　建築物の建て方を行なうに当たっては、仮筋かいを取り付ける
　　等荷重又は外力による　③　を防止するための措置を講じなければなら
　　ない。
　　2　鉄骨造の建築物の建て方の　④　は、荷重及び外力に対して安全なもの
　　としなければならない。

③	❶　事故	❷　災害	❸　変形	❹　傾倒	❺　倒壊

④	❶　ワイヤロープ	❷　仮筋かい	❸　仮締	❹　本締
	❺　手順			

平成28年度 解答

③	仮筋かい	④	倒壊

（建築基準法施行令136条の6第1項）

解 説

　鉄骨の建方工事においては、鉄骨倒壊防止のための措置を講じなければなりません。

....

令和3年度 解答

③	❺　倒壊	④	❸　仮締

（建築基準法施行令136条の6第1項・2項）

解 説

　鉄骨の建方工事においては、鉄骨倒壊防止のための措置を講じなければなりません。

　安衛法は、事業者の責務といった視点からの条文が出題の中心となっており、出題実績がある条文は7つほどしかありません。ただ、比較的なじみの薄い法律であり、出題にクセがあるため、法規の中では最も難度が高いといえます。

1 事業者等の責務

【事業者等の責務】　過 H30

第3条　事業者は、単にこの法律で定める**労働災害**の防止のための最低基準を守るだけでなく、快適な職場環境の実現と労働条件の改善を通じて職場における**労働者**の安全と健康を確保するようにしなければならない。また、事業者は、国が実施する労働災害の防止に関する施策に協力するようにしなければならない。

2　機械、器具その他の設備を設計し、製造し、若しくは輸入する者、原材料を製造し、若しくは輸入する者又は建設物を建設し、若しくは設計する者は、これらの物の設計、製造、輸入又は建設に際して、これらの物が使用されることによる労働災害の発生の防止に資するように努めなければならない。

3　建設工事の**注文者**等仕事を他人に請け負わせる者は、施工方法、**工期**等について、安全で衛生的な作業の遂行をそこなうおそれのある**条件**を附さないように配慮しなければならない。

(💡解説)

　労働現場を管理する事業者に対する包括的な規定であるとともに、3項は注文者に対しても不適切な発注をしない責務を規定しています。

2 総括安全衛生管理者

【総括安全衛生管理者】　過 R2・5

第10条　事業者は、政令で定める規模の事業場ごとに、厚生労働省令で定めるところにより、**総括安全衛生管理者**を選任し、その者に安全管理者、衛生管理者又は第25条の2第2項の規定により技術的事項を管理する者の指揮をさせるとともに、次の業務を統括管理させなければならない。

一　**労働者**の**危険**又は健康障害を防止するための措置に関すること。

二　**労働者**の安全又は衛生のための**教育**の実施に関すること。

　三　**健康診断**の実施その他健康の保持増進のための措置に関すること。

　四　労働災害の原因の調査及び**再発**防止対策に関すること。

　五　前各号に掲げるもののほか、**労働災害**を防止するため必要な業務で、厚生労働省令で定めるもの

2　総括安全衛生管理者は、当該事業場においてその事業の実施を統括管理する者をもって充てなければならない。

3　都道府県労働局長は、労働災害を防止するため必要があると認めるときは、総括安全衛生管理者の業務の執行について事業者に勧告することができる。

💡解説

　総括安全衛生管理者は、常時**100人以上**の労働者を使用する事業場に選任すべき者で、安全管理者や衛生管理者を指揮させるとともに、労働者の**危険又は**健康障害を防止するための一号から五号の業務を**統括管理**します。

３ 元方事業者の講ずべき措置等

【元方事業者の講ずべき措置等】 過 H24・27・R3・4

第29条　元方事業者は、**関係請負人**及び関係請負人の**労働者**が、当該仕事に関し、この法律又はこれに基づく命令の規定に違反しないよう必要な**指導**を行なわなければならない。

2　元方事業者は、**関係請負人**又は関係請負人の労働者が、当該仕事に関し、この法律又はこれに基づく命令の規定に違反していると認めるときは、**是正**のため必要な**指示**を行なわなければならない。

3　前項の指示を受けた関係請負人又はその労働者は、当該指示に従わなければならない。

第29条の２　建設業に属する事業の**元方**事業者は、土砂等が崩壊するおそれのある場所、機械等が転倒するおそれのある場所その他の厚生労働省令で定める場所において**関係請負人**の労働者が当該事業の仕事の作業を行うときは、当該**関係請負人**が講ずべき当該場所に係る**危険**を防止するための措置が適正に講ぜられるように、**技術**上の**指導**その他の必要な措置を講じなければならない。

💡解説

　元方事業者とは、いわゆる元請負人であり、関係請負人の労働者とは、下請の労働者のことです。本来の雇用関係にはない下請の労働者についても、元方

事業者は、安全・衛生を維持・確保するため指導をし、是正を指示しなければならず、当該労働者もこれに従わなければなりません。さらに、元方事業者は下請会社の労働者が**危険な場所**で作業を行う場合は、下請会社が講ずべき危険防止措置が適正に講ぜられるように、技術上の指導その他必要な措置をしなければならないとする規定です。

4 特定元方事業者等の講ずべき措置

【特定元方事業者等の講ずべき措置】 過 H26・R1

第30条 特定元方事業者は、その労働者及び関係請負人の労働者の作業が**同一**の場所において行われることによって生ずる**労働災害**を防止するため、次の事項に関する必要な措置を講じなければならない。

一 **協議組織**の設置及び運営を行うこと。

二 作業間の**連絡**及び**調整**を行うこと。

三 作業場所を**巡視**すること。

四 関係請負人が行う労働者の安全又は衛生のための**教育**に対する**指導**及び**援助**を行うこと。

五 仕事を行う場所が仕事ごとに異なることを常態とする業種で、厚生労働省令で定めるものに属する事業を行う特定元方事業者にあっては、仕事の**工程に関する計画**及び作業場所における機械、設備等の**配置に関する計画**を作成するとともに、当該機械、設備等を使用する作業に関し関係請負人がこの法律又はこれに基づく命令の規定に基づき講ずべき措置についての**指導**を行うこと。

六 前各号に掲げるもののほか、当該労働災害を防止するため必要な事項

解説

特定元方事業者とは、いわゆる建設業などの特定業種の元請負人のことです。通常、下請が介在することが想定される業種であるため、労働災害の防止のために、29条、29条の2と同趣旨でさらに詳細に関係請負人との関係を規定しています。

5 安全衛生教育

【安全衛生教育】 過 H25・29

第60条　事業者は、その事業場の業種が政令で定めるものに該当するときは、新たに職務につくこととなった**職長**その他の作業中の労働者を直接**指導**又は**監督**する者（作業主任者を除く。）に対し、次の事項について、厚生労働省令で定めるところにより、安全又は衛生のための**教育**を行なわなければならない。

一　**作業方法の決定**及び**労働者の配置**に関すること。

二　労働者に対する**指導**又は**監督**の方法に関すること。

三　前二号に掲げるもののほか、**労働災害を防止するため必要な事項で、厚生労働省令で定めるもの**

🔆解 説

　一定の危険性がある職務に新たに就くこととなる職長等に対し、事業者は、安全・衛生に関する一号から三号の教育を実施しなければならないとする、いわゆる**職長教育**の規定です。なお、作業主任者はその職務について別途教育を受けているため、除外されています。

6 健康診断

【健康診断】 過 H28

第66条　事業者は、労働者に対し、厚生労働省令で定めるところにより、医師による**健康診断**（第66条の10第1項に規定する検査を除く。以下この条及び次条において同じ。）を行わなければならない。

2　事業者は、**有害**な業務で、政令で定めるものに従事する労働者に対し、厚生労働省令で定めるところにより、**医師による特別の項目についての健康診断**を行なわなければならない。有害な業務で、政令で定めるものに従事させたことのある労働者で、現に使用しているものについても、同様とする。

🔆解 説

　労働者に対して**健康診断**を実施しなければならない事業者の義務が規定されています。2項は特に**有害**な業務について、医師による**特別な項目**についての健康診断が規定されています。

本試験問題

＜事業者等の責務＞

平成30年度 問題

3. 「労働安全衛生法」に基づく事業者等の責務に関する次の文章において、 ▢ に当てはまる語句を記述しなさい。

建設工事の注文者等仕事を他人に請け負わせる者は、施工方法、 ⑤ 等 について、安全で衛生的な作業の遂行をそこなうおそれのある ⑥ を附さ ないように配慮しなければならない。

＜総括安全衛生管理者＞

令和２年度 問題

3. 「労働安全衛生法」に基づく総括安全衛生管理者に関する次の文章において、 ▢ に当てはまる語句を記入しなさい。

事業者は、政令で定める規模の事業場ごとに、厚生労働省令で定めるとこ ろにより、総括安全衛生管理者を選任し、その者に安全管理者、衛生管理者 又は第二十五条の二第二項の規定により技術的事項を管理する者の指揮をさ せるとともに、次の業務を統括管理させなければならない。
　一　労働者の ⑤ 又は健康障害を防止するための措置に関すること。
　二　労働者の安全又は衛生のための ⑥ の実施に関すること。
　三　健康診断の実施その他健康の保持増進のための措置に関すること。
　四　労働災害の原因の調査及び再発防止対策に関すること。
　五　前各号に掲げるもののほか、労働災害を防止するため必要な業務で、厚 生労働省令で定めるもの

⑤	工期	⑥	条件

（労働安全衛生法3条3項）

解 説

　建設工事を他人に請け負わせる者は、施工方法、工期等について、安全で衛生的な作業の遂行をそこなうおそれのある条件を附さないように配慮しなければならないと規定しています。

令和2年度 解答

⑤	危険	⑥	教育

（労働安全衛生法10条1項）

安全衛生管理体制

当該事業場の 労働人数(人)	10～	50～	100～
建設業	安全衛生推進者	安全管理者	
		衛生管理者	
		産業医	
			総括安全衛生管理者

特定元方事業者の混在作業現場における統括安全衛生責任者等の選任義務

当該事業場の 労働人数(人)	20～	30～	50～
鉄骨造又は鉄骨鉄筋コンクリート造の建設工事		店社安全衛生管理者	統括安全衛生責任者 元方安全衛生管理者
上記以外の工事等			

＜元方事業者の講ずべき措置等＞

2. 「労働安全衛生法」上、☐☐☐☐に当てはまる語句を記入しなさい。

　　建設業に属する事業の　①　事業者は、土砂等が崩壊するおそれのある場所、機械等が転倒するおそれのある場所その他の厚生労働省令で定める場所において　②　の労働者が当該事業の仕事の作業を行うときは、当該　②　が講ずべき当該場所に係る危険を防止するための措置が適正に講ぜられるように、　③　上の指導その他の必要な措置を講じなければならない。

．．．

3. 「労働安全衛生法」に基づく元方事業者の講ずべき措置等に関する次の文章において、☐☐☐☐にあてはまる語句を記述しなさい。

　　建設業に属する事業の元方事業者は、土砂等が崩壊するおそれのある場所、機械等が転倒するおそれのある場所その他の厚生労働省令で定める場所において　⑤　の労働者が当該事業の仕事の作業を行うときは、当該　⑤　が講ずべき当該場所に係る危険を防止するための措置が適正に講ぜられるように、技術上の　⑥　その他の必要な措置を講じなければならない。

①	元方	②	関係請負人	③	技術

（労働安全衛生法29条の２）

解説

　元方事業者とはいわゆる元請会社、関係請負人とは下請会社のことです。元方事業者は、下請会社の労働者が危険な場所で作業を行う場合には、関係請負人が講ずべき危険を防止するための措置が適正に講ぜられるように、技術上の指導など措置を講じなければいけません。

- -

平成27年度 解答

⑤	関係請負人	⑥	指導

（労働安全衛生法29条の２）

解説

　元方事業者とはいわゆる元請会社、関係請負人とは下請会社のことです。元方事業者は、下請会社の労働者が危険な場所で作業を行う場合には、関係請負人が講ずべき危険を防止するための措置が適正に講ぜられるように、技術上の指導など措置を講じなければいけません。

次の法文において、□□□に当てはまる**正しい語句**を、下の該当する枠内から１つ選びなさい。

３．労働安全衛生法 （元方事業者の講ずべき措置等）

　　第29条　元方事業者は、関係請負人及び関係請負人の労働者が、当該仕事に関し、この法律又はこれに基づく命令の規定に違反しないよう必要な □⑤□ を行なわなければならない。

　　２　元方事業者は、関係請負人又は関係請負人の労働者が、当該仕事に関し、この法律又はこれに基づく命令の規定に違反していると認めるときは、□⑥□ のために必要な指示を行なわなければならない。

　　３　（略）

| ⑤ | ❶　説明 | ❷　教育 | ❸　指導 | ❹　注意喚起 | ❺　契約 |

| ⑥ | ❶　衛生 | ❷　是正 | ❸　改善 | ❹　安全 | ❺　健康 |

次の法文において、□□□に当てはまる**正しい語句又は数値**を、下の該当する枠内から１つ選びなさい。

３．労働安全衛生法（元方事業者の講ずべき措置等）

　　第29条の２　建設業に属する事業の元方事業者は、土砂等が崩壊するおそれのある場所、機械等が転倒するおそれのある場所その他の厚生労働省令で定める場所において関係請負人の労働者が当該事業の仕事の作業を行うときは、当該関係請負人が講ずべき当該場所に係る □⑤□ を防止するための措置が適正に講ぜられるように、□⑥□ 上の指導その他の必要な措置を講じなければならない。

| ⑤ | ❶　破損 | ❷　損壊 | ❸　危険 | ❹　労働災害 | ❺　事故 |

| ⑥ | ❶　教育 | ❷　技術 | ❸　施工 | ❹　作業 | ❺　安全 |

令和３年度 解答

| ⑤ | ❸ 指導 | ⑥ | ❷ 是正 |

（労働安全衛生法29条１項・２項）

💡 解 説

　元方事業者（元請）は、関係請負人（下請）の労働者に対しても、労働安全衛生法に違反しないように指導しなければならないこと、及び是正指示を行わなければならないことを定めた規定です。

⋯⋯

令和４年度 解答

| ⑤ | ❸ 危険 | ⑥ | ❷ 技術 |

（労働安全衛生法29条の２）

💡 解 説

　元方事業者とはいわゆる元請会社、関係請負人とは下請会社のことです。元方事業者は、下請会社の労働者が危険な場所で作業を行う場合には、関係請負人が講ずべき危険を防止するための措置が適正に講ぜられるように、技術上の指導などの措置を講じなければいけません。

＜特定元方事業者等の講ずべき措置＞

3.「労働安全衛生法」に基づく特定元方事業者の講ずべき措置等に関する次の文章において、□□□□□に当てはまる語句を記入しなさい。

特定元方事業者は、その労働者及び関係請負人の労働者の作業が ⑤ の場所において行われることによって生ずる労働災害を防止するため、 ⑥ の設置及び運営を行うこと、作業間の連絡及び調整を行うこと、作業場所を巡視すること、関係請負人が行う労働者の安全又は衛生のための教育に関する指導及び援助を行うこと等に関する必要な措置を講じなければならない。

3.「労働安全衛生法」に基づく特定元方事業者等の講ずべき措置に関する次の文章において、□□□□□に当てはまる語句を記入しなさい。

特定元方事業者は、その労働者及び関係請負人の労働者の作業が同一の場所において行われることによって生ずる ⑤ を防止するため、 ⑥ の設置及び運営を行うこと、作業間の連絡及び調整を行うこと、作業場所を巡視すること、関係請負人が行う労働者の安全又は衛生のための教育に関する指導及び援助を行うこと等に関する必要な措置を講じなければならない。

| ⑤ | 同一 | ⑥ | 協議組織 |

（労働安全衛生法30条1項）

解 説

　元請、下請の労働者が同一の現場で作業する場合において、特定元方事業者が、労働災害を防止するために講じなければならない措置（協議組織の設置・運営など）を定めたものです。

| ⑤ | 労働災害 | ⑥ | 協議組織 |

（労働安全衛生法30条1項）

解 説

　元請、下請の労働者が同一の現場で作業する場合において、特定元方事業者が、労働災害を防止するために講じなければならない措置（協議組織の設置・運営など）を定めたものです。

PART
6
法
規

3

労働安全衛生法（安衛法）

613

＜安全衛生教育＞

3.「労働安全衛生法」に基づく労働者の就労に当たっての措置に関する次の文章において、_____に当てはまる語句を記入しなさい。

　建設業に該当する事業者は、その事業場に新たにつくことになった職長その他の作業中の労働者を直接指導又は監督する者（作業主任者を除く。）に対して、次の事項について厚生労働省令で定めるところにより、安全又は衛生のための教育を行なわなければならない。

　　1　作業方法の決定及び労働者の　⑤　に関すること。
　　2　労働者に対する指導又は監督の方法に関すること。
　　3　1及び2に掲げるもののほか、　⑥　を防止するため必要な事項で、厚生労働省令で定めるもの。

....

3.「労働安全衛生法」に基づく労働者の就業に当たっての措置に関する次の文章において、_____に当てはまる語句を記入しなさい。

　事業者は、その事業場が建設業に該当するときは、新たに職務につくこととなった職長その他の作業中の労働者を直接　⑤　又は監督する者（作業主任者を除く。）に対し、次の事項について、厚生労働省令で定めるところにより、安全又は衛生のための教育を行なわなければならない。

　　一　作業方法の決定及び労働者の配置に関すること
　　二　労働者に対する　⑤　又は監督の方法に関すること
　　三　前二号に掲げるもののほか、　⑥　を防止するため必要な事項で、厚生労働省令で定めるもの

平成25年度 解答

⑤	配置	⑥	労働災害

（労働安全衛生法60条）

💡**解 説**

　いわゆる「職長教育」の内容を定めたものです。

· ·

平成29年度 解答

⑤	指導	⑥	労働災害

（労働安全衛生法60条）

💡**解 説**

　いわゆる「職長教育」の内容を定めたものです。

＜健康診断＞

3. 「労働安全衛生法」に基づく健康診断に関する次の文章において、□□□□□
にあてはまる語句を記述しなさい。

　　事業者は、　⑤　な業務で、政令で定めるものに従事する労働者に対し、
厚生労働省令で定めるところにより、　⑥　による特別の項目についての健
康診断を行なわなければならない。

⑤	有害	⑥	医師

（労働安全衛生法66条 2 項）

💡 **解 説**

有害業務に就く労働者に対する健康診断に係る規定です。

令和5年度

本試験問題

※試験時間は、13時から16時の180分です。

なお、令和3年度の本試験より、問題文の漢字には
すべて振り仮名が付されていますが、本書では省略しています。

本試験問題

　建築工事の施工者は、発注者の要求等を把握し、施工技術力等を駆使して品質管理を適確に行うことが求められる。

　あなたが経験した**建築工事**のうち、要求された品質を満足させるため、品質計画に基づき**品質管理**を行った工事を1つ選び、工事概要を具体的に記入した上で、次の1.及び2.の問いに答えなさい。

　なお、建築工事とは、建築基準法に定める建築物に係る工事とし、建築設備工事を除くものとする。

［工事概要］

イ．工　事　名

ロ．工　事　場　所

ハ．工　事　の　内　容　　新築等の場合：建物用途、構造、階数、延べ面積又は施工
　　　　　　　　　　　　　　　　　　　　数量、主な外部仕上げ、主要室の内部仕上
　　　　　　　　　　　　　　　　　　　　げ

　　　　　　　　　　　　改修等の場合：改修等の場合：建物用途、建物規模、主な
　　　　　　　　　　　　　　　　　　　　改修内容及び施工数量

ニ．工　　期　　等　　（工期又は工事に従事した期間を年号又は西暦で年月まで記
　　　　　　　　　　　　入）

ホ．あなたの立場

ヘ．あなたの業務内容

1．工事概要であげた工事で、あなたが現場で**重点的に品質管理**を行った事例を3つあげ、それぞれの事例について、次の①から③を具体的に記述しなさい。

　　ただし、3つの事例の①は同じものでもよいが、②及び③はそれぞれ異なる内容を記述するものとする。

① 工種名又は作業名等

② 施工に当たって設定した**品質管理項目**及びそれを**設定した理由**

③ ②の品質管理項目について**実施した内容**及びその**確認方法又は検査方法**

2．工事概要であげた工事に係わらず、あなたの今日までの建築工事の経験を
　踏まえて、次の①及び②を具体的に記述しなさい。
　　　ただし、１.の③と同じ内容の記述は不可とする。

① 品質管理を適確に行うための作業所における組織的な**取組**

② ①の取組によって得られる**良い効果**

[工事概要]

イ. 工　事　名	○○工場新築工事	
ロ. 工　事　場　所	東京都○○市△△町□□1547	
ハ. 工　事　の　内　容	リサイクルセンター、鉄骨造	
	地下1階 地上4階建て　　延べ面積5,300㎡	
	外部：ALCパネル・複層塗材Eゆず肌仕上げ	
	内部：（天井）ロックウール吸音板	
	（壁）PB下地ビニルクロス張り	
	（床）長尺、塗床	
ニ. 工　　　期	平成29年10月～平成31年2月	
ホ. あなたの立場	工事主任	
ヘ. あなたの業務内容	躯体工事の施工管理	

1

(1)

①	工種名又は作業名等	鉄骨工事
②	品質管理項目	風速管理と適切な防風対策の実施
	設定した理由	角型鋼管材をCO_2ガスシールド半自動溶接する場合、風によるシールドガス欠損は、酸素や窒素の混入をまねき、溶接部の内部欠陥の原因となるため。
③	実施した内容及び確認方法又は検査方法	事務所屋根上の風速計により風速2m/s以下であることを確認。超える場合には防風囲いを設置し、囲い内でも顔に風を感じられる場合には作業を中止した。

(2)

①	工種名又は作業名等	鉄骨工事
②	品質管理項目	摩擦面表面粗度確保とトルシア形高力ボルト本締め管理
	設定した理由	高力ボルト摩擦接合は、ボルト軸力から生じる板間摩擦力によって荷重を伝達することから、摩擦面の状態確認と適正軸力を導入する本締め管理が重要であるため。
③	実施した内容及び確認方法又は検査方法	摩擦面表面粗度が50μmRz以上であることを、表面粗さ見本と比較確認し、本締めでは、ピンテール破断、軸・共回りがないこと、ボルト余長、回転角の検査を全数行った。

(3)

①	工種名又は作業名等	鉄骨工事
②	品質管理項目	柱の倒れ管理
	設定した理由	倒れが大きいと、構造体に偏心荷重による曲げ応力が付加され、また、外装材のファスナー調整代を超えると、外装材の適正な取付けが困難になるため。
③	実施した内容及び確認方法又は検査方法	柱1節ごとにトランシットを用いて柱の建方精度検査を行い、倒れが高さの1/1000かつ10mm以下であることを確認し、超えている場合は建入れ直しを行った。

2

①	品質管理を適確に行うための作業所における組織的な取組	品質管理部門と協議の上で作業所において施工品質管理表をまとめ、各業者に文書にて配布・周知する。各工程完了時には工程内検査、及び品質管理課による抜取り検査を実施することで、適正品質を確保する。
②	①の取組によって得られる良い効果	手戻りによる再施工費用や補修費用の削減となり、作業所におけるロスコスト削減が可能になり、会社全体の収益向上につながる。さらに、発注者及び社会からの信頼が得られ、今後の受注拡大へとつながる。

[工事概要]

イ. 工　事　名	○○工場新築工事	
ロ. 工　事　場　所	東京都○○市△△町□□1547	
ハ. 工　事　の　内　容	リサイクルセンター、鉄骨造	
	地下１階 地上４階建て　延べ面積5,300㎡	
	外部：ALCパネル・複層塗材Eゆず肌仕上げ	
	内部：（天井）ロックウール吸音板	
	（壁）PB下地ビニルクロス張り	
	（床）長尺、OA・タイルカーペット敷き	
ニ. 工　　　　期	平成29年10月～平成31年３月	
ホ. あなたの立場	工事主任	
ヘ. あなたの業務内容	躯体・仕上工事の施工管理	

1

(1)

①	工種名又は作業名等	左官工事
②	品質管理項目	防水工事施工前の躯体勾配の確保
	設定した理由	勾配計画不足により水たまりが屋上に存在する状態が続くと、防水層の早期劣化・破損の原因となるため。
③	実施した内容及び確認方法又は検査方法	最上階施工前にドレンの設置レベル及び防水層の厚みを考慮した勾配計画（$\frac{1}{100} \sim \frac{1}{50}$）とした。打設後は、雨天時の水たまり状況を確認し補修を行った。

(2)

①	工種名又は 作業名等	内装工事
②	品質管理項目	ひび割れ防止に配慮したボードの割付、施工確認
	設定した理由	建枠延長上にボードの継ぎ目があると、後に建具の開閉による振動により、クロスのひび割れの原因となるため。
③	実施した内容 及び確認方法 又は検査方法	建具の建枠延長上がボードの継ぎ目とならないボード割付け方法を内装業者に周知した。現場巡回時に施工状況の目視確認を行った。

(3)

①	工種名又は 作業名等	内装工事
②	品質管理項目	フリーアクセスフロア設置高さ調整内での下地確認
	設定した理由	床面の不陸差が大きいと、建具下枠との取合い部のチリが確保できない、または床パネルのがたつきが発生するため。
③	実施した内容 及び確認方法 又は検査方法	高さ調整範囲内で下地不陸が収まっているかコンクリート高さの確認を実施した。1mピッチでレベル測定を行い、不合格箇所はモルタルにて補修した。

2

①	品質管理を適確に 行うための作業所に おける組織的な取組	工事監理者、元請社員、協力会社の責任者で品質管理検討会を月1回行い、要求品質・目標品質・管理項目を確認し、品質管理活動を朝礼で発表して、周知を図る。
②	①の取組によって 得られる良い効果	作業所の全作業員に品質管理活動の重要性を認識させるだけでなく、要求品質達成により顧客満足度が上がり、今後の受注につながることが期待できる。

625

[工事概要]

イ.	工　事　名	〇〇マンション大規模修繕工事
ロ.	工　事　場　所	東京都〇〇市△△町□□1-5-8
ハ.	工　事　の　内　容	共同住宅、RC造、7階建て、58戸
		延べ面積4,986㎡
		塗膜防水改修468㎡、シーリング改修4,370m
		屋上防水改修674㎡、外壁タイル改修3,627㎡
		鋼製建具改修70箇所
ニ.	工　　　期	2022年2月～2022年7月
ホ.	あなたの立場	工事主任
ヘ.	あなたの業務内容	仕上工事の施工管理

1

(1)

①	工種名又は作業名等	各所鋼製建具仕上げ工事
②	品質管理項目	下地研磨処理
	設定した理由	EVの扉・三方枠と各住戸他の鋼製建具の既存塗装補修の上に化粧フィルム張りの計画であり、下地の凹凸は美観を損ねるため。
③	実施した内容及び確認方法又は検査方法	既存塗装面の劣化部分ケレン除去後、パテ処理を行い、不陸の無いように研磨紙がけを行った。全面の目視と手触(指触)にて凹凸の有無を確認した。

(2)

①	工種名又は作業名等	塗膜防水工事（既存防水層撤去）
②	品質管理項目	下地補修モルタル含水率確認と適正下地勾配の確保
②	設定した理由	含水率が高いと塗膜の接着力低下につながり、勾配 $\frac{1}{50}$ 以上が確保されないと水たまりが生じて、浮きや剥がれなどの防水層劣化が早期に進行するため。
③	実施した内容及び確認方法又は検査方法	モルタル補修後に十分な養生期間を確保し、高周波水分計にて乾燥状態を確認した。また、降雨時に、水たまりを確認し、必要箇所は部分補修した。

(3)

①	工種名又は作業名等	防水工事（シーリング工事）
②	品質管理項目	既存シール撤去後の適正な被着面の確保
②	設定した理由	被着面に異物が残存すると接着力不足につながり、シーリング材の界面破壊、漏水の危険性が大きくなるため。
③	実施した内容及び確認方法又は検査方法	既存シーリング材切り取り後、全箇所目視確認し、状況に応じてバフ掛け、サンダー掛け、洗浄剤清掃を行った。シーリング材が残存している場合にはひも状接着試験により接着性を確認した。

2

①	品質管理を適確に行うための作業所における組織的な取組	社内の品質管理プロセスに則り各工事の品質計画書を作成し、施工手順や重点管理部分を作業員に周知し、実施状況の確認を行う。異常発生時は、適正に是正し、報告書を社内で共有して、再発防止に活用する。
②	①の取組によって得られる良い効果	各現場のフィードバックを活用することで、適正品質の建物を引き渡すことができる。また、社内全体で施工品質の向上に取り組むことが、若手社員の育成につながる。

建築工事における次の1.から3.の仮設物の設置を計画するに当たり、**留意すべき事項**及び**検討すべき事項**を、それぞれ2つ具体的に記述しなさい。

ただし、解答はそれぞれ異なる内容の記述とし、申請手続、届出及び運用管理に関する記述は除くものとする。

また、使用資機材に不良品はないものとする。

1. くさび緊結式足場
2. 建設用リフト
3. 場内仮設道路

....

問題2 解答例

1. くさび緊結式足場

足場の構造強度に留意して、建地の最高部から測り31mより下の部分の建地は、鋼管を2本組みとする検討を行う。
足場の倒壊による第三者災害防止に留意して、**壁つなぎ**の間隔を垂直方向5m以下、水平方向5.5m以下となるよう検討する。

<他の解答例>
・足場の滑動または沈下防止に留意して、脚部には**ねじ管式ジャッキ型ベース金物**を用い、**根がらみ設置**、**敷板・敷角**の設置を検討する。
・足場上での安全な作業性や2方向避難経路の確保に留意して、**昇降階段**の設置位置を検討する。
・外部足場上での作業において墜落・転落に留意して、規定高さの**手すり・中桟**の設置漏れのないよう検討する。

2．建設用リフト

昇降路内への資材落下、作業員の墜落・転落に留意して、出入口及び各階の荷降ろし口に**遮断装置**の設置を検討する。

積載物の**最大荷重**に応じた揚重能力確保に留意して、**定格荷重**を検討する。

<他の解答例>
・積載物の**最大寸法**に応じた荷台確保に留意して、**荷台寸法、面積**を検討する。
・荷台の過大な傾き発生防止及び倒壊防止に留意して、**水平で堅固な地盤面への設置**を検討する。
・過積載防止、安全操作の徹底に留意して、積載荷重や操作方法についての**掲示物**を検討する。

3．場内仮設道路

建物の平面計画、周辺道路や歩道の交通状況、作業所内での効率的な工事動線に留意して、**道路配置計画**を検討する。

車両、重機の大きさ、通行量、使用期間に留意し、適正な**道路幅員、仕様**を検討する。

<他の解答例>
・車両と作業員の通行時の安全性に留意し、**動線の交錯が少ない平面計画**を検討する。
・仮設道路の耐久性、メンテナンス性に留意して、車両、重機が頻繁に動く場所には、**敷き鉄板**設置を検討する。
・仮設道路の冠水や軟弱化、場外へのタイヤ付着土（泥）の持ち出しによる周辺道路汚染防止に留意して、雨水が溜まりにくい**勾配計画**や**排水溝、タイヤ洗浄機**の設置を検討する。

　市街地での事務所ビル新築工事について、右の基準階の躯体工事工程表及び作業内容表を読み解き、次の1.から4.の問いに答えなさい。

　工程表は工事着手時のもので、各工種の作業内容は作業内容表のとおりであり、型枠工事の作業④と、鉄筋工事の作業⑦については作業内容を記載していない。

　基準階の施工は型枠工10人、鉄筋工6人のそれぞれ1班で施工し、③柱型枠、壁型枠返しは、⑧壁配筋が完了してから開始するものとし、⑨梁配筋（圧接共）は、⑤床型枠組立て（階段を含む）が完了してから開始するものとする。

　なお、仮設工事、設備工事及び検査は、墨出し、型枠工事、鉄筋工事、コンクリート工事の進捗に合わせ行われることとし、作業手順、作業日数の検討事項には含めないものとする。

［工事概要］

用　　　　途：事務所

構造、規模：鉄筋コンクリート造、地上6階、延べ面積3,000m²、基準階面積
　　　　　　　480m²

1．型枠工事の作業④及び鉄筋工事の作業⑦の**作業内容**を記述しなさい。

2．型枠工事の③柱型枠、壁型枠返しの**最早開始時期（EST）**を記入しなさい。

3．型枠工事の⑥型枠締固め及び鉄筋工事の⑩床配筋の**フリーフロート**を記入しなさい。

4．次の記述の　　　　に当てはまる**数値**を記入しなさい。

　　ある基準階において、②片壁型枠建込み及び③柱型枠、壁型枠返しについて、当初計画した型枠工の人数が確保できず、②片壁型枠建込みでは2日、③柱型枠、壁型枠返しでは1日、作業日数が増加することとなった。

　　このとき、墨出しからコンクリート打込み完了までの**総所要日数**は　　　　日となる。

基準階の躯体工事工程表 （当該階の柱及び壁、上階の床及び梁）

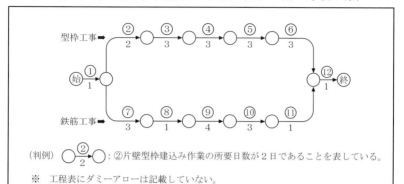

(判例) ○—②—○ : ②片壁型枠建込み作業の所要日数が２日であることを表している。
       2

※ 工程表にダミーアローは記載していない。

作業内容表 （所要日数には仮設、運搬を含む）

工　　種	作　業　内　容	所要日数（日）
墨 出 し	①墨出し	1
型枠工事	②片壁型枠建込み	2
	③柱型枠、壁型枠返し	3
	④	3
	⑤床型枠組立て（階段を含む）	3
	⑥型枠締固め	3
鉄筋工事	⑦	3
	⑧壁配筋	1
	⑨梁配筋（圧接共）	4
	⑩床配筋	3
	⑪差筋	1
コンクリート工事	⑫コンクリート打込み	1

ネットワーク工程表検討用

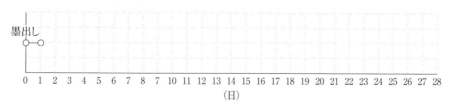

1	④梁型枠組立て　⑦柱配筋（圧接共）
2	5日
3	⑥5日　⑩0日
4	24

解 説

※簡略のため、以下、「型枠工事の作業②」なら「型枠②」、「鉄筋工事の作業⑦」なら「鉄筋⑦」という形式で記載します。

1．型枠④より前の作業は「片壁型枠建込み」、「柱型枠、壁型枠返し」、後続作業は「床型枠組立て（階段を含む）」となっています。一般に、型枠工事は、［片壁型枠建込み・柱型枠建込み］➡［壁型枠返し］➡［梁型枠組立て］➡［床型枠組立て］と進めていきますので、型枠④は「梁型枠組立て」になります。

　　鉄筋⑦の後続作業は「壁配筋」、「梁配筋（圧接共）」となっています。一般に、鉄筋工事は、［柱配筋］➡［壁配筋］➡［梁配筋］と進めていきますので、鉄筋⑦は「柱配筋（圧接共）」になります。

2．「③柱型枠、壁型枠返しは、⑧壁配筋が完了してから開始するものとし、⑨梁配筋（圧接共）は、⑤床型枠組立て（階段を含む）が完了してから開始する」という条件から、鉄筋⑧（壁配筋）➡型枠③（柱型枠、壁型枠返し）、型枠⑤（床型枠組立て）➡鉄筋⑨（梁配筋）の作業順序であるダミーが存在することになります。このことをネットワーク工程表に反映して、各作業の「最早開始時期」を計算すると次のようになります。

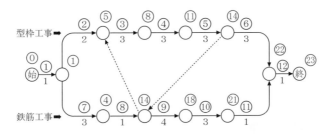

・型枠③の最早開始時期（EST）は、型枠②からは１＋２＝３日ですが、鉄筋⑧が完了しないと開始できず、鉄筋⑧からは４＋１＝５日ですので、大きい方の5日となります。
・鉄筋⑨の最早開始時期は、鉄筋⑧からは４＋１＝５日ですが、型枠⑤が完了しないと開始できず、型枠⑤からは11＋３＝14日ですので、大きい方の14日となります。

ここで、上記ネットワーク計算から**総所要日数**を求めておくと23日となります。

3. 型枠⑥のフリーフロートは、(後続 コンクリート⑫の最早開始時期) − (当該 型枠⑥の最早開始時期) − (作業日数) = 22 − 14 − 3 = 5日となります。

　　鉄筋⑩のフリーフロートは、(後続 鉄筋⑪の最早開始時期) − (当該 鉄筋⑩の最早開始時期) − (作業日数) = 21 − 18 − 3 = 0日となります。

4. 「②片壁型枠建込みでは2日、③柱型枠、壁型枠返しでは1日、作業日数が増加することとなった」条件を考慮して、最早開始時期及び総所要日数を計算すると、以下のとおりとなります。

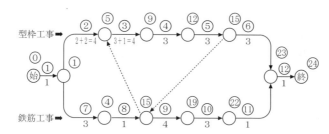

したがって、墨出しからコンクリート打込み完了までの**総所要日数**は24日となり、総所要日数は条件変更前から1日増加することになります。

なお、本年度の出題において「検討用」のグラフは、解答にあたり使用する必要はありません。惑わされないようにしましょう。

問題4－1

次の問いに答えなさい。

解答はそれぞれ異なる内容の記述とし、材料（仕様、品質、搬入、保管等）、作業環境（騒音、振動、気象条件等）、養生及び安全に関する記述は除くものとする。

1．土工事において、山留め壁に鋼製切梁工法の支保工を設置する際の施工上の**留意事項**を2つ、具体的に記述しなさい。

　　ただし、地下水の処理及び設置後の維持管理に関する記述は除くものとする。

┈┈┈

問題4－2

次の問いに答えなさい。

解答はそれぞれ異なる内容の記述とし、材料（仕様、品質、搬入、保管等）、作業環境（騒音、振動、気象条件等）、養生及び安全に関する記述は除くものとする。

2．鉄筋工事において、バーサポート又はスペーサーを設置する際の施工上の**留意事項**を2つ、具体的に記述しなさい。

問題4－1 解答例

腹起しは連続して設置することとし、継手の設置位置は曲げ応力の小さい箇所となるようにする。

切りばりの継手は切りばり支柱間に2ヵ所以上設けないようにし、同一方向の継手は同じ位置に並ばないようにする。

＜他の解答例＞

・接合部が変形している場合は、端部の隙間にライナーなどを挿入し、切りばりの軸線が直線になるようにする。

・同一方向の切りばりの継手は、同じ位置に並ばないようにし、継手位置はできる限り切りばり交差部の近くに設ける。

問題4－2 解答例

柱又は壁は、上段は梁下より0.5m程度の範囲に、中段は上段より1.5m間隔程度とし、横間隔は1.5m程度、端部は0.5m程度に配置する。

梁は、間隔1.5m程度、端部は0.5m程度の位置に、上又は下いずれかと、側面の両側へ対象に配置する。

＜他の解答例＞

・スラブにおいては、上端筋、下端筋それぞれ、間隔は0.9m程度、端部は0.1m以内に配置する。

・スラブにおいては、バーサポートは上端、下端とも、交差する鉄筋の下側の鉄筋を支持する。

・柱筋、壁筋のスペーサーは、上階に建ち上がる場合の台直しを避けるため、上階の梁底になるべく近く、柱では柱頭から500㎜程度に、壁では最上段の横筋位置に設置する。

次の問いに答えなさい。

解答はそれぞれ異なる内容の記述とし、材料（仕様、品質、搬入、保管等）、作業環境（騒音、振動、気象条件等）、養生及び安全に関する記述は除くものとする。

3．鉄筋コンクリート造の型枠工事において、床型枠用鋼製デッキプレート（フラットデッキプレート）を設置する際の施工上の**留意事項**を2つ、具体的に記述しなさい。

次の問いに答えなさい。

解答はそれぞれ異なる内容の記述とし、材料（仕様、品質、搬入、保管等）、作業環境（騒音、振動、気象条件等）、養生及び安全に関する記述は除くものとする。

4．コンクリート工事において、普通コンクリートを密実に打ち込むための施工上の**留意事項**を2つ、具体的に記述しなさい。

問題4-3 解答例

フラットデッキには10mm程度の**むくり**がついているため、梁とのすき間からノロ漏れ等が生じないように施工する。

フラットデッキが施工中に落下しないように、エンドクロース部分を型枠の上にのせ、かかり代を**50mm以上確保**する。

＜他の解答例＞

・現場における切込み等の作業ができるだけ少なくなるように割付計画を行い、必要に応じてリブの切断を行う場合はデッキ受けを設け、確実に荷重が伝わるようにする。

・設備配管の貫通孔が規則的な場合又は集中している場合は、局部破壊の原因となるため補強を行う。

問題4-4 解答例

柱の打設は、**自由落下高さ**を抑えて、コンクリートが分離するのを防ぐため、一度スラブ又は梁で受けた後に、柱各面から打込む。

打重ね時に**棒型振動機**を先打ちコンクリートの中に**挿入**して、後打ちコンクリートとの一体化をはかり、十分に締め固める。

＜他の解答例＞

・柱壁は、スラブと梁との境目のひび割れ防止のため、梁下で一度打込みを止めてコンクリートを**沈降させてから**打ち重ねる。

・SRC造の梁への打設は、フランジの下部が空洞とならないように、フランジ**片側**から流し込み、反対側にコンクリートが上昇するのを待って全体に打ち込む。

次の各記述において、□□□に当てはまる**最も適当な語句又は数値の組合**せを、下の枠内から1つ選びなさい。

1. 塩化ビニル樹脂系シート防水の接着工法において、シート相互の接合部は、原則として水上側のシートが水下側のシートの上になるよう張り重ねる。

    また、シート相互の接合幅は、幅方向、長手方向とも、最小値□a□mmとし、シート相互の接合方法は、□b□と□c□を併用して接合する。

	a	b	c
①	40	接着剤	液状シール
②	100	接着剤	テープ状シール材
③	100	溶着材又は熱風	テープ状シール材
④	40	溶着材又は熱風	液状シール
⑤	100	溶着材又は熱風	液状シール

④ 　a－40　　b－溶着材又は熱風　　c－液状シール

💡解 説

　塩化ビニル樹脂系シート防水のシート重ね（接合）幅は、長手、幅方向ともに40mm以上とし、重ね部は、溶着材による溶着または熱風による融着とし、接合端部は液状シール材でシールします。

　一方、加硫ゴム系シート防水の場合は、シート重ね幅100mm以上とし、接着剤とテープ状シール材を用いて張付けます。

　次の各記述において、□□□□に当てはまる**最も適当な語句又は数値の組合**せを、下の枠内から１つ選びなさい。

2．セメントモルタルによる外壁タイル後張り工法の引張接着強度検査は、施工後２週間以上経過した時点で、油圧式接着力試験機を用いて、引張接着強度と□a□状況に基づき合否を判定する。

　また、下地がモルタル塗りの場合の試験体は、タイルの目地部分を□b□面まで切断して周囲と絶縁したものとし、試験体の数は100㎡以下ごとに１個以上とし、かつ、全面積で□c□個以上とする。

	a	b	c
①	破壊	下地モルタル	2
②	破壊	コンクリート	2
③	破壊	コンクリート	3
④	打音	コンクリート	3
⑤	打音	下地モルタル	3

③　a－破壊　b－コンクリート　c－3

💡解 説

　引張接着強度検査（引張接着試験）は、施工後２週間以上経過した時点で引張接着試験機（油圧式接着力試験機）を用いて行い、下地がモルタル塗りの場合の試験体は、試験体周辺部をコンクリート面まで切断します。試験体の数は、100㎡以下ごとに１個以上、かつ全面積で3個以上とします。

次の各記述において、□□□に当てはまる**最も適当な語句又は数値の組合せ**を、下の枠内から**1つ**選びなさい。

3. 鋼板製折板葺屋根におけるけらば包みの継手位置は、端部用タイトフレームの位置よりできるだけ□ a □ほうがよい。

また、けらば包み相互の継手の重ね幅は、最小値□ b □mmとし、当該重ね内部に不定形又は定形シーリング材をはさみ込み、□ c □等で留め付ける。

	a	b	c
①	近い	100	ドリリングタッピンねじ
②	離す	60	溶接接合
③	近い	60	ドリリングタッピンねじ
④	近い	100	溶接接合
⑤	離す	100	ドリリングタッピンねじ

③ a-近い　　b-60　　c-ドリリングタッピンねじ

解説

　けらば包みの継手は60mm以上重ね合わせ、重ね部に定形シール材又はブチル系などの不定形シール材を挟み込んで、ドリリングタッピンねじ等で締め付けます。継手位置は、けらば用タイトフレームにできるだけ近い位置とします。

次の各記述において、□□□に当てはまる**最も適当な語句又は数値の組合**せを、下の枠内から１つ選びなさい。

4. 軽量鉄骨壁下地のランナー両端部の固定位置は、端部から□ a □㎜内側とする。

ランナーの固定間隔は、ランナーの形状、断面性能及び軽量鉄骨壁の構成等により□ b □㎜程度とする。

また、上部ランナーの上端とスタッド天端の隙間は10㎜以下とし、スタッドに取り付けるスペーサーの間隔は□ c □㎜程度とする。

	a	b	c
①	100	600	900
②	50	900	600
③	50	600	900
④	50	900	900
⑤	100	900	600

②　　a －50　　　b －900　　　c －600

解説

　ランナは、間隔900mm程度でスラブなどに打込みピンなどで固定します。なお、両端部の固定は、端部から50mm内側とします。上部ランナ上端とスタッド天端の隙間は10mm以下となるように切断します。スペーサは、各スタッドの端部を押さえるため上下ランナの近く、及び振れ止め上部を固定します。また、間隔は600mm程度とします。振れ止めは、床面ランナ下端から約1,200mmごとに設けます。

次の各記述において、◯◯◯に当てはまる**最も適当な語句又は数値の組合**
せを、下の枠内から1つ選びなさい。

5. 仕上げ材の下地となるセメントモルタル塗りの表面仕上げには、金ごて仕
上げ、木ごて仕上げ、はけ引き仕上げがあり、その上に施工する仕上げ材の
種類に応じて使い分ける。

一般塗装下地、壁紙張り下地の仕上げの場合は、◯a◯仕上げとする。

壁タイル接着剤張り下地の仕上げの場合は、◯b◯仕上げとする。

セメントモルタル張りタイル下地の仕上げの場合は、◯c◯仕上げとする。

	a	b	c
①	金ごて	木ごて	はけ引き
②	金ごて	金ごて	はけ引き
③	木ごて	木ごて	はけ引き
④	金ごて	金ごて	木ごて
⑤	木ごて	金ごて	木ごて

④　a－金ごて　　b－金ごて　　c－木ごて

解説

　セメントモルタル塗りの表面仕上には、金ごて仕上げ、木ごて仕上げ、はけ引き仕上げ、くし目引き仕上げがあり、その上の仕上げに応じて使い分けます。はけ引きは、外部土間コンクリート等の仕上げとして滑り止めに用います。

こて種類	施工箇所
金ごて	一般塗装下地、壁紙張り下地、防水下地、タイル接着剤張り下地
木ごて	タイル下地（モルタル張り）

次の各記述において、□□□に当てはまる**最も適当な語句又は数値の組合**
せを、下の枠内から1つ選びなさい。

6．アルミニウム製建具工事において、枠のアンカー取付け位置は、枠の隅よ
り150mm内外を端とし、中間の間隔を□ a □mm以下とする。

　くつずりをステンレス製とする場合は、厚さ□ b □mmを標準とし、仕上げ
はヘアラインとする。

　また、一般的に、破損及び発音防止のためのくつずり裏面のモルタル詰め
は、取付け□ c □に行う。

	a	b	c
①	500	1.5	後
②	600	1.5	前
③	600	1.6	後
④	500	1.6	前
⑤	500	1.5	前

⑤　a －500　　b －1.5　　c －前

解 説

　建具枠、くつずり等のアンカーは、両端から150mm逃げた位置から、間隔500mm以下とし、鋼製建具のくつずりは、ステンレス製とし、板厚1.5mm、表面仕上げをヘアラインとします。くつずりの裏面に鉄線を付け、取付け前にモルタル詰めを行います。

　次の各記述において、[＿＿＿]に当てはまる**最も適当な語句又は数値の組合せ**を、下の枠内から１つ選びなさい。

7．せっこうボード面の素地ごしらえのパテ処理の工法には、パテしごき、パテかい、パテ付けの３種類がある。

　　[　a　]は、面の状況に応じて、面のくぼみ、隙間、目違い等の部分を平滑にするためにパテを塗る。

　　また、パテかいは、[　b　]にパテ処理するもので、素地とパテ面との肌違いが仕上げに影響するため、注意しなければならない。

　　なお、パテ付けは、特に[　c　]を要求される仕上げの場合に行う。

	a	b	c
①	パテしごき	全面	美装性
②	パテしごき	全面	付着性
③	パテかい	局部的	美装性
④	パテかい	全面	美装性
⑤	パテかい	局部的	付着性

③　a－パテかい　b－局部的　c－美装性

解 説

　パテかいは、塗装面のくぼみ、隙間、目違い等の部分に、パテをへら又はこてで薄く付け、局部的に処理します。素地とパテ面との肌違いが仕上げに影響するため、注意しなければなりません。パテ付けは、パテで全面を平滑にするもので、特に美装性を要求される仕上げの場合に行います。パテが厚塗りされるため、耐久性能を要求される仕上げの場合は不適当です。

次の各記述において、□□□□□に当てはまる**最も適当な語句又は数値の組合せ**を、下の枠内から１つ選びなさい。

8. タイルカーペットを事務室用フリーアクセスフロア下地に施工する場合、床パネル相互間の段差と隙間を　a　mm以下に調整した後、床パネルの目地とタイルカーペットの目地を　b　mm程度ずらして割付けを行う。

　　また、カーペットの張付けは、粘着剥離形の接着剤を　c　の全面に塗布し、適切なオープンタイムをとり、圧着しながら行う。

	a	b	c
①	1	100	床パネル
②	2	50	床パネル
③	1	100	カーペット裏
④	2	100	カーペット裏
⑤	1	50	カーペット裏

① a−1　b−100　c−床パネル

解説

　タイルカーペットをフリーアクセスフロア下地に張り付ける場合、張付けに先立ち、下地面の段違い、床パネルの隙間を1mm以下に調整します。割付けは、フリーアクセスフロアのパネルの目地とタイルカーペットの目地を100mm程度ずらし、またがるように割り付けます。張付けは、粘着はく離形の接着剤を下地（床パネルなど）全面に塗布し、適切なオープンタイムをとり、圧着しながら行います。

　次の法文において、□□□□に当てはまる正しい語句又は数値を、下の該当する枠内から1つ選びなさい。

1. 建設業法（下請代金の支払）

　　第24条の3　元請負人は、請負代金の出来形部分に対する支払又は工事完成後における支払を受けたときは、当該支払の対象となった建設工事を施工した下請負人に対して、当部分に相応する下請代金を、当該支払を受けた日から　①　以内で、かつ、できる限り短い期間内に支払わなければならない。

　　2　前項の場合において、元請負人は、同項に規定する下請代金のうち　②　に相当する部分については、現金で支払うよう適切な配慮をしなければならない。

　　3　（略）

①	❶　10日	❷　20日	❸　1月	❹　3月	❺　6月

②	❶　労務費	❷　交通費	❸　材料費	❹　事務費	❺　諸経費

| ① | ❸ 1月 | ② | ❶ 労務費 |

（建設業法24条の3）

💡 解 説

　元請会社は、注文者から支払いを受けている場合、その受領日から1か月以内でできるだけ短時間に下請会社に支払わなければなりません。また、**労務費（労務人権費）**は現金での支払いを求めています。

次の法文において、□□□□に当てはまる正しい語句又は数値を、下の該当する枠内から1つ選びなさい。

2．建築基準法施行令（根切り工事、山留め工事等を行う場合の危害の防止）

　　第136条の3　建築工事等において根切り工事、山留め工事、ウエル工事、ケーソン工事その他基礎工事を行なう場合においては、あらかじめ、地下に埋設されたガス管、ケーブル、水道管及び下水道管の損壊による危害の発生を防止するための措置を講じなければならない。

　　2　（略）

　　3　（略）

　　4　建築工事等において深さ□□③□□メートル以上の根切り工事を行なう場合においては、地盤が崩壊するおそれがないとき、及び周辺の状況により危害防止上支障がないときを除き、山留めを設けなければならない。この場合において、山留めの根入れは、周辺の地盤の安定を保持するために相当な深さとしなければならない。

　　5　（略）

　　6　建築工事等における根切り及び山留めについては、その工事の施工中必要に応じて点検を行ない、山留めを補強し、排水を適当に行なう等これを安全な状態に維持するための措置を講ずるとともに、矢板等の抜取りに際しては、周辺の地盤の□□④□□による危害を防止するための措置を講じなければならない。

③	❶	0.5	❷	1.0	❸	1.5	❹	2.0	❺	2.5

④	❶	沈下	❷	ゆるみ	❸	崩落	❹	陥没	❺	倒壊

| ③ | ❸ | 1.5 | ④ | ❶ | 沈下 |

（建築基準法施行令 136 条の 3 第 4 項、 6 項）

💡解説

　1.5m以上の根切り工事を行う場合は、山留めを設けなくてはなりません。根切り及び山留め施工するときは、安全上の措置や点検、周辺地盤沈下を防止するための措置を講じなければなりません。

次の法文において、□□□□に当てはまる正しい語句又は数値を、下の該当する枠内から１つ選びなさい。

３．労働安全衛生法（総括安全衛生管理者）

　第10条　事業者は、政令で定める規模の事業場ごとに、厚生労働省令で定めるところにより、総括安全衛生管理者を選任し、その者に安全管理者、衛生管理者又は第25条の２第２項の規定により技術的事項を管理する者の指揮をさせるとともに、次の業務を統括管理させなければならない。

　　一　労働者の　⑤　又は健康障害を防止するための措置に関すること。

　　二　労働者の安全又は衛生のための教育の実施に関すること。

　　三　健康診断の実施その他健康の保持増進のための措置に関すること。

　　四　労働災害の原因の調査及び　⑥　防止対策に関すること。

　　五　前各号に掲げるもののほか、労働災害を防止するため必要な業務で、厚生労働省令で定めるもの

　２　（略）

　３　（略）

⑤	❶ 危害	❷ 損傷	❸ 危機	❹ 損害	❺ 危険

⑥	❶ 発生	❷ 拡大	❸ 頻発	❹ 再発	❺ 被害

問題6-3 解答

⑤	❺ 危険	⑥	❹ 再発

（労働安全衛生法10条第1項）

解 説

　総括安全衛生管理者は、常時100人以上の労働者を使用する事業場に選任すべき者で、安全管理者や衛生管理者を指揮させるとともに、労働者の危険又は健康障害の防止、労働災害の原因調査及び再発防止等を統括管理します。

さくいん

MEMO

MEMO

【執筆者紹介】
三浦伸也（みうら　しんや）

技術士（建設）、一級建築士、1級建築施工管理技士、不動産鑑定士2次試験合格。
大手ゼネコンに永年在籍し、施工技術の最前線で活躍。建設系の国家資格のみならず、不動産鑑定士の2次試験に合格する等、不動産法律実務にも精通する。また、TAC一級建築士の講師として、講師、教材開発といった教育経験も豊富で、TAC1級建築施工管理技士講座では主任講師を担う。

わかって合格る1級建築施工管理技士シリーズ

2024年度版　わかって合格る1級建築施工管理技士　二次検定テキスト&12年過去問題集

（2022年7月4日　初版　第1刷発行）

2024年3月19日　初版　第1刷発行
2024年9月12日　　　　　第2刷発行

編　著　者	T　A　C　株　式　会　社	
	（1級建築施工管理技士講座）	
発　行　者	多　　田　　敏　　男	
発　行　所	TAC株式会社　出版事業部	
	（TAC出版）	

〒101-8383　東京都千代田区神田三崎町3-2-18
電話 03(5276)9492（営業）
FAX 03(5276)9674
https://shuppan.tac-school.co.jp/

印　　　刷	株式会社　ワ　コ　ー	
製　　　本	東京美術紙工協業組合	

© TAC 2024　　　Printed in Japan

ISBN 978-4-300-10650-1
N.D.C. 525

乱丁・落丁による交換、および正誤のお問合せ対応は、該当書籍の改訂版刊行月末日までといたします。なお、交換につきましては、書籍の在庫状況等により、お受けできない場合もございます。
また、各種本試験の実施の延期、中止を理由とした本書の返品はお受けいたしません。返金もいたしかねますので、あらかじめご了承くださいますようお願い申し上げます。

TACの1級建築施工管理技士コース

書籍の正誤に関するご確認とお問合せについて

書籍の記載内容に誤りではないかと思われる箇所がございましたら、以下の手順にてご確認とお問合せをしてくださいますよう、お願い申し上げます。

なお、正誤のお問合せ以外の**書籍内容に関する解説および受験指導などは、一切行っておりません。**
そのようなお問合せにつきましては、お答えいたしかねますので、あらかじめご了承ください。

1 「Cyber Book Store」にて正誤表を確認する

TAC出版書籍販売サイト「Cyber Book Store」の
トップページ内「正誤表」コーナーにて、正誤表をご確認ください。

CYBER TAC出版書籍販売サイト
BOOK STORE

URL：https://bookstore.tac-school.co.jp/

2 ①の正誤表がない、あるいは正誤表に該当箇所の記載がない ⇒ 下記①、②のどちらかの方法で文書にて問合せをする

★ご注意ください★

お電話でのお問合せは、お受けいたしません。
①、②のどちらの方法でも、お問合せの際には、「お名前」とともに、
「対象の書籍名（○級・第○回対策も含む）およびその版数（第○版・○○年度版など）」
「お問合せ該当箇所の頁数と行数」
「誤りと思われる記載」
「正しいとお考えになる記載とその根拠」
を明記してください。
なお、回答までに１週間前後を要する場合もございます。あらかじめご了承ください。

① ウェブページ「Cyber Book Store」内の「お問合せフォーム」より問合せをする

【お問合せフォームアドレス】

https://bookstore.tac-school.co.jp/inquiry/

② メールにより問合せをする

【メール宛先　TAC出版】

syuppan-h@tac-school.co.jp

※土日祝日はお問合せ対応をおこなっておりません。
※正誤のお問合せ対応は、該当書籍の改訂版刊行月末日までといたします。

乱丁・落丁による交換は、該当書籍の改訂版刊行月末日までといたします。なお、書籍の在庫状況等により、お受けできない場合もございます。
また、各種本試験の実施の延期、中止を理由とした本書の返品はお受けいたしません。返金もいたしかねますので、あらかじめご了承くださいますようお願い申し上げます。

（2022年7月現在）